Oxford Beginner's Russian Dictionary

First edition

Edited by
Della Thompson

OXFORD
UNIVERSITY PRESS

OXFORD

UNIVERSITY PRESS

Great Clarendon Street, Oxford OX2 6DP

Oxford University Press is a department of the University of Oxford.
It furthers the University's objective of excellence in research, scholarship,
and education by publishing worldwide in

Oxford New York

Auckland Cape Town Dar es Salaam Hong Kong Karachi
Kuala Lumpur Madrid Melbourne Mexico City Nairobi
New Delhi Shanghai Taipei Toronto

With offices in

Argentina Austria Brazil Chile Czech Republic France Greece
Guatemala Hungary Italy Japan Poland Portugal Singapore
South Korea Switzerland Thailand Turkey Ukraine Vietnam

Oxford is a registered trade mark of Oxford University Press
in the UK and in certain other countries

Published in the United States
by Oxford University Press Inc., New York

British Library Cataloguing in Publication Data
Data available

Library of Congress Cataloging in Publication Data
Data available

ISBN 0-19-929854-8
ISBN 978-0-19-929854-9

10 9 8 7 6 5 4 3

Typeset in Swift and Arial
Printed in Italy by Legoprint S.p.A.

Contents

Project team

Managing Editor
Della Thompson

Proofreaders
Vera Konnova-Stone
Andrew Hodgson

Other contributors
Alexander Levtov
Nina Levtov
Lucy Popova
Marcus Wheeler

Proprietary terms

Introduction

This dictionary represents a departure from traditional dictionaries on several fronts. It looks different; it provides essential information in a new way; the two sides of the dictionary have very different functions.

It looks different

The dictionary page is refreshingly uncluttered. Subdivisions of text are clearly indicated by the use of new lines, bullet points, and numbers. The move from one language to another in translations is explicitly indicated with = signs and points of basic grammar or usage are reinforced using the ! sign.

It provides essential information in a new way

Every effort has been made to approach the foreign language from the point of view of the beginner who may be unfamiliar with the conventions of the more traditional bilingual dictionary.

Parts of speech and grammatical terms are given in full and there is a glossary providing explanations of all the terms used. Basic grammatical issues are dealt with in short notes at appropriate points in the text.

Sets of words that behave in a similar way are treated in a consistent manner, and the user is encouraged to cross-refer to different parts of the dictionary, for example to the tables of declension and conjugation at the back and to boxed usage notes within the text dealing with such subjects as the clock, dates, and forms of address.

The language used in examples and in sense indicators (or signposts to the correct translation) is carefully screened to ensure maximum clarity. The word list is designed to cover the material a beginner will need to deal with subjects such as the family and home, the school or working day, the weather, the time, finding one's way, shopping, travelling on public transport, holidays, sightseeing, hobbies, and professions. Current English and Russian are reflected in clear, lively examples.

The two sides of the dictionary are different

Each side of the dictionary is shaped by its specific function. The English–Russian side is longer, providing the user of the foreign language with maximum guidance in the form of detailed coverage of essential grammar, clear signposts to the correct translation for a particular context, and a wide selection of example material.

The Russian-English side is designed to capitalize on what English speakers know about their own language, hence the more streamlined presentation of English translations. In addition, it includes all the information the user will need to decline or conjugate Russian words, in the form of references to tables at the back of the dictionary, the spelling out of irregularities, and the indication of shifts of stress in Russian words.

This dictionary has been designed to deal with the perennial problems of learning Russian in a way that is helpful and instructive to the beginner. Many of the examples and usages covered will also prove invaluable to the more advanced user, as they are often not covered in such detail in other larger bilingual dictionaries.

D.J.T.

Using the dictionary

Stress

The stress of each Russian word is indicated by an acute accent over the vowel of the stressed syllable, e.g. хорошо́. It is not given for monosyllabic words except where those words bear the main stress in a phrase, e.g. за́ городом; со мно́й. The vowel ё has no stress mark since it is almost always stressed. The presence of more than one stress mark indicates that any of the marked syllables may be stressed, e.g. **хи́трый** *adjective* (-рая, -рое, -рые; хитёр, -тра́, хи́тро́, хи́тры́)

Where no stress mark appears on a truncated form, it follows the stress of the main form, e.g. **вы́годный** *adjective* (-ная, -ное, -ные; -ден, -дна, -дно, -дны). Here, all the forms are stressed on the first syllable as in the basic form.

Truncated forms

In order to save space, inflectional information is often given in truncated form, introduced by a hyphen. In such cases, the first letter of the truncated form represents the same letter in the basic form, e.g.

    техни́ческий *adjective* (-кая, -кое, -кие)

stands for

    техни́ческий *adjective* (техни́ческая, техни́ческое, техни́ческие)

    торопи́ть *verb imperfective* (-оплю́, -о́пишь, -о́пят)

stands for

    торопи́ть *verb imperfective* (тороплю́, торо́пишь, торо́пят)

Homonyms

Superscript numbers distinguish headwords that are spelt alike but are unrelated, e.g.

    still[1] *adverb* (*up to this time*)
    still[2] *adjective* (*quiet*)

Senses

Different senses of a headword or subentry are introduced by •, e.g.

    боя́ться *verb imperfective* (бою́сь, бои́шься, боя́тся)
    • = to be afraid (of + *genitive*)
    • = to dislike, be sensitive to (+ *genitive*)

More than one part of speech

Different parts of speech are separated by numbers, e.g.

patient
1 *noun*
  = пацие́нт/пацие́нтка
2 *adjective*
  = терпели́вый

Alternative translations

Alternative translations are separated by a comma, a semicolon, or *or*, as appropriate for clarity:

бесе́довать *verb imperfective* [20]
= to talk, chat

away *adverb*
• (*absent*)
he's away at the moment = его́ сейча́с нет *or* он уе́хал

Cross-references

Cross-references are indicated either by an arrow or by *See,* e.g.

gray ▶ **grey**

telephone (*see also* **phone**)

Usage notes

Usage notes are introduced by **!** and give the user additional information, e.g.

па́па *noun* (*masculine*) [7]
= father, daddy, dad

! *Although* **па́па** *declines like a feminine noun, adjectives and verbs that it governs have to be masculine, e.g.* **мой па́па уе́хал** = my dad's gone away

Boxed notes

Boxed notes are used in the dictionary to give information about specific topics (e.g. telling the time), or to give detailed information about complicated words that also appear as dictionary entries (e.g. do, go, have).

Colloquial and offensive words

Colloquial words are indicated by the icon **✖**; offensive words by **✦※**.

British/US English

British and US English usage and spelling are distinguished in headwords and definitions, with British English used as the basic variety, e.g.

бензи́н *noun* [1]
= petrol (*British English*), gas (*US English*)

colour (*British English*), **color** (*US English*) *noun*
= цвет

Declension/conjugation

Most information about declension and conjugation is given only in the Russian–English half of the dictionary. Therefore, when looking for a translation in the English–Russian half of the dictionary it is important to check the word in the Russian–English half to find out how it declines or conjugates.

Nouns

Gender

The gender of nouns is not normally given as it is clear from their endings and from the declension numbers that follow them. Where the gender is not obvious, it is given, e.g. **де́душка** *noun* (*masculine*) [7]

Declension

In the Russian–English half of the dictionary, nouns are generally followed by a number in a box, e.g. **аптéка** *noun* |7|, referring to the relevant table at the back of the dictionary. Where the declension deviates from that given in a table, or where there is a change of stress, this is shown in brackets after the number, e.g.

бáбушка *noun* |7| (*genitive plural* -шек)
багáж *noun* |4| (*genitive* -жá)

In other words, the declension of **бáбушка** follows table 7 except for the genitive plural, and the declension of **багáж** follows table 4, except for the change in stress in the genitive (and all other inflected forms).

Where the genitive singular form is given as an irregular form, the rest of the declension follows this pattern. Where another case-labelled form is given in the singular, it is an exception to the basic declension, e.g.

ногá *noun* |7| (*accusative* -гу, *genitive* -гú;
  plural -ги, ног, -гáм)

This indicates that, in the singular, only the accusative form has stress on the first syllable as the other cases follow the genitive.

Where a plural form is given, this shows the pattern for the rest of the plural, e.g.

бéрег *noun* |1| (*locative* -гý; *plural* -рá)

Here, genitive, dative, instrumental, and prepositional forms are **берегóв, берегáм, берегáми**, and **берегáх** respectively. The exception to this is where the genitive plural is given to show the insertion of a vowel which occurs in this form only, e.g. **дéвушка** *noun* |7| (*genitive plural* -шек). The dative, instrumental, and prepositional plural forms are, therefore, **дéвушкам, дéвушками, дéвушках**.

The order of forms given is as set out in the tables at the back of the dictionary. When a string of consecutive forms is given, they are not labelled if it is clear what they are, e.g.

овцá *noun* |7| (*plural* óвцы, овéц, óвцам)

Here it is obvious that the forms given are the nominative, genitive, and dative plural.

In the following cases no declension number is given:

1 for compound nouns where the relevant part itself occurs as a headword, e.g. **кредúтная кáрта, день рождéния** (**кáрта** and **день** are headwords). Where it does not appear as a headword, it is given a declension number, e.g. **губнáя помáда** *noun* |7|.

2 for indeclinable nouns, e.g. **кафé**.

3 for nouns that occur only in the plural, e.g. **дéньги**; in these cases the genitive is always given.

4 (occasionally) for nouns which cannot be classified, e.g. **путь, полчасá**.

Some nouns are adjectival in form and are declined like adjectives; this is indicated at the entry, e.g.

бýлочная *noun* (*declined like a feminine adjective*)
  = baker's (shop), bakery

Russian nouns denoting people

In the Russian–English half of the dictionary, nouns that have different masculine and feminine forms for men and women are given separate headwords, e.g.

не́мец, не́мка. In the English–Russian half of the dictionary, the Russian translations are given together separated by a slash:

German
1 *noun*
  • (*a person*) = не́мец/не́мка

pupil *noun*
= учени́к/учени́ца

Verbs

In the Russian–English half of the dictionary, information about verbs is given at the headword for the imperfective form. Perfective forms also appear as headwords but with a cross-reference to the imperfective form.

Verbs are followed by a number in a box where they follow one of the conjugation patterns set out in the tables at the back of the dictionary, e.g.

вспомина́ть *verb imperfective* 18 (*perfective* **вспо́мнить** 22)

Where they deviate from the basic conjugation patterns, no number is given, but the first and second person singular and the third person plural are shown in brackets instead, from which the rest of the conjugation can be deduced, e.g.

встава́ть *verb imperfective* (встаю́, -аёшь, -аю́т) (*perfective* **встать**: вста́ну, -нешь, -нут)

The complete conjugation derived from these forms is: (*imperfective*) встаю́, встаёшь, встаёт, встаём, встаёте, встаю́т, (*perfective*) вста́ну, вста́нешь, вста́нет, вста́нем, вста́нете, вста́нут.

The past tense of verbs is given where it is irregular or where there is a change of stress. Any forms not given conform with the last form given, e.g.

брать *verb imperfective* (беру́, берёшь, беру́т; брал, -ла́, -ло) (*perfective* взять: возьму́, -мёшь, -мут; взял, -ла́, -ло)

Here, the plural forms of the past tense are not given as they follow the pattern of the neuter form, i.e. бра́ли, взя́ли.

In the English–Russian half of the dictionary, Russian verbs given as translations of English verbs are presented with the imperfective and perfective forms unlabelled and separated by a slash:

buy *verb*
= покупа́ть/купи́ть

Adjectives

The form of an adjective given as the headword is the long form of the masculine nominative singular. It is followed in brackets by the feminine, neuter, and plural long forms, and then by the short forms, if they exist, in the same order, e.g.

коммунисти́ческий *adjective* (-кая, -кое, -кие)

краси́вый *adjective* (-вая, -вое, -вые; краси́в, -ва, -во, -вы)

Where the stem ends in a double consonant this is repeated in the truncated forms to show that it is retained:

деревя́нный *adjective* (-нная, -нное, -нные)

а *conjunction*
- = but, while
- = and

а то = or, or else, otherwise

абонемент *noun* 1
= season ticket, subscription

абсолютно *adverb*
= absolutely

абсолютный *adjective* (-ная, -ное,
-ные; -тен, -тна, -тно, -тны)
= absolute

авария *noun* 9
= accident, crash, breakdown

август *noun* 1
= August

авиа *abbreviation* (*of* **авиапочтой**)
(*especially on an envelope*) = airmail, by
airmail

авиакомпания *noun* 9
= airline

авиамарка *noun* 7 (*genitive plural* -рок)
= airmail stamp

авиапочта *noun* 7
= airmail

австралиец *noun* 1 (*genitive* -ийца)
= (*male*) Australian

австралийка *noun* 7 (*genitive plural*
-йек)
= (*female*) Australian

австралийский *adjective* (-кая, -кое,
-кие)
= Australian

Австралия *noun* 9
= Australia

австриец *noun* 1 (*genitive* -ийца)
= (*male*) Austrian

австрийка *noun* 7 (*genitive plural* -йек)
= (*female*) Austrian

австрийский *adjective* (-кая, -кое,
-кие)
= Austrian

Австрия *noun* 9
= Austria

автобус *noun* 1
= bus

автобусный *adjective* (-ная, -ное,
-ные)
= bus

автомастерская *noun* (*declined like a
feminine adjective*)
= garage (*for repairing cars*)

автомат *noun* 1
- = slot machine, (automatic) machine
- (*also* **телефон-автомат**) = payphone

автомобиль *noun* 6
= car, automobile

автоответчик *noun* 1
= answering machine

автор *noun* 1
= author

автострада *noun* 7
= motorway (*British English*), expressway
(*US English*)

автофургон *noun* 1
= caravan

агрессивный *adjective* (-ная, -ное,
-ные; -вен, -вна, -вно, -вны)
= aggressive

ад *noun* 1 (*locative* **аду**)
= hell

адвокат *noun* 1
= lawyer; solicitor, barrister (*British
English*), attorney (*US English*)

администратор *noun* 1
= manager

администрация *noun* 9
= administration, management

адрес *noun* 1 (*plural* -са)
= address

азбука *noun* 7
= alphabet

Азербайджан *noun* 1
= Azerbaijan

азиат *noun* 1
= (*male*) Asian

азиатка *noun* 7 (*genitive plural* -ток)
= (*female*) Asian

азиатский *adjective* (-кая, -кое, -кие)
= Asian

Азия *noun* 9
= Asia

аккуратный *adjective* (-ная, -ное,
-ные; -тен, -тна, -тно, -тны)
- = neat, careful
- = punctual

актёр *noun* 1
= actor

актри́са *noun* [7]
= actress

актуа́льный *adjective* (-ная, -ное, -ные; -лен, -льна, -льно, -льны)
= topical

акце́нт *noun* [1]
= accent

алле́я *noun* [10]
= path, avenue

алло́ *exclamation*
= hello! (*when answering the telephone*)

алфави́т *noun* [1]
= alphabet

альбо́м *noun* [1]
= album

Аме́рика *noun* [7]
= America

америка́нец *noun* [1] (*genitive* -нца)
= (*male*) American

америка́нка *noun* [7] (*genitive plural* -нок)
= (*female*) American

америка́нский *adjective* (-кая, -кое, -кие)
= American

анги́на *noun* [7]
= sore throat

англи́йский *adjective* (-кая, -кое, -кие)
= English

англича́нин *noun* [1] (*plural* -ча́не, -ча́н)
= Englishman

англича́нка *noun* [7] (*genitive plural* -нок)
= Englishwoman

А́нглия *noun* [9]
= England

анекдо́т *noun* [1]
= joke

анке́та *noun* [7]
= form, questionnaire

антра́кт *noun* [1]
= interval (*British English*), intermission (*US English*)

антреко́т *noun* [1]
= entrecôte, steak

апельси́н *noun* [1]
= orange

апельси́новый *adjective* (-вая, -вое, -вые)
= orange

аплоди́ровать *verb imperfective* [20]
= to applaud (a person etc. + *dative*)

аплодисме́нты *noun plural* (*genitive* -тов)
= applause

аппети́т *noun* [1]
= appetite
прия́тного аппети́та! = bon appetit!; enjoy your meal!

апре́ль *noun* [6]
= April

апте́ка *noun* [7]
= chemist's (shop) (*British English*), drugstore, pharmacy (*US English*)

аресто́вывать *verb imperfective* [18] (*perfective* **арестова́ть** [21])
= to arrest

арифме́тика *noun* [7]
= arithmetic

Арме́ния *noun* [9]
= Armenia

а́рмия *noun* [9]
= army

арти́ст *noun* [1]
= artiste, actor

арти́стка *noun* [7] (*genitive plural* -ток)
= artiste, actress

архите́ктор *noun* [1]
= architect

архитекту́ра *noun* [7]
= architecture

ассисте́нт *noun* [1]
= assistant

а́стма *noun* [7]
= asthma

астрона́вт *noun* [1]
= astronaut

атакова́ть *verb imperfective & perfective* [21]
= to attack

Атланти́ческий океа́н *noun*
= the Atlantic (ocean)

а́тлас *noun* [1]
= atlas

атле́тика *noun* [7]
= athletics

атмосфе́ра *noun* [7]
= atmosphere

афи́ша *noun* [7]
= poster

А́фрика *noun* [7]
= Africa

африка́нец *noun* [1] (*genitive* -нца)
= (*male*) African

африка́нка *noun* [7] (*genitive plural* -нок)
= (*female*) African

африка́нский *adjective* (-кая, -кое, -кие)
= African

ах *exclamation*
= ah!, oh!

аэровокза́л *noun* [1]
= air terminal

аэропо́рт *noun* [1] (*locative* -ту́)
= airport

Бб

б ▶ бы

ба́бушка *noun* [7] (*genitive plural* -шек)
= grandmother

бага́ж *noun* [4] (*genitive* -жа́)
= luggage, baggage

бага́жник *noun* [1]
= boot (*British English*), trunk (*US English*)

бадминто́н *noun* [1]
= badminton

ба́за *noun* [7]
* = basis
* = (military, naval) base
* = depot
* = centre (*British English*), center (*US English*) (for tourists etc.)

база́р *noun* [1]
= market

бак *noun* [1]
= tank, cistern

балала́йка *noun* [7] (*genitive plural* -ла́ек)
= balalaika

бале́т *noun* [1]
= ballet

балко́н *noun* [1]
= balcony

балова́ть *verb imperfective* [21] (*perfective* **избалова́ть** [21])
= to spoil

! *In colloquial Russian, this word is often stressed* ба́ловать/изба́ловать

бана́н *noun* [1]
= banana

банк *noun* [1]
= bank (for money)

ба́нка *noun* [7] (*genitive plural* -нок)
* = tin (*British English*), can
* = jar

банкома́т *noun* [1]
= cash machine

бар *noun* [1]
= bar

бараба́н *noun* [1]
= drum

бара́нина *noun* [7]
= lamb, mutton

баскетбо́л *noun* [1]
= basketball

бассе́йн *noun* [1]
= (swimming) pool

батаре́йка *noun* [7] (*genitive plural* -ре́ек)
= battery

батаре́я *noun* [10]
* = radiator
* = battery

бато́н *noun* [1]
= (long) white loaf

ба́шня *noun* [8] (*genitive plural* -шен)
= tower, turret

бег *noun* [1] (*locative* -гу́)
* = run, running
* = race

бе́гать *verb imperfective indeterminate* [18]
= to run

бего́м *adverb*
= running, at the double

беда́ *noun* [7] (*plural* -ды)
* = trouble
* = misfortune

бе́дный *adjective* (-ная, -ное, -ные; бе́ден, -дна́, -дно, бе́дны́)
= poor

бедро́ *noun* [12] (*plural* бёдра, бёдер, бёдрам)
= hip, thigh

бежа́ть *verb imperfective determinate* (бегу́, бежи́шь, бегу́т) (*perfective* **побежа́ть**: -егу́, -ежи́шь, -егу́т)
= to run
бежа́ть наперегонки́ с
(+ *instrumental*) = to race, run against (a person)

без *preposition* (*also* **безо**) (+ *genitive*)
* = without
* (in telling the time)
без десяти́ пять = ten to five

безобра́зие *noun* [14]
= scandal, disgrace

безопа́сность *noun* [11]
= safety

безопа́сный *adjective* (-ная, -ное,
-ные; -сен, -сна, -сно, -сны)
= safe

безрабо́тица *noun* [7]
= unemployment

безрабо́тный (-ная, -ное, -ные)
1 *adjective*
= unemployed
2 *noun* (*declined like a masculine or
feminine adjective*)
= unemployed person

безуспе́шный *adjective* (-ная, -ное,
-ные; -шен, -шна, -шно, -шны)
= unsuccessful

бейсбо́л *noun* [1]
= baseball

беко́н *noun* [1]
= bacon

Белару́сь *noun* [11]
= Belarus

бе́лый *adjective* (-лая, -лое, -лые; бел,
-ла́, бе́ло́, бе́лы́)
= white

Бе́льгия *noun* [9]
= Belgium

бельё *noun* [15]
• = laundry, washing
• = underwear
• = bed linen, linen

бензи́н *noun* [1]
= petrol (*British English*), gas (*US English*)

бензозапра́вочная ста́нция
noun
= petrol station (*British English*), gas
station (*US English*)

бе́рег *noun* [1] (*locative* -гу́; *plural* -га́)
• = bank (*of a river*)
• = coast

берёг, бережёшь, *etc.* ▶ **бере́чь**

берёза *noun* [7]
= birch (tree)

бере́менная *adjective* (-нные; -нна,
-нны)
= pregnant

бере́чь *verb imperfective* (-егу́, -ежёшь,
-егу́т; берёг, -гла́)
• = to take care of
• = to save, conserve

бере́чься *verb imperfective* (-егу́сь,
-ежёшься, -егу́тся; берёгся, -гла́сь)
• = to take care (of oneself)
• = to watch out, beware (of + *genitive*)

беру́ *etc.* ▶ **брать**

бесе́да *noun* [7]
= talk, conversation, chat

бесе́довать *verb imperfective* [20]
= to talk, chat

беспла́тно *adverb*
= free (of charge)

беспла́тный *adjective* (-ная, -ное,
-ные; -тен, -тна, -тно, -тны)
= free (of charge)

беспоко́ить *verb imperfective* [23]
• = to concern, worry (*no perfective*)
• = to bother, trouble (*perfective*
  побеспоко́ить [23])

беспоко́иться *verb imperfective* [23]
• = to worry (*no perfective*)
• = to trouble oneself (*perfective*
  побеспоко́иться [23])

беспоко́йный *adjective* (-ная, -ное,
-ные; беспоко́ен, -о́йна, -о́йно, -о́йны)
= anxious, troubled

беспоко́йство *noun* [12]
= trouble, worry

бесполе́зный *adjective* (-ная, -ное,
-ные; -зен, -зна, -зно, -зны)
= useless

беспоря́док *noun* [1] (*genitive* -дка)
= disorder, untidy state, mess

библиоте́ка *noun* [7]
= library

би́знес *noun* [1]
= business

бизнесме́н *noun* [1]
= businessman

биле́т *noun* [1]
• = ticket
• = card

биле́тная ка́сса *noun*
= ticket office

бинт *noun* [1]
= bandage

биоло́гия *noun* [9]
= biology

бита́ *noun* [7]
= bat

> **!** *In colloquial Russian, this word is often
> stressed* **би́та**

би́тва *noun* [7]
= battle

бить *verb imperfective* (бью, бьёшь,
бьют)
• = to beat (*a person or animal*) (*perfective*
  поби́ть: -бью, -бьёшь, -бьют)
• (*of a clock*) = to strike (*perfective*
  проби́ть: -бью, -бьёшь, -бьют)
• = to thump, bang (*perfective* **уда́рить** [22])
• = to smash (*perfective* **разби́ть**:
  разобью́, -бьёшь, **-бьют**)

биться *verb imperfective* (бью́сь, бьёшься, бью́тся)
• = to fight, struggle
• (*of the heart*) = to beat
• = to beat, strike, knock (against + **о** + *accusative*)
• = to be breakable

бифште́кс *noun* 1
= steak

благодари́ть *verb imperfective* 22 (*perfective* **поблагодари́ть** 22)
= to thank

благода́рный *adjective* (-ная, -ное, -ные; -рен, -рна, -рно, -рны)
= grateful

благодаря́ *preposition* (+ *dative*)
= thanks to, owing to

благополу́чно *adverb*
= safely, successfully, all right

благоразу́мный *adjective* (-ная, -ное, -ные; -мен, -мна, -мно, -мны)
= sensible

бланк *noun* 1
= form

бле́дный *adjective* (-ная, -ное, -ные; -ден, -дна́, -дно, бле́дны́)
= pale

блесте́ть *verb imperfective* (блещу́, блести́шь *or* бле́щешь, блестя́т *or* бле́щут)
= to shine, glitter

блестя́щий *adjective* (-щая, -щее, -щие)
• = shining, sparkling
• = brilliant

ближа́йший *adjective* (-шая, -шее, -шие)
= nearest, closest, next

бли́же
1 *predicative adjective* (*indeclinable*)
= nearer, closer
2 *adverb*
= nearer, closer

бли́зкие *noun plural* (*declined like a plural adjective*)
= close relatives, nearest and dearest

бли́зкий *adjective* (-кая, -кое, -кие; -зок, -зка́, -зко, бли́зки́)
• = close, near, nearby
• = close, intimate
• = near, imminent

бли́зко
1 *adverb*
= near, nearby
2 *predicate*
= near, close
бли́зко от (+ *genitive*) = near to

блин *noun* 1 (*genitive* -на́)
= pancake

блокно́т *noun* 1
= (writing) pad

блонди́н *noun* 1
= (*male*) blond

блонди́нка *noun* 7 (*genitive plural* -нок)
= (*female*) blonde

блу́зка *noun* 7 (*genitive plural* -зок)
= blouse

блю́до *noun* 12
• = dish (*food*)
• = course (*of a meal*)

блю́дце *noun* 13 (*genitive plural* -дец)
= saucer

Бог *noun* 1
= God
Бог его́ зна́ет!* = God knows!
Бо́же мой!* = my God!, good God!
не дай Бог!* = God forbid!
ра́ди Бо́га!* = for God's sake!
сла́ва Бо́гу!* = thank God!

бога́тый *adjective* (-тая, -тое, -тые; бога́т, -та, -то, -ты)
= rich, wealthy

бога́че *predicative adjective* (*indeclinable*)
= richer

Бо́же ▸ **Бог**

бой *noun* 2 (*locative* бою́; *plural* бои́, боёв)
• = battle
• = fight
• = striking (*of a clock*)

бок *noun* 1 (*locative* -ку́; *plural* -ка́)
= side

бокс *noun* 1
= boxing

Болга́рия *noun* 9
= Bulgaria

бо́лее *adverb*
• = more
бо́лее и́ли ме́нее = more or less
тем бо́лее = all the more
• (*used in forming the comparative*)
бо́лее дешёвый = cheaper

боле́знь *noun* 11
= illness, disease

боле́льщик *noun* 1
(*in sport*) = fan, supporter

боле́ть[1] *verb imperfective* (-е́ю, -е́ешь, -е́ют)
= to be ill (with + *instrumental*)

Б

боле́ть[2] *verb imperfective* (боли́т, боля́т)
= to hurt, ache

боло́то *noun* [12]
= bog, marsh, swamp

болта́ть *verb imperfective* [18]
= to chat

боль *noun* [11]
= pain, ache

больни́ца *noun* [7]
= hospital

бо́льно
1 *adverb*
= badly
2 *predicate*
= painful
бо́льно! = it hurts!
мне бо́льно = I'm in pain; it hurts

больно́й (-на́я, -но́е, -ны́е; -лен, -льна́, -льно́, -льны́)
1 *adjective*
= ill, sick
2 *noun* (*declined like a masculine or feminine adjective*)
= sick person, patient

бо́льше
1 *predicative adjective* (*indeclinable*)
= bigger, larger
2 *determiner* (+ *genitive*)
= more
3 *pronoun*
= more
4 *adverb*
= more
бо́льше всего́ = most of all
бо́льше не = no longer, not any more
бо́льше того́ = moreover

бо́льший *attributive adjective* (-шая, -шее, -шие)
= bigger, larger

большинство́ *noun* [12]
= majority

большо́й *adjective* (-ша́я, -шо́е, -ши́е)
• = big, large
• = great
• = grown-up

большо́й па́лец *noun*
= thumb

бо́мба *noun* [7]
= bomb

бомби́ть *verb imperfective* (бомблю́, -би́шь, -бя́т)
= to bomb

бордо́вый *adjective* (-вая, -вое, -вые)
= wine-red

борода́ *noun* [7] (*accusative* бо́роду, *genitive* -ды́; *plural* бо́роды, -ро́д, -рода́м)
= beard

боро́ться *verb imperfective* (борю́сь, бо́решься, бо́рются)
= to fight (something + **с** + *instrumental*)

борщ *noun* [4] (*genitive* -ща́)
= borshch; beetroot soup (*British English*), beet soup (*US English*)

борьба́ *noun* [7]
= struggle, fight

боти́нок *noun* [1] (*genitive* -нка; *genitive plural* -нок)
= shoe

бо́чка *noun* [7] (*genitive plural* -чек)
= barrel

боя́ться *verb imperfective* (бою́сь, бои́шься, боя́тся)
• = to be afraid (of + *genitive*)
• = to dislike, be sensitive to (+ *genitive*)

брак *noun* [1]
= marriage

брат *noun* [1] (*plural* -тья, -тьев)
= brother

брать *verb imperfective* (беру́, берёшь, беру́т; брал, -ла́, -ло) (*perfective* **взять**: возьму́, -мёшь, -му́т; взял, -ла́, -ло)
• = to take
• = to borrow
брать/взять напрока́т = to hire

бра́ться *verb imperfective* (беру́сь, берёшься, беру́тся; бра́лся, -ла́сь) (*perfective* **взя́ться**: возьму́сь, -мёшься, -му́тся; взя́лся, -ла́сь)
• = to seize, take hold of (+ **за** + *accusative*)
• = to get down to (+ **за** + *accusative*)
• = to undertake (+ **за** + *accusative* or + *infinitive*)
• = to come, appear

бре́ю *etc.* ▶ **брить**

брига́да *noun* [7]
= brigade

брита́нец *noun* [1] (*genitive* -нца)
= British man

брита́нка *noun* [7] (*genitive plural* -нок)
= British woman

Брита́нские острова́ *noun plural*
= British Isles

брита́нский *adjective* (-кая, -кое, -кие)
= British

бри́тва *noun* [7]
= razor

брить *verb imperfective* (бре́ю, бре́ешь, бре́ют) (*perfective* **побри́ть**: -бре́ю, -бре́ешь, -бре́ют)
= to shave (*a person or part of the body*)

бри́ться *verb imperfective* (бре́юсь, бре́ешься, бре́ются) (*perfective*

Б

побри́ться: -бре́юсь, -бре́ешься,
-бре́ются)
= to shave (*oneself*)

бровь *noun* 11 (*plural* -ви, -ве́й)
= eyebrow

броди́ть *verb imperfective* (брожу́,
бро́дишь, бро́дят)
= to wander

брони́ровать *verb imperfective* 20
(*perfective* **заброни́ровать** 20)
= to book, reserve

броса́ть *verb imperfective* 18 (*perfective*
бро́сить: бро́шу, бро́сишь, бро́сят)
• = to throw, fling, cast
• = to abandon, desert
• = to give up, quit, stop, leave off (*doing
something + infinitive*)

броса́ться *verb imperfective* 18
(*perfective* **бро́ситься**: бро́шусь,
бро́сишься, бро́сятся)
• = to throw oneself
• = to rush, dash

брю́ки *noun plural* (*genitive* брюк)
= (pair of) trousers (*British English*), (pair
of) pants (*US English*)

бу́дет ▶ **быть**

буди́льник *noun* 1
= alarm clock

буди́ть *verb imperfective* (бужу́, бу́дишь,
бу́дят) (*perfective* **разбуди́ть**: -бужу́,
-бу́дишь, -бу́дят)
= to wake (*a person*) up

бу́дка *noun* 7 (*genitive plural* -док)
= box, booth

бу́дто *conjunction*
= as if, as though

буду́ *etc.* ▶ **быть**

бу́дущее *noun* (*declined like a neuter
adjective*)
= the future

бу́дущий *adjective* (-щая, -щее, -щие)
= future, coming

бужу́ *etc.* ▶ **буди́ть**

бу́ква *noun* 7
= letter (*of the alphabet*)

буке́т *noun* 1
= bouquet, bunch

бу́лка *noun* 7 (*genitive plural* -лок)
• = white loaf
• = (bread) roll

бу́лочка *noun* 7 (*genitive plural* -чек)
= roll, bun

бу́лочная *noun* (*declined like a feminine
adjective*)
= baker's (shop), bakery

бума́га *noun* 7
• = paper
• = document

бума́жник *noun* 1
= wallet

бу́рный *adjective* (-ная, -ное, -ные;
-рен, -рна́, -рно, -рны)
= stormy

бу́ря *noun* 8
= storm

бутербро́д *noun* 1
= (open) sandwich

бу́тсы *noun plural* (*genitive* -сов)
= football boots

буты́лка *noun* 7 (*genitive plural* -лок)
= bottle

буфе́т *noun* 1
• = snack bar
• = sideboard

буха́нка *noun* 7 (*genitive plural* -нок)
= loaf (*of black bread*)

бухга́лтер *noun* 1
= accountant

бы *particle*
= would (*used in hypothetical sentences*)
он хоте́л бы = he would like
мы бы пое́хали в го́род = we would have
gone into town

быва́ть *verb imperfective* 18
• = to be
• = to happen

бы́вший *adjective* (-шая, -шее, -шие)
= former, ex-

бы́стро *adverb*
= fast, quickly

бы́стрый *adjective* (-рая, -рое, -рые;
быстр, -ра́, -ро, -ры)
= fast, quick

быт *noun* 1 (*locative* быту́)
= way of life

быть *verb* (*3rd person singular* есть;
future бу́ду, бу́дешь, бу́дут; *past* был, -ла́,
-ло; *imperative* будь, бу́дьте)
= to be

бью ▶ **бить**

бюро́ *noun* (*neuter indeclinable*)
= office, bureau

бюрокра́тия *noun* 9
= bureaucracy

бюстга́льтер *noun* 1
= bra

Вв

в *preposition* (*also* **во**)
- (+ *accusative*) = into (*a place*)
- (+ *accusative*) = to (*a place*)
- (+ *accusative or prepositional*) = at (*a time of day*)
- (+ *accusative*) = on (*a day of the week*)
- (+ *accusative*) = per
- (+ *prepositional*) = in (*a place; a month or year*)
- (+ *prepositional*) = at (*a place*)

> **!** **во** *is used before many words beginning with two or more consonants, e.g.* **во сне́** = in one's sleep

ваго́н *noun* 1
= (railway) carriage (*British English*), car (*US English*)

ваго́н-рестора́н *noun* (*both halves declined*)
= restaurant car

ва́жный *adjective* (-ная, -ное -ные; -жен, -жна́, -жно, ва́жны)
= important

ва́за *noun* 7
= vase

вака́нсия *noun* 9
= vacancy, job

валли́ец *noun* 1 (*genitive* -йца)
= Welshman

валли́йка *noun* 7 (*genitive plural* -йек)
= Welshwoman

валто́рна *noun* 7
= French horn

валю́та *noun* 7
= foreign currency, currency

> **!** **валю́та** *is used only of convertible currency; currency that is not convertible is called* **де́ньги**

вам, **ва́ми** ▶ **вы**

ва́нна *noun* 7
= bath

ва́нная *noun* (*declined like a feminine adjective*)
= bathroom

варе́нье *noun* 15
= jam

вари́ть *verb imperfective* (-рю́, -ришь, -рят) (*perfective* **свари́ть**: -рю́, -ришь, -рят)
= to boil, cook, make

вари́ться *verb imperfective* (-рится, -рятся) (*perfective* **свари́ться**: -рится, -рятся)
(*of food*) = to boil, to cook

вас ▶ **вы**

ва́та *noun* 7
= cotton wool (*British English*), (absorbent) cotton (*US English*)

ваш (*genitive* **ва́шего**; *feminine* **ва́ша**, *genitive* **ва́шей**; *neuter* **ва́ше**, *genitive* **ва́шего**; *plural* **ва́ши**, *genitive* **ва́ших**)
1 *determiner*
= your
2 *pronoun*
= yours

введе́ние *noun* 14
= introduction

ввезти́ ▶ **ввози́ть**

вверх *adverb*
= up, upwards
вверх по (+ *dative*) = up

вводи́ть *verb imperfective* (-ожу́, -о́дишь, -о́дят) (*perfective* **ввести́**: -еду́, -едёшь, -еду́т; ввёл, ввела́)
= to bring in, take in, lead in

ввози́ть *verb imperfective* (-ожу́, -о́зишь, -о́зят) (*perfective* **ввезти́**: -езу́, -езёшь, -езу́т; ввёз, ввезла́)
= to import, bring in, take in (*by transport*)

вдали́ *adverb*
= in the distance, far away

вдвоём *adverb*
(*of two people*) = together

вдоль *preposition* (+ *genitive*)
= along

вдруг *adverb*
= suddenly

веб-са́йт *noun*
= website

вегетариа́нец *noun* 1 (*genitive* -нца)
= (*male*) vegetarian

вегетариа́нка *noun* 7 (*genitive plural* -нок)
= (*female*) vegetarian

ведро́ *noun* 12 (*plural* вёдра, вёдер, вёдрам)
- = bucket
- = bin

веду́ *etc.* ▶ **вести́**

веду́щий *adjective* (-щая, -щее, -щие)
= leading

ведь *particle*
- = surely, after all
- = isn't that so?

вéжливый *adjective* (-вая, -вое, -вые;
вéжлив, -ва, -во, -вы)
= polite

вёз ▶ везти́

везде́ *adverb*
= everywhere

везти́ *verb imperfective determinate* (-зу́,
-зёшь, -зу́т; вёз, везла́) (*perfective*
повезти́: -зу́, -зёшь, -зу́т; повёз, -везла́)
• = to convey, bring, take
• = to be lucky (*impersonal* + *dative*)
éсли мне повезёт = if I'm lucky

век *noun* ① (*locative* -ку́; *plural* -ка́)
= century

вёл ▶ вести́

вели́кий *adjective* (-кая, -кое, -кие)
• = great (*short forms:* вели́к, -ка, -ко, -ки)
• (*of clothing*) = too big (*short forms only
used:* вели́к, -ка́, -ко́, -ки́)

Великобрита́ния *noun* ⑨
= Great Britain

великоле́пный *adjective* (-ная, -ное,
-ные; -пен, -пна, -пно, -пны)
= splendid, magnificent

велосипе́д *noun* ①
= bicycle

велосипеди́ст *noun* ①
= cyclist

Ве́нгрия *noun* ⑨
= Hungary

ве́ра *noun* ⑦
= faith, belief

верёвка *noun* ⑦ (*genitive plural* -вок)
= rope, string

ве́рить *verb imperfective* ㉒ (*perfective*
пове́рить ㉒)
= to believe (a person + *dative*)
ве́рить в (+ *accusative*) = to believe in

верну́ть ▶ возвраща́ть

верну́ться ▶ возвраща́ться

ве́рный *adjective* (-ная, -ное, -ные;
-рен, -рна́, -рно, ве́рны)
• = true, correct
• = faithful, loyal

вероя́тно *adverb*
= probably

вертолёт *noun* ①
= helicopter

верх *noun* ① (*locative* -ху́; *plural* -хи́)
= top

ве́рхний *adjective* (-няя, -нее, -ние)
= upper, top

верхо́м *adverb*
= on horseback

верши́на *noun* ⑦
= top, summit

вес *noun* ① (*locative* -су́; *plural* -са́)
= weight

весёлый *adjective* (-лая, -лое, -лые;
ве́сел, -ла́, -ло, -лы)
= merry, cheerful

весе́нний *adjective* (-нняя, -ннее,
-ннее)
= spring

ве́сить *verb imperfective* (ве́шу, ве́сишь,
ве́сят)
= to weigh (a certain amount)

весна́ *noun* ⑦ (*plural* вёсна, вёсен,
вёснам)
= spring

весно́й *adverb*
= in the spring

вести́ *verb imperfective determinate*
(веду́, ведёшь, веду́т; вёл, вела́)
(*perfective* **повести́**: -еду́, -едёшь, -еду́т;
повёл, -вела́)
• = to take, lead, conduct
• = to drive (a car etc.)
вести́ себя́ (*imperfective*) = to behave

весь *determiner* (вся, всё, все)
= all, the whole (of)
все = everyone, everybody
всё = everything
всего́ хоро́шего! = all the best! *or* have a
good time!
всё ещё = still
всё же = all the same

ве́тер *noun* ① (*genitive* -тра, *locative*
-тру́)
= wind

ве́тка *noun* ⑦ (*genitive plural* -ток)
= branch, twig

ве́треный *adjective* (-ная, -ное, -ные;
ве́трен, -на, -но, -ны)
= windy

ветчина́ *noun* ⑦
= ham

ве́чер *noun* ① (*plural* -ра́)
• = evening
• = (*formal*) party

вечери́нка *noun* ⑦ (*genitive plural*
-нок)
= (*informal*) party

ве́чером *adverb*
= in the evening
сего́дня ве́чером = tonight, this
evening

ве́шалка *noun* ⑦ (*genitive plural* -лок)
= peg, hook, hanger; coat stand

ве́шать *verb imperfective* ⑱ (*perfective*
пове́сить: -éшу, -éсишь, -éсят)
= to hang, hang up

ве́шу ▶ ве́сить

вещь *noun* 11 (*plural* ве́щи, веще́й, веща́м)
= thing

взаймы́ ▶ дава́ть

взве́шивать *verb imperfective* 18 (*perfective* **взве́сить**: -е́шу, -е́сишь, -е́сят)
= to weigh (*an object*)

взволнова́ть ▶ волнова́ть

взволнова́ться ▶ волнова́ться

взгляд *noun* 1
• = glance, look
• = opinion, view

взгля́дывать *verb imperfective* 18 (*perfective* **взгляну́ть**: -ну́, -нешь, -нут)
= to look, glance

вздыха́ть *verb imperfective* 18 (*perfective* **вздохну́ть**: -ну́, -нёшь, -ну́т)
= to sigh

взлёт *noun* 1
= take-off (*of a plane*)

взлета́ть *verb imperfective* 18 (*perfective* **взлете́ть**: -лечу́, -лети́шь, -летя́т)
• (*of a plane*) = to take off
• = to fly up, soar

взло́мщик *noun* 1
= burglar

взойти́ ▶ всходи́ть

взорва́ть ▶ взрыва́ть

взорва́ться ▶ взрыва́ться

взро́слый (-лая, -лое, -лые)
1 *adjective*
= adult, grown-up
2 *noun* (*declined like a masculine or feminine adjective*)
= adult, grown-up

взрыва́ть *verb imperfective* 18 (*perfective* **взорва́ть**: -ву́, -вёшь, -ву́т; -ва́л, -вала́, -ва́ло)
= to blow up (*a building etc.*)

взрыва́ться *verb imperfective* 18 (*perfective* **взорва́ться**: -ву́сь, -вёшься, -ву́тся; -ва́лся, -вала́сь, -ва́лось)
(*of a bomb, building, etc.*) = to explode

взя́тка *noun* 7 (*genitive plural* -ток)
= bribe

взять ▶ брать

взя́ться ▶ бра́ться

вид *noun* 1 (*locative* -ду́)
• = appearance, look
• = view
• = sort, kind
• = sight
де́лать (*imperfective*; *perfective* **сде́лать**)
вид = to pretend
име́ть (*imperfective*) **в виду́** = to mean, intend, bear in mind

ви́део✱ *noun* (*neuter indeclinable*)
• = video recorder
• = video film
• = video cassette

видеоза́пись *noun* 11
= video recording

видеока́мера *noun* 7
= video camera, camcorder

видеокассе́та *noun* 7
= video cassette

видеомагнитофо́н *noun* 1
= video recorder

ви́деть *verb imperfective* (ви́жу, ви́дишь, ви́дят) (*perfective* **уви́деть**: уви́жу, уви́дишь, уви́дят)
= to see

ви́деться *verb imperfective* (ви́жусь, ви́дишься, ви́дятся) (*perfective* **уви́деться**: уви́жусь, уви́дишься, уви́дятся)
= to see each other

ви́дно
1 *adverb*
= obviously, evidently
2 *predicate*
= obvious

ви́дный *adjective* (-ная, -ное, -ные; ви́ден, -дна́, -дно, -дны́)
= visible

ви́жу ▶ ви́деть

ви́за *noun* 7
= visa

ви́лка *noun* 7 (*genitive plural* -лок)
• = fork
• = plug

вина́ *noun* 7
= guilt, fault, blame

винегре́т *noun* 1
= Russian salad (*of diced vegetables*)

вини́ть *verb imperfective* 22
= to blame (for + **в** + *prepositional* or + **за** + *accusative*)

вино́ *noun* 12 (*plural* ви́на)
= wine

✱ in informal situations

винова́тый adjective (-тая, -тое, -тые; винова́т, -та, -то, -ты)
= guilty

вино́вный adjective (-ная, -ное, -ные; -вен, -вна, -вно, -вны)
= guilty (of + в + prepositional)

виногра́д noun ① (collective; no plural)
= grapes

виногра́дина noun ⑦
= grape

виолонче́ль noun ⑪
= cello

висе́ть verb imperfective (вишу́, виси́шь, вися́т)
= to hang, be suspended

витри́на noun ⑦
= shop window

ви́шня noun ⑧ (genitive plural -шен)
= cherry

вишу́ ▶ висе́ть

вкла́дывать verb imperfective ⑱ (perfective **вложи́ть**: вложу́, вло́жишь, вло́жат)
• = to put in, insert
• = to enclose (e.g. with a letter)
• = to invest

включа́ть verb imperfective ⑱ (perfective **включи́ть**: -чу́, -чи́шь, -ча́т)
• = to include
• = to switch on

вкус noun ①
= taste

вку́сный adjective (-ная, -ное, -ные; -сен, -сна́, -сно, вкусны́)
= tasty, nice, good to eat

владе́лец noun ① (genitive -льца)
= owner

вла́жный adjective (-ная, -ное, -ные; -жен, -жна́, -жно, -жны)
= damp

власть noun ⑪ (plural -ти, -те́й)
= power, authority

влеза́ть verb imperfective ⑱ (perfective **влезть**: вле́зу, вле́зешь, вле́зут; влез, -зла)
• = to climb, climb in
• = to fit in

влия́ние noun ⑭
= influence

влия́ть verb imerfective ⑲ (perfective **повлия́ть** ⑲)
= to influence, affect (+ на + accusative)

вложи́ть ▶ вкла́дывать

влюбля́ться verb imperfective ⑲ (perfective **влюби́ться**: влюблю́сь, влю́бишься, влю́бятся)
= to fall in love (with + в + accusative)

вме́сте adverb
= together (with + с + instrumental)

вме́сто preposition (+ genitive)
= instead of

вме́сто того́, что́бы (+ infinitive) = instead of (doing something)

вме́шиваться verb imperfective ⑱ (perfective **вме́шаться** ⑱)
= to interfere (in + в + accusative)

внача́ле adverb
= in the beginning, at first

вне preposition (+ genitive)
= outside

внеза́пно adverb
= suddenly

внести́ ▶ вноси́ть

вне́шний adjective (-няя, -нее, -ние)
• = outer, outside, external
• = foreign

вне́шность noun ⑪
= appearance, exterior

вниз adverb
• = down, downwards
• = downstairs
вниз по (+ dative) = down

внизу́
1 adverb
• = below
• = downstairs
2 preposition (+ genitive)
= at the bottom of

внима́ние noun ⑭
= attention

внима́тельный adjective (-ная, -ное, -ные; -лен, -льна, -льно, -льны)
= attentive

вничью́ adverb
сыгра́ть (perfective) вничью́ = to draw

вноси́ть verb imperfective (вношу́, вно́сишь, вно́сят) (perfective **внести́**: -су́, -сёшь, -су́т; внёс, внесла́)
• = to bring in, take in, carry in
• = to introduce
• = to pay

внук noun ①
= grandson

вну́тренний adjective (-нняя, -ннее, -ннние)
= internal, inner

внутри́
1 adverb
= inside
2 preposition (+ genitive)
= inside

внутрь
1 adverb
= inside

2 *preposition* (+ *genitive*)
= inside

вну́чка *noun* [7] (*genitive plural* -чек)
= granddaughter

во ▶ **в**

во́время *adverb*
= in time; on time

во-вторы́х *adverb*
= secondly

вода́ *noun* [7] (*accusative* во́ду, *genitive* воды́; *plural* во́ды)
= water

води́тель *noun* [6]
= driver

води́тельские права́ *noun plural*
= driving licence (*British English*), driver's licence (*US English*)

води́ть *verb imperfective indeterminate* (вожу́, во́дишь, во́дят)
• = to take, lead, conduct
• = to drive (*a car etc.*)

во́дка *noun* [7]
= vodka

воева́ть *verb imperfective* (вою́ю, вою́ешь, вою́ют)
= to be at war, wage war (with + про́тив + *genitive*)

вое́нно-морско́й флот *noun*
= navy

вое́нный (-нная, -нное, -нные)
1 *adjective*
= military
2 *noun* (*declined like a masculine adjective*)
= serviceman, soldier

вожде́ние *noun* [14]
= driving

вождь *noun* [6] (*genitive* -дя́)
= leader

вожу́ *etc.* ▶ **води́ть**

возбужда́ть *verb imperfective* [18] (*perfective* **возбуди́ть**: -бужу́, -буди́шь, -будя́т)
= to excite, arouse

возбуждённый *adjective* (-нная, -нное, -нные; возбуждён, -дена́, -дено́, -дены́)
= excited

возвраща́ть *verb imperfective* [18] (*perfective* **возврати́ть**: -вращу́, -врати́шь, -вратя́т, *or* **верну́ть**: -ну́, -нёшь, -ну́т)
= to return, give back

возвраща́ться *verb imperfective* [18] (*perfective* **возврати́ться**: -вращу́сь, -врати́шься, -вратя́тся, *or* **верну́ться**: -ну́сь, -нёшься, -ну́тся)
= to return, go back, come back

возвраще́ние *noun* [14]
= return

во́здух *noun* [1]
= air

вози́ть *verb imperfective indeterminate* (вожу́, во́зишь, во́зят)
= to convey, bring, take

во́зле
1 *preposition* (+ *genitive*)
= by, near, close to
2 *adverb*
= nearby

возмо́жно *adverb*
= it is possible, possibly

возмо́жность *noun* [11]
= possiblity, opportunity, chance

возмо́жный *adjective* (-ная, -ное, -ные; -жен, -жна, -жно, -жны)
= possible

возника́ть *verb imperfective* [18] (*perfective* **возни́кнуть**: -нет, -нут)
= to arise, spring up, originate

возража́ть *verb imperfective* [18] (*perfective* **возрази́ть**: -ражу́, -рази́шь, -разя́т)
= to object (to + про́тив + *genitive*)

во́зраст *noun* [1]
= age

возьму́ *etc.* ▶ **взять**

войду́ *etc.* ▶ **войти́**

война́ *noun* [7] (*plural* во́йны)
= war

войска́ *noun plural* (*genitive* войск)
= troops

войти́ ▶ **входи́ть**

вокза́л *noun* [1]
= (railway) station

во́кмен *noun* [1]
= Walkman (*proprietary term*)

вокру́г
1 *adverb*
= around
2 *preposition* (+ *genitive*)
= around

волейбо́л *noun* [1]
= volleyball

волк *noun* [1] (*plural* -ки, -ко́в)
= wolf

волна́ *noun* [7] (*plural* во́лны, волн, во́лна́м)
= wave

волнова́ть *verb imperfective* [21] (*perfective* **взволнова́ть** [21])
= to upset, worry, agitate, excite

волнова́ться *verb imperfective* 21
(*perfective* **взволнова́ться** 21)
= to worry, be nervous, get excited

волну́ющий *adjective* (-щая, -щее, -щие)
= exciting

во́лос *noun* 1 (*plural* во́лосы, воло́с, волоса́м)
= hair

во́ля *noun* 8
= will

воображе́ние *noun* 14
= imagination

вообще́ *adverb*
= in general; at all

во-пе́рвых *adverb*
= firstly

вопро́с *noun* 1
• = question
• = problem, issue

вор *noun* 1 (*plural* во́ры, воро́в)
= thief

воро́та *noun plural* (*genitive* воро́т)
• = (*large*) gate, gates
• (*in sport*) = goal, net

воротни́к *noun* 1 (*genitive* -ка́)
= collar

восемна́дцатый *number* (-тая, -тое, -тые)
= eighteenth

восемна́дцать *number* 11
= eighteen

во́семь *number* 11 (*genitive* восьми́)
= eight

во́семьдесят *number* (*genitive, dative, prepositional* восьми́десяти; *instrumental* восьмью́десятью)
= eighty

восемьсо́т *number* (восьмисо́т, восьмиста́м, восьмьюста́ми, восьмиста́х)
= eight hundred

воскресе́нье *noun* 15
= Sunday

воспита́ние *noun* 14
= upbringing

воспи́тывать *verb imperfective* 18
(*perfective* **воспита́ть** 18)
= to bring up

воспо́льзоваться
▶ по́льзоваться

воспомина́ние *noun* 14
• = memory, recollection
• (*in plural*) = memoirs

восто́к *noun* 1
= east

восто́чный *adjective* (-ная, -ное, -ные)
= east, eastern, easterly, oriental

восхо́д *noun* 1
= rising, rise

восхо́д со́лнца *noun*
= sunrise

восьмидеся́тый *number* (-тая, -тое, -тые)
= eightieth

восьмо́й *number* (-ма́я, -мо́е, -мы́е)
= eighth

вот *particle*
= here is, here are

вошёл *etc.* ▶ входи́ть

вою́ю *etc.* ▶ воева́ть

впервы́е *adverb*
= for the first time

вперёд *adverb*
= forward, ahead

впереди́
1 *adverb*
= in front, ahead
2 *preposition* (+ *genitive*)
= in front of, before

впечатле́ние *noun* 14
= impression

вполне́ *adverb*
= completely, quite

впуска́ть *verb imperfective* 10
(*perfective* **впусти́ть**: впущу́, впу́стишь, впу́стят)
= to admit, let in

враг *noun* 1 (*genitive* -га́)
= enemy

врать *verb imperfective* (вру, врёшь, врут; врал, -ла́, -ло) (*perfective* **совра́ть**: -ру́, -рёшь, -ру́т; совра́л, -ла́, -ло)
= to lie, tell lies

врач *noun* 1 (*genitive* -ча́)
= doctor

вред *noun* 1 (*genitive* -да́)
= harm, damage

вреди́ть *verb imperfective* (-ежу́, -еди́шь, -едя́т) (*perfective* **повреди́ть**: -ежу́, -еди́шь, -едя́т)
= to harm, damage (a person or thing + *dative*)

вре́дный *adjective* (-ная, -ное, -ные; вре́ден, -дна́, -дно, вредны́)
= harmful

вреза́ться *verb imperfective* 18
(*perfective* **вре́заться** -е́жусь, -е́жешься, -е́жутся)
= to crash into (+ **в** + *accusative*)

времена́ми *adverb*
= at times

B

вре́менно adverb
= temporarily

вре́менный adjective (-нная, -нное, -нные)
= temporary

вре́мя noun 17 (plural -мена́, -мён, -мена́м)
= time
во вре́мя (+ genitive) = during
вре́мя от вре́мени = from time to time, now and then
ско́лько вре́мени?
* = what's the time?
* = how long?

вре́мя го́да noun
= season

всё, все ▶ весь

всегда́ adverb
= always

всего́ adverb
= in all, altogether, only

всё-таки conjunction
= all the same, nevertheless, still

вска́кивать verb imperfective 18
(perfective **вскочи́ть**: вскочу́, вско́чишь, вско́чат)
= to jump up

вскипе́ть ▶ кипе́ть

вскипяти́ть ▶ кипяти́ть

вско́ре adverb
= soon, shortly after

вскочи́ть ▶ вска́кивать

вслух adverb
= aloud

вспомина́ть verb imperfective 18
(perfective **вспо́мнить** 22)
= to remember

встава́ть verb imperfective (встаю́, -аёшь, -ают) (perfective **встать**: вста́ну, -нешь, -нут)
= to get up, stand up, rise

встре́тить ▶ встреча́ть

встре́титься ▶ встреча́ться

встре́ча noun 7
= meeting

встреча́ть verb imperfective 18
(perfective **встре́тить**: -е́чу, -е́тишь, -е́тят)
= to meet (a person)

встреча́ться verb imperfective 18
(perfective **встре́титься**: -е́чусь, -е́тишься, -е́тятся)
= to meet (each other)

вступа́ть verb imperfective 18
(perfective **вступи́ть**: вступлю́, всту́пишь, всту́пят) (+ в + accusative)
* = to enter
* = to become a member of, join

всходи́ть verb imperfective (-ожу́, -о́дишь, -о́дят) (perfective **взойти́**: -йду́, -йдёшь, -йду́т; взошёл, -шла́)
= to rise, go up, ascend (+ на + accusative)

всю ▶ весь

всю́ду adverb
= everywhere

вся ▶ весь

вся́кий (-кая, -кое, -кие)
1 determiner
= every, all, any
2 pronoun
= everybody, anybody

вта́скивать verb imperfective 18
(perfective **втащи́ть**: -щу́, -щишь, -щат)
= to pull in, drag in

вто́рник noun 1
= Tuesday

второ́е noun (declined like a neuter adjective)
= second course (of a meal)

второ́й number (-ра́я, -ро́е, -ры́е)
= second

вход noun 1
= entrance, way in, entry

входи́ть verb imperfective (вхожу́, вхо́дишь, вхо́дят) (perfective **войти́**: -йду́, -йдёшь, -йду́т; вошёл, -шла́)
* = to enter, go in(to), come in(to) (a place + в + accusative)
* = to get on, get into (a bus etc. + в + accusative)

вчера́ adverb
= yesterday

въезд noun 1
= entrance, entry

въезжа́ть verb imperfective 18
(perfective **въе́хать**: -е́ду, -е́дешь, -е́дут)
* = to enter, drive in(to), ride in(to) (a place + в + accusative)
* = to move in(to) (a flat etc. + в + accusative)

вы pronoun (вас, вам, ва́ми, вас)
= you

выбира́ть verb imperfective 18
(perfective **вы́брать**: -беру́, -бере́шь, -беру́т)
* = to choose, select, pick
* = to elect

вы́бор noun 1
* = choice
* (in plural) = elections

выбра́сывать *verb imperfective* [18]
(*perfective* **вы́бросить**: -ошу, -осишь,
-осят)
  = to throw out, throw away

вы́брать ▶ **выбира́ть**

вы́бросить ▶ **выбра́сывать**

вы́везти ▶ **вывози́ть**

вы́весить ▶ **выве́шивать**

вы́вести ▶ **выводи́ть**

выве́шивать *verb imperfective* [18]
(*perfective* **вы́весить**: -ешу, -есишь,
-есят)
  = to hang out

вы́вод *noun* [1]
  = conclusion

выводи́ть *verb imperfective* (-ожу́,
-о́дишь, -о́дят) (*perfective* **вы́вести**: -еду,
-едешь, -едут; вы́вел)
  = to take out, lead out, bring out

вы́воз *noun* [1]
  = export

вывози́ть *verb imperfective* (-ожу́,
-о́зишь, -о́зят) (*perfective* **вы́везти**: -езу,
-езешь, -езут; -вез, -везла)
• = to take out, bring out, drive away
• = to export

вы́гладить ▶ **гла́дить**

вы́глядеть *verb imperfective* (-яжу,
-ядишь, -ядят)
  = to look; to look like

вы́гнать ▶ **выгоня́ть**

вы́года *noun* [7]
  = profit, advantage

вы́годный *adjective* (-ная, -ное, -ные;
-ден, -дна, -дно, -дны)
  = profitable, advantageous

выгоня́ть *verb imperfective* [19]
(*perfective* **вы́гнать**: -гоню, -гонишь,
-гонят)
  = to drive out

выдаю́щийся *adjective* (-щаяся,
-щееся, -щиеся)
  = distinguished, prominent

вы́езд *noun* [1]
  = exit

выезжа́ть *verb imperfective* [18]
(*perfective* **вы́ехать**: -еду, -едешь, -едут)
  = to go out, depart, drive out, ride out (of
  + **из** + *genitive*)

выжива́ть *verb imperfective* [18]
(*perfective* **вы́жить**: -иву, -ивешь, -ивут)
  = to survive

вызыва́ть *verb imperfective* [18]
(*perfective* **вы́звать**: -зову, -зовешь,
-зовут)
  = to call, send for, summon

выи́грывать *verb imperfective* [18]
(*perfective* **вы́играть** [18])
  = to win

вы́йти ▶ **выходи́ть**

выка́пывать *verb imperfective* [18]
(*perfective* **вы́копать** [18])
  = to dig, dig up

выключа́тель *noun* [6]
  = switch

выключа́ть *verb imperfective* [18]
(*perfective* **вы́ключить**: -чу, -чишь, -чат)
  = to turn off, switch off

вы́копать ▶ **выка́пывать**, **копа́ть**

вы́купаться ▶ **купа́ться**

вы́курить ▶ **кури́ть**

вы́лет *noun* [1]
  = departure (*of a flight*)

вылета́ть *verb imperfective* [18]
(*perfective* **вы́лететь**: -лечу, -летишь,
-летят)
• = to fly out
• = to depart (*by plane*)

вы́мыть ▶ **мыть**

вы́мыться ▶ **мы́ться**

вы́нести ▶ **выноси́ть**

вынима́ть *verb imperfective* [18]
(*perfective* **вы́нуть**: -ну, -нешь, -нут)
  = to take out

выноси́ть *verb imperfective* (-ошу́,
-о́сишь, -о́сят) (*perfective* **вы́нести**: -су,
-сешь, -сут; вы́нес, -сла)
• = to take out, carry out, carry away
• = to bear, withstand, endure

вы́нуть ▶ **вынима́ть**

выпи́сываться *verb imperfective* [18]
(*perfective* **вы́писаться**: -ишусь,
-ишешься, -ишутся)
  = to check out

вы́пить ▶ **пить**

выполня́ть *verb imperfective* [19]
(*perfective* **вы́полнить** [22])
  = to fulfil (*British English*), to fulfill (*US
  English*), to carry out

выпры́гивать *verb imperfective* [18]
(*perfective* **вы́прыгнуть**: -ну, -нешь,
-нут)
  = to jump out (of + **из** + *genitive*)

выпуска́ть *verb imperfective* [18]
(*perfective* **вы́пустить**: -ущу, -устишь,
-устят)
• = to let out
• = to issue, produce

вы́пью *etc.* ▶ **вы́пить**

выража́ть *verb imperfective* [18]
(*perfective* **вы́разить**: -ажу, -азишь,
-азят)
  = to express

выраже́ние noun 14
= expression

выраста́ть verb imperfective 18
(perfective **вы́расти**: -ту, -тешь, -тут;
вы́рос, -сла)
= to grow; to grow up

выра́щивать verb imperfective 18
(perfective **вы́растить**: -ащу, -астишь,
-астят)
= to grow, cultivate (crops)

вы́рвать ▶ рвать²

вы́ругаться ▶ руга́ться

вы́рыть ▶ рыть

выса́живать verb imperfective 18
(perfective **вы́садить**: -ажу, -адишь,
-адят)
= to drop (a person) off

выска́кивать verb imperfective 18
(perfective **вы́скочить**: -чу, -чишь, -чат)
= to jump out, spring out

высо́кий adjective (-кая, -кое, -кие;
высо́к, -ока́, -о́ко́, -о́ки́)
= high, tall

высота́ noun 7 (plural -со́ты, -со́т)
= height

вы́сохнуть ▶ высыха́ть

вы́спаться ▶ высыпа́ться

вы́ставка noun 7 (genitive plural -вок)
= exhibition

вы́стирать ▶ стира́ть

вы́стрел noun 1
= shot

вы́стрелить verb perfective 22
= to shoot (at + в + accusative)

выступа́ть verb imperfective 18
(perfective **вы́ступить**: -плю, -пишь,
-пят)
= to appear, perform, speak

выступле́ние noun 14
= appearance, performance, speech

вы́сушить ▶ суши́ть

вы́сший adjective (-шая, -шее, -шие)
= highest, higher

высыпа́ться verb imperfective 18
(perfective **вы́спаться**: -плюсь, -пишься,
-пятся)
= to have a good sleep

высыха́ть verb imperfective 18
(perfective **вы́сохнуть**: -ну, -нешь, -нут)
= to dry (out), dry up

выта́скивать verb imperfective 18
(perfective **вы́тащить**: -щу, -щишь, -щат)
= to pull out, drag out

вытира́ть verb imperfective 18
(perfective **вы́тереть**: -тру, -трешь, -трут;
вы́тер, -рла)
= to dry, wipe (up)

вы́учить ▶ учи́ть

вы́ход noun 1
• = way out, exit
• = going out, departure
• = solution, way out (of a problem)

выходи́ть verb imperfective (-ожу́,
-о́дишь, -о́дят) (perfective **вы́йти**: -йду,
-йдешь, -йдут; вы́шел, -шла)
• = to go out (of), come out (of), leave (a
  place + из + genitive)
• = to get off, get out (of a bus etc. + из
  + genitive)
• = to turn out, happen
• = to come out, be published
• = to overlook (a place + в or на
  + accusative)
  выходи́ть verb imperfective (perfective
  вы́йти) **за́муж** = (of a woman) to marry
  (a man + за + accusative)

выходно́й день noun
= day off

вычёркивать verb imperfective 18
(perfective **вы́черкнуть**: -ну, -нешь, -нут)
= to cross out

вы́чистить ▶ чи́стить

вычита́ть verb imperfective 18
(perfective **вы́честь**: вы́чту, -тешь, -тут;
вы́чел, -чла)
= to subtract

вы́ше
1 predicative adjective (indeclinable)
= higher, taller
2 adverb
= higher
3 preposition (+ genitive)
= above

вы́шел etc. ▶ вы́йти

выясня́ть verb imperfective 19
(perfective **вы́яснить** 22)
= to find out, ascertain

вяза́ть verb imperfective (вяжу́, вя́жешь,
вя́жут) (perfective **связа́ть**: свяжу́,
свя́жешь, свя́жут)
• = to tie (up), bind
• = to knit

Гг

газ noun 1
= gas

газе́та noun 7
= newspaper

газе́тный *adjective* (-ная, -ное, -ные)
= newspaper

газо́н *noun* 1
= lawn

галере́я *noun* 10
= gallery

га́лстук *noun* 1
= tie, necktie

га́мбургер *noun* 1
= hamburger

гара́ж *noun* 4 (*genitive* -жа́)
= garage

гардеро́б *noun* 1
• = wardrobe
• = cloakroom

гарни́р *noun* 1
= vegetables (*with a meal*), side dish

гаси́ть *verb imperfective* (гашу́, га́сишь, га́сят) (*perfective* **погаси́ть**: -гашу́, -га́сишь, -га́сят)
= to extinguish

га́снуть *verb imperfective* (-нет, -нут; гас, -сла) (*perfective* **пога́снуть**: -нет, -нут; -га́с, -га́сла)
= to be extinguished, go out

гастроно́м *noun* 1
= grocer's (shop)

гвозди́ка *noun* 7
= carnation

гвоздь *noun* 6 (*genitive* -дя́; *plural* -ди, -де́й)
= nail

где *adverb & conjunction*
– where
где бы ни = wherever
где-либо = anywhere
где-нибудь = somewhere, anywhere
где-то = somewhere

ге́ний *noun* 5
= genius

геогра́фия *noun* 9
= geography

Герма́ния *noun* 9
= Germany

геро́й *noun* 2
= hero

ги́бнуть *verb imperfective* (-ну, -нешь, -нут; гиб(нул), ги́бла) (*perfective* **поги́бнуть**: -ну, -нешь, -нут; -ги́б(нул), -ги́бла)
= to perish

гимна́стика *noun* 7
= gymnastics

гита́ра *noun* 7
= guitar

глава́ *noun* 7 (*plural* -вы)
• = head, chief
• = chapter

гла́вный *adjective* (-ная, -ное, -ные)
= chief, main

гла́дить *verb imperfective* (-а́жу, -а́дишь, -а́дят)
• = to stroke (*perfective* **погла́дить**: -а́жу, -а́дишь, -а́дят)
• = to iron (*perfective* **вы́гладить**: вы́глажу, -адишь, -адят)

гла́дкий *adjective* (-кая, -кое, -кие; -док, -дка́, -дко, -дки)
= smooth

глаз *noun* 1 (*locative* -зу́; *plural* -за́, -з)
= eye

глубо́кий *adjective* (-кая, -кое, -кие; глубо́к, -ока́, -о́ко́, -о́ки)
= deep

глу́пость *noun* 11
= stupidity

глу́пый *adjective* (-пая, -пое, -пые; глуп, -па́, -по, -пы)
= stupid

глухо́й *adjective* (-ха́я, -хо́е, -хи́е; глух, -ха́, -хо, -хи)
= deaf

гляде́ть *verb imperfective* (гляжу́, гляди́шь, глядя́т) (*perfective* **погляде́ть**: -гляжу́, -гляди́шь, -глядя́т)
= to look, gaze, peer

гна́ться *verb imperfective determinate* (гоню́сь, го́нишься, го́нятся; гна́лся, -ла́сь, -лось; *perfective* **погна́ться**: -гоню́сь, -го́нишься, -го́нятся; погна́лся, -ла́сь, -лось) (+ за + *instrumental*)
= to chase, run after, pursue

говори́ть *verb imperfective* 22
• = to speak, talk (*perfective* **поговори́ть** 22)
• = to say, tell (*perfective* **сказа́ть**: скажу́, ска́жешь, ска́жут)

говя́дина *noun* 7
= beef

год *noun* 1 (*locative* -ду́; *plural* -ды or -да́, *genitive* -до́в or лет)
= year

ско́лько тебе́/вам лет? = how old are you?

гол *noun* 1
= goal

голла́ндец *noun* 1 (*genitive* -дца)
= Dutchman

Голла́ндия *noun* 9
= Holland

голла́ндка *noun* 7 (*genitive plural* -док)
= Dutchwoman

голла́ндский *adjective* (-кая, -кое, -кие)
= Dutch

голова́ *noun* 7 (*accusative* го́лову, *genitive* -вы́; *plural* го́ловы, -ло́в, -лова́м)
= head

голо́вка *noun* 7 (*genitive plural* -вок)
= head (*of lettuce etc.*)

головна́я боль *noun*
= headache

го́лод *noun* 1
= hunger, famine

голо́дный *adjective* (-ная, -ное, -ные; го́лоден, -дна́, го́лодно, го́лодны́)
= hungry

го́лос *noun* 1 (*plural* -са́)
• = voice
• = vote

голосова́ть *verb imperfective* 21 (*perfective* **проголосова́ть** 21)
= to vote (for + за + *accusative*; against + про́тив + *genitive*)

голосова́я по́чта *noun*
= voicemail

голубо́й *adjective* (-ба́я, -бо́е, -бы́е)
= (light) blue

го́лый *adjective* (-лая, -лое, -лые; гол, -ла́, -ло, -лы)
= naked, bare

гольф *noun* 1
= golf

гомосексуали́ст *noun* 1
= (*male*) homosexual

гомосексуали́стка *noun* 7 (*genitive plural* -ток)
= (*female*) homosexual

го́нки *noun plural* (*genitive* -нок)
= race, racing (*of cars, boats, etc.*)

гоня́ться *verb imperfective indeterminate* 19
= to chase, run after, pursue

гора́ *noun* 7 (*accusative* го́ру, *genitive* горы́; *plural* го́ры, гор, гора́м)
= mountain, hill

гора́здо *adverb*
= much, far, by far

горди́ться *verb imperfective* (горжу́сь, горди́шься, -дя́тся)
= be proud (of a thing + *instrumental*)

го́рдый *adjective* (-дая, -дое, -дые; горд, -да́, -до, -ды)
= proud

го́ре *noun* 16 (*no plural*)
= grief, sorrow

горе́ть *verb imperfective* (-рю́, -ри́шь, -ря́т)
= to burn, be alight

горизо́нт *noun* 1
= horizon

го́рло *noun* 12
= throat

го́род *noun* 1 (*plural* -да́)
= town, city

горо́шек *noun* 1 (*genitive* -шка) (*collective; no plural*)
= peas

горшо́к *noun* 1 (*genitive* -шка́)
• = pot
• = flowerpot

го́рький *adjective* (-кая, -кое, -кие; го́рек, горька́, -рько, -рьки)
= bitter

горя́чий *adjective* (-чая, -чее, -чие; горя́ч, -ча́, -чо́, -чи́)
• = hot
• = passionate, ardent

го́спиталь *noun* 6
= hospital

го́споди *exclamation*
= good heavens!

господи́н *noun* 1 (*plural* -ода́, -о́д, -ода́м)
• = Mr
• = gentleman

госпожа́ *noun* 7
• = Mrs, Miss, Ms
• = lady

гости́ная *noun* (*declined like a feminine adjective*)
= sitting room, living room

гости́ница *noun* 7
= hotel

гость *noun* 6 (*genitive plural* -те́й)
= guest, visitor

госуда́рственный *adjective* (-нная, -нное, -нные)
= State, public

госуда́рство *noun* 12
= State

гото́вить *verb imperfective* (-влю, -вишь, -вят) (*perfective* **приго́товить**: -влю, -вишь, -вят)
• = to prepare
• = to cook, make
• = to train (*a person*)

гото́виться *verb imperfective* (-влюсь, -вишься, -вятся) (*perfective* **приго́товиться**: -влюсь, -вишься, -вятся)
• = to prepare (oneself)
• (*of a person*) = to train

гото́вый *adjective* (-вая, -вое, -вые; гото́в, -ва, -во, -вы)
= ready

гра́бить *verb imperfective* (-блю, -бишь, -бят) (*perfective* **огра́бить**: -блю, -бишь, -бят)
= to rob

гра́дус *noun* [1]
= degree

гра́дусник *noun* [1]
= thermometer

граждани́н *noun* [1] (*plural* гра́ждане, -дан)
= (*male*) citizen

гражда́нка *noun* [7] (*genitive plural* нок)
= (*female*) citizen

гражда́нский *adjective* (-кая, -кое, -кие)
= civic, civil, civilian

грамм *noun* [1] (*genitive plural* грамм *or* гра́ммов)
= gram(me)

грамма́тика *noun* [7]
= grammar

грани́ца *noun* [7]
• = border
• = boundary
• = limit
за грани́цей = abroad (*place*)
за грани́цу = abroad (*motion*)

гра́фство *noun* [12]
= county (*in the UK*)

гре́йпфрут *noun* [1]
= grapefruit

грек *noun* [1]
= (*male*) Greek

греть *verb imperfective* (гре́ю, гре́ешь, гре́ют)
= to warm, heat

гре́ться *verb imperfective* (гре́юсь, гре́ешься, гре́ются)
= to warm, become warm, warm oneself, bask

Гре́ция *noun* [9]
= Greece

греча́нка *noun* [7] (*genitive plural* -нок)
= (*female*) Greek

гриб *noun* [1] (*genitive* -ба́)
= (*wild*) mushroom

грим *noun* [1]
= (*theatrical*) make-up

грипп *noun* [1]
= flu

гроза́ *noun* [7] (*plural* -зы)
= (thunder)storm

гром *noun* [1] (*plural* -мы, -мо́в)
= thunder, thunderbolt

гро́мкий *adjective* (-кая, -кое, -кие; -мок, -мка́, -мко, -мки)
= loud

гро́мче
1 *predicative adjective* (*indeclinable*)
= louder
2 *adverb*
= more loudly, louder

гро́хот *noun* [1]
= crash

гру́бый *adjective* (-бая, -бое, -бые; груб, -ба́, -бо, -бы)
• = rude, coarse
• = rough

грудь *noun* [11] (*genitive* -ди́, *instrumental* -дью, *locative* -ди́; *plural* -ди, -де́й)
= chest, breast

груз *noun* [1]
= load, burden

грузи́ть *verb imperfective* (гружу́, гру́зишь, гру́зят) (*perfective* **погрузи́ть**: -гружу́, -гру́зишь, -гру́зят)
= to load

Гру́зия *noun* [9]
= Georgia

грузови́к *noun* [1] (*genitive* -ка́)
= lorry (*British English*), truck (*US English*)

гру́ппа *noun* [7]
= group

гру́стный *adjective* (-ная, -ное, -ные; -тен, -тна́, -тно, гру́стны)
= sad

гру́ша *noun* [7]
= pear

гря́зный *adjective* (-ная, -ное, -ные; -зен, -зна́, -зно, гря́зны)
= dirty, muddy

грязь *noun* [11] (*locative* -зи́)
= dirt, mud

губа́ *noun* [7] (*plural* гу́бы, губ, губа́м)
= lip

губи́ть *verb imperfective* (гублю́, -бишь, -бят) (*perfective* **погуби́ть**: -блю, -бишь, -бят)
= to ruin

губна́я пома́да *noun* [7]
= lipstick

гуля́ть *verb imperfective* [19] (*perfective* **погуля́ть** [19])
= to go for a walk, stroll

густо́й *adjective* (-та́я, -то́е, -ты́е; густ, -та́, -то, гу́сты)
= thick, dense

Дд

д. abbreviation (of **дом**)
= house, block of flats

да particle
= yes

давáть verb imperfective (даю́, даёшь, даю́т) (perfective **дать**: дам, дашь, даст, дади́м, дади́те, даду́т; дал, далá, дáлó, дáли)
• = to give (to a person + dative)
• = to let
давáй/давáйте let's (+ 1st person plural of future tense)
давáй пообéдаем = let's have dinner
давáть/дать взаймы́ = to lend (to a person + dative)
давáть/дать знать = to let a person (+ dative) know

дави́ть verb imperfective (-влю́, -вишь, -вят) (perfective **задави́ть**: -давлю́, -дáвишь, -дáвят, or **раздави́ть**: -давлю́, -дáвишь, -дáвят)
= to run over

давнó adverb
• = long ago
• = for a long time

дади́м etc. ▶ **дать**

даёшь etc. ▶ **давáть**

дáже adverb
= even

дáлее adverb
= further
и так дáлее = etc., and so on

далёкий adjective (-кая, -кое, -кие; -лёк, -лекá, -лёкó, -лёки)
• = distant, remote
• (of a journey) = long

далекó
1 adverb
= far
2 predicate
= far, far off
далекó от (+ genitive) = far from

дáльний adjective (-няя, -нее, -ние)
• = distant, remote
• (of a journey) = long

дáльше
1 predicative adjective (indeclinable)
= further
2 adverb
• = further
• = then, next
• = longer

дам ▶ **дать**

дáма noun ⑦
= lady

Дáния noun ⑨
= Denmark

дáнный adjective (-нная, -нное, -нные)
= given

дари́ть verb imperfective ㉒ (perfective **подари́ть** ㉒)
= to give (as a present) (to a person + dative)

дáром adverb
= free, gratis

даст ▶ **дать**

дáта noun ⑦
= date

дать ▶ **давáть**

дáча noun ⑦
= dacha, country cottage

дашь ▶ **дать**

даю́, даю́т ▶ **давáть**

два number (masculine & neuter; feminine две) (двух, двум, двумя́, двух)
= two

двадцáтый number (-тая, -тое, -тые)
= twentieth

двáдцать number ⑪ (genitive -ти́)
= twenty

двáжды adverb
= twice

двенáдцатый number (-тая, -тое, -тые)
= twelfth

двенáдцать number ⑪
= twelve

дверь noun ⑪ (locative двери́; plural -ри, -рéй, instrumental -ря́ми or -рьми́)
= door

двéсти number (двухсóт, двумстáм, двумястáми, двухстáх)
= two hundred

дви́гать verb imperfective ⑱ (perfective **дви́нуть**: -ну, -нешь, -нут)
= to move (an object + accusative; part of the body + instrumental)

дви́гаться verb imperfective ⑱ (perfective **дви́нуться**: -нусь, -нешься, -нутся)
= to move

движéние noun ⑭
• = movement
• = traffic

дви́нуть ▶ **дви́гать**

дви́нуться ▶ **дви́гаться**

двойнóй adjective (-нáя, -нóе, -ны́е)
= double

двор *noun* [1] (*genitive* -ра́)
= yard, courtyard
на дворе́ = outside

дворе́ц *noun* [1] (*genitive* -рца́)
= palace

двою́родная сестра́ *noun*
= (*female*) cousin

двою́родный брат *noun*
= (*male*) cousin

двуспа́льная крова́ть *noun*
= double bed

двухме́стный но́мер *noun*
= double room (*in a hotel*)

де́вочка *noun* [7] (*genitive plural* -чек)
= (little) girl (*a child*)

де́вушка *noun* [7] (*genitive plural* -шек)
= girl (*a young woman*)

девяно́сто *number* (*genitive, dative, instrumental, prepositional* -та)
= ninety

девяно́стый *number* (-тая, -тое, -тые)
= ninetieth

девятна́дцатый *number* (-тая, -тое, -тые)
= nineteenth

девятна́дцать *number* [11]
= nineteen

девя́тый *number* (-тая, -тое, -тые)
= ninth

де́вять *noun* [11] (*genitive* -ти́)
= nine

девятьсо́т *noun* (девятисо́т, девятиста́м, девятьюста́ми, девятиста́х)
= nine hundred

дед *noun* [1]
= grandfather

Дед-Моро́з *noun* [1]
= Santa Claus

де́душка *noun* (*masculine*) [7] (*genitive plural* -шек)
= grandfather, grandad

> ! Although **де́душка** declines like a feminine noun, adjectives and verbs that it governs have to be masculine, e.g. **мой де́душка у́мер** = my grandfather died

дежу́рить *verb imperfective* [22]
= to be on duty

дежу́рный *noun* (declined like a masculine or feminine adjective)
= person on duty

де́йствие *noun* [14]
• = action
• = operation
• = effect
• = act (*of a play*)

действи́тельно *adverb*
= really, indeed

де́йствовать *verb imperfective* [20] (*perfective* **поде́йствовать** [20])
= to operate, work, act, function

де́йствующее лицо́ *noun*
= character

дека́брь *noun* [6] (*genitive* -бря́)
= December

де́лать *verb imperfective* [18] (*perfective* **сде́лать** [18])
• = to do
• = to make

де́латься *verb imperfective* [18] (*perfective* **сде́латься** [18])
• = to become (+ *instrumental*)
• = to happen

дели́ть *verb imperfective* (делю́, де́лишь, де́лят)
• = to divide (*into parts*) (*perfective* **раздели́ть**: -делю́, -де́лишь, -де́лят or **подели́ть**: -делю́, -де́лишь, -де́лят)
• = to share (*perfective* **подели́ть**: -делю́, -де́лишь, -де́лят)
• (*in maths*) = to divide (*perfective* **раздели́ть**: -делю́, -де́лишь, -де́лят)

дели́ться *verb imperfective* (делю́сь, де́лишься, де́лятся)
• = to divide (*perfective* **раздели́ться** or **подели́ться**: -делю́сь, -де́лишься, -де́лятся)
• = to share (a thing + *instrumental*) (*perfective* **подели́ться**: -делю́сь, -де́лишься, -де́лятся)
• (*in maths*) = to be divisible (*perfective* **раздели́ться**: -де́лится, -де́лятся)

де́ло *noun* [12] (*plural* -ла́)
• = affair, matter, business
• = thing
в са́мом де́ле = really, indeed
де́ло в том = the thing is
как дела́? = how are things?
на са́мом де́ле = in (actual) fact

демократи́ческий *adjective* (-кая, -кое, -кие)
= democratic

демокра́тия *noun* [9]
= democracy

день *noun* [6] (*genitive* дня)
= day
днём = in the afternoon (*as opposed to the morning*), in the daytime (*as opposed to the evening or night*)
на днях = the other day; soon
че́рез день = every other day

де́ньги *noun plural* (*genitive* де́нег, *dative* деньга́м)
= money

день рожде́ния *noun*
= birthday

дёргать *verb imperfective* 18 (*perfective*
дёрнуть: -нусь, -нешься, -нутся)
= to pull, tug

дере́вня *noun* 8 (*plural* -вни, -ве́нь,
-вня́м)
• = village
• = the country(side)

де́рево *noun* 12 (*plural* **дере́вья**,
дере́вьев)
• = tree
• = wood (*as as substance*)

деревя́нный *adjective* (-нная, -нное,
-нные)
= wooden

держа́ть *verb imperfective* (-жу́, -жишь,
-жат)
• = to hold; keep hold of
• = to support
• = to keep

держа́ться *verb imperfective* (-жу́сь,
-жишься, -жатся)
• = to hold on (to a thing + **за**
+ *accusative*)
• = to be supported, be held up, hold oneself
• = to keep to (the left side etc. + *genitive*)

дёрнуть ▶ **дёргать**

десе́рт *noun* 1
= dessert

деся́тый *number* (-тая, -тое, -тые)
= tenth

де́сять *number* 11 (*genitive* -ти́)
= ten

дета́ль *noun* 11
• = detail
• = part, component

де́ти ▶ **ребёнок**

де́тский сад *noun*
= kindergarten

де́тство *noun* 12
= childhood

деше́вле
1 *predicative adjective* (*indeclinable*)
= cheaper
2 *adverb*
= more cheaply, cheaper

дёшево *adverb & predicate*
= cheap, cheaply

дешёвый *adjective* (-вая, -вое, -вые;
дёшев, дешева́, дёшево, дёшевы)
= cheap

джаз *noun* 1
= jazz

джем *noun* 1
= jam

джемпер *noun* 1
= pullover, sweater

джентельме́н *noun* 1
= gentleman

джи́нсы *noun plural* (*genitive* -сов)
= jeans

дива́н *noun* 1
= sofa, settee

диза́йн *noun* 1
= design

ди́кий *adjective* (-кая, -кое, -кие; дик,
дика́, -ко, -ки)
= wild

дире́ктор *noun* 1 (*plural* -ра́)
• = director, manager (*of a company,
theatre, etc.*)
• = principal (*of a school etc.*)

дирижёр *noun* 1
= conductor (*of an orchestra*)

дискоте́ка *noun* 7
= disco(theque)

длина́ *noun* 7
= length

дли́нный *adjective* (-нная, -нное,
-нные; дли́нен, -нна́, -нно, -нны)
= long

для *preposition* (+ *genitive*)
= for, for the sake of
для того́, что́бы = in order to

дневни́к *noun* 1 (*genitive* -ка́)
= diary

днём, дни, *etc.* ▶ **день**

дно *noun* 12 (*plural* до́нья, -ьев)
= bottom

> ❗ *This word tends not to be used in the
> plural*

до *preposition* (+ *genitive*)
• = to, up to, as far as
• = until, up till
• = before
до свида́ния! = goodbye!

добавля́ть *verb imperfective* 19
(*perfective* **доба́вить**: -бавлю, -ба́вишь,
-ба́вят)
= to add (*when speaking*)

добира́ться *verb imperfective* 18
(*perfective* **добра́ться**: доберу́сь,
-рёшься, -ру́тся; добра́лся, добрала́сь,
добра́лось)
= to get to, reach (a place + **до**
+ *genitive*)

добро́ *noun* 12
= good
добро́ пожа́ловать! = welcome!

добрый *adjective* (-рая, -рое, -рые; добр, -ра́, -бро, до́бры)
= kind, good
бу́дьте добры́ (+ *imperative*) = would you be so kind as to
всего́ вам до́брого! = all the best!
до́брое у́тро! = good morning!

доверя́ть *verb imperfective* 19
• = to trust (a person + *dative*) (*no perfective*)
• = to entrust (a person + *dative*; with a thing + *accusative*) (*perfective* **дове́рить** 22)

дово́льно *adverb*
• = quite, fairly, rather
• = enough
• = contentedly

дово́льный *adjective* (-ная, -ное, -ные; -лен, -льна, -льно, -льны)
= satisfied, pleased, contented (with + *instrumental*)

дога́дываться *verb imperfective* 18 (*perfective* **догада́ться** 18)
= to guess, surmise

догна́ть ▶ догоня́ть

догова́риваться *verb imperfective* 18 (*perfective* **договори́ться** 22)
= to arrange, agree

догоня́ть *verb imperfective* 19 (*perfective* **догна́ть**: догоню́, дого́нишь, дого́нят; догна́л, -ла́, -ло)
= to catch up, catch up with

доезжа́ть *verb imperfective* 18 (*perfective* **дое́хать**: -е́ду, -е́дешь, -е́дут)
= to get to, reach, arrive at (a place + до + *genitive*)

дожда́ться *verb perfective* (-ду́сь, -дёшься, -ду́тся; -а́лся, -ала́сь, -а́лось)
= to wait for, wait until (a person or thing + *genitive*)

дождь *noun* 6 (*genitive* -дя́)
= rain
дождь идёт = it is raining; it rains

дозвони́ться *verb perfective* 22
= to get through (to + до + *genitive*)

дойти́ ▶ доходи́ть

дока́зывать *verb imperfective* 18 (*perfective* **доказа́ть**: -ажу́, -а́жешь, -а́жут)
= to prove, demonstrate

докла́д *noun* 1
= report, lecture

докла́дывать *verb imperfective* 18 (*perfective* **доложи́ть**: -ложу́, -ло́жишь, -ло́жат)
= to report (on + о + *prepositional*)

до́ктор *noun* 1 (*plural* -ра́)
= doctor

докуме́нт *noun* 1
= document

долг *noun* 1
• = duty (*no plural*)
• = debt (*locative* -гу́; *plural* -ги́)
брать/взять в долг = to borrow
дава́ть/дать в долг = to lend

до́лгий *adjective* (-гая, -гое, -гие; до́лог, -лга́, -лго, -лги)
= long (*in time*)

до́лго *adverb*
= long, (for) a long time

до́лжен *predicative adjective* (-жна́, -жно́, -жны́)
• = must, ought to, have to (+ *infinitive*)
она́ должна́ быть бо́лее осторо́жной = she ought to be more careful
он до́лжен был уходи́ть = he had to leave
он, должно́ быть, ушёл = he must have left
• = be in debt to, owe (a person + *dative*)
ско́лько мы вам должны́? = how much do we owe you?

доли́на *noun* 7
= valley

до́ллар *noun* 1
= dollar

доложи́ть ▶ докла́дывать

дом *noun* 1 (*plural* -ма́)
• = house, block of flats
• = home

до́ма *adverb*
= at home

дома́шний *adjective* (-няя, -нее, -ние)
• = home, house
• = domestic
• = home-made

домо́й *adverb*
= home, homewards

домохозя́йка *noun* 7 (*genitive plural* -я́ек)
= housewife

доро́га *noun* 7
• = road
• = way
• = journey
• = route

до́рого *adverb & predicate*
= dear, dearly

дорого́й *adjective* (-га́я, -го́е, -ги́е; до́рог, -га́, -го, -ги)
• = expensive, dear
• = dear (*beloved*)

доро́же
1 *predicative adjective* (*indeclinable*)
= more expensive

Д

2 *adverb*
= more dearly, dearer

дорóжка *noun* [7] (*genitive plural* -жек)
= path, track

дорóжный знак *noun*
= road sign

дорóжный чек *noun*
= traveller's cheque (*British English*),
traveler's check (*US English*)

доскá *noun* [7] (*accusative* дóску,
genitive доскú; *plural* дóски, досóк,
доскáм)
• = board
• = blackboard

доставáть *verb imperfective* (-таю́,
-таёшь, -таю́т) (*perfective* достáть: -áну,
-áнешь, -áнут)
• = to take, take out
• = to get, obtain
• = to touch, reach (a thing + до
+ *genitive*)

доставля́ть *verb imperfective* [19]
(*perfective* достáвить: -влю, -вишь, -вят)
• = to deliver
• = to give, cause

достáну *etc.* ▶ **достáть**

достáточно
1 *adverb*
= enough, sufficiently
2 *determiner* (+ *genitive*)
= enough

достáть ▶ **доставáть**

достигáть *verb imperfective* [18]
(*perfective* достúгнуть *or* достúчь:
-úгну, -úгнешь, -úгнут; достúг, -гла)
• = to reach, arrive at (a place + *genitive* or
до + *genitive*)
• = to achieve (a thing + *genitive*)

достóйный *adjective* (-ная, -ное, -ные;
достóин, -óйна, -óйно, -óйны)
= worthy, deserving (+ *genitive*)

достопримечáтельность *noun* [11]
= sight, notable place

доходúть *verb imperfective* (-ожу́,
-óдишь, -óдят) (*perfective* дойтú: дойду́,
дойдёшь, дойду́т; дошёл, дошлá)
= to get to, reach, arrive at (a place + до
+ *genitive*)

дочь *noun* [11] (*genitive* дóчери,
instrumental дóчерью; *plural* дóчери,
дочерéй, дочеря́м, дочерьмú, дочеря́х)
= daughter

дошёл *etc.* ▶ **дойтú**

дрáка *noun* [7]
= fight

дрáться *verb imperfective* (деру́сь,
дерёшься, деру́тся; дрáлся, дралáсь,
дрáлóсь) (*perfective* подрáться:

-деру́сь, -дерёшься, -деру́тся; подрáлся,
-дралáсь, -дрáлóсь)
= to fight

дрéвний *adjective* (-няя, -нее, -ние;
-вен, -вня, -вне, -вни)
= ancient, aged

дровá *noun plural* (*genitive* дров)
= firewood

дрожáть *verb imperfective* (-жу́, -жúшь,
-жáт)
= to tremble, shake (with + от + *genitive*)

друг *noun* [1] (*plural* друзья́, друзéй,
друзья́м)
• = friend
• = boyfriend

друг дру́га *pronoun* (*accusative* &
genitive друг дру́га; *dative* друг дру́гу,
instrumental друг дру́гом)
= each other, one another
друг с дру́гом = with each other

другóй (-гáя, -гóе, -гúе)
1 *adjective*
• = other, another
• = different
2 *noun* (*declined like an adjective*)
• = the other, another
• (*in plural*) = the others, others

дру́жба *noun* [7]
= friendship

дру́жеский *adjective* (-кая, -кое, -кие)
= friendly

дружúть *verb imperfective* (-жу́, -жишь,
-жат)
= to be friends (with + *instrumental*)

дуб *noun* [1] (*plural* -бы́)
= oak (*the tree and the wood*)

ду́мать *verb imperfective* [18] (*perfective*
поду́мать [18])
= to think (about something + о
+ *prepositional*)

ду́ра *noun* [7]
= (*female*) fool

дурáк *noun* [1] (*genitive* -кá)
= (*male*) fool

дуть *verb imperfective* (ду́ю, ду́ешь,
ду́ют) (*perfective* поду́ть: -ду́ю, -ду́ешь,
-ду́ют)
= to blow

дух *noun* [1]
= spirit, spirits
в ду́хе = in a good mood
не в ду́хе = in a bad mood

духú *noun plural* (*genitive* -хóв)
= perfume

духóвка *noun* [7] (*genitive plural* -вок)
= oven

душ *noun* [3]
= shower (*for washing under*)

душа́ *noun* [7] (*accusative* ду́шу, *genitive* души́; *plural* ду́ши)
 = soul, heart

дым *noun* [1] (*locative* -му́)
 = smoke

дыра́ *noun* [7] (*plural* ды́ры)
 = hole

дыша́ть *verb imperfective* (-шу́, -ши́шь, -шат)
 = to breathe

дю́жина *noun* [7]
 = dozen

дюйм *noun* [1]
 = inch

дя́дя *noun* (*masculine*) [8] (*genitive plural* -дей)
 = uncle

 ! *Although* дя́дя *declines like a feminine noun, adjectives and verbs that it governs have to be masculine, e.g.* мой дя́дя у́мер = my uncle died

евре́й *noun* [2]
 = (*male*) Jew

евре́йка *noun* [7] (*genitive plural* -ре́ек)
 = (*female*) Jew

е́вро *noun* (*masculine indeclinable*)
 = euro

Евро́па *noun* [7]
 = Europe

европе́йский *adjective* (-кая, -кое, -кие)
 = European

его́ (*indeclinable*)
1 *determiner*
 = his, its
2 *pronoun*
 = his, its

 ! *See also* он, оно́

еда́ *noun* [7]
 • = food
 • = meal

едва́ *adverb*
 = hardly, scarcely, just
едва́ ... как = hardly ... when
едва́ ли = hardly

е́дем *etc.* ▶ е́хать

еди́м *etc.* ▶ есть¹

еди́нственный *adjective* (-нная, -нное, -нные; -вен, -венна, -венно, -венны)
 = only, sole

е́ду *etc.* ▶ е́хать

её (*indeclinable*)
1 *determiner*
 = her, its
2 *pronoun*
 = hers, its

 ! *See also* она́

ежеви́ка *noun* [7] (*collective; no plural*)
 = blackberries

езда́ *noun* [7]
 • = driving, riding
 • = drive, ride

е́здить *verb imperfective indeterminate* (е́зжу, е́здишь, е́здят)
 = to go, ride, drive

ей ▶ она́

ел *etc.* ▶ есть¹

е́ле *adverb*
 = scarcely, only just

ёлка *noun* [7] (*genitive plural* ёлок)
 = fir tree, Christmas tree

ем *etc.* ▶ есть¹

ему́ ▶ он, оно́

ерунда́ *noun* [7]
 = nonsense

е́сли *conjunction*
 = if
е́сли не = unless

ест ▶ есть¹

есте́ственный *adjective* (-нная, -нное, -нные; -вен, -венна, -венно, -венны)
 = natural

есть¹ *verb imperfective* (ем, ешь, ест, еди́м, еди́те, едя́т; ел) (*perfective* съесть: съем, съешь, съест, съеди́м, съеди́те, съедя́т; съел)
 = to eat

есть² *verb*
 = is, are; there is, there are
у меня́ есть = I have (something + *nominative*)

е́хать *verb imperfective determinate* (е́ду, е́дешь, е́дут) (*perfective* пое́хать: -е́ду, -е́дешь, -е́дут)
 = to go, ride, drive, travel

E
Ё

ешь ▶ есть¹

ещё *adverb*
* = still, yet
* = some more, any more, another
* = again
* = already, even
всё ещё = still
ещё не/нет = not yet
ещё оди́н = another (one), one more
ещё раз = once more, once again
кто ещё? = who else?
что ещё? = what else?

Жж

ж ▶ же

жа́дный *adjective* (-ная, -ное, -ные;
-ден, -дна́, -дно, жа́дны)
= greedy

жале́ть *verb imperfective* (-е́ю, -е́ешь,
-е́ют) (*perfective* **пожале́ть**: -е́ю, -е́ешь,
-е́ют)
* = to pity, feel sorry for
* = to regret
* = to grudge

жа́лко ▶ жаль

жа́ловаться *verb imperfective* 20
(*perfective* **пожа́ловаться** 20)
= to complain (of *or* about a thing + **на**
+ *accusative*)

жаль *predicate* (also **жа́лко**)
* = it is a pity
* = it grieves (a person + *dative*)
как жаль!/как жа́лко! = what a pity!
мне жаль/жа́лко его́ = I'm sorry for him
мне жаль/жа́лко про́шлого = I'm sorry
about the past *or* I regret the past

жара́ *noun* 7
= heat, hot weather

жа́реный *adjective* (-ная, -ное, -ные)
= fried, roast, grilled

жа́рить *verb imperfective* 22 (*perfective*
зажа́рить 22 *or* **изжа́рить** 22)
= to fry, roast, grill

жа́ркий *adjective* (-кая, -кое, -кие; -рок,
-рка́, -рко, -рки)
= hot

жа́рко *predicate*
= hot
сего́дня жа́рко = it's hot today
мне жа́рко = I'm hot

жарко́е *noun* (*declined like a neuter
adjective*)
= roast (meat)

ждать *verb imperfective* (жду, ждёшь,
ждут; ждал, -ла́, -ло)
* = to wait, wait for, expect (a person or
thing + *genitive* or *accusative*)
(*perfective* **подожда́ть**: -жду́, -ждёшь,
-жду́т; подожда́л, -ла́, -ло)
* = to expect

же *particle* (*also* **ж**)
(*used to give emphasis to the word that
comes before it*)
когда́ же ты придёшь? = when are you
coming, then?
что же ты де́лаешь? = what on earth are
you doing?
тако́й же = the same

жела́ние *noun* 14
= wish, desire

жела́ть *verb imperfective* 18 (*perfective*
пожела́ть 18)
= to wish for, want, desire (a thing
+ *genitive*; to do something +
infinitive)

желе́зная доро́га *noun*
= railway (*British English*), railroad (*US
English*)

железнодоро́жный *adjective* (-ная,
-ное, -ные)
= railway (*British English*), railroad (*US
English*)

желе́зо *noun* 12
= iron

жёлтый *adjective* (-тая, -тое, -тые;
жёлт, желта́, желто́ *or* жёлто, желты́ *or*
жёлты)
= yellow

желу́док *noun* 1 (*genitive* -дка)
= stomach

жена́ *noun* 7 (*plural* жёны)
= wife

жена́тый *adjective* (-тые; жена́т,
жена́ты)
(*of a man*) = married (to + **на**
+ *prepositional*)

жени́ться *verb imperfective &
perfective* (женю́сь, -нишься, -нятся)
(*of a man*) = to get married, to marry (a
woman + **на** + *prepositional*)

же́нский *adjective* (-кая, -кое, -кие)
* = woman's, women's
* = feminine

же́нщина *noun* 7
= woman

же́нщина-бизнесме́н *noun
feminine* (*both halves declined*)
= businesswoman

! *Both halves of this word are declined (i.e. the dative case is* же́нщине-бизнесме́ну*), and verbs and adjectives that it governs have to be feminine*

же́нщина-милиционе́р *noun feminine (both halves declined)*
= policewoman (*in Russia*)

! *See the Note at* же́нщина-бизнесме́н

же́нщина-полице́йский *noun feminine (both halves declined)*
= policewoman (*outside Russia*)

! *See the Note at* же́нщина-бизнесме́н

жёсткий *adjective* (-кая, -кое, -кие; жёсток, жестка́, жёстко, жёстки)
• = hard
• = tough

жесто́кий *adjective* (-кая, -кое, -кие; жесто́к, -ка, -ко, -ки)
= cruel, severe

жесто́кость *noun* [11]
• = cruelty
• = cruel act

жето́н *noun* [1]
= token, counter

жечь *verb imperfective* (жгу, жжёшь, жгут; жёг, жгла) (*perfective* **сжечь**: сожгу́, сожжёшь, сожгу́т; сжёг, сожгла́)
= to burn

жива́я и́згородь *noun* [11]
= hedge

живо́й *adjective* (-ва́я, -во́е, -вы́е; жив, -ва́, -во, -вы)
• = alive, living
• = lively, animated

живо́т *noun* [1] (*genitive* -та́)
= stomach, abdomen

живо́тное *noun (declined like a neuter adjective)*
= animal

живу́ *etc.* ▶ **жить**

жи́дкий *adjective* (-кая, -кое, -кие; жи́док, -дка́, -дко, -дки)
= liquid, watery, runny, weak

жизнь *noun* [11]
= life

жиле́т *noun* [1]
= waistcoat (*British English*), vest (*US English*)

жило́й дом *noun*
= dwelling house; block of flats (*British English*), apartment house (*US English*)

жильё *noun* [15]
= accommodation

жир *noun* [1] (*plural* -ры́)
= grease, fat

жи́тель *noun* [6]
= inhabitant, dweller

жить *verb imperfective* (живу́, -вёшь, -ву́т; жил, -ла́, -ло)
• = to live
• = to stay (*in a hotel etc.*)

журна́л *noun* [1]
= magazine, journal

журнали́ст *noun* [1]
= (*male*) journalist

журнали́стка *noun* [7] (*genitive plural* -ток)
= (*female*) journalist

за *preposition*
• (+ *instrumental*) = behind, beyond, on the other side of, at (*indicating position*)
  за шка́фом = behind the cupboard
  за воро́тами = beyond the gates
  за две́рью = on the other side of the door
  за столо́м = at the table
  за́ городом = out of town, in the country
  за угло́м = round the corner
• (+ *accusative*) = behind, beyond, to the other side of, at (*indicating motion*)
  он бро́сил мяч за шкаф = he threw the ball behind the cupboard
  мы се́ли за стол = we sat down at the table
  она́ уе́хала за́ город = she's gone away to the country
• (+ *accusative*) = for
  он заплати́л за хлеб = he paid for the bread
  мы боро́лись за свобо́ду = we were fighting for freedom
  он поблагодари́л меня́ за пода́рок = he thanked me for the present
  за пять фу́нтов = for five pounds
• (+ *accusative*) = by
  он вёл ребёнка за́ руку = he led the child by the hand
• (+ *instrumental*) = for, to fetch
  она́ сходи́ла в магази́н за хле́бом = she went to the shop for some bread
• (+ *accusative*) = in, in the space of, during (*with expressions of time*)
  он всё сде́лал за оди́н день = he did everything in one day
• (+ *instrumental*) = after, one after the other
  год за го́дом = year after year
что ... за? = what kind of ...?
  что он за челове́к? = what kind of person is he?

забива́ть verb imperfective 18
(perfective **заби́ть**: забью́, -бьёшь, -бью́т)
  = to score

забира́ть verb imperfective 18
(perfective **забра́ть**: заберу́, -рёшь, -ру́т)
• = to take
• = to take away

заби́ть ▶ **забива́ть**

заболева́ть verb imperfective 18
(perfective **заболе́ть**: -е́ю, -е́ешь, -е́ют)
  = to fall ill, go down with (an illness
    + instrumental)

забо́р noun 1
  = fence

забо́та noun 7
  = worry, concern

забо́титься verb imperfective (-о́чусь,
-о́тишься, -о́тятся) (perfective
позабо́титься: -о́чусь, -о́тишься,
-о́тятся)
• = to worry (about + о + prepositional)
• = to take care (of + о + prepositional)

забра́ть ▶ **забира́ть**

заброни́ровать ▶ **брони́ровать**

забыва́ть verb imperfective 18
(perfective **забы́ть**: -бу́ду, -бу́дешь,
-бу́дут)
  = to forget

заве́дующий noun (declined like a
masculine or feminine adjective)
  = manager (of + instrumental)

заверну́ть ▶ **завора́чивать**

заверша́ть verb imperfective 18
(perfective **заверши́ть**: -шу́, -ши́шь,
-ша́т)
  = to complete, conclude

завести́ ▶ **заводи́ть**

завести́сь ▶ **заводи́ться**

зави́довать verb imperfective 20
  = to envy (a person + dative)

зави́сеть verb imperfective (-ви́шу,
-ви́сишь, -ви́сят)
  = to depend (on + от + genitive)

заво́д noun 1
  = factory

заводи́ть verb imperfective (-ожу́,
-о́дишь, -о́дят) (perfective **завести́**: -еду́,
-едёшь, -еду́т; завёл, -вела́)
• = to take, lead, bring
• = to start up (a car, motor, etc.)
• = to wind up (a watch etc.)

заводи́ться verb imperfective
(-о́дится, -о́дятся) (perfective
завести́сь: -едётся, -еду́тся; завёлся,
-вела́сь)
  (of an engine etc.) = to start

завоёвывать verb imperfective 18
(perfective **завоева́ть**: завою́ю,
-вою́ешь, -вою́ют)
• = to conquer
• = to win, gain

завора́чивать verb imperfective 18
(perfective **заверну́ть**: -ну́, -нёшь, -ну́т)
• = to wrap up
• = to turn off

за́втра adverb
  = tomorrow

за́втрак noun 1
  = breakfast

за́втракать verb imperfective 18
(perfective **поза́втракать** 18)
  = to have breakfast, breakfast

завя́зывать verb imperfective 18
(perfective **завяза́ть**: -яжу́, -я́жешь,
-я́жут)
  = to tie, tie up

зага́р noun 1
  = sunburn, suntan

загора́ть verb imperfective 18
(perfective **загоре́ть**: -рю́, -ри́шь, -ря́т)
• = to sunbathe
• = to become sunburnt

загоре́лый adjective (-лая, -лое, -лые)
  = tanned, brown

загоре́ть ▶ **загора́ть**

загражда́ть verb imperfective 18
(perfective **загради́ть**: -ажу́, -ади́шь,
-адя́т)
  = to block, obstruct

загс noun 1
  = registry office

зад noun 1 (locative -ду́, plural -ды́)
  = back, rear

задава́ть verb imperfective (-даю́,
-даёшь, -даю́т) (perfective **зада́ть**: -да́м,
-да́шь, -да́ст, -дади́м, -дади́те, -даду́т;
за́дал, -ла́, за́дало)
  = to set, give (an exercise etc., to a person
    + dative)
задава́ть/зада́ть вопро́с = to ask a
question

задави́ть ▶ **дави́ть**

зада́ние noun 14
  = task, job

зада́ть ▶ **задава́ть**

зада́ча noun 7
  = problem, task

заде́рживать *verb imperfective* 18
(*perfective* **задержа́ть**: -держу́,
-де́ржишь, -де́ржат)
• = to delay, detain
• = to arrest

заде́рживаться *verb imperfective* 18
(*perfective* **задержа́ться**: -держу́сь,
-де́ржишься, -де́ржатся)
= to be delayed, to stay too long

за́дний *adjective* (-няя, -нее, -ние)
= back, rear, reverse

заезжа́ть *verb imperfective* 18
(*perfective* **зае́хать**: -е́ду, -е́дешь, -е́дут)
• = to drop in, call in (on a person or at a
place: + **к** + *dative* or **в** + *accusative*)
• = to call for, fetch, pick up (a person + **за**
+ *instrumental*)

зажа́рить ▶ **жа́рить**

заже́чь ▶ **зажига́ть**

зажига́лка *noun* 7 (*genitive plural*
-лок)
= lighter

зажига́ть *verb imperfective* 18
(*perfective* **заже́чь**: зажгу́, зажжёшь,
зажгу́т; зажёг, зажгла́)
= to set fire to, kindle, light

зазвони́ть *verb perfective* 22
= to begin to ring

зайти́ ▶ **заходи́ть**

зака́з *noun* 1
= order

зака́зывать *verb imperfective* 18
(*perfective* **заказа́ть**: закажу́, -а́жешь,
-а́жут)
= to order, book

зака́нчивать *verb imperfective* 18
(*perfective* **зако́нчить**: -чу, -чишь, -чат)
= to finish, end

зака́пывать *verb imperfective* 18
(*perfective* **закопа́ть** 18)
= to bury in the ground

зака́т *noun* 1
= sunset

заключа́ть *verb imperfective* 18
(*perfective* **заключи́ть**: -чу́, -чи́шь, -ча́т)
= to conclude
заключа́ть/заключи́ть в себе́ = to
contain

заключе́ние *noun* 14
= conclusion

заключённый *noun* (*declined like a
masculine or feminine adjective*)
= prisoner

заключи́ть ▶ **заключа́ть**

зако́н *noun* 1
= law

зако́нчить ▶ **зака́нчивать**

закопа́ть ▶ **зака́пывать**

закрыва́ть *verb imperfective* 18
(*perfective* **закры́ть**: закро́ю, -о́ешь,
-о́ют)
• = to close, shut
• = to close down
• = to lock (*also* **закрыва́ть/закры́ть на
замо́к**)
• = to turn off (*a tap, the gas, etc.*)
• = to cover

закрыва́ться *verb imperfective* 18
(*perfective* **закры́ться**: -кро́юсь,
-кро́ешься, -кро́ются)
• = to close, shut
• = to close down

закры́тый *adjective* (-тал, -тое, -тые;
закры́т, -та, -то, -ты)
= closed, shut

заку́ска *noun* 7 (*genitive plural* -сок)
= hors d'oeuvre, snack

зал *noun* 1
= hall

залеза́ть *verb imperfective* 18
(*perfective* **зале́зть**: -зу, -зешь, -зут;
зале́з, -ле́зла)
• = to climb, climb up
• = to get in, creep in

заменя́ть *verb imperfective* 19
(*perfective* **замени́ть**: -меню́, -ме́нишь,
-ме́нят)
• = to replace, change
• = to take the place of, (be a) substitute for

замерза́ть *verb imperfective* 18
(*perfective* **замёрзнуть**: -ну, -нешь, -нут;
замёрз, -зла)
= to freeze, freeze up, get very cold

заме́тить ▶ **замеча́ть**

заме́тка *noun* 7 (*genitive plural* -ток)
• = short article (*in a newspaper*)
• = note
• = mark

заме́тный *adjective* (-ная, -ное, -ные;
-тен, -тна, -тно, -тны)
= noticeable

замеча́ние *noun* 14
= remark, observation

замеча́тельный *adjective* (-ная,
-ное, -ные; -лен, -льна, -льно, -льны)
= remarkable, splendid

замеча́ть *verb imperfective* 18
(*perfective* **заме́тить**: -ме́чу, -ме́тишь,
-ме́тят)
• = to notice
• = to note
• = to remark

замо́к[1] *noun* 1 (*genitive* замка́)
= lock

3

за́мок[2] *noun* [1] (*genitive* за́мка)
= castle

замолча́ть *verb perfective* (-чу́, -чи́шь, -ча́т)
= to fall silent, stop talking

замора́живать *verb imperfective* [18] (*perfective* **заморо́зить**: -ро́жу, -ро́зишь, -ро́зят)
= to freeze (*food etc.*)

за́муж ▶ **выходи́ть**

за́мужем *predicative adjective* (*indeclinable*)
= (*of a woman*) married (to + за + *instrumental*)

заму́жняя *adjective* (*plural* -ние)
(*of a woman*) = married

за́навес *noun* [1]
= curtain (*in the theatre*)

занаве́ска *noun* [7] (*genitive plural* -сок)
= curtain (*in a house*)

занима́ть *verb imperfective* [18] (*perfective* **заня́ть**: займу́, -мёшь, -му́т; за́нял, -ла́, -ло)
• = to occupy
• = to borrow (from + у + *genitive*)

занима́ться *verb imperfective* [18] (*perfective* **заня́ться**: займу́сь, -мёшься, -му́тся; за́нялся́, -ла́сь)
• = to be occupied (with), work (at) (a thing + *instrumental*)
• = to study; to take part in (*no perfective*)

заня́тие *noun* [14]
• = occupation
• (*in plural*) = studies

за́нятый *adjective* (-тая, -тое, -тые; за́нят, -та́, -то, -ты)
= busy, occupied, engaged (*usually used in the short form*)

заня́ть ▶ **занима́ть**

заня́ться ▶ **занима́ться**

за́пад *noun* [1]
= west

за́падный *adjective* (-ная, -ное, -ные)
= west, western, westerly

запа́с *noun* [1]
= stock, supply, reserve

запасна́я часть *noun*
= spare part

за́пах *noun* [1]
= smell

запа́чкать ▶ **па́чкать**

записа́ть ▶ **запи́сывать**

записа́ться ▶ **запи́сываться**

запи́ска *noun* [7] (*genitive plural* -сок)
= note

записна́я кни́жка *noun*
= notebook

запи́сывать *verb imperfective* [18] (*perfective* **записа́ть**: -ишу́, -и́шешь, -и́шут)
• = to write down, note, take down
• = to record
• = to enrol, sign up (in, at, *or* for a thing + в *or* на + *accusative*)

запи́сываться *verb imperfective* [18] (*perfective* **записа́ться**: -ишу́сь, -и́шешься, -и́шутся)
= to enrol, register, sign up (in, at, *or* for a thing + в *or* на + *accusative*)

за́пись *noun* [11]
• = recording
• = record
• (*in plural*) = notes

запишу́ *etc.* ▶ **записа́ть**

запла́кать *verb perfective* (запла́чу, -чешь, -чут)
= to begin to cry

заплани́ровать ▶ **плани́ровать**

заплати́ть ▶ **плати́ть**

заполза́ть *verb imperfective* [18] (*perfective* **заползти́**: -зу́, -зёшь, -зу́т; запо́лз, -зла́)
= to crawl

заполня́ть *verb imperfective* [19] (*perfective* **запо́лнить** [22])
= to fill in (*British English*), fill out (*US English*) (*a form etc.*)

запомина́ть *verb imperfective* [18] (*perfective* **запо́мнить** [22])
= to remember, memorize

запреща́ть *verb imperfective* [18] (*perfective* **запрети́ть**: -ещу́, -ети́шь, -етя́т)
= to forbid, prohibit, ban (a person + *dative*)

запу́тать ▶ **пу́тать**

зараба́тывать *verb imperfective* [18] (*perfective* **зарабо́тать** [18])
= to earn

за́работная пла́та *noun* (*also* **зарпла́та** [7])
= wages, pay

зарегистри́роваться ▶ **регистри́роваться**

зарубе́жный *adjective* (-ная, -ное, -ные)
= foreign

заслу́живать *verb imperfective* [18] (*perfective* **заслужи́ть**: -ужу́, -у́жишь, -у́жат)
= to deserve, earn

засну́ть ▶ засыпа́ть

застава́ть verb imperfective (-таю́,
-таёшь, -таю́т) (perfective **заста́ть**: -а́ну,
-а́нешь, -а́нут)
= to find

заставля́ть verb imperfective 19
(perfective **заста́вить**: -влю, -вишь, -вят)
= to force, make, compel

заста́ть ▶ застава́ть

застёгивать verb imperfective 18
(perfective **застегну́ть**: -ну́, -нёшь, -ну́т)
= to fasten, do up

засте́нчивый adjective (-вая, -вое,
-вые; -в, -ва, -во, -вы)
= shy

застрели́ть verb perfective (-елю́
-е́лишь, -е́лят)
= to shoot dead

засыпа́ть verb imperfective 18
(perfective **засну́ть**: -ну́, -нёшь, -ну́т)
= to fall asleep, go to sleep

зата́пливать verb imperfective 18
(perfective **затопи́ть**: -топлю́, -то́пишь,
-то́пят)
= to light (a fire)

зате́м adverb
= then, next

зато́ conjunction
= but then, but on the other hand

затопи́ть ▶ зата́пливать

затормози́ть ▶ тормози́ть

захва́тывать verb imperfective 18
(perfective **захвати́ть**: -ачу́, -а́тишь,
-а́тят)
= to seize, capture

заходи́ть verb imperfective (-ожу́,
-о́дишь, -о́дят) (perfective **зайти́**: зайду́,
-дёшь, -ду́т; зашёл, -шла́)
• = to call in, pop in, drop in (at a place + **в**
or **на** + accusative; to see a
person + **к** + dative; to fetch a person
or thing + **за** + instrumental)
• (of the sun) = to set, go down

захоте́ть ▶ хоте́ть

захоте́ться ▶ хоте́ться

заче́м adverb
= why?; what for?

зашёл etc. ▶ **зайти́**

защи́та noun 7
= defence (British English), defense (US
English), protection

защища́ть verb imperfective 18
(perfective **защити́ть**: защищу́, -щити́шь,
-щитя́т)
= to defend, protect

заяви́ть ▶ заявля́ть

заявле́ние noun 14
• = declaration, statement
• = application

заявля́ть verb imperfective 19
(perfective **заяви́ть**: -явлю́, -я́вишь,
-я́вят)
= to declare, announce (+ **о**
+ prepositional, or **что**)

за́яц noun 1 (genitive за́йца)
= hare

звать verb imperfective (зову́, зовёшь,
зову́т; звал, -ла́, -ло) (perfective **позва́ть**:
-зову́, -зовёшь, -зову́т; позва́л, -ла́, -ло)
• = to call
• = to invite, ask
как тебя́ (**ты** form), **вас** (**вы** form)
зову́т? = what is your name?

звезда́ noun 7 (plural звёзды)
= star

зверь noun 6 (plural -ри, -ре́й)
= wild animal, beast

звони́ть verb imperfective 22 (perfective
позвони́ть 22)
• = to ring
• = to ring (up), telephone (a person
+ dative)

звоно́к noun 1 (genitive -нка́)
• = bell
• = (telephone) call

звук noun 1
= sound

звуча́ть verb imperfective (-чи́т, -ча́т)
(perfective **прозвуча́ть**: -чи́т, -ча́т)
= to be heard, sound

зда́ние noun 14
= building

здесь adverb
= here

здоро́ваться verb imperfective 18
(perfective **поздоро́ваться** 18)
= to greet, exchange greetings (with a
person + **с** + instrumental)

здоро́вый adjective (-вая, -вое, -вые;
здоро́в, -ва, -во, -вы)
= healthy, well

здоро́вье noun 15
= health
как ва́ше здоро́вье? = how are you?

здра́вствуй (**ты** form),
здра́вствуйте (**вы** form)
exclamation
• = hello!
• = how do you do?

здра́вый смысл noun
= (common) sense

зева́ть *verb imperfective* 18 (*perfective* **зевну́ть**: -ну́, -нёшь, -ну́т)
  = to yawn

зелёный *adjective* (-ная, -ное, -ные; зе́лен, зелена́, зе́лено, зе́лены)
  = green

зе́лень *noun* 11
• = greenery
• = greens

земля́ *noun* 8 (*accusative* -млю, *genitive* -мли́; *plural* -мли, -ме́ль, -млям)
• = land
• = ground, earth
• = the Earth

зе́ркало *noun* 12
  = mirror

зима́ *noun* 7 (*accusative* -му, *genitive* -мы́; *plural* -мы)
  = winter

зи́мний *adjective* (-няя, -нее, -ние)
  = winter

зимо́й *adverb*
  = in the winter

злой *adjective* (зла́я, зло́е, злы́е; зол, зла, зло, злы)
• = evil, wicked
• = malicious, vicious, mean
• = furious

змея́ *noun* 10 (*instrumental* змеёй; *plural* зме́и)
  = snake

знак *noun* 1
  = sign

знако́мить *verb imperfective* (-млю, -мишь, -мят) (*perfective* **познако́мить**: -млю, -мишь, -мят)
  = to acquaint, introduce

знако́миться *verb imperfective* (-млюсь, -мишься, -мятся) (*perfective* **познако́миться**: -млюсь, -мишься, -мятся)
• = to meet, become acquainted (with + **с** + *instrumental*)
• = to get to know each other

знако́мый (-мая, -мое, -мые; знако́м, -ма, -мо, -мы)
1 *adjective*
  = familiar (with + **с** + *instrumental*)
  мы да́вно знако́мы = we have known each other for a long time
2 *noun* (*declined like a masculine or feminine adjective*)
  = acquaintance

знамени́тый *adjective* (-тая, -тое, -тые; знамени́т, -та, -то, -ты)
  = famous, celebrated

зна́ние *noun* 14
  = knowledge

знать *verb imperfective* 18
  = to know

значе́ние *noun* 14
• = meaning
• = significance, importance

значи́тельный *adjective* (-ная, -ное, -ные; -лен, -льна, -льно, -льны)
  = considerable, significant

зна́чить *verb imperfective* (-чу, -чишь, -чат)
  = to mean

зову́ *etc.* ▶ **звать**

зо́лото *noun* 12
  = gold

золото́й *adjective* (-та́я, -то́е, -ты́е)
  = gold, golden

зо́нтик *noun* 1
  = umbrella

зоопа́рк *noun* 1
  = zoo

зре́ние *noun* 14
  = eyesight, sight
то́чка зре́ния = point of view

зри́тель *noun* 6
  = spectator, (*in plural*) audience

зуб *noun* 1 (*plural* -бы, -бо́в)
  = tooth

зубна́я па́ста *noun* 7
  = toothpaste

зубна́я щётка *noun*
  = toothbrush

зубно́й врач *noun*
  = dentist

Ии

и *conjunction*
• = and
• = even
• = too
• (*with a verb in the negative*) = either
  и ..., и = both ... and

игра́ *noun* 7 (*plural* и́гры)
• = game
• = play, playing

игра́ть *verb imperfective* 18 (*perfective* **сыгра́ть** 18)
  = to play (a game + **в** + *accusative*; an instrument + **на** + *prepositional*)

игро́к *noun* [1] (*genitive* -ка́)
= player

игру́шка *noun* [7] (*genitive plural* -шек)
= toy

идёт *etc.* ▶ **идти́**

иде́я *noun* [10]
= idea

идти́ *verb imperfective determinate* (иду́,
идёшь, иду́т; шёл, шла) (*perfective*
пойти́: пойду́, -дёшь, -ду́т; пошёл, -шла́)
• = to go
• = to walk
• (*of a mechanism*) = to work, run
• (*of snow, rain*) = to fall
• (*of a film, play*) = to be playing, be on
• = to suit (a person + *dative*) (*no
    perfective*)

из *preposition* (*also* **изо**) (+ *genitive*)
= out of, from, of

> ! **изо** *is used before some words
> beginning with two consonants, e.g.*
> **изо всех сил** = with all one's might

избавля́ться *verb imperfective* [19]
(*perfective* **изба́виться**: -влюсь,
-вишься, -вятся) (+ **от** + *genitive*)
= to get rid of

избалова́ть ▶ **балова́ть**

избега́ть *verb imperfective* [18]
(*perfective* **избежа́ть**: -егу́, -ежи́шь,
-егу́т)
= to avoid (a person or thing + *genitive*;
    doing something + *infinitive*)

изве́стие *noun* [14]
(*often in plural*) = news

изве́стный *adjective* (-ная, -ное, -ные;
-тен, -тна, -тно, -тны)
• = well-known, famous
• = certain

извиня́ть *verb imperfective* [19]
(*perfective* **извини́ть** [22])
= to excuse (for + **за** + *accusative*)
извини́ (ты *form*), **извини́те** (вы *form*)
= I'm sorry, excuse me

извиня́ться *verb imperfective* [19]
(*perfective* **извини́ться** [22])
= to apologize, excuse oneself (to a person
    + **пе́ред** + *instrumental*; for + **за**
    + *accusative*)

издава́ть *verb imperfective* (-даю́,
-дёшь, -даю́т) (*perfective* **изда́ть**: -да́м,
-да́шь, -да́ст, -дади́м, -дади́те, -даду́т;
изда́л, -ла́, -ло)
• = to publish
• = to emit

издалека́ *adverb*
= from afar

изда́ть ▶ **издава́ть**

изжа́рить ▶ **жа́рить**

из-за *preposition* (+ *genitive*)
• = because of
• = from behind, up from

измене́ние *noun* [14]
= change, alteration

изменя́ть *verb imperfective* [19]
(*perfective* **измени́ть**: -меню́, -ме́нишь,
-ме́нят)
• = to change, alter (*a person or thing*)
• = to betray, be unfaithful to (a person
    + *dative*)

изменя́ться *verb imperfective* [19]
(*perfective* **измени́ться**: -меню́сь,
-ме́нишься, -ме́нятся)
    (*of a person or thing*) = to change

измеря́ть *verb imperfective* [19]
(*perfective* **изме́рить** [22])
• = to measure
• = to take (*temperature, blood pressure*)

изму́ченный *adjective* (-нная, -нное,
-нные; изму́чен, -на, -но, -ны)
= exhausted

изо ▶ **из**

из-под *preposition* (+ *genitive*)
= from under

Изра́иль *noun* [6]
= Israel

изуча́ть *verb imperfective* [10] (*perfective*
изучи́ть: -учу́, -у́чишь, -у́чат)
= to study, learn

изю́м *noun* [1] (*collective; no plural*)
= raisins, currants (*dried fruit*)

ико́на *noun* [7]
= icon

икра́ *noun* [7]
= caviar

и́ли *conjunction*
= or
и́ли ..., и́ли = either ... or

им ▶ **он, они́, оно́**

и́мени *etc.* ▶ **и́мя**

и́менно *adverb*
• = precisely, exactly
• = namely

име́ть *verb imperfective* (име́ю, -еешь,
-еют)
= to have
име́ть ме́сто ▶ **ме́сто**

и́ми ▶ **они́**

и́мпорт *noun* [1]
= import

иму́щество [12]
= property

И

и́мя *noun* 17 (*plural* имена́, имён, имена́м)
= name, first name

ина́че
1 *adverb*
= differently, otherwise
2 *conjunction*
= otherwise, or else

инвали́д *noun* 1
= disabled person, invalid

инде́йка *noun* 7 (*genitive plural* -де́ек)
= turkey

и́ндекс *noun* 1
= postcode (*British English*), zip code (*US English*)

индиа́нка *noun* 7 (*genitive plural* -нок)
= (*female*) Indian

инди́ец *noun* 1 (*genitive* -и́йца)
= (*male*) Indian

инди́йский *adjective* (-кая, -кое, -кие)
= Indian

И́ндия *noun* 9
= India

инжене́р *noun* 1
= engineer

иногда́ *adverb*
= sometimes

иностра́нец *noun* 1 (*genitive* -нца)
= (*male*) foreigner

иностра́нка *noun* 7 (*genitive plural* -нок)
= (*female*) foreigner

иностра́нный *adjective* (-нная, -нное, -нные)
= foreign

институ́т *noun* 1
= institute

инстру́кция *noun* 9
= instructions

инструме́нт *noun* 1
• = (musical) instrument
• = tool, implement

интервью́ *noun* (*neuter indeclinable*)
= interview

интере́с *noun* 1
= interest

интере́сный *adjective* (-ная, -ное, -ные; -сен, -сна, -сно, -сны)
= interesting
интере́сно, кто придёт = I wonder who will come

интересова́ть *verb imperfective* 21
= to interest

интересова́ться *verb imperfective* 21
= to be interested (in + *instrumental*)

интерна́т *noun* 1
= boarding school

интернациона́льный *adjective* (-ная, -ное, -ные)
= international

Интерне́т *noun* 1
= Internet
В Интерне́те = on the Internet

инфа́ркт *noun* 1
= heart attack

информа́тика *noun* 7
= IT (*information technology*)

информа́ция *noun* 9
= information

Ира́к *noun* 1
= Iraq

ирла́ндец *noun* 1 (*genitive* -дца)
= Irishman

Ирла́ндия *noun* 9
= Ireland

ирла́ндка *noun* 7 (*genitive plural* -док)
= Irishwoman

ирла́ндский *adjective* (-кая, -кое, -кие)
= Irish

иска́ть *verb imperfective* (ищу́, и́щешь, и́щут)
= to look for

исключа́ть *verb imperfective* 18 (*perfective* **исключи́ть**: -чу́, -чи́шь, -ча́т)
= to exclude

исключе́ние *noun* 14
= exception

исключи́ть ▶ **исключа́ть**

и́скренний *adjective* (-нняя, -ннее, -нние; искренен, -ренна, -ренне *or* -ренно, -ренни *or* -ренны)
= sincere
и́скренне Ваш = Yours sincerely

иску́сственный *adjective* (-нная, -нное, -нные; иску́ствен *or* иску́ствен, -нна, -нно, -нны)
= artificial

иску́сство *noun* 12
= art

испа́нец *noun* 1 (*genitive* -нца)
= (*male*) Spaniard

Испа́ния *noun* 9
= Spain

испа́нка *noun* 7 (*genitive plural* -нок)
= (*female*) Spaniard

испа́нский *adjective* (-кая, -кое, -кие)
= Spanish

испе́чь ▶ **печь**

исполне́ние *noun* 14
= performance

исполня́ть *verb imperfective* 19
(*perfective* **испо́лнить** 22)
• = to carry out, fulfil(l) (*an order, promise*)
• = to perform (*a dance, piece of music*)

испо́льзовать *verb imperfective &*
perfective 20
= to make use of, utilize

испо́ртить ▶ **по́ртить**

испо́ртиться ▶ **по́ртиться**

исправля́ть *verb imperfective* 19
(*perfective* **испра́вить**: -влю, -вишь,
-вят)
• = to correct
• = to mend, repair

испуга́ть ▶ **пуга́ть**

испуга́ться ▶ **пуга́ться**

испыта́ние *noun* 14
• = test, trial
• = ordeal

испы́тывать *verb imperfective* 18
(*perfective* **испыта́ть** 18)
• = to test, try
• = to experience

иссле́дование *noun* 14
= investigation, research

иссле́довать *verb imperfective &*
perfective 20
= to investigate, examine, research into

истори́ческий *adjective* (-кая, -кое,
-кие)
• = historical, history
• = historic

исто́рия *noun* 9
• = history
• = story, incident

истра́тить ▶ **тра́тить**

исчеза́ть *verb imperfective* 18
(*perfective* **исче́знуть**: -ну, -нешь, -нут;
исче́з, -зла)
= to disappear, vanish

ита́к *conjunction*
= thus, so then, and so

Ита́лия *noun* 9
= Italy

италья́нец *noun* 1 (*genitive* -нца)
= (*male*) Italian

италья́нка *noun* 7 (*genitive plural* -нок)
= (*female*) Italian

италья́нский *adjective* (-кая, -кое,
-кие)
= Italian

и т. д. *abbreviation* (*of* **и так да́лее**)
= etc., and so on

их (*indeclinable*)
1 *determiner*
= their
2 *pronoun*
= theirs

! *See also* **они́**

ищу́ *etc.* ▶ **иска́ть**

ию́ль *noun* 6
= July

ию́нь *noun* 6
= June

к *preposition* (*also* **ко**) (+ *dative*)
• = to, towards, up to
• = towards, by (*a certain time*)
• = for
  он гото́вился к экза́мену = he was
    preparing for an exam
  мы купи́ли мя́со к у́жину = we bought
    some meat for dinner

! **ко** *is used before some words*
beginning with two consonants, e.g.
ко мне́ = towards me

кабине́т *noun* 1
• = study, office, room
• = surgery

каблу́к *noun* 1 (*genitive* -ка́)
= heel (*of a shoe*)

ка́ждый (-дая, -дое, -дые)
1 *determiner*
= each, every
2 *pronoun*
= everybody

каза́ться *verb imperfective* (кажу́сь,
ка́жешься, ка́жутся) (*perfective*
показа́ться: -ажу́сь, -а́жешься, -а́жутся)
• = to seem, appear (+ *instrumental*)
  он ка́жется глу́пым = he appears stupid
• = to seem (*impersonal*)
  я, ка́жется, потеря́л ключ = I seem to
    have lost the key
ка́жется = apparently; it seems
каза́лось = apparently; it seemed
мне ка́жется = it seems to me; I think

Казахста́н *noun* 1
= Kazakhstan

как
1 *adverb*
• = how?
  как дела́? = how are you?
• = what? (*in some set phrases*)
  как вас зову́т? = what's your name?
• = how ...!
  как хорошо́! = how nice!
как бы ни... = however ...
2 *conjunction*
• = as, conforming with what, like
  как ты зна́ешь = as you know
• = as (*in comparisons*)
  бе́лый как снег = as white as snow
  как мо́жно скоре́е = as soon as possible
как то́лько = as soon as

как бу́дто *conjunction*
= as if, as though

ка́к-нибудь *adverb*
= somehow, anyhow

како́й (-ка́я, -ко́е, -ки́е)
1 *determiner*
• = what?, what sort of?, which?
  кака́я сего́дня пого́да? = what's the
  weather like today?
• = what ...!
  кака́я хоро́шая иде́я! = what a good idea!
2 *pronoun*
= which?

како́й-нибудь *determiner*
= some, any

како́й-то *determiner*
= some

как раз *adverb*
= just, exactly

ка́к-то *adverb*
• = somehow
• = sometime (*in the past*)

календа́рь *noun* 6 (*genitive* -ря́)
= calendar

кали́тка *noun* 7 (*genitive plural* -ток)
= gate

ка́мень *noun* 6 (*genitive* -мня; *plural*
-мни, -не́й)
= stone

ка́мера хране́ния *noun* 7
• = left-luggage office (*British English*),
  baggage room (*US English*)
• = cloakroom

ками́н *noun* 1
• = fireplace
• = (open) fire

камко́рдер *noun* 1
= camcorder

Кана́да *noun* 7
= Canada

кана́дец *noun* 1 (*genitive* -дца)
= (*male*) Canadian

кана́дка *noun* 7 (*genitive plural* -док)
= (*female*) Canadian

кана́дский *adjective* (-кая, -кое, -кие)
= Canadian

кана́л *noun* 1
• = canal
• = channel

кани́кулы *noun plural* (*genitive* -ул)
= holidays, vacation

кану́н *noun* 1
= eve

капита́н *noun* 1
= captain

капу́ста *noun* 7 (*collective*; *no plural*)
= cabbage

каранда́ш *noun* 4 (*genitive* -ша́)
= pencil

карма́н *noun* 1
= pocket

карма́нные де́ньги *noun plural*
= pocket money

ка́рта *noun* 7
• = map
• = (playing) card

карти́на *noun* 7
= picture, painting

карто́нка *noun* 7 (*genitive plural* -нок)
= cardboard box

карто́фелина *noun* 7
= (*a single*) potato

карто́фель *noun* 6 (*collective*; *no
plural*)
= potatoes, potato (*as a substance*)

карто́фель-соло́мка *noun* 7
(*collective*; *no plural*)
= chips (*British English*), French fries (*US
English*)

ка́рточка *noun* 7 (*genitive plural* -чек)
= card (*e.g. a credit card, season ticket*)

карто́шка *noun* 7 (*collective*; *no plural*)
= potatoes, potato (*as a substance*)

каса́ться *verb imperfective* 18
(*perfective* **косну́ться**: -ну́сь, -нёшься,
-ну́тся)
• = to touch (*a thing* + *genitive*)
• = to concern (*a person or thing*
  + *genitive*)
что каса́ется = as regards

ка́сса *noun* 7
• = cash register, till, cash box
• = cashier's desk, cash desk, checkout
• = ticket office, box office

кассе́та *noun* 7
= cassette

✶ in informal situations

кассéтный магнитофóн *noun*
= cassette recorder

кассúр *noun* [1]
= (*male*) cashier

кассúрша *noun* [7]
= (*female*) cashier

кастрюля *noun* [8]
= saucepan

катастрóфа *noun* [7]
= disaster

катáться[1] *verb imperfective* [18]
(*perfective* **покатáться** [18])
= to go for a ride (*for pleasure*)
  катáться/покатáться на машúне = to go
    for a drive
  катáться/покатáться на велосипéде =
    to go for a bike ride, to cycle
  катáться/покатáться на конькáх = to go
    ice-skating, to ice-skate, to go for a skate
  катáться/покатáться на лыжах = to go
    skiing, to ski, to go for a ski
  катáться/покатáться верхóм = to go
    riding, to ride, to go for a ride

катáться[2] *verb imperfective
indeterminate* [18]
• = to roll

катúться *verb imperfective determinate*
(качýсь, кáтишься, кáтятся) (*perfective*
покатúться: -качýсь, -кáтишься,
-кáтятся)
= to roll

катóк *noun* [1] (*genitive* -ткá)
= ice rink

кафé *noun* (*neuter indeclinable*)
= café

кáчество *noun* [12]
= quality

кáша *noun* [7]
= boiled cereal dish

> ! The precise meaning of **кáша** is
> determined by the adjective preceding it,
> e.g.:
> гречневая кáша = buckwheat
> мáнная кáша = semolina
> овсяная кáша = porridge
> рúсовая кáша = rice pudding

кáшель *noun* [6] (*genitive* -шля)
= cough

кáшлять *verb imperfective* [19]
• = to cough
• = to have a cough

кв. *abbreviation* (*of* **квартúра**)
= flat, apartment

квалификáция *noun* [9]
= qualification

квартáл *noun* [1]
= block (*in a city*)

квартúра *noun* [7]
= flat, apartment

квартплáта *noun* [7]
= rent

квитáнция *noun* [9]
= receipt

кéды *noun plural* (*genitive* -**д** *or* -**дов**)
= trainers (*British English*), sneakers (*US
English*)

кем ▶ **кто**

кéмпинг *noun* [1]
= campsite

кефúр *noun* [1]
= kefir

> ! This is a drink made from fermented
> milk, a bit like yoghurt but sourer and
> runnier

Кúев *noun* [1]
= Kiev

кило* *noun* (*neuter indeclinable*)
= kilo

килогрáмм *noun* [1]
= kilogram

киломéтр *noun* [1]
= kilometre (*British English*), kilometer
(*US English*)

кинó *noun* (*neuter indeclinable*)
• = cinema
• = the pictures (*British English*), the movies
(*US English*)

кинотеáтр *noun* [1]
= cinema

киóск *noun* [1]
= kiosk, stall

кипéть *verb imperfective* (-пúт, -пят)
(*perfective* **вскипéть**: -пúт, -пят)
(*of a liquid*) = to boil

кипятúть *verb imperfective* (-ячý,
-ятúшь, -ятят) (*perfective* **вскипятúть**:
-ячý, -ятúшь, -ятят)
= to boil (*a liquid, an object*)

Киргúзия *noun* [9]
= Kirghizia

кирпúч *noun* [1] (*genitive* -чá)
= brick, bricks

кúслый *adjective* (-лая, -лое, -лые;
-сел, -слá, -сло, -слы)
= sour

кисть *noun* [11] (*plural* -ти, -тéй)
= brush

китáец *noun* [1] (*genitive* -áйца)
= (*male*) Chinese

Китáй *noun* [2]
= China

китайский *adjective* (-кая, -кое, -кие)
= Chinese

китаянка *noun* 7 (*genitive plural* -нок)
= (*female*) Chinese

кладбище *noun* 13
= cemetery, graveyard

кладу *etc.* ▶ **класть**

кларнет *noun* 1
= clarinet

класс *noun* 1
• = class
• = classroom
• = (*school*) year, form (*British English*), grade (*US English*)

классический *adjective* (-кая, -кое, -кие)
= classical

класть *verb imperfective* (кладу, -дёшь, -дут; клал) (*perfective* **положить**: -ложу, -ложишь, -ложат)
= to put (down), lay, place

клеить *verb imperfective* 23 (*perfective* **склеить** 23)
= to glue, stick

клей *noun* 2
= glue, adhesive

клиент *noun* 1
= client

климат *noun* 1
= climate

клуб *noun* 1
= club, society

клубника *noun* 7 (*collective; no plural*)
= strawberries

клумба *noun* 7
= flower bed

ключ *noun* 1 (*genitive* -ча)
= key

клясться *verb imperfective* (-янусь, -янёшься, -янутся; клялся, -лась) (*perfective* **поклясться**: -янусь, -янёшься, -янутся; поклялся, -лась)
= to swear, vow

книга *noun* 7
= book

книжка *noun* 7 (*genitive plural* -жек)
= book

книжная полка *noun*
= bookshelf

книжный магазин *noun*
= bookshop

книжный шкаф *noun*
= bookcase

кнопка *noun* 7 (*genitive plural* -пок)
= button, knob

ко ▶ **к**

ковёр *noun* 1 (*genitive* -вра)
= carpet, rug, mat

коврик *noun* 1
= rug, mat

когда
1 *adverb*
= when
2 *conjunction*
= when, while, as

когда-либо *adverb*
= ever

когда-нибудь *adverb*
= ever, sometime (*in the future*)

когда-то *adverb*
= once, formerly

кого ▶ **кто**

кожа *noun* 7
• = skin
• = leather
• = peel

кока-кола *noun* 7
= Coca-Cola (*proprietary term*)

колбаса *noun* 7 (*plural* -басы)
= salami, sausage

колготки *noun plural* (*genitive* -ток)
= tights

колено *noun* 12 (*plural* -ни, -ней, -ням)
• = knee
• (*in plural*) = lap

колесо *noun* 12 (*plural* колёса, колёс)
= wheel

количество *noun* 12 (*no plural*)
= quantity, number

коллега *noun* 7 (*masculine & feminine*)
= colleague

> **!** **коллега** declines like a feminine noun, but adjectives and verbs that it governs are masculine or feminine according to the sex of the person referred to

коллекция *noun* 9
= collection

колокол *noun* 1 (*plural* -кола)
= bell

колхоз *noun* 1
= collective farm

кольцо *noun* 12 (*plural* кольца, колец, кольцам)
= ring

ком ▶ **кто**

команда *noun* 7
• = command, order
• = crew, brigade
• (*in sport*) = team

командиро́вка noun 7 (genitive plural -вок)
= business trip

коме́дия noun 9
= comedy

комите́т noun 1
= committee

коммуни́зм noun 1
= Communism

коммуни́ст noun 1
= (male) Communist

коммунисти́ческий adjective (-кая, -кое, -кие)
= Communist

коммуни́стка noun 7 (genitive plural -ток)
= (female) Communist

ко́мната noun 7
= room

комо́д noun 1
= chest of drawers

компа́кт-ди́ск noun 1
= compact disc

компа́ния noun 9
= company

композитор noun 1
= composer

компо́т noun 1
= stewed fruit

компью́тер noun 1
= computer

компью́терный adjective (-ная, -ное, -ные)
= computer

кому́ ▶ кто

конве́рт noun 1
= envelope

конди́терская noun (declined like a feminine adjective)
= confectioner's, cake shop

коне́к noun 1 (genitive конька́)
= skate

коне́ц noun 1 (genitive конца́)
= end
в конце́ = at the end (of + genitive)
в конце́ концо́в = in the end; after all
биле́т в оди́н коне́ц = single ticket (British English), one-way ticket

коне́чно adverb
= of course, certainly

коне́чный adjective (-ная, -ное, -ные)
= final, last

ко́нкурс noun 1
= competition, contest

консе́рвный нож noun
= tin opener (British English), can opener

консе́рвы noun plural (genitive -вов)
= tinned food (British English), canned food (US English)

конта́кт noun 1
= contact

конта́ктная ли́нза noun 7
= contact lens

конто́ра noun 7
= office

контраба́с noun 1
= double bass

контра́кт noun 1
= contract

контроли́ровать verb imperfective 20
• = to check, monitor, inspect (perfective **проконтроли́ровать** 20)
• = to control (no perfective)

контро́ль noun 6
• = checking, monitoring, inspection
• = control

контро́льная рабо́та noun
= test

конфере́нция noun 9
= conference

конфе́та noun 7
= sweet (British English), piece of candy (US English)

конце́рт noun 1
= concert

конча́ть verb imperfective 18 (perfective **ко́нчить**: -чу, -чишь, -чат)
• = to finish, end
• = to stop, finish (doing something + imperfective infinitive)

конча́ться verb imperfective 18 (perfective **ко́нчиться**: -чусь, -чишься, -чатся)
• = to finish, end, be over
• = to expire

конь noun 6 (genitive -ня; plural -ни, -не́й)
= (male) horse, steed

коньки́ etc. ▶ конёк

коньяк noun 1 (genitive -ка́)
= brandy

копа́ть verb imperfective 18 (perfective **вы́копать** 18)
= to dig

копе́йка noun 7 (genitive plural -пе́ек)
= copeck

копи́ровать verb imperfective 20 (perfective **скопи́ровать** 20)
= to copy

K

копи́ть *verb imperfective* (-плю́, -пишь, -пят) (*perfective* **накопи́ть**: -плю́, -пишь, -пят)
• = to save, save up (*money etc.*)
• = to accumulate

ко́пия *noun* 9
= copy

кора́бль *noun* 6 (*genitive* -бля́)
= boat, ship

ко́рень *noun* 6 (*genitive* -рня; *plural* -ни, -не́й)
= root

корзи́на *noun* 7
= basket

коридо́р *noun* 1
= corridor

кори́чневый *adjective* (-вая, -вое, -вые)
= brown

корми́ть *verb imperfective* (-млю́, -мишь, -мят) (*perfective* **накорми́ть**: -млю́, -мишь, -мят)
= to feed

коро́бка *noun* 7 (*genitive plural* -бок)
= box

коро́ва *noun* 7
= cow

короле́ва *noun* 7
= queen

коро́ль *noun* 6 (*genitive* -ля́)
= king

коро́ткий *adjective* (-кая, -кое, -кие; ко́роток, коротка́, ко́ротко, ко́ротки)
= short

коро́че
1 *predicative adjective* (*indeclinable*)
= shorter
2 *adverb*
= more briefly

ко́рпус *noun* 1 (*plural* -са́)
= block (*in a group of blocks of flats*)

корреспонде́нт *noun* 1
= (*male*) correspondent, reporter

корреспонде́нтка *noun* 7 (*genitive plural* -ток)
= (*female*) correspondent, reporter

корт *noun* 1
= (tennis) court

коси́ть *verb imperfective* (кошу́, ко́сишь, ко́сят) (*perfective* **скоси́ть**: скошу́, ско́сишь, ско́сят)
= to mow

косме́тика *noun* 7
= cosmetics, make-up

космона́вт *noun* 1
= cosmonaut

косну́ться ▶ **каса́ться**

кость *noun* 11 (*plural* -ти, -те́й)
= bone

костю́м *noun* 1
= suit

кот *noun* 1 (*genitive* кота́)
= (tom-)cat

котле́та *noun* 7
= rissole, burger

кото́рый *pronoun* (-рая, -рое, -рые)
= which, who, that, whose (*in relative clauses*)
кото́рый час? = what's the time?

ко́фе *noun* (*masculine indeclinable*)
= coffee

ко́фта *noun* 7
= blouse, cardigan, jacket

кошелёк *noun* 1 (*genitive* -лька́)
= purse (*for money*)

ко́шка *noun* 7 (*genitive plural* -шек)
= cat

кошу́ ▶ **коси́ть**

краду́ *etc.* ▶ **красть**

край *noun* 2 (*locative* краю́; *plural* края́, краёв)
• = edge
• = land, region
• = brim

кра́йне *adverb*
= extremely

кра́йний *adjective* (-няя, -нее, -ние)
• = extreme
• = last
по кра́йней ме́ре = at least

крал *etc.* ▶ **красть**

кран *noun* 1
• = tap, faucet (*US English*)
• = crane

краси́вый *adjective* (-вая, -вое, -вые; краси́в, -ва, -во, -вы)
= beautiful, handsome

кра́сить *verb imperfective* (-а́шу, -а́сишь, -а́сят) (*perfective* **покра́сить**: -а́шу, -а́сишь, -а́сят)
= to paint

кра́ситься *verb imperfective* (-а́шусь, -а́сишься, -а́сятся) (*perfective* **накра́ситься**: -а́шусь, -а́сишься, -а́сятся)
= to put on make-up; to wear make-up

кра́ска noun 7 (genitive plural -сок)
= paint

красне́ть verb imperfective (-е́ю, -е́ешь, -е́ют) (perfective **покрасне́ть**: -е́ю, -е́ешь, -е́ют)
• = to redden, turn red
• = to blush

кра́сный adjective (-ная, -ное, -ные; кра́сен, -сна́, красно́, кра́сны́)
= red

красота́ noun 7 (plural -о́ты)
= beauty

красть verb imperfective (краду́, -дёшь, -ду́т; крал) (perfective **укра́сть**: украду́, -дёшь, -ду́т; укра́л)
= to steal

кра́ткий adjective (-кая, -кое, -кие; кра́ток, -тка́, -тко, -тки)
• = short
• = brief

креди́тная ка́рта noun (also **креди́тная ка́рточка**)
= credit card

крем noun 1
= cream

кремль noun 6 (genitive -ля́)
= citadel
Кремль = the Kremlin

кре́пкий adjective (-кая, -кое, -кие; кре́пок, -пка́, -пко, -пки)
= strong, firm, sound

кре́пко adverb
• = strongly, firmly
• = soundly, deeply
• = tightly

кре́сло noun 12 (genitive plural -сел)
= armchair

крест noun 1 (genitive -та́)
= cross

кри́зис noun 1
= crisis

крик noun 1
= shout, cry

кри́кет noun 1
= cricket

кри́кнуть ▶ крича́ть

критикова́ть verb imperfective 21
= to criticize

крича́ть verb imperfective (-чу́, -чи́шь, -ча́т) (perfective **кри́кнуть**: -ну, -нешь, -нут)
= to cry, shout

крова́ть noun 11
= bed

кровь noun 11 (locative -ви́)
= blood

кро́лик noun 1
= rabbit

кро́ме preposition (+ genitive)
= except, besides, apart from
кро́ме того́ = besides, moreover

кроссо́вка noun 7 (genitive plural -вок)
= trainer (British English), sneaker (US English)

круг noun 1 (locative -гу́; plural -ги́)
= circle

кру́глый adjective (-лая, -лое, -лые; кругл, -ла́, -ло, -лы)
= round
кру́глый год = all the year round

круго́м adverb
= around

кружи́ться verb imperfective (кружу́сь, кру́жи́шься, кру́жа́тся)
= to whirl, spin, spin round

кру́жка noun 7 (genitive plural -жек)
= mug

кружо́к noun 1 (genitive -жка́)
• = club, group
• = circle

круто́й adjective (-та́я, -то́е, -ты́е; крут, -та́, -то, кру́ты)
• = steep
• = sharp

крыло́ noun 12 (plural кры́лья, кры́льев)
= wing

кры́ша noun 7
= roof

кры́шка noun 7 (genitive plural -шек)
= lid

крючо́к noun 1 (genitive -чка́)
= hook

кто pronoun (кого́, кому́, кем, ком)
= who, whom
кто бы ни ... = whoever ...

кто́-нибудь pronoun
= somebody, someone, anybody, anyone

кто́-то pronoun
= somebody, someone

куда́ adverb
= where?, where to?

куда́-нибудь adverb
= somewhere, anywhere

куда́-то adverb
= somewhere

К

кудря́вый adjective (-вая, -вое, -вые;
кудря́в, -ва, -во, -вы)
= curly

ку́кла noun [7] (genitive plural ку́кол)
• = doll
• = puppet

культу́ра noun [7]
= culture

культу́рный adjective (-ная, -ное,
-ные; -рен, -рна, -рно, -рны)
• = cultural
• = cultivated, cultured, civilized, educated

купа́льник noun [1]
= swimsuit

купа́ться verb imperfective [18]
(perfective вы́купаться [18])
• = to bathe, go swimming
• = to have a bath

купе́ noun (neuter indeclinable)
= compartment (in a train)

купи́ть ▶ покупа́ть

куре́ние noun [14]
= smoking

кури́ть verb imperfective (-рю́, -ришь,
-рят) (perfective покури́ть: -рю́, -ришь,
-рят, or вы́курить [22])
= to smoke

ку́рица noun [7] (plural ку́ры, кур)
• = chicken
• = hen

куро́рт noun [1]
= (holiday) resort

курс noun [1]
• (often in plural) = course (of lessons etc.)
• = (university) year
• = exchange rate

ку́ртка noun [7] (genitive plural -ток)
= jacket, anorak

ку́ры etc.▶ ку́рица

куса́ть verb imperfective [18] (perfective
укуси́ть: укушу́, уку́сишь, уку́сят)
= to bite

куса́ться verb imperfective [18]
(of an animal) = to bite (as a habit)

кусо́к noun [1] (genitive -ска́)
= piece, lump

куст noun [1] (genitive -та́)
= bush

ку́хня noun [8] (genitive plural ку́хонь)
= kitchen

ку́ча noun [7]
= pile, heap

ку́шать verb imperfective [18] (perfective
поку́шать [18] or ску́шать [18])
= to eat

Лл

ла́герь noun [6] (plural -ря́, -ре́й)
= camp

ла́дно exclamation
= all right!; very well!; OK!

Ла-Ма́нш noun [3]
= the (English) Channel

ла́мпа noun [7]
= lamp

ла́мпочка noun [7] (genitive plural -чек)
• = lamp
• = (light) bulb

Ла́твия noun [9]
= Latvia

лати́нский adjective (-кая, -кое, -кие)
= Latin

ла́ять verb imperfective (ла́ю, ла́ешь,
ла́ют)
= to bark

лба etc. ▶ лоб

лгать verb imperfective (лгу, лжёшь,
лгут; лгал, -ла́, -ло) (perfective солга́ть:
-лгу́, -лжёшь, -лгу́т; солга́л, -ла́, -ло)
= to lie, tell lies

ле́бедь noun [6] (plural -ди, -де́й)
= swan

лев noun [1] (genitive льва)
= lion

ле́вый adjective (-вая, -вое, -вые)
= left, left-hand

лёг ▶ лечь

лега́льный adjective (-ная, -ное, -ные)
= legal

лёгкий adjective (-кая, -кое, -кие; лёгок,
-гка́, -гко́, -гки́)
• = light
• = easy
• = slight, mild

легко́
1 adverb
• = easily
• = slightly, lightly
2 predicate
= easy

ле́гче
1 predicative adjective (indeclinable)
• = lighter
• = easier
2 adverb
• = more easily
• = more lightly

лёд *noun* [1] (*genitive* **льда**, *locative* **льду**)
= ice

лежа́ть *verb imperfective* (-жу́, -жи́шь, -жа́т)
* = to lie, be lying (down)
* = be, be situated

ле́звие *noun* [14]
= razor blade

лезть *verb imperfective* (-зу, -зешь, -зут; лез, -зла) (*perfective* **поле́зть**: -зу, -зешь, -зут; полёз, -зла)
= to climb, climb up

лека́рство *noun* [12]
= medicine

ле́кция *noun* [9]
= lecture

лени́вый *adjective* (-вая, -вое, -вые; -в, -ва, -во, -вы)
= lazy

ле́нта *noun* [7]
* = ribbon
* = tape

лес *noun* [1] (*locative* -су́; *plural* -са́)
= forest, wood

ле́стница *noun* [7]
* = stairs, staircase
* = ladder

лет ▶ **год**

лета́ть *verb imperfective indeterminate* [18]
= to fly

лете́ть *verb imperfective determinate* (лечу́, лети́шь, летя́т) (*perfective* **полете́ть**: -лечу́, -лети́шь, -летя́т)
= to fly

ле́тний *adjective* (-няя, -нее, -ние)
= summer

ле́то *noun* [12] (*no plural*)
= summer

ле́том *adverb*
= in the summer

лётчик *noun* [1]
= pilot

лечи́ть *verb imperfective* (лечу́, ле́чишь, ле́чат)
= to treat (for an illness + **от** + *genitive*)

лечу́ *etc.* ▶ **лете́ть**, **лечи́ть**

лечь ▶ **ложи́ться**

ли *particle* (*also* **ль**)
* (*used in questions, placed after the word to which it refers*)
  прие́дет ли он сего́дня? = will he arrive today?
* (*in indirect speech*) = whether, if
  я не зна́ю, придёт ли он = I don't know if he'll come

ли́бо *conjunction*
= or
ли́бо ... ли́бо = either ... or

лимо́н *noun* [1]
= lemon

лимона́д *noun* [1]
= fizzy drink, lemonade

ли́ния *noun* [9]
= line

лист[1] *noun* [1] (*genitive* -та́; *plural* -тья, -тьев)
= leaf

лист[2] *noun* [1] (*genitive* -та́; *plural* -ты, -то́в)
= sheet (*of paper, metal, etc.*)

Литва́ *noun* [7]
= Lithuania

литерату́ра *noun* [7]
= literature

литр *noun* [1]
= litre (*British English*), liter (*US English*)

лить *verb imperfective* (лью, льёшь, льют; лил, лила́, ли́ло)
= to pour

> **!** лить *is used both with and without an object whereas* ли́ться *never has an object*

ли́ться *verb imperfective* (льётся, льются; ли́лся, лила́сь, ли́ло́сь)
(*of a liquid*) = to pour

лифт *noun* [1]
= lift (*British English*), elevator (*US English*)

ли́фчик *noun* [1]
= bra

лицева́я сторона́ *noun*
= front, façade

лицо́ *noun* [12] (*plural* -ца)
* = face
* = person

ли́чно *adverb*
= personally, in person

ли́чный *adjective* (-ная, -ное, -ные)
= personal, private

ли́шний *adjective* (-няя, -нее, -ние)
= superfluous, spare, unnecessary

лоб *noun* [1] (*genitive* лба, *locative* лбу)
= forehead

лови́ть *verb imperfective* (ловлю́, -вишь, -вят) (*perfective* **пойма́ть** [18])
= to catch; to try to catch
лови́ть ры́бу = to fish

ло́дка *noun* [7] (*genitive plural* -док)
= boat

Л

ложи́ться *verb imperfective* (-жу́сь,
-жи́шься, -жа́тся) (*perfective* **лечь**: ля́гу,
ля́жешь, ля́гут; лёг, легла́)
• = to lie down
• (*also* **ложи́ться спать**) = to go to bed

ло́жка *noun* 7 (*genitive plural* -жек)
= spoon

ложь *noun* 11 (*genitive* лжи)
= lie

лома́ть *verb imperfective* 18 (*perfective*
слома́ть 18)
= to break (*a thing*)

лома́ться *verb imperfective* 18
(*perfective* **слома́ться** 18)
(*of a thing*) = to break

Ло́ндон *noun* 1
= London

лопа́та *noun* 7
= spade, shovel

лосьо́н *noun* 1
= lotion

ло́шадь *noun* 11 (*plural* -ди, -де́й, -дя́м,
-дьми́, -дя́х)
= horse

луг *noun* 1 (*locative* -гу́; *plural* -га́)
= meadow

лу́жа *noun* 7
= puddle

лук *noun* 1 (*collective*; *no plural*)
= onions, onion (*as a substance*)

лу́ковица *noun* 7
• = (*a single*) onion
• = bulb (*of a plant*)

луна́ *noun* 7 (*plural* -ны)
= moon

лу́чше
1 *predicative adjective* (*indeclinable*)
= better
2 *adverb*
= better

лу́чший *attributive adjective* (-шая,
-шее, -шие)
• = better
• = best

лы́жа *noun* 7
= ski

лы́жный спорт *noun*
= skiing

лы́сый *adjective* (-сая, -сое, -сые; лыс,
-са́, -со, -сы)
= bald

ль ▶ **ли**

льва *etc.* ▶ **лев**

льда *etc.* ▶ **лёд**

лью *etc.* ▶ **лить**

люби́мый *adjective* (-мая, -мое, -мые;
-м, -ма, -мо, -мы)
• = beloved
• = favourite (*British English*), favorite (*US
English*)

люби́ть *verb imperfective* (люблю́,
-бишь, -бят)
• = to love
• = to like

любо́вь *noun* 11 (*genitive* любви́,
instrumental любо́вью)
= love

любо́й (-ба́я, -бо́е, -бы́е)
1 *determiner*
= any, either
2 *pronoun*
= any, either, anybody

лю́ди *noun plural* (*genitive* -де́й, *dative*
-дям, *instrumental* -дьми́, *prepositional*
-дях)
= people

⏐ **!** *See also* **челове́к**

ля́гу *etc.* ▶ **лечь**

Мм

магази́н *noun* 1
= shop

магнитофо́н *noun* 1
= tape recorder

май *noun* 2
= May

ма́йка *noun* 7 (*genitive plural* ма́ек)
= vest (*British English*), undershirt (*US
English*)

макаро́ны *noun plural* (*genitive* -н)
= pasta

ма́ленький *adjective* (-кая, -кое, -кие)
= small, little

мали́на *noun* 7 (*usually collective*; *no
plural*)
= raspberries, raspberry

ма́ло
1 *determiner*
= little, few, not much, not many, not
enough (+ *genitive*)

2 *pronoun*
   = little, a little
3 *adverb*
   = little

ма́льчик *noun* [1]
   = boy

ма́ма *noun* [7]
   = mother, mummy, mum

мандари́н *noun* [1]
   = mandarin, tangerine

маргари́н *noun* [1]
   = margarine

ма́рка *noun* [7] (*genitive plural* -рок)
• = (postage) stamp
• = brand, make

март *noun* [1]
   = March

маршру́т *noun* [1]
   = route, itinerary

ма́сло *noun* [12]
• = butter
• = oil

мастерска́я *noun* (*declined like a feminine adjective*)
   = workshop

матема́тика *noun* [7]
   = mathematics

материа́л *noun* [1]
   = material

матрёшка *noun* [7] (*genitive plural* -шек)
   = Russian doll

матро́с *noun* [1]
   = sailor, seaman

матч *noun* [1]
   = match

мать *noun* [11] (*genitive* ма́тери, *instrumental* ма́терью; *plural* ма́тери, матере́й, матеря́м)
   = mother

маха́ть *verb imperfective* (машу́, ма́шешь, ма́шут) (*perfective* **махну́ть**: -ну́, -нёшь, -ну́т)
   = to wave, brandish (+ *instrumental*)

ма́чеха *noun* [7]
   = stepmother

маши́на *noun* [7]
• = car
• = machine

маши́на ско́рой по́мощи *noun*
   = ambulance

машини́стка *noun* [7] (*genitive plural* -ток)
   = typist

маши́нка *noun* [7] (*genitive plural* -нок)
• = machine
• (*also* пи́шущая маши́нка) = typewriter

мгнове́ние *noun* [14]
   = moment, instant

ме́бель *noun* [11]
   = furniture

мёд *noun* [1] (*locative* -ду́; *plural* -ды́)
   = honey

> **!** *This word tends not to be used in the plural: for example, the phrase* different honeys *is better translated* мёд ра́зных сорто́в

меда́ль *noun* [11]
   = medal

медве́дь *noun* [6]
   = bear

медици́на *noun* [7]
   = medicine

медици́нский *adjective* (-кая, -кое, -кие)
   = medical

ме́дленно *adverb*
   = slowly

ме́дленный *adjective* (-нная, -нное, -нные; ме́дленен *or* ме́длен, -нна, -нно, -нны)
   = slow

медсестра́ *noun* [7] (*plural* -сёстры, -сестёр, -сёстрам)
   = nurse

ме́жду *preposition* (+ *instrumental*)
• = between
• = among
ме́жду про́чим = incidentally, by the way
ме́жду тем = meanwhile
ме́жду тем, как = while

междунаро́дный *adjective* (-ная, -ное, -ные)
   = international

мел *noun* [1] (*locative* -лу́)
   = chalk

ме́лкий *adjective* (-кая, -кое, -кие; ме́лок, -лка́, -лко, -лки)
• = small
• = shallow
• = fine

мело́дия *noun* [9]
   = melody, tune

ме́лочь *noun* [11] (*plural* -чи, -че́й)
• = small change
• (*in plural*) = trifles, trivialities

ме́неджер *noun* [1]
   = manager

ме́нее *adverb*
   = less
тем не ме́нее = none the less

M

ме́ньше
1 *predicative adjective (indeclinable)*
= smaller
2 *determiner (+ genitive)*
= less
3 *pronoun*
= less
4 *adverb*
= less

ме́ньший *attributive adjective (-шая, -шее, -шие)*
* = younger
* = smaller

меньшинство́ *noun* 12
= minority

меню́ *noun (neuter indeclinable)*
= menu

меня́ ▶ **я**

меня́ть *verb imperfective* 19 *(perfective* **поменя́ть** 19, *or* **обменя́ть** 19)
* = to exchange (for something else + **на** + *accusative*)
* = to change (*something, e.g. one's job*)

меня́ться *verb imperfective* 19 *(perfective* **поменя́ться** 19, *or* **обменя́ться** 19)
* = to swap, exchange (something (e.g. stamps) + *instrumental*, with someone + **с** + *instrumental*)
* (*of a person or thing*) = to change

мёрзнуть *verb imperfective (-ну, -нешь, -нут; мёрз, -зла) (perfective* **замёрзнуть**: -ну, -нешь, -нут; замёрз, -зла)
= to freeze

ме́рить *verb imperfective* 22
* = to measure (*perfective* **сме́рить** 22)
* = to try on (*perfective* **поме́рить** 22)

мёртвый *adjective (-вая, -вое, -вые; мёртв, мертва́, мёртво, мёртвы)*
= dead

ме́стность *noun* 11
= locality, area

ме́стный *adjective (-ная, -ное, -ные)*
= local

ме́сто *noun* 12 *(plural* -та́)
* = place
* = seat
* = room
* = job, post
име́ть ме́сто = to take place

ме́сяц *noun* 1
= month

ме́сячные *noun plural (declined like a plural adjective)*
= (*menstrual*) period

мета́лл *noun* 1
= metal

металли́ческий *adjective (-кая, -кое, -кие)*
= metal, metallic

мете́ль 11
= snow storm

ме́тка *noun* 7 *(genitive plural* -ток)
= mark

метла́ 7 *(plural* **мётлы, мётел, мётлам**)
= broom

ме́тод *noun* 1
= method

метр *noun* 1
= metre (*British English*), meter (*US English*)

метро́ *noun (neuter indeclinable)*
= underground (*British English*), subway (*US English*), metro

мех *noun* 1 *(locative* -ху́; *plural* -ха́)
= fur

меха́ник *noun* 1
= mechanic, engineer

меховой *adjective (-ва́я, -во́е, -вы́е)*
= fur

мечта́ *noun* 7 *(not used in the genitive plural)*
= dream

мечта́ть *verb imperfective* 18
= to dream

меша́ть *verb imperfective* 18
* = to prevent, hinder (a person or thing + *dative*) (*perfective* **помеша́ть** 18)
* = to disturb, bother (a person + *dative*) (*perfective* **помеша́ть** 18)
* = to mix (*perfective* **смеша́ть** 18)
* = to stir (*perfective* **помеша́ть** 18)

мешо́к *noun* 1 *(genitive* -шка́)
= bag, sack

микроволно́вая печь *noun*
= microwave oven

милиционе́р *noun* 1
* = policeman (*in Russia*)

мили́ция *noun* 7
* = the police (*in Russia*)
* = police station (*in Russia*)

миллио́н *noun* 1
= million

миллионе́р *noun* 1
= millionaire

ми́лый *adjective (-лая, -лое, -лые; мил, -ла́, -ло, ми́лы)*
* = nice, sweet, kind
* = dear

ми́ля *noun* 8
= mile

мимо
1 *preposition* (+ *genitive*)
= past, by
2 *adverb*
= past, by

минера́льная вода́ *noun*
= mineral water

мини́стр *noun* 1
= minister

Минск *noun* 1
= Minsk

ми́нус *preposition* (+ *nominative*)
= minus

мину́та *noun* 7
= minute

мир¹ *noun* 1 (*plural* -ы́)
= world

мир² *noun* 1
= peace

ми́рный *adjective* (-ная, -ное, -ные;
ми́рен, -рна, -рно, -рны)
= peaceful

мирово́й *adjective* (-ва́я, -во́е, -вы́е)
= world

мисс *noun* (*feminine indeclinable*)
= Miss, Ms

ми́ссис *noun* (*feminine indeclinable*)
= Mrs, Ms

ми́стер *noun* 1
= Mr

ми́тинг *noun* 1
= meeting

мла́дше *predicative adjective*
(*indeclinable*)
= younger

мла́дший *adjective* (-шая, -шее, -шие)
• = younger
• = youngest
• = junior

мне ▶ я

мне́ние *noun* 14
= opinion

мно́гие *pronoun plural*
= many

мно́го
1 *determiner*
= much, many, a lot of (+ *genitive*)
2 *pronoun*
= much, a lot
3 *adverb*
= a lot

многокварти́рный дом *noun*
= apartment block

мной ▶ я

мог *etc.* ▶ мочь

моги́ла *noun* 7
= grave

могу́ *etc.* ▶ мочь

мо́да *noun* 7
= fashion

мо́дный *adjective* (-ная, -ное, -ные;
мо́ден, мо́дна́, -дно, -дны)
= fashionable

мо́жет ▶ мочь

мо́жно *predicate*
• = one may, it is permissible
• = one can, it is possible

мой (*genitive* моего́; *feminine* моя́,
genitive мое́й; *neuter* моё, *genitive* моего́;
plural мои́, *genitive* мои́х)
1 *determiner*
= my
2 *pronoun*
= mine

мо́крый *adjective* (-рая, -рое, -рые;
мокр, -кра́, -кро, мо́кры)
= wet, damp

Молдо́ва *noun* 1
= Moldova

моли́ться *verb imperfective* (-лю́сь,
-лишься, -лятся) (*perfective*
помоли́ться: -олю́сь, -о́лишься,
-о́лятся)
= to pray (to + *dative*, for + о
+ *prepositional*)

мо́лния *noun* 9
• = lightning
• = zip (*British English*), zipper (*US English*)

молодёжная турба́за *noun*
= youth hostel

молодёжный клуб *noun*
= youth club

молодёжь *noun* 11
= young people, the youth

молоде́ц *noun* 1 (*genitive* -дца́)
• = fine fellow, fine girl
• (*as an exclamation*) = well done!

молодо́й *adjective* (-да́я, -до́е, -ды́е;
мо́лод, -да́, -до, -ды)
= young

моло́же *predicative adjective*
(*indeclinable*)
= younger

молоко́ *noun* 12
= milk

молча́ть *verb imperfective* (-чу́, -чи́шь,
-ча́т)
= to be silent, keep silent

моме́нт *noun* 1
= moment

моне́та *noun* 7
= coin

M

мо́ре *noun* 16 (*plural* -ря́, -ре́й)
• = sea
• = seaside

морко́вка *noun* 7 (*genitive plural* -вок)
= (*a single*) carrot

морко́вь *noun* 11 (*collective*; *no plural*)
= carrots, carrot (*as a substance*)

моро́женое *noun* (*declined like a neuter adjective*)
= ice cream

моро́з *noun* 1
= frost

морози́льник *noun* 1
= freezer

моря́к *noun* 1 (*genitive* -ка́)
= seaman, sailor

Москва́ *noun* 7
= Moscow

моско́вский *adjective* (-кая, -кое, -кие)
= Moscow

мост *noun* 1 (*locative* -ту́; *plural* -ты́)
= bridge

мото́р *noun* 1
= engine

мотоци́кл *noun* 1
= motorbike

мочь *verb imperfective* (могу́, мо́жешь, мо́гут; мог, могла́) (*perfective* **смочь**: -огу́, -о́жешь, -о́гут; смог, -гла́)
= to be able, can
мо́жет быть = perhaps

мо́щный *adjective* (-ная, -ное, -ные; -щен, -щна́, -щно, -щны)
= powerful

мо́ю ▶ **мыть**

муж *noun* 3 (*plural* мужья́, муже́й, мужья́м)
= husband

мужи́к✶ *noun* 1 (*genitive* -ка́)
= man, guy

мужско́й *adjective* (-ка́я, -ко́е, -ки́е)
• = man's, men's
• = masculine

мужчи́на *noun* (*masculine*) 7
= man

✶ in informal situations

! *Although* **мужчи́на** *declines like a feminine noun, adjectives and verbs that it governs have to be masculine, e.g.* э́тот мужчи́на рабо́тал на заво́де = this man used to work at the factory

музе́й *noun* 2
= museum, gallery

му́зыка *noun* 7
= music

музыка́льный *adjective* (-ная, -ное, -ные; -лен, -льна, -льно, -льны)
= musical

музыка́нт *noun* 1
= musician

мука́ *noun* 7
= flour

му́сор *noun* 1
= rubbish, refuse

му́сорная корзи́на *noun*
= rubbish bin (*British English*), garbage can (*US English*), waste paper basket

му́сорное ведро́ *noun*
= rubbish bin (*British English*), garbage can (*US English*)

му́сорный бак *noun*
= dustbin (*British English*), garbage can (*US English*)

му́ха *noun* 7
= fly

мы *pronoun* (нас, нам, на́ми, нас)
• = we
• = I
мы с ва́ми = you and I

мы́ло *noun* 12 (*plural* -ла́)
= soap

! *This word tends not to be used in the plural*

мысль *noun* 11
= thought, idea

мыть *verb imperfective* (мо́ю, мо́ешь, мо́ют) (*perfective* **вы́мыть**: -мою, -моешь, -моют, *or* **помы́ть**: -мо́ю, -мо́ешь, -мо́ют)
= to wash

мы́ться *verb imperfective* (мо́юсь, мо́ешься, мо́ются) (*perfective* **вы́мыться**: -моюсь, -моешься, -моются, *or* **помы́ться**: -мо́юсь, -мо́ешься, -мо́ются)
= to wash (oneself)

мышь *noun* 11 (*genitive plural* мыше́й)
= mouse

мя́гкий *adjective* (-кая, -кое, -кие; -гок, -гка́, -гко, -гки)
• = soft
• = mild, gentle

мясно́й магази́н *noun*
= butcher's (shop)

мя́со *noun* 12
= meat

мяч *noun* 1 (*genitive* -ча́)
= ball

Нн

на *preposition*
- (+ *accusative*) = onto, on (*a surface*)
- (+ *accusative*) = to (*work, a concert, a meeting, etc.*)
- (+ *accusative*) = for
  но́мер на три дня = a room for three days
  прогно́з пого́ды на сего́дня = the forecast for today
  биле́т на о́перу = a ticket for the opera
  по́езд на Москву́ = the train for Moscow
- (+ *accusative*) = for (*a period of time or a set time*)
  закажи́те такси́ на пять часо́в! = order a taxi for five o'clock!
- (+ *accusative*) = for (*breakfast, dinner, etc.*)
- (+ *accusative*) = into (*a language*)
- (+ *accusative*) = on (*a surface*)
- (+ *prepositional*) = at (*work, a concert, a meeting, etc.*)
- (+ *prepositional*) = in (*the street, sun, north, south, etc.*)
- (+ *prepositional*) = in (*a language*)
- (+ *prepositional*) = on, by (*car, bus, train, etc.*)

наблюда́ть *verb imperfective* 18
- = to observe
- = to watch over, look after, supervise (+ за + *instrumental*)

наве́рно *adverb*
= probably

наве́рх *adverb*
- = up, upwards
- = upstairs

наверху́ *adverb*
- = above
- = upstairs

навести́ ▶ **наводи́ть**

навеща́ть *verb imperfective* 18
(*perfective* **навести́ть**: -ещу́, -ести́шь, -естя́т)
= to visit

наводи́ть *verb imperfective* (-ожу́, -о́дишь, -о́дят) (*perfective* **навести́**: -еду́, -едёшь, -еду́т; навёл, -вела́)
= to introduce, bring, make

навсегда́ *adverb*
= for ever

нагиба́ться *verb imperfective* 18
(*perfective* **нагну́ться**: -ну́сь, -нёшься, -ну́тся)
= to bend down, stoop

нагрева́ть *verb imperfective* 18
(*perfective* **нагре́ть**: -е́ю, -е́ешь, -е́ют)
= to warm (up), heat (up) (*a thing*)

нагрева́ться *verb imperfective* 18
(*perfective* **нагре́ться**: -е́юсь, -е́ешься, -е́ются)
(*of a thing*) = to warm (up), heat (up)

нагружа́ть *verb imperfective* 18
(*perfective* **нагрузи́ть**: -ужу́, -у́зишь, -у́зят)
= to load

над *preposition* (also **надо**)
(+ *instrumental*)
- = over, above
- = on, at, about (*with certain verbs, e.g.* рабо́тать, ду́мать)

> **I** надо *is used before some words beginning with two consonants, e.g.* надо мно́й = above me

надева́ть *verb imperfective* 18
(*perfective* **наде́ть**: -е́ну, -е́нешь, -е́нут)
= to put on (*clothes*)

наде́жда *noun* 7
= hope

надёжный *adjective* (-ная, -ное, -ные, -жен, -жна, -жно, -жны)
= reliable

наде́ть ▶ **надева́ть**

наде́яться *verb imperfective* (-е́юсь, -е́ешься, -е́ются) (*perfective* **понаде́яться**: -е́юсь, -е́ешься, -е́ются)
- = to hope (for + на + *accusative*)
- = to rely on, count on (+ на + *accusative*)

на́до[1] *predicate*
- = must, ought, it is necessary (*impersonal* + *dative*)
  мне на́до уходи́ть = I must go
  не на́до здесь кури́ть = you mustn't smoke here
- = to need (*impersonal* + *dative*)
  мне на́до но́вые ту́фли = I need some new shoes

на́до[2] ▶ **над**

надоеда́ть *verb imperfective* 18
(*perfective* **надое́сть**: -е́м, -е́шь, -е́ст, -еди́м, -еди́те, -едя́т)
= to bore, pester (*a person* + *dative*)

нажима́ть verb imperfective 18
(perfective **нажа́ть**: нажму́, -мёшь, -му́т)
= to press

наза́д adverb
• = back, backwards
• (also **тому́ наза́д**) = ago

назва́ние noun 14
= name, title

назва́ть ▶ **называ́ть**

назнача́ть verb imperfective 18
(perfective **назна́чить**: -чу, -чишь, -чат)
• = to set, fix (a time etc.)
• = to appoint

называ́ть verb imperfective 18
(perfective **назва́ть**: назову́, -вёшь, -ву́т;
назва́л, -ла́, -ло)
= to call, name

называ́ться verb imperfective 18
= to be called

наибо́лее adverb
= (the) most

наизу́сть adverb
= by heart

наилу́чший adjective (-шая, -шее,
-шие)
= best

наиме́нее adverb
= (the) least

наиху́дший adjective (-шая, -шее,
-шие)
= worst

найти́ ▶ **находи́ть**

найти́сь ▶ **находи́ться**

наказа́ние noun 14
= punishment

нака́зывать verb imperfective 18
(perfective **наказа́ть**: -ажу́, -а́жешь,
-а́жут)
= to punish

накле́ивать verb imperfective 18
(perfective **накле́ить** 23)
= to stick on

наконе́ц adverb
= at last, finally

накопи́ть ▶ **копи́ть**

накорми́ть ▶ **корми́ть**

накра́ситься ▶ **кра́ситься**

накрыва́ть verb imperfective verb 18
(perfective **накры́ть**: -кро́ю, -кро́ешь,
-кро́ют)
= to cover
накрыва́ть/накры́ть (**на**) **стол** = to lay
the table

нале́во adverb
= to the left, on the left

налива́ть verb imperfective 18
(perfective **нали́ть**: -лью, -льёшь, -льют;
на́лил, -ла́, на́лило)
= to pour, pour out

нало́г noun 1
= tax

налью́ etc. ▶ **нали́ть**

нам etc. ▶ **мы**

наме́рение noun 14
= intention

намно́го adverb
= much, far

нанима́ть verb imperfective 18
(perfective **наня́ть**: найму́, -мёшь, -му́т;
на́нял, наняла́, на́няло)
• = to employ, hire
• = to rent, hire

наоборо́т adverb
• = on the contrary
• = the wrong way (round), backwards
• = the other way round, vice versa

напада́ть verb imperfective 18
(perfective **напа́сть**: -паду́, -падёшь,
-паду́т; напа́л)
= to attack, descend upon (a person + **на**
+ accusative)

нападе́ние noun 14
= attack

напа́сть ▶ **напада́ть**

наперегонки́ ▶ **бежа́ть**

напеча́тать ▶ **печа́тать**

написа́ть ▶ **писа́ть**

напи́ток noun 1 (genitive -тка)
= drink

наполня́ть verb imperfective 19
(perfective **напо́лнить** 22)
= to fill (with something + instrumental)

наполови́ну adverb
= half

напомина́ть verb imperfective 18
(perfective **напо́мнить** 22)
• = to remind (a person + dative, about + **о**
+ prepositional)
• = to remind (a person + dative, of another
person + accusative)

напр. abbreviation (of **наприме́р**)
= e.g.

направле́ние noun 14
= direction

напра́во adverb
= to the right, on the right

наприме́р adverb
= for example

напрока́т adverb
= for hire

напро́тив
1 *preposition* (+ *genitive*)
= opposite
2 *adverb*
• = opposite
• = on the contrary

нареза́ть *verb imperfective* 18
(*perfective* **наре́зать**: -е́жу, -е́жешь,
-е́жут)
= to slice

нарисова́ть ▶ рисова́ть

нарко́тик *noun* 1
= drug

наро́д *noun* 1
= people
мно́го наро́ду = lots of people

наро́дный *adjective* (-ная, -ное, -ные)
• = people's
• = national
• = folk

наро́чно *adverb*
= on purpose

нару́жный *adjective* (-ная, -ное, -ные)
= exterior, outside

наруша́ть *verb imperfective* 18
(*perfective* **нару́шить**: -шу, -шишь, -шат)
• = to break, disturb (*silence, sleep, etc.*)
• = to break, violate (*the law, a promise, etc.*)

нас ▶ мы

насеко́мое *noun* (*declined like a neuter
adjective*)
= insect

населе́ние *noun* 14
= population

наско́лько *adverb*
• = how much?, how far?
• = as far as

на́сморк *noun* 1
= cold (in the head), runny nose

наста́ивать *verb imperfective* 18
(*perfective* **настоя́ть**: -ою́, -ои́шь, -оя́т)
= to insist (on a thing + **на** +
prepositional; that + **что́бы** + *past
tense*)

насто́лько *adverb*
= so, so much

насто́льный те́ннис *noun*
= table tennis

настоя́ть ▶ наста́ивать

настоя́щее *noun* (*declined like a neuter
adjective*)
= the present

настоя́щий *adjective* (-щая, -щее,
-щие)
• = present
• = real, genuine

настрое́ние *noun* 14
= mood

наступа́ть *verb imperfective* 18
• = to tread (on + **на** + *accusative*)
(*perfective* **наступи́ть**: -уплю́, -у́пишь,
-у́пят)
• = to advance (on), attack (*an enemy* + **на**
+ *accusative*) (*no perfective*)
• (*of a time, season, etc.*) = to come, set in,
begin (*perfective* **наступи́ть**: -у́пит,
-у́пят)

насчёт *preposition* (+ *genitive*)
= about, concerning

насыпа́ть *verb imperfective* 18
(*perfective* **насы́пать**: -плю, -пишь, -пят)
= to pour (*a dry substance*)

ната́лкиваться *verb imperfective* 18
(*perfective* **натолкну́ться**: -ну́сь,
-нёшься, -ну́тся)
= to bump into (+ **на** + *accusative*)

натренирова́ть ▶ тренирова́ть

**натренирова́ться
▶ тренирова́ться**

нау́ка *noun* 7
= science

научи́ть ▶ учи́ть

научи́ться ▶ учи́ться

нау́чный *adjective* (-ная, -ное, -ные)
= scientific, academic

находи́ть *verb imperfective* (-ожу́,
-о́дишь, -о́дят) (*perfective* **найти́**: -йду́,
-йдёшь, -йду́т, нашёл, -шла́)
= to find

находи́ться *verb imperfective* (-ожу́сь,
-о́дишься, -о́дятся) (*perfective* **найти́сь**:
-йду́сь, -йдёшься, -йду́тся; нашёлся,
-шла́сь)
= to be situated, to be, to be found

национа́льность *noun* 11
= nationality

национа́льный *adjective* (-ная, -ное,
-ные)
= national

нача́ло *noun* 12
= beginning
в нача́ле = at the beginning (of
+ *genitive*)

нача́льник *noun* 1
= head, boss, chief

нача́льный *adjective* (-ная, -ное,
-ные)
= initial, primary

нача́ть ▶ начина́ть

нача́ться ▶ начина́ться

начина́ть *verb imperfective* 18
(*perfective* **нача́ть**: начну́, -нёшь, -нут;
на́чал, -ла́, на́чало)
= to begin, start (*a thing*; doing something
+ *imperfective infinitive*)

Н

начина́ться verb imperfective 18
(perfective **нача́ться**: начнётся, -ну́тся; начался́, -ла́сь)
　(of a thing) = to begin, start

наш (genitive на́шего; feminine на́ша, genitive на́шей; neuter на́ше, genitive на́шего; plural на́ши, genitive на́ших)
1 determiner
　= our
2 pronoun
　= ours

нашёл etc. ▶ **найти́**

не adverb
•　= not
　э́то не до́рого = it's not expensive
•　= no
　вы не лу́чше = you're no better
　не́ за что! = don't mention it!; not at all!

не- prefix
　= un-

не́бо noun 12 (plural небеса́, небе́с, небеса́м)
　= sky, heaven

небольшо́й adjective (-ша́я, -шо́е, -ши́е)
•　= small
•　= short

небре́жный adjective (-ная, -ное, -ные; -жен, -жна, -жно, -жны)
　= careless

нева́жно adverb
•　= not too well, indifferently
•　= it doesn't matter

невероя́тный adjective (-ная, -ное, -ные; -тен, -тна, -тно, -тны)
　= incredible

неве́ста noun 7
•　= bride
•　= fiancée

невино́вный adjective (-ная, -ное, -ные; -вен, -вна, -вно, -вны)
　= innocent (of + в + prepositional)

невозмо́жный adjective (-ная, -ное, -ные; -жен, -жна, -жно, -жны)
　= impossible

невысо́кий adjective (-кая, -кое, -кие; невысо́к, -ока́, -о́ко́, -о́ки)
•　= low
•　= short

не́где adverb
　= nowhere, there is nowhere

негр noun 1
　= black man

негритя́нка noun 7 (genitive plural -нок)
　= black woman

неда́вно adverb
　= recently, not long ago

недалеко́
1 adverb
　= not far, near
2 predicate
　= not far, near
недалеко́ от (+ genitive) = not far from

неде́ля noun 8
　= week

недово́льный adjective (-ная, -ное, -ные; -лен, -льна, -льно, -льны)
　= dissatisfied

недо́лго adverb
　= not long, a little while

недо́рого adverb
　= cheap, cheaply

недорого́й adjective (-га́я, -го́е, -ги́е; недо́рог, -га́, -го, -ги)
　= inexpensive

недоста́ток noun 1 (genitive -тка)
•　= disadvantage, deficiency
•　= shortage

недоста́точно
1 adverb
　= insufficiently
2 determiner (+ genitive)
　= insufficient

незави́симость noun 11
　= independence

незави́симый adjective (-мая, -мое, -мые; незави́сим, -ма, -мо, -мы)
　= independent

незадо́лго adverb
　= not long

незаму́жняя adjective (plural -ние)
　(of a woman) = unmarried, single

нездоро́вый adjective (-вая, -вое, -вые; нездоро́в, -ва, -во, -вы)
•　= unhealthy (long forms used)
•　= unwell (short forms used)

незнако́мый adjective (-мая, -мое, -мые; незнако́м, -ма, -мо, -мы)
　= unfamiliar, unknown

неизве́стно predicate
　= it isn't known, nobody knows
　мне неизве́стно = I don't know

неизве́стный adjective (-ная, -ное, -ные; -тен, -тна, -тно, -тны)
　= unknown

ней ▶ **она́**

не́когда adverb
•　= there is no time
　мне не́когда = I have no time
•　= once, sometime (in the past)

не́кого pronoun (не́кому, не́кем, не́ о ком)
　(with separable prefix)
　= there is nobody

не́который (-рая, -рое, -рые)
1 *determiner*
= some, certain
2 *pronoun*
(*in plural*) = some (*people or things*)

некраси́вый *adjective* (-вая, -вое,
-вые; некраси́в, -ва, -во, -вы)
= ugly, unattractive

не́куда *adverb*
= nowhere, there is nowhere

некульту́рный *adjective* (-ная, -ное,
-ные; -рен, -рна, -рно, -рны)
= uncivilized, uncultured

нелега́льный *adjective* (-ная, -ное,
-ные; -лен, -льна, -льно, -льны)
= illegal

нельзя́ *predicate*
• = one must not, it is not allowed
• = one cannot, it is impossible

нём ▶ **он**, **оно́**

неме́дленно *adverb*
= immediately

не́мец *noun* [1] (*genitive* -мца́)
= (*male*) German

неме́цкий *adjective* (-кая, -кое, -кие)
= German

не́мка *noun* [7] (*genitive plural* -мок)
= (*female*) German, German woman

немно́го (*also* **немно́жко**)
1 *determiner*
= some, a few, little (+ *genitive*)
2 *pronoun*
= a little, a bit
3 *adverb*
= a little, a bit, slightly

нему́ ▶ **он**, **оно́**

ненави́деть *verb imperfective* (-йжу,
-йдишь, -йдят)
= to hate

ненадо́лго *adverb*
= not for long, for a short time

нену́жный *adjective* (-ная, -ное, -ные;
-жен, -жна, -жно, -жны)
= unnecessary, dispensable

> **!** *Do not confuse this word with the
> two-word phrase* **не ну́жен** (-жна́, -жно,
> -жны́) *meaning 'not needed', which has
> a different stress pattern*

необходи́мый *adjective* (-мая, -мое,
-мые; необходи́м, -ма, -мо, -мы)
= necessary

необыкнове́нный *adjective* (-нная,
-нное, -нные; -ве́нен, -ве́нна, -ве́нно,
-ве́нны)
= unusual

необы́чный *adjective* (-ная, -ное,
-ные; -чен, -чна, -чно, -чны)
= unusual

неожи́данно *adverb*
= unexpectedly, suddenly

неопределённый *adjective* (-нная,
-нное, -нные; -лёнен, -лённа, -лённо,
-лённы)
= indefinite, vague

непло́хо
1 *adverb*
= not badly, quite well
2 *predicate*
= not bad

неплохо́й *adjective* (-ха́я, -хо́е, -хи́е;
непло́х, -оха́, -о́хо, -о́хи)
= not bad, quite good

непра́в *predicative adjective* (-ва́, -во,
-вы)
= wrong

непра́вда
1 *noun*
= untruth, lie
2 *predicate*
= it's not true

непра́вильно *adverb*
= incorrectly, wrong(ly)

непра́вильный *adjective* (-ная, -ное,
-ные; -лен, -льна, -льно, -льны)
= wrong, incorrect

непра́вый *adjective* (-вая, -вое, -вые;
непра́в, -ва́, -во, -вы)
= wrong, mistaken

> **!** **непра́вый** *is usually used in the short
> form:* вы непра́вы! = you're wrong!

неприя́тность *noun* [11]
= unpleasantness, trouble

неприя́тный *adjective* (-ная, -ное,
-ные; -тен, -тна, -тно, -тны)
= unpleasant

не́рвничать *verb imperfective* [18]
= to be nervous, fret

не́рвный *adjective* (-ная, -ное, -ные;
не́рвен, не́рвна́, -вно, -вны)
= nervous

не́сколько *determiner* (*genitive* -ких,
dative -ким, *instrumental* -кими,
prepositional -ких)
= some, several, a few

> **!** **не́сколько** *is followed by the genitive
> plural when it is in the nominative and
> accusative cases:* он купи́л не́сколько
> книг = he bought several books

несмотря́ на *preposition*
(+ *accusative*)
= in spite of

несомне́нно *adverb*
= undoubtedly, certainly

несправедли́вый *adjective* (-вая,
-вое, -вые; несправедли́в, -ва, -во, -вы)
= unjust, unfair

нести́ *verb imperfective determinate*
(-су́, -сёшь, -су́т; нёс, несла́) (*perfective*
понести́: -су́, -сёшь, -су́т; понёс,
понесла́)
* = to carry, bring, take
* = to bring (*as a result*) (*no perfective*)
* = to lay (*eggs*)

несчастли́вый *adjective* (-вая, -вое,
-вые; несча́стлив, -ва, -во, -вы)
* = unfortunate, unlucky
* = unhappy

несча́стный *adjective* (-ная, -ное,
-ные; -тен, -тна, -тно, -тны)
* = unhappy
* = unfortunate

несча́стный слу́чай *noun*
= accident

несча́стье *noun* [15]
= misfortune, bad luck
к несча́стью = unfortunately

нет
1 *particle*
= no
2 *adverb*
= not
почему́ нет? = why not?
3 *predicate* (+ *genitive*)
= there is no(t), there are no(t)
здесь никого́ нет = there's nobody here

нетерпе́ние *noun* [14]
= impatience

нетерпели́вый *adjective* (-вая, -вое,
-вые; нетерпели́в, -ва, -во, -вы)
= impatient

неуда́чный *adjective* (-ная, -ное, -ные;
-чен, -чна, -чно, -чны)
= unsuccessful, unfortunate, unlucky

неудиви́тельный *adjective* (-ная,
-ное, -ные; -лен, -льна, -льно, -льны)
= not surprising

неудо́бный *adjective* (-ная, -ное, -ные;
-бен, -бна, -бно, -бны)
* = uncomfortable
* = inconvenient
* = embarrassing

неуже́ли *particle*
= really?

нефть *noun* [11]
= oil

нехоро́ший *adjective* (-шая, -шое,
-шие; -о́ш, -оша́, -ошо́, -оши́)
= bad

нехорошо́
1 *adverb*
= badly
2 *predicate*
= bad

не́чего *pronoun* (не́чему, не́чем, не́ о
чем)
(*with separable prefix*)
= nothing, there is nothing

нече́стный *adjective* (-ная, -ное, -ные;
-тен, -тна, -тно, -тны)
= dishonest

ни
1 *particle*
* = not a
ни оди́н = not a single, not one
* (*with pronouns and adverbs*) = -ever
кто ... ни = whoever
2 *conjunction*
ни ..., ни = neither ... nor
ни тот, ни друго́й = neither

нигде́ *adverb*
= nowhere

ни́же
1 *predicative adjective* (*indeclinable*)
= lower
2 *adverb*
= below
3 *preposition* (+ *genitive*)
= below

ни́жнее бельё *noun*
= underwear

ни́жний *attributive adjective* (-няя, -нее,
-ние)
= lower, bottom

низ *noun* [1] (*locative* -зу́; *plural* -зы́)
= bottom, lower part

ни́зкий *adjective* (-кая, -кое, -кие; -зок,
-зка́, -зко, ни́зки́)
= low

ника́к *adverb*
= in no way

никако́й *determiner* (-ка́я, -ко́е, -ки́е)
(*with separable prefix*)
= no; not any; no ... whatever
ни к како́му реше́нию он не пришёл = he
didn't reach any decision

нике́м ▶ никто́

никогда́ *adverb*
= never

никто́ *pronoun* (никого́, никому́, нике́м,
ни о ко́м)
(*with separable prefix*)
= nobody, no one

никуда́ *adverb*
= nowhere

ни́тка *noun* [7] (*genitive plural* -ток)
= thread

✗ in informal situations

ничего́* adverb
• = it doesn't matter, never mind
• = all right, not bad

> ! See also **ничто́**

ничто́ pronoun (ничего́, ничему́, ниче́м, ни о чём)
(with separable prefix)
= nothing

ничья́ noun [8] (accusative -чью, genitive, dative, instrumental, & prepositional -чьей)
(in sport) = draw, tie

но conjunction
= but

Но́вая Зела́ндия noun [9]
= New Zealand

нового́дний adjective (-няя, -нее, -ние)
= New Year's

нового́дний ве́чер noun
= New Year's Eve

но́вость noun [11] (plural -ти, -те́й)
(often in plural) = news

но́вый adjective (-вая, -вое, -вые; нов, -ва́, -во, но́вы)
= new

Но́вый год noun
= New Year
день Но́вого го́да = New Year's Day
с Но́вым го́дом! = happy New Year!

нога́ noun [7] (accusative -гу, genitive -ги́; plural -ги, ног, -га́м)
• = leg
• = foot

но́готь noun [6] (genitive -гтя; plural -гти, -гте́й)
= fingernail, toenail

нож noun [4] (genitive ножа́)
= knife

но́жницы noun plural (genitive -иц)
= scissors

ноль ▶ нуль

но́мер noun [1] (plural -pа́)
• = number
• = size
• = (hotel) room

Норве́гия noun [9]
= Norway

норма́льно
1 adverb
= normally
2 predicate *
= all right, OK

норма́льный adjective (-ная, -ное, -ные; -лен, -льна, -льно, -льны)
= normal, standard

нос noun [1] (locative -су́; plural -сы́)
= nose

носи́ть verb imperfective indeterminate (ношу́, но́сишь, но́сят)
• = to carry
• = to wear

носово́й плато́к noun
= handkerchief

носо́к noun [1] (genitive -ска́)
= sock

но́та noun [7]
• (in music) = note
• (in plural) = (sheet) music

ночева́ть verb imperfective (-чу́ю, чу́ешь, -чу́ют) (perfective
переночева́ть: -чу́ю, -чу́ешь, -чу́ют)
= to spend the night

ночле́г noun [1]
• = place to spend the night
• = spending the night

ночна́я руба́шка noun
= nightdress

ночно́е вре́мя noun
= night-time

ночно́й adjective (-на́я, -но́е, -ны́е)
= night

ночно́й клуб noun
= nightclub

ночь noun [11] (locative -чи́; plural -чи, -че́й, -ча́м)
= night

но́чью adverb
= at night

ноя́брь noun [6] (genitive -бря́)
= November

нра́виться verb imperfective (-влюсь, -вишься, -вятся) (perfective
понра́виться: -влюсь, -вишься, -вятся)
• = to please (+ dative)
• = to like (impersonal + dative)
мне нра́вится = I like (a thing + nominative)

ну exclamation & particle
= well, well then

Н

нýжно *predicate*
= (one) must, (one) ought, it is necessary (*impersonal* + *dative*)
ему нýжно идти = he must go
в кýхне нýжно убрáть = the kitchen needs tidying

нýжный *adjective* (-ная, -ное, -ные; нýжен, -жнá, -жно, -жны)
• = necessary
• = to need (*impersonal* + *dative*; *short form of adjective*)
мне нужнá пóмощь = I need help

нуль (*also* **ноль**) 6 (*genitive* -ля́)
= nil, zero, nought

ныря́ть *verb imperfective* 19 (*perfective* **нырнýть**: -нý, -нёшь, -нýт)
= to dive

ня́ня *noun* 8
= nanny, childminder, babysitter

о *preposition* (*also* **об**, **обо**)
• (+ *prepositional*) = about, concerning, of
• (+ *accusative*) = against, on

> ! **об** *is used before most words beginning with a vowel, e.g.* **об искýсстве** = about art, *and in a few set phrases before words beginning with a consonant, e.g.* **рукá óб руку** = hand in hand; **обо** *is used in the phrases* **обо мнé**, **обо чтó-нибудь**, **обо всё**, *and sometimes before inflected forms of* **весь**

óба *number* (*masculine & neuter:* **обóих**, **обóим**, **обóими**, **обóих**; *feminine* **óбе:** **обéих**, **обéим**, **обéими**, **обéих**)
= both (+ *genitive singular of the noun; verb and adjective in the plural*)

обгоня́ть *verb imperfective* 19 (*perfective* **обогнáть**: обгоню, обгóнишь, обгóнят; обогнáл, -лá, -ло)
= to overtake

обдýмывать *verb imperfective* 18 (*perfective* **обдýмать** 18)
= to think over, consider

óбе ▶ óба

обéд *noun* 1
= lunch, dinner (*a substantial midday meal*)

обéдать *verb imperfective* 18 (*perfective* **пообéдать** 18)
= to have lunch, have dinner, dine

обещáние *noun* 14
= promise

обещáть *verb imperfective & perfective* 18
= to promise (a person + *dative*; a thing + *accusative*)

обжéчь ▶ обжигáть

обжéчься ▶ обжигáться

обжигáть *verb imperfective* 18 (*perfective* **обжéчь**: обожгý, обожжёшь, обожгýт; обжёг, обожглá)
= to burn

обжигáться *verb imperfective* 18 (*perfective* **обжéчься**: обожгýсь, обожжёшься, обожгýтся; обжёгся, обожглáсь)
= to burn oneself

обидеть ▶ обижáть

обидеться ▶ обижáться

обидный *adjective* (-ная, -ное, -ные; -ден, -дна, -дно, -дны)
• = annoying
• = insulting, offensive
мне обидно = I am offended; I am annoyed

обижáть *verb imperfective* 18 (*perfective* **обидеть**: -йжу, -йдишь, -йдят)
= to offend, hurt

обижáться *verb imperfective* 18 (*perfective* **обидеться**: -йжусь, -йдишься, -йдятся)
= to take offence (*British English*), offense (*US English*), to be hurt (at *or* by a person or thing + **на** + *accusative*)

обладáть *verb imperfective* 18
= to possess (a thing + *instrumental*)

óблако *noun* 12 (*plural* -ká, -кóв)
= cloud

óбласть *noun* 11 (*plural* -ти, -тéй)
• = region
• = field, sphere (*of knowledge*)

óблачный *adjective* (-ная, -ное, -ные; -чен, -чна, -чно, -чны)
= cloudy

обмáнывать *verb imperfective* 18 (*perfective* **обманýть**: -манý, -мáнешь, -мáнут)
= to deceive, cheat

обмéнивать *verb imperfective* 18 (*perfective* **обменя́ть** 19)
= to exchange (for something else + **на** + *accusative*)

обмéниваться *verb imperfective* 18 (*perfective* **обменя́ться** 19)
= to exchange, swap (a thing, e.g. addresses, seats, thoughts + *instrumental*)

обменя́ть ▶ меня́ть, обме́нивать

обменя́ться ▶ меня́ться, обме́ниваться

обо ▶ о

обогна́ть ▶ обгоня́ть

обожгу́ etc. ▶ обже́чь

обо́и noun plural (genitive обо́ев)
= wallpaper

обойти́ ▶ обходи́ть

обойти́сь ▶ обходи́ться

оборо́т noun [1]
= back, reverse side
= turnover
= revolution

оборо́тный adjective (-ная, -ное, -ные)
= back, reverse

обору́дование noun [14]
= equipment, machinery

обошёл etc. ▶ обойти́

обра́довать ▶ ра́довать

о́браз noun [1]
• = way, manner, mode
• = image
• = shape, form
гла́вным о́бразом = mainly, mostly
каки́м о́бразом? = in what way?; how?
таки́м о́бразом = in this way; thus

образова́ние noun [14]
= education

образова́ть verb imperfective & perfective [21]
= to form

образова́ться verb imperfective & perfective [21]
= to form, be formed

обрати́ть ▶ обраща́ть

обрати́ться ▶ обраща́ться

обра́тно adverb
• = back
• = backwards

обра́тный adjective (-ная, -ное, -ные)
• = return (journey, address, etc.)
• = reverse (order, side)
• = opposite (direction etc.)

обра́тный биле́т noun
= return (ticket) (British English), round-trip (ticket) (US English)

обраща́ть verb imperfective [18] (perfective **обрати́ть**: -ащу́, -ати́шь, -атя́т)
• = to turn
• = to turn, convert (into something else + в + accusative)

обраща́ть/обрати́ть внима́ние = to pay attention, turn attention, take notice (to, of + на + accusative)

обраща́ться verb imperfective [18] (perfective **обрати́ться**: -ащу́сь, -ати́шься, -атя́тся)
• = to address, consult, appeal, apply ((to) a person + к + dative)
• (+ с + instrumental) = to treat, handle (a person or thing in a certain way)
• (+ в + accusative) = to turn into (something)

обруга́ть ▶ руга́ть

обруча́ться verb imperfective [18] (perfective **обручи́ться**: -чу́сь, -чи́шься, -ча́тся)
= to get engaged (to a person + с + instrumental)

обслу́живание noun [14]
= service

обслу́живать verb imperfective [18] (perfective **обслужи́ть**: -ужу́, -у́жишь, -у́жат)
= to serve (customers etc.)

обстоя́тельство noun [12]
= circumstance

обсужда́ть verb imperfective [18] (perfective **обсуди́ть**: -ужу́, -у́дишь, -у́дят)
= to discuss

обсужде́ние noun [14]
= discussion

обувно́й магази́н noun
= shoe shop

о́бувь noun [11]
= footwear, shoes

обходи́ть verb imperfective (-ожу́, -о́дишь, -о́дят) (perfective **обойти́**: -йду́, -йдёшь, -йду́т; обошёл, -шла́)
= to go round

обходи́ться verb imperfective (-ожу́сь, -о́дишься, -о́дятся) (perfective **обойти́сь**: -йду́сь, -йдёшься, -йду́тся; обошёлся, -шла́сь)
= to manage, make do

обща́ться verb imperfective [18]
= to associate, mix (with a person + с + instrumental)

общежи́тие noun [14]
= hostel, hall of residence

обще́ственный adjective (-нная, -нное, -нные)
= social, public

о́бщество noun [12]
• = society
• = company

о́бщий adjective (-щая, -щее, -щие)
• = general
• = common

О

объяви́ть ▶ объявля́ть

объявле́ние *noun* 14
* = declaration, announcement
* = advertisement

объявля́ть *verb imperfective* 19
(*perfective* **объяви́ть**: объявлю́, -я́вишь, -я́вят)
= to declare, announce

объясне́ние *noun* 14
= explanation

объясня́ть *verb imperfective* 19
(*perfective* **объясни́ть** 22)
= to explain

обыкнове́нный *adjective* (-нная, -нное, -нные; -ве́нен, -ве́нна, -ве́нно, -ве́нны)
= usual, ordinary

обы́скивать *verb imperfective* 18
(*perfective* **обыска́ть**: -ыщу́, -ы́щешь, -ы́щут)
= to search (*a place*)

обы́чай *noun* 2
= custom

обы́чно *adverb*
= usually

обы́чный *adjective* (-ная, -ное, -ные; -чен, -чна, -чно, -чны)
= usual, common

обя́занность *noun* 11
= duty, reponsibility

обяза́тельно *adverb*
= without fail, definitely

овладева́ть *verb imperfective* 18
(*perfective* **овладе́ть**: -е́ю, -е́ешь, -е́ют)
* = to seize, capture (*a person or thing* + *instrumental*)
* = to master (*a subject etc.* + *instrumental*)

о́вощ *noun* 3 (*plural* -щи, -ще́й)
= vegetable

овся́ная ка́ша *noun*
= porridge

овца́ *noun* 7 (*plural* о́вцы, ове́ц, о́вцам)
= sheep

ого́нь *noun* 6 (*genitive* огня́)
* = fire
* = light

огоро́д *noun* 1
= vegetable garden, kitchen garden

огра́бить ▶ гра́бить

ограни́чивать *verb imperfective* 18
(*perfective* **ограни́чить**: -чу, -чишь, -чат)
= to limit, restrict

огро́мный *adjective* (-ная, -ное, -ные; -мен, -мна, -мно, -мны)
= huge, enormous

огуре́ц *noun* 1 (*genitive* -рца́)
= cucumber

ода́лживать *verb imperfective* 18
(*perfective* **одолжи́ть**: -жу́, -жи́шь, -жа́т)
* = to lend (to + *dative*)
* = to borrow (from + **у** + *genitive*)

одева́ть *verb imperfective* 18 (*perfective* **оде́ть**: -е́ну, -е́нешь, -е́нут)
= to dress (*a child etc.*)

одева́ться *verb imperfective* 18
(*perfective* **оде́ться**: -е́нусь, -е́нешься, -е́нутся)
= to get dressed, to dress

оде́жда *noun* 7
= clothes, clothing

оде́ну *etc.* ▶ **оде́ть**

оде́тый *adjective* (-тая, -тое, -тые; оде́т, -та, -то, -ты)
= dressed, clothed

оде́ть ▶ одева́ть

оде́ться ▶ одева́ться

одея́ло *noun* 12
= blanket

оди́н (*genitive* одного́; *feminine* одна́, *genitive* одно́й; *neuter* одно́, *genitive* одного́; *plural* одни́, *genitive* одни́х)
1 *number*
= one
2 *pronoun*
= one, (*in plural*) some
3 *determiner*
* = a, an, a certain; (*in plural*) some
* = same
4 *adjective & adverb*
* = alone
* = only, nothing but

одина́ковый *adjective* (-вая, -вое, -вые; одина́ков, -ва, -во, -вы)
= identical, same

оди́ннадцатый *number* (-тая, -тое, -тые)
= eleventh

оди́ннадцать *number* 11
= eleven

одино́кий *adjective* (-кая, -кое, -кие; одино́к, -ка, -ко, -ки)
* = solitary, lonely
* = single

одна́ ▶ оди́н

одна́жды *adverb*
* = once
* = one day

одна́ко *adverb*
= however, though, and yet

одно́ *etc.* ▶ **оди́н**

одновре́ме́нно *adverb*
= simultaneously

одноме́стный но́мер *noun*
= single room (*in a hotel*)

односпа́льная крова́ть *noun*
= single bed

одолжи́ть ▶ ода́лживать

ожида́ть *verb imperfective* 18
= to wait for, expect (a person or thing
+ *accusative* or *genitive*)

о́зеро *noun* 12 (*plural* озёра, озёр)
= lake

ой *exclamation*
= oh!

ока́зываться *verb imperfective* 18
(*perfective* **оказа́ться**: -ажу́сь,
-а́жешься, -а́жутся)
• = to turn out, prove (to be + noun or
adjective in *instrumental*)
• = to find oneself, be found

океа́н *noun* 1
= ocean

окно́ *noun* 12 (*plural* о́кна, о́кон, о́кнам)
= window

о́коло *preposition* (+ *genitive*)
• = by, near, close to
• = about, around, approximately

о́круг *noun* 1 (*plural* -га́)
• = district
• = county (*in the US*)

окружа́ть *verb imperfective* 18
(*perfective* **окружи́ть**: -жу́, -жи́шь, -жа́т)
= to surround

октя́брь *noun* 6 (*genitive* -бря́)
= October

Олимпи́йские и́гры *noun plural*
= Olympic games

омле́т *noun* 1
= omelette

он *pronoun* (его́, ему́, им, нём)
• = he
• = it

она́ *pronoun* (её, ей, ей, ней)
• = she
• = it

они́ *pronoun* (их, им, и́ми, них)
• = they
• = he; she
они́ с ба́бушкой = he and his
grandmother; she and her grandmother

онла́йновый *adjective* (-вая, -вое, -вые)
= online

оно́ *pronoun* (его́, ему́, им, нём)
= it

опа́здывать *verb imperfective* 18
(*perfective* **опозда́ть** 18)
• = to be late
• = to miss (a train etc. + на + *accusative*)

опа́сность *noun* 11
= danger

опа́сный *adjective* (-ная, -ное, -ные;
-сен, -сна, -сно, -сны)
= dangerous

о́пера *noun* 7
= opera

опера́ция *noun* 9
= operation

опери́ровать *verb imperfective &*
perfective 20
= to operate on

описа́ние *noun* 14
= description

опи́сывать *verb imperfective* 18
(*perfective* **описа́ть**: -ишу́, -и́шешь,
-и́шут)
= to describe

опла́чивать *verb imperfective* 18
(*perfective* **оплати́ть**: -ачу́, -а́тишь, -а́тят)
= to pay (a bill etc.), to pay for

опозда́ть ▶ опа́здывать

определённый *adjective* (-нная,
-нное, -нные; -лёнен, -лённа, -лённо,
-лённы)
• = definite
• = certain

опроки́дывать *verb imperfective* 18
(*perfective* **опроки́нуть**: -ну, -нешь, -нут)
• = to overturn, capsize (*an object*)
• = to knock over

опуска́ть *verb imperfective* 18
(*perfective* **опусти́ть**: -ущу́, -у́стишь,
-у́стят)
• = to lower, let down
• = to drop, put (into + в + *accusative*)

о́пыт *noun* 1
• = experience
• = experiment

о́пытный *adjective* (-ная, -ное, -ные;
-тен, -тна, -тно, -тны)
= experienced

опя́ть *adverb*
= again

ора́нжевый *adjective* (-вая, -вое,
-вые)
= orange

организа́ция *noun* 9
= organization

организова́ть *verb imperfective &*
perfective 21
= to organize

оре́х *noun* 1
= nut

оригина́льный *adjective* (-ная, -ное,
-ные; -лен, -льна, -льно, -льны)
= original

O

орке́стр *noun* 1
= orchestra

освобожда́ть *verb imperfective* 18
(*perfective* **освободи́ть**: -божу́, -боди́шь,
-бодя́т)
• = to liberate, set free
• = to vacate
• = to dismiss (from work etc. + **от**
   + *genitive*)

осе́нний *adjective* (-нняя, -ннее, -нние)
= autumn

о́сень *noun* 11
= autumn

о́сенью *adverb*
= in the autumn

осма́тривать *verb imperfective* 18
(*perfective* **осмотре́ть**: -отрю́, -о́тришь,
-о́трят)
• = to examine (*an object, patient, etc.*)
• = to look round (*a place*)

осмо́тр *noun* 1
• = inspection
• = checkup

осмотре́ть ▶ **осма́тривать**

осно́ва *noun* 7
• basis
• (*in plural*) = fundamentals

основа́ние *noun* 14
• = foundation, founding (*of a city etc.*)
• = foundation, reason

основа́ть ▶ **осно́вывать**

основа́ться ▶ **осно́вываться**

основно́й *adjective* (-на́я, -но́е, -ны́е)
= basic, fundamental, main
в основно́м = on the whole

осно́вывать *verb imperfective* 18
(*perfective* **основа́ть**: осную́, оснуёшь,
осную́т)
• = to found (*a city etc.*)
• = to base

осно́вываться *verb imperfective* 18
(*perfective* **основа́ться**: осную́сь,
оснуёшься, осную́тся)
• = to be founded
• = to be based

осо́бенно *adverb*
= especially

осо́бенный *adjective* (-нная, -нное,
-нные; *masculine short form not used*;
-бенна, -бенно, -бенны)
= special, particular

осо́бый *adjective* (-бая, -бое, -бые)
= special, particular

остава́ться *verb imperfective* (-таю́сь,
-таёшься, -таю́тся) (*perfective* **оста́ться**:
-а́нусь, -а́нешься, -а́нутся)
= to stay, remain

оставля́ть *verb imperfective* 19
(*perfective* **оста́вить**: -влю, -вишь, -вят)
• = to leave (*a person or thing*)
• = to give up

остально́й (-на́я, -но́е, -ны́е)
1 *adjective*
= the rest of
2 *noun* (*declined like an adjective*)
• (*in neuter*) = the rest
• (*in plural*) = the others

остана́вливать *verb imperfective* 18
(*perfective* **останови́ть**: -овлю́, -о́вишь,
-о́вят)
= to stop (*a person or thing*)

остана́вливаться *verb imperfective*
18 (*perfective* **останови́ться**: -овлю́сь,
-о́вишься, -о́вятся)
• (*of a person or thing*) = to stop
• (*of a person*) = to stay (*at a place or with
   someone*)

остано́вка *noun* 7 (*genitive plural* -вок)
• = (*bus, train, etc.*) stop
• = stop, pause (*in a journey, work, etc.*)

оста́ток *noun* 1 (*genitive* -тка)
• = remainder, rest
• (*in plural*) = remains, leftovers

оста́ться ▶ **остава́ться**

осторо́жно
1 *adverb*
= carefully
2 *exclamation*
= watch out!, be careful!

осторо́жный *adjective* (-ная, -ное,
-ные; -жен, -жна, -жно, -жны)
= careful

о́стров *noun* 1 (*plural* -ва́)
= island

о́стрый *adjective* (-рая, -рое, -рые;
остёр *or* остр, остра́, о́стро́, о́стры́)
• (*of a knife etc.*) = sharp
• (*of food*) = sharp, spicy, strong
• (*of a nose etc.*) = pointed
• (*of sight etc.*) = keen, acute

остыва́ть *verb imperfective* 18
(*perfective* **осты́ть**: осты́ну, -нешь, -нут)
= to cool, cool down, get cold

от *preposition* (*also* **ото**) (+ *genitive*)
• = from, away from
• (*as a result of*) = from, of
• (*of medicine etc.*) = for, against (*an illness*)
• (*of a part of a whole*) = of, from

> **!** **ото** *is used as an optional alternative
> before words beginning with some
> groups of consonants, e.g.* **от**/**ото** всех =
> *from everybody*

отведу́ *etc.* ▶ **отвести́**

отвезти́ ▶ **отвози́ть**

отвёл *etc.* ▶ **отвести́**

отверну́ться ▶ **отвора́чиваться**

отвести́ ▶ **отводи́ть**

отве́т *noun* 1
= answer, reply

отве́тить ▶ **отвеча́ть**

отве́тственность *noun* 11
= responsibility

отве́тственный *adjective* (-нная,
-нное, -нные; -венен *or* -вен, -венна,
-венно, -венны)
= responsible

отвеча́ть *verb imperfective* 10 (*perfective*
отве́тить: -е́чу, -е́тишь, -е́тят)
= to answer (a question etc. + на
+ *accusative*; a person + *dative*); to
reply

отводи́ть *verb imperfective* (-ожу́,
-о́дишь, -о́дят) (*perfective* **отвести́**: -еду́,
-еде́шь, -еду́т; отвёл, -вела́)
= to take, lead away

отвози́ть *verb imperfective* (-ожу́,
-о́зишь, -о́зят) (*perfective* **отвезти́**: -зу́,
-зёшь, -зу́т; отвёз, -везла́)
= to take, take away (*by transport*)

отвора́чиваться *verb imperfective* 18
(*perfective* **отверну́ться**: -ну́сь, -нёшься,
-ну́тся)
= to turn away

отврати́тельный *adjective* (-ная,
-ное, -ные; -лен, -льна, -льно, -льны)
= disgusting

отвыка́ть *verb imperfective* 18
(*perfective* **отвы́кнуть**: -ну, -нешь, -нут;
отвы́к, -кла)
= to get out of the habit (of doing
something + *infinitive*)

отдава́ть *verb imperfective* (-даю́,
-даёшь, -даю́т) (*perfective* **отда́ть**: -да́м,
-да́шь, -да́ст, -дади́м, -дади́те, -даду́т;
о́тдал, отдала́, о́тдало)
• = to give back, return
• = to give, hand over
• = to give away, surrender (*a possession*)
• = to send (*e.g. a child to school*)
• = to devote (*e.g. one's life to something*)

отде́л *noun* 1
• = department
• = section

отделе́ние *noun* 14
• = department
• = section

отдели́ть ▶ **отделя́ть**

отде́льно *adverb*
= separately, apart

отде́льный *adjective* (-ная, -ное, -ные)
= separate

отделя́ть *verb imperfective* 19
(*perfective* **отдели́ть**: -елю́, -е́лишь,
-е́лят)
= to separate

отдохну́ть ▶ **отдыха́ть**

о́тдых *noun* 1
• = rest
• = holiday

отдыха́ть *verb imperfective* 18
(*perfective* **отдохну́ть**: -ну́, -нёшь, -ну́т)
• = to rest, have a rest
• = to have a holiday

оте́ц *noun* 1 (*genitive* отца́)
= father

отказа́ть ▶ **отка́зывать**

отказа́ться ▶ **отка́зываться**

отка́зывать *verb imperfective* 18
(*perfective* **отказа́ть**: -кажу́, -ка́жешь,
-ка́жут)
= to refuse (a person + *dative*, a thing + в
+ *prepositional*)

отка́зываться *verb imperfective* 18
(*perfective* **отказа́ться**: -кажу́сь,
-ка́жешься, -ка́жутся)
= to refuse, decline, give up (a thing + от
+ *genitive*, to do something + *infinitive*)

откла́дывать *verb imperfective* 18
(*perfective* **отложи́ть**: -ложу́, -ло́жишь,
-ло́жат)
• = to lay aside, set aside
• = to postpone

откро́ю *etc.* ▶ **откры́ть**

открыва́ть *verb imperfective* 18
(*perfective* **откры́ть**: -кро́ю, -кро́ешь,
-кро́ют)
• = to open, open up
• = to turn on (*a tap, the gas, etc.*)
• = to discover

открыва́ться *verb imperfective* 18
(*perfective* **откры́ться**: -кро́юсь,
-кро́ешься, -кро́ются)
(*of a shop, door, etc.*) = to open, open up

откры́тка *noun* 7 (*genitive plural* -ток)
• = postcard
• = (greetings) card

откры́тый *adjective* (-тая, -тое, -тые;
откры́т, -та, -то, -ты)
= open

откры́ть ▶ **открыва́ть**

откры́ться ▶ **открыва́ться**

отку́да *adverb*
= from where, where ... from

отли́чный *adjective* (-ная, -ное, -ные;
-чен, -чна, -чно, -чны)
= excellent

O

отложи́ть ▶ откла́дывать

отменя́ть *verb imperfective* 19
(*perfective* **отмени́ть**: -еню́, -е́нишь,
-е́нят)
* = to abolish
* = to cancel (*an event*)
* = to repeal (*a law*)

отме́тить ▶ отмеча́ть

отме́тка *noun* 7 (*genitive plural* -ток)
* = mark (*for school work etc.*)
* = note

отмеча́ть *verb imperfective* 18
(*perfective* **отме́тить**: отме́чу, -е́тишь,
-е́тят)
* = to mark, note
* = to celebrate

отнести́ ▶ относи́ть

отнести́сь ▶ относи́ться

отнима́ть *verb imperfective* (*perfective*
отня́ть: отниму́, -и́мешь, -и́мут; о́тнял,
отняла́, о́тняло)
* = to take away (*from a person* + у
+ *genitive*)
* = to take up (*time etc.*)

относи́ть *verb imperfective* (-ошу́,
-о́сишь, -о́сят) (*perfective* **отнести́**: -су́,
-сёшь, -су́т; отнёс, отнесла́)
= to take (*a thing somewhere*)

относи́ться *verb imperfective* (-ошу́сь,
-о́сишься, -о́сятся) (*perfective*
отнести́сь: -су́сь, -сёшься, -су́тся;
отнёсся, отнесла́сь)
* = to treat (*a person* + к + *dative*) (*in a
certain way*)
* = to concern, relate to, have to do with (*a
thing* + к + *dative*)

отноше́ние *noun* 14
* = attitude
* = relation, respect

отня́ть ▶ отнима́ть

ото ▶ от

отойти́ ▶ отходи́ть

отопле́ние *noun* 14
= heating

отошёл *etc.* ▶ **отойти́**

отпра́вить ▶ отправля́ть

отпра́виться ▶ отправля́ться

отправля́ть *verb imperfective* 19
(*perfective* **отпра́вить**: -влю, -вишь, -вят)
= to send, send off

отправля́ться *verb imperfective* 19
(*perfective* **отпра́виться**: -влюсь,
-вишься, -вятся)
= to set off, depart, leave

отпра́здновать ▶ пра́здновать

о́тпуск *noun* 1 (*plural* -ка́)
= leave, holiday(s)

в о́тпуске = on holiday

отпуска́ть *verb imperfective* 18
(*perfective* **отпусти́ть**: -пущу́, -пу́стишь,
-пу́стят)
= to let go, release

отража́ть *verb imperfective* 18
(*perfective* **отрази́ть**: -ажу́, -ази́шь, -азя́т)
= to reflect

отраже́ние *noun* 14
= reflection

отрази́ть ▶ отража́ть

отреаги́ровать ▶ реаги́ровать

отреза́ть *verb imperfective* 18
(*perfective* **отре́зать**: -ре́жу, -ре́жешь,
-ре́жут)
= to cut off

**отремонти́ровать
▶ ремонти́ровать**

отрепети́ровать ▶ репети́ровать

отстава́ть *verb imperfective* (-стаю́,
-стаёшь, -стаю́т) (*perfective* **отста́ть**:
-а́ну, -а́нешь, -а́нут)
* = to fall behind, lag behind (*a person* + от
+ *genitive*)
* (*of a clock*) = to be slow

отсу́тствовать *verb imperfective* 20
= to be absent, be missing

отсю́да *adverb*
= from here

отту́да *adverb*
= from there

отходи́ть *verb imperfective* (отхожу́,
отхо́дишь, отхо́дят) (*perfective* **отойти́**:
-йду́, -йдёшь, -йду́т; отошёл, -шла́)
* = to go away, walk away, move away
* (*of a train etc.*) = to depart, leave

отча́яние *noun* 14
= despair

отча́янный *adjective* (-нная, -нное,
-нные; отча́ян, -нна, -нно, -нны)
= desperate

о́тчество *noun* 12
= patronymic

о́тчим *noun* 1
= stepfather

официа́льный *adjective* (-ная, -ное,
-ные; -лен, -льна, -льно, -льны)
= official

официа́нт *noun* 1
= waiter

официа́нтка *noun* 7 (*genitive plural*
-ток)
= waitress

оформля́ть verb imperfective [19]
(perfective **офо́рмить**: -млю, -мишь,
-мят)
  = to make official, process (documents
   etc.)

охо́тник noun [1]
  = hunter

охраня́ть verb imperfective [19]
(perfective **охрани́ть** [22])
  = to guard

очеви́дно adverb
  = obviously, evidently

очеви́дный adjective (-ная, -ное, -ные;
-ден, -дна, -дно, дны)
  = obvious

о́чень adverb
* = very
* = very much

о́чередь noun [11]
* = queue (British English), line (US English)
* = turn

очи́стить ▶ чи́стить

очки́ noun plural (genitive -ко́в)
  = spectacles (British English), glasses

очко́ noun [12] (genitive plural -ко́в)
  = point (in scoring)

ошиба́ться verb imperfective [18]
(perfective **ошиби́ться**: -бу́сь, -бёшься,
-бу́тся, ошибся, ошиблась)
  = to make a mistake, be mistaken

оши́бка noun [7] (genitive plural -бок)
  = mistake

ощуще́ние noun [14]
  = feeling

па́дать verb imperfective [18] (perfective
упа́сть: -аду́, -адёшь, -аду́т; упа́л)
  = to fall, fall down, fall off, fall over

паке́т noun [1]
* = package
* = packet
* = bag

паке́тик noun [1]
* = paper bag
* = (small) bag

Пакиста́н noun [1]
  = Pakistan

пала́тка noun [7] (genitive plural -ток)
  = tent

па́лец noun [1] (genitive -льца)
* = finger
* = toe

па́лка noun [7] (genitive plural -лок)
  = stick

пальто́ noun (neuter indeclinable)
  = coat, overcoat

па́мятник noun [1]
  = monument, memorial (to a person
   + dative)

па́мять noun [11]
  = memory

па́па noun (masculine) [7]
  = father, daddy, dad

> **!** Although **па́па** declines like a feminine
> noun, adjectives and verbs that it
> governs have to be masculine, e.g. **мой
> па́па уе́хал** = my dad's gone away

папиро́са noun [7]
  = (Russian) cigarette

па́ра noun [7]
* = pair
* = couple

па́рень noun [6] (genitive -рня; plural
-рни, -не́й)
  = lad, fellow, guy

парикма́хер noun [1]
  = hairdresser

парикма́херская noun (declined like
a feminine adjective)
  = hairdresser's

парк noun [1]
* = park
* = depot

парла́мент noun [1]
  = parliament

парохо́д noun [1]
  = steamer, steamship, boat

па́рта noun [7]
  = (school) desk

па́ртия noun [9]
* = (political) party
* = game (of chess, tennis, etc.)

партнёр noun [1]
  = partner

па́рус noun [1] (plural -са́)
  = sail

па́русный спорт noun
  = sailing

па́спорт noun [1] (plural -та́)
  = passport

пассажи́р noun [1]
  = passenger

Па́сха noun [7]
  = Easter

П

па́уза *noun* 7
= pause

па́хнуть *verb imperfective* (-ну, -нешь,
-нут; пах, -хла)
= to smell (of + *instrumental*)

пацие́нт *noun* 1
= (*male*) patient

пацие́нтка *noun* 7 (*genitive plural* -ток)
= (*female*) patient

па́чка *noun* 7 (*genitive plural* -чек)
• = packet
• = bundle

па́чкать *verb imperfective* 18 (*perfective*
запа́чкать 18)
= to soil, stain, dirty

певе́ц *noun* 1 (*genitive* -вца́)
= (*male*) singer

певи́ца *noun* 7
= (*female*) singer

педагоги́ческий институ́т *noun*
= college of education, (teacher) training
college

пейза́ж *noun* 3
= landscape, scenery

пёк *etc.* ▶ **печь**

пенсионе́р *noun* 1
= (*male*) pensioner

пенсионе́рка *noun* 7 (*genitive plural*
-рок)
= (*female*) pensioner

пе́нсия *noun* 9
= pension

пе́пельница *noun* 7
= ashtray

пе́рвое *noun* (*declined like a neuter
adjective*)
= first course

пе́рвый *adjective* (-вая, -вое, -вые)
= first

перебега́ть *verb imperfective* 18
(*perfective* **перебежа́ть**: -егу́, -ежи́шь,
-егу́т)
= to run across (+ *accusative* or **че́рез**
+ *accusative*)

переведу́ *etc.* ▶ **перевести́**

перевезти́ ▶ **перевози́ть**

переверну́ть ▶ **перевора́чивать**

переверну́ться
▶ **перевора́чиваться**

перевести́ ▶ **переводи́ть**

перево́д *noun* 1
= translation

переводи́ть *verb imperfective* (-ожу́,
-о́дишь, -о́дят) (*perfective* **перевести́**:
-веду́, -веде́шь, -веду́т; перевёл, -вела́)
• = to take across, lead across
• = to move, transfer
• = to translate

перево́дчик *noun* 1
= (*male*) translator, interpreter

перево́дчица *noun* 7
= (*female*) translator, interpreter

перевози́ть *verb imperfective* (-вожу́,
-во́зишь, -во́зят) (*perfective* **перевезти́**:
-зу́, -зёшь, -зу́т; перевёз, -везла́)
= to transport

перевора́чивать *verb imperfective* 18
(*perfective* **переверну́ть**: -ну́, -нёшь,
-ну́т)
= to turn over (*an object, a page*)

перевора́чиваться *verb
imperfective* 18 (*perfective*
переверну́ться: -ну́сь, -нёшься, -ну́тся)
(*of a person*) = to turn over

перевя́зывать *verb imperfective* 18
(*perfective* **перевяза́ть**: -яжу́, -я́жешь,
-я́жут)
= to tie up

пе́ред *preposition* (*also* **пе́редо**)
(+ *instrumental*)
• = in front of
• = before
пе́ред тем, как = before (*conjunction*)

> **!** **пе́редо** *is used in the phrase* **пе́редо
мной** = in front of me, *and sometimes
before inflected forms of* **весь**

передава́ть *verb imperfective* (-даю́,
-даёшь, -даю́т) (*perfective* **переда́ть**:
-да́м, -да́шь, -да́ст, -дади́м, -дади́те,
-даду́т; пе́редал, -ла́, пе́редало)
• = to pass, hand, hand over (to a person
+ *dative*)
• = to tell, convey, communicate (to a
person + *dative*)
передай ему́ приве́т, пожа́луйста! =
please give him my regards!

переда́ча *noun* 7
= broadcast, programme (*British English*),
program (*US English*)

передвига́ть *verb imperfective* 18
(*perfective* **передви́нуть**: -ну, -нешь,
-нут)
= to move, shift

пере́дний *adjective* (-няя, -нее, -ние)
= front

пе́редо ▶ **пе́ред**

переду́мывать *verb imperfective* 18
(*perfective* **переду́мать** 18)
= to change one's mind

переезжа́ть *verb imperfective* [18]
(*perfective* **перее́хать**: -е́ду, -е́дешь,
-е́дут)
• = to cross, go across, come across (*by
transport*; + *accusative* or **че́рез**
+ *accusative*)
• = to move, move house

пережива́ть *verb imperfective* [18]
(*perfective* **пережи́ть**: переживу́, -вёшь,
-ву́т; пережи́л, -ла́, -ло)
• = to experience, go through
• = to survive

перезва́нивать *verb imperfective* [18]
(*perfective* **перезвони́ть** [22])
= to ring back (a person + *dative*)

перейти́ ▶ **переходи́ть**

перекрёсток *noun* [1] (*genitive* -тка)
= crossroads

переку́сывать *verb imperfective* [18]
(*perfective* **перекуси́ть**: -ушу́, -у́сишь,
-у́сят)
= to have a snack

переноси́ть *verb imperfective* (-ошу́,
-о́сишь, -о́сят) (*perfective* **перенести́**:
-су́, -сёшь, -су́т; перенёс, -несла́)
• = to carry, take (over), transfer
• = to postpone
• = to endure, bear

переночева́ть ▶ **ночева́ть**

переодева́ться *verb imperfective* [18]
(*perfective* **переоде́ться**: -е́нусь,
-е́нешься, -е́нутся)
= to change (one's clothes)

переписа́ть ▶ **перепи́сывать**

перепи́ска *noun* [7]
= correspondence

перепи́сывать *verb imperfective* [18]
(*perfective* **переписа́ть**: -ишу́, -и́шешь,
-и́шут)
• = to copy, copy out
• = to make a list of

перепи́сываться *verb
imperfective* [18]
= to correspond (with a person + **с**
+ *instrumental*)

переплыва́ть *verb imperfective* [18]
(*perfective* **переплы́ть**: переплыву́,
-вёшь, -ву́т; переплы́л, -ла́, -ло)
= to swim across (+ *accusative* or **че́рез**
+ *accusative*)

перепо́лненный *adjective* (-нная,
-нное, -нные)
= crowded

перепры́гивать *verb imperfective* [18]
(*perfective* **перепры́гнуть**: -ну, -нешь,
-нут)
= to jump over (+ *accusative* or **че́рез**
+ *accusative*)

перепу́тать ▶ **пу́тать**

перерыв *noun* [1]
= break

переса́дка *noun* [7] (*genitive plural*
-док)
= change (*of trains etc.*)
де́лать/сде́лать переса́дку = to
change (*trains etc.*)

перестава́ть *verb imperfective* (-стаю́,
-стаёшь, -стаю́т) (*perfective* **переста́ть**:
-ста́ну, -ста́нешь, -ста́нут)
= to stop, cease (doing something
+ *imperfective infinitive*)

переу́лок *noun* [1] (*genitive* -лка)
= side street, alley, lane

перехо́д *noun* [1]
= crossing

переходи́ть *verb imperfective* (-ожу́,
-о́дишь, -о́дят) (*perfective* **перейти́**: -йду́,
-йдёшь, -йду́т; перешёл, -шла́)
= to cross, go across, come across
(+ *accusative* or **че́рез** + *accusative*)

пе́рец *noun* [1] (*genitive* -рца)
= pepper

перешёл *etc.* ▶ **перейти́**

пери́од *noun* [1]
= period

перо́ *noun* [12] (*plural* пе́рья, -ьев)
= feather

пе́рсик *noun* [1]
= peach

перча́тка *noun* [7] (*genitive plural* -ток)
= glove

пе́сня *noun* [8] (*genitive plural* -сен)
= song

песо́к *noun* [1] (*genitive* -ска́)
= sand

петь *verb imperfective* (пою́, поёшь,
пою́т) (*perfective* **спеть**: спою́, споёшь,
споют)
= to sing

печа́льный *adjective* (-ная, -ное, -ные;
-лен, -льна, -льно, -льны)
= sad

печа́тать *verb imperfective* [18]
(*perfective* **напеча́тать** [18])
= to print

печа́ть *noun* [11]
• = the press
• = stamp, seal

пе́чень *noun* [11]
= liver

пече́нье *noun* [15] (*collective; no plural*)
= biscuit(s) (*British English*), cookie(s) (*US
English*)

печь
1 noun [11] (locative печи́; plural пе́чи, пече́й)
= stove
2 verb imperfective (пеку́, печёшь, пеку́т; пёк, пекла́) (perfective **испе́чь**: -пеку́, -печёшь, -пеку́т; -пёк, -пекла́)
= to bake

пешко́м adverb
= on foot

пиани́но noun (neuter indeclinable)
= (upright) piano

пивна́я noun (declined like a feminine adjective)
= pub (British English), bar

пи́во noun [12]
= beer

пиджа́к noun [1] (genitive -ка́)
= jacket

пижа́ма noun [7]
= pyjamas (British English), pajamas (US English)

пик ▶ час пик

пи́нта noun [7]
= pint

пиро́г noun [1] (genitive -га́)
= pie

пиро́жное noun (declined like a neuter adjective)
= cake, pastry

пирожо́к noun [1] (genitive -жка́)
= pasty

писа́тель noun [6]
= writer, author

писа́ть verb imperfective (пишу́, -шешь, -шут) (perfective **написа́ть**: напишу́, напи́шешь, напи́шут)
• = to write
• = to paint

писа́ться verb imperfective (пи́шется, пи́шутся)
= to be spelt

пи́сьменный стол noun
= desk

письмо́ noun [12] (plural пи́сьма, пи́сем, пи́сьмам)
= letter

пить verb imperfective (пью, пьёшь, пьют; пил, -ла́, -ло) (perfective **вы́пить**: вы́пью, -пьешь, -пьют)
= to drink

пи́цца noun [7]
= pizza

пи́ща noun [7]
= food

ПК abbreviation (of персона́льный компью́тер)
= PC (personal computer)

пл. abbreviation (of пло́щадь)
= Sq. (Square)

пла́вание noun [14]
• = swimming
• = sailing

пла́вательный бассе́йн noun
= swimming pool

пла́вать verb imperfective indeterminate [18]
• = to swim
• = to sail, go by sea
• = to float

пла́вки noun plural (genitive -вок)
= swimming trunks

плака́т noun [1]
= poster, placard

пла́кать verb imperfective (пла́чу, -чешь, -чут)
= to cry (with + **от** + genitive)

пла́мя noun [17] (no plural)
= flame, flames

план noun [1]
• = plan
• = plan, map

плани́ровать verb imperfective [20] (perfective **заплани́ровать** [20])
= to plan

пласти́нка noun [7] (genitive plural -нок)
= (gramophone) record

пластма́сса noun [7]
= plastic

пластма́ссовый adjective (-вая, -вое, -вые)
= plastic

пла́стырь noun [6]
= (sticking) plaster

пла́та noun [7]
= fee, charge, rent

плати́ть verb imperfective (-ачу́, -а́тишь, -а́тят) (perfective **заплати́ть**: -ачу́, -а́тишь, -а́тят)
= to pay (a person + dative; for + **за** + accusative)

плато́к noun [1] (genitive -тка́)
• = headscarf
• = shawl
• = handkerchief

платфо́рма noun [7]
= platform

пла́тье noun [15] (genitive plural -ьев)
= dress

платяно́й шкаф noun
= wardrobe

пла́чу [1] *etc.* ▶ **пла́кать**

плачу́ [2] *etc.* ▶ **плати́ть**

плащ *noun* [4] (*genitive* -ща́)
= raincoat

пле́ер *noun* [1]
= cassette player, personal stereo

племя́нник *noun* [1]
= nephew

племя́нница *noun* [7]
= niece

плёнка *noun* [7] (*genitive plural* -нок)
• = film (*for a camera*)
• = tape (*for a tape recorder*)

плечо́ *noun* [12] (*plural* -чи, -ч, -ча́м)
= shoulder

плита́ *noun* [7] (*plural* -ты)
• = stove, cooker
• = slab

плод *noun* [1] (*genitive* -да́)
= fruit

пло́ский *adjective* (-кая, -кое, -кие; плосок, плоска́, -ско, -ски)
= flat

пло́тник *noun* [1]
= carpenter

пло́хо
1 *adverb*
= badly
2 *predicate*
• = bad
• = ill (*impersonal* + *dative*)

плохо́й *adjective* (-ха́я, -хо́е, -хи́е; плох, -ха́, -хо, -хи)
= bad

площа́дка *noun* [7] (*genitive plural* -док)
• = area, site
• = (sports) ground, court, pitch
• = playground

пло́щадь *noun* [11] (*plural* -ди, -де́й)
• = square
• = area, space

плыть *verb imperfective determinate* (-ыву́, -ывёшь, -ыву́т; плыл, -ла́, -ло; *perfective* **поплы́ть**: -ыву́, -ывёшь, -ыву́т; поплы́л, -ла́, -ло)
• = to swim
• = to sail, go by sea
• = to float

плюс *preposition* (+ *nominative*)
= plus

пляж *noun* [3]
= beach

по *preposition*
• (+ *dative*) = along, over, on (*a place*)
• (+ *dative*) = around, about (*a place*)
• (+ *dative*) = in, about (*a subject*)
• (+ *dative*) = according to, in accordance with
• (+ *dative*) = on account of
• (+ *dative*) = by (*post*), on, over (*the telephone, radio, television*)
• (+ *dative*) = on (*days of the week*); in (*the mornings etc.*)
• (+ *accusative*) = at (*a price*)

по- *prefix*
• (+ *the name of the language in adverbial form*) = in (*a language*)
  говори́ть по-англи́йски = to speak English
  понима́ть по-ру́сски = to understand Russian
  по-ру́сски э́то зна́чит ... = in Russian that means ...
• (+ *comparative form of adjective*) = a little -er
  полу́чше = a little better
  поме́ньше = a little less/smaller
• (+ *determiner*) = in (*a person's*) opinion
  по-мо́ему = in my opinion
  по-ва́шему = in your opinion

побе́да *noun* [7]
= victory

победи́тель *noun* [6]
= victor, winner

победи́ть ▶ **побежда́ть**

побежа́ть ▶ **бежа́ть**

побежда́ть *verb imperfective* [18] (*perfective* **победи́ть** [22]; not used in the 1st person singular)
• = to conquer (*an enemy, fear, etc.*)
• = to win (a battle, competition, etc. + в + *prepositional*)

побере́жье *noun* [15]
= coast

побеспоко́ить ▶ **беспоко́ить**

побеспоко́иться ▶ **беспоко́иться**

поби́ть ▶ **бить**

поблагодари́ть ▶ **благодари́ть**

побри́ть ▶ **брить**

побри́ться ▶ **бри́ться**

побыва́ть *verb perfective* [18]
• = to have been, to have visited
• = to visit (a person + у + *genitive*)

по́вар *noun* [1] (*plural* -ра́)
= cook, chef

поведе́ние *noun* [14]
= behaviour (*British English*), behavior (*US English*)

П

повезти́ ▶ **везти́**

пове́рить ▶ **ве́рить**

поверну́ть ▶ **повора́чивать**

поверну́ться ▶ **повора́чиваться**

пове́рх *preposition* (+ *genitive*)
= over

пове́рхность *noun* [11]
= surface

пове́сить ▶ **ве́шать**

повести́ ▶ **вести́**

по́весть *noun* [11] (*plural* -ти, -те́й)
= story

пове́шу ▶ **пове́сить**

по-ви́димому *adverb*
= apparently

повлия́ть ▶ **влия́ть**

повора́чивать *verb imperfective* [18]
(*perfective* **поверну́ть**: -ну́, -нёшь, -ну́т)
• = to turn, turn round (*an object*)
• = to turn (*left, right*)

повора́чиваться *verb imperfective* [18]
(*perfective* **поверну́ться**: -ну́сь,
-нёшься, -ну́тся)
(*of a person*) = to turn, turn round

поворо́т *noun* [1]
• = turn
• = turning
• = bend

повреди́ть ▶ **вреди́ть**

повторя́ть *verb imperfective* [19]
(*perfective* **повтори́ть** [22])
= to repeat

повыша́ть *verb imperfective* [18]
(*perfective* **повы́сить**: -ы́шу, -ы́сишь,
-ы́сят)
= to raise, increase

погаси́ть ▶ **гаси́ть**

пога́снуть ▶ **га́снуть**

погиба́ть *verb imperfective* [18]
(*perfective* **поги́бнуть**: -ну, -нешь, -нут;
поги́б, -бла)
= to die, be killed, perish

погла́дить ▶ **гла́дить**

погляде́ть ▶ **гляде́ть**

погна́ться ▶ **гна́ться**

поговори́ть ▶ **говори́ть**

пого́да *noun* [7]
= weather

погрузи́ть ▶ **грузи́ть**

погуби́ть ▶ **губи́ть**

погуля́ть ▶ **гуля́ть**

под *preposition* (*also* **подо**)
• (+ *instrumental*) = under (*position*)
• (+ *accusative*) = under (*motion*)
• (+ *instrumental*) = near, near to (*position*)
• (+ *accusative*) = near, near to (*motion*)

> **!** **подо** *is used before* **мной**, *forms of*
> **весь** *beginning with* **вс-**, *and before* **р**
> *and* **л** + *a consonant*

подава́ть *verb imperfective* (-даю́,
-даёшь, -даю́т) (*perfective* **пода́ть**: -да́м,
-да́шь, -да́ст, -дади́м, -дади́те, -даду́т;
по́дал, -ла́, по́дало)
• = to give
• = to serve, serve up
• = to submit, hand in

пода́вленный *adjective* (-нная, -нное,
-нные)
= depressed

подари́ть ▶ **дари́ть**

пода́рок *noun* [1] (*genitive* -рка)
= present, gift

пода́ть ▶ **подава́ть**

подбега́ть *verb imperfective* [18]
(*perfective* **подбежа́ть**: -егу́, -ежи́шь,
-егу́т)
= to run up, run towards, come running
up (to + **к** + *dative*)

подборо́док *noun* [1] (*genitive* -дка)
= chin

подва́л *noun* [1]
= basement

подвози́ть *verb imperfective* (-ожу́,
-о́зишь, -о́зят) (*perfective* **подвезти́**: -зу́,
-зёшь, -зу́т; подвёз, -везла́)
= to give a lift to, take, bring

подгора́ть *verb imperfective* [18]
(*perfective* **подгоре́ть**: -ри́т, -ря́т)
(*of food*) = to burn

подгото́вка *noun* [7] (*no plural*)
= preparation

подде́рживать *verb imperfective* [18]
(*perfective* **поддержа́ть**: -держу́,
-де́ржишь, -де́ржат)
• = to support
• = to maintain

поде́йствовать ▶ **де́йствовать**

подели́ть ▶ **дели́ть**

подели́ться ▶ **дели́ться**

поджа́ренный хлеб *noun*
= toast

поджига́ть *verb imperfective* [18]
(*perfective* **подже́чь**: подожгу́,

подожжёшь, подожгýт; поджёг,
подожглá)
= to set fire to

подметáть verb imperfective 18
(perfective **подмести**: -етý, -етёшь, -етýт;
подмёл, -мелá)
= to sweep

поднимáть verb imperfective 18
(perfective **поднять**: -нимý, -нимешь,
-нимут; пóднял, -лá, пóдняло)
• = to lift, pick up
• = to raise

поднимáться verb imperfective 18
(perfective **подняться**: -нимýсь,
-нимешься, -нимутся; поднялся, -лáсь)
• = to rise
• = to go up, climb (stairs = по лéстнице; a
  mountain = в гóру)
• = to get up (from a chair etc. + с
  + genitive)

поднóжие noun 14
= bottom (of a mountain)

поднять ▶ **поднимáть**

подняться ▶ **поднимáться**

подо ▶ **под**

подóбный adjective (-ная, -ное, -ные;
-бен, -бна, -бно, -бны)
= like, similar (to + dative)

подогревáть verb imperfective 18
(perfective **подогрéть**: -éю, -éешь,
-éют)
= to warm up (food etc.)

пододеяльник noun 1
= duvet cover, blanket cover

подожгý etc. ▶ **поджéчь**

подождáть ▶ **ждать**

подойти ▶ **подходить**

подошёл etc. ▶ **подойти**

подписывать verb imperfective 18
(perfective **подписáть**: -пишý, -пишешь,
-пишут)
= to sign (a document etc.)

пóдпись noun 11
= signature

подрáться ▶ **дрáться**

подрóбно adverb
= in detail

подрóсток noun 1 (genitive -тка)
= adolescent, teenager

подрýга noun 7
• = (female) friend
• = girlfriend

подружиться verb perfective
(подружýсь, -дрýжишься, -дрýжатся)
= to make friends, become friends (with
+ с + instrumental)

подряд adverb
= in succession

подýмать ▶ **дýмать**

подýть ▶ **дуть**

подýшка noun 7 (genitive plural -шек)
• = pillow
• = cushion

подходить verb imperfective (-хожý,
-хóдишь, -хóдят) (perfective **подойти**:
-йдý, -йдёшь, -йдýт; подошёл, -шлá)
• = to approach, walk/come/go up to (a
  person or thing + к + dative)
• = to suit, be suitable

подходящий adjective (-щая, -щее,
-щие)
= suitable

подчёркивать verb imperfective 18
(perfective **подчеркнýть**: -нý, -нёшь,
-нýт)
• = to underline
• = to emphasize, stress

подъезжáть verb imperfective 18
(perfective **подъéхать**: -éду, -éдешь,
-éдут)
= to approach, drive up (to a place or
  person + к + dative)

пóезд noun 1 (plural -дá)
= train

поéздка noun 7 (genitive plural -док)
= trip

поéсть verb perfective (-éм, -éшь, -éст,
-едим, -едите, -едят; поéл)
• = to eat a little bit of (+ genitive)
• = to have something to eat

поéхать ▶ **éхать**

пожалéть ▶ **жалéть**

пожáловать ▶ **добрó**

пожáловаться ▶ **жáловаться**

пожáлуйста exclamation
• = please!
• = you're welcome!; don't mention it!
• = certainly!; please do!

пожáр noun 1
= fire

пожáрная комáнда noun
= fire brigade

пожáрная машина noun
= fire engine

пожáрник noun 1
= fireman

пожáть ▶ **пожимáть**

пожелáние noun 14
= wish

пожелáть ▶ **желáть**

П

поженИться *verb perfective*
(-жéнимся)
(*of a couple*) = to get married

пожилОй *adjective* (-лáя, -лóе, -лЫе)
= elderly

пожимáть *verb imperfective* 18
(*perfective* **пожáть**: пожмУ, пожмёшь,
пожмУт)
= to shake (somebody's hand + рУку
+ *dative*)

позабОтиться ▶ **забОтиться**

позáвтракать ▶ **зáвтракать**

позавчерá *adverb*
= the day before yesterday

позвáть ▶ **звать**

позволЯть *verb imperfective* 19
(*perfective* **позвОлить** 22)
= to allow, permit (a person + *dative*)
позволЯть/позвОлить себé = to
afford

позвонИть ▶ **звонИть**

позднéе *adverb*
= later

пОздний *adjective* (-няя, -нее, -ние)
= late

пОздно *adverb & predicate*
= late

поздорОваться ▶ **здорОваться**

поздравлЯть *verb imperfective* 19
(*perfective* **поздрáвить**: -влю, -вишь,
-вят)
= to congratulate (*a person*; on + **с**
+ *instrumental*)

пОзже *adverb*
= later, later on

позИция *noun* 9
= position

познакОмить ▶ **знакОмить**

познакОмиться ▶ **знакОмиться**

пойдУ *etc.* ▶ **пойтИ**

поймáть ▶ **ловИть**

пойтИ ▶ **идтИ**

покá
1 *adverb*
= for the present, for the moment, in the
meantime
2 *exclamation* ✶
= cheerio!
3 *conjunction*
= while, as long as
покá ... не = until

покá нет = not at the moment

показáть ▶ **покáзывать**

показáться ▶ **казáться**

покáзывать *verb imperfective* 18
(*perfective* **показáть**: -кажУ, -кáжешь,
-кáжут)
= to show (to a person + *dative*)

показáться ▶ **казáться**

покатáться ▶ **катáться**¹

покатИться ▶ **катИться**

покидáть *verb imperfective* 18
(*perfective* **покИнуть**: -ну, -нешь, -нут)
= to leave, abandon, desert

поклОнник *noun* 1
= (*male*) fan, admirer

поклОнница *noun* 7
= (*female*) fan, admirer

поклЯсться ▶ **кпЯсться**

покОй *noun* 2
= rest, peace

покрáсить ▶ **крáсить**

покраснéть ▶ **краснéть**

покрывáть *verb imperfective* 18
(*perfective* **покрЫть**: -крОю, -крОешь,
-крОют)
= to cover

покупáтель *noun* 6
= customer, buyer

покупáть *verb imperfective* 18
(*perfective* **купИть**: куплЮ, кУпишь,
кУпят)
= to buy

покУпка *noun* 7 (*genitive plural* -пок)
= purchase
дéлать/сдéлать покУпки = to do the
shopping

покурИть ▶ **курИть**

покУшать ▶ **кУшать**

пол¹ *noun* 1 (*locative* полУ; *plural* полЫ)
= floor

пол² *noun* 1
= sex

пол- *prefix*
= half
• *used in combination with a noun in the
genitive; in cases other than the
nominative,* **пол-** *usually becomes*
полу-:
полгОда = half a year
в течéние полугОда = in the course of six
months
полкилогрáмма = half a kilogram
• *used in telling the time:*
полпéрвого = half past twelve
полвторОго = half past one

полага́ть verb imperfective 18
= to suppose, think

полага́ться verb imperfective 18
(perfective **положи́ться**: -ложу́сь,
-ло́жишься, -ло́жатся)
= to rely (on + на + accusative)

по́лдень noun 6 (genitive по́лдня or
полу́дня)
= noon, midday

по́ле noun 16 (plural -ля́, -ле́й)
= field

поле́зный adjective (-ная, -ное, -ные;
-зен, -зна, -зно, -зны)
* = useful
* = healthy, beneficial

поле́зть ▶ лезть

полёт noun 1
= flight

полете́ть ▶ лете́ть

по́лзать verb imperfective
indeterminate 18
= to crawl, creep

ползти́ verb imperfective determinate
(-зу́, -зёшь, -зу́т; полз, -зла́; perfective
поползти́: -зу́, -зёшь, -зу́т; попо́лз, -зла́)
= to crawl, creep

полива́ть verb imperfective 18
(perfective **поли́ть**: -лью, -льёшь, -льют;
по́лил, -ла́, -ло)
= to water, pour water on

поликли́ника noun 7
= health centre (British English), health
center (US English)

поли́тик noun 1
= politician

поли́тика noun 7
* = politics
* = policy

полити́ческий adjective (-кая, -кое,
-кие)
= political

поли́ть ▶ полива́ть

полице́йский noun (declined like a
masculine adjective)
= policeman (outside Russia)

полице́йский уча́сток noun
= police station (outside Russia)

поли́ция noun 9
= the police (outside Russia)

по́лка noun 7 (genitive plural -лок)
= shelf

по́лночь noun 11 (genitive полу́ночи or
по́лночи)
= midnight

по́лный adjective (-ная, -ное, -ные;
по́лон, -на́, по́лно, полны́)
* = full
* = complete
* = plump

полови́на noun 7
= half
два с полови́ной = two and a half
полови́на шесто́го = half past five

положе́ние noun 14
* = position
* = situation

положи́ть ▶ класть

положи́ться ▶ полага́ться

полоте́нце noun 13 (genitive plural
-нец)
= towel

полста́вки noun (indeclinable)
на полста́вки = part-time

полтора́ number (masculine & neuter,
genitive полу́тора; feminine полторы́,
genitive полу́тора)
= one and a half

получа́ть verb imperfective 18
(perfective **получи́ть**: -учу́, -у́чишь,
-у́чат)
= to get, receive

получа́ться verb imperfective 18
(perfective **получи́ться**: -у́чится,
-у́чатся)
* = to turn out, work out
* = to come about, result

получи́ть ▶ получа́ть

получи́ться ▶ получа́ться

полчаса́ noun (masculine) (accusative
полчаса́, genitive получа́са)
= half an hour

по́льза noun 7
= benefit, use

по́льзоваться verb imperfective 20
(perfective **воспо́льзоваться** 20)
* = to make use of, utilize (a thing
+ instrumental)
* = to enjoy (success etc. + instrumental)

поменя́ть ▶ меня́ть

поменя́ться ▶ меня́ться

поме́рить ▶ ме́рить

помеша́ть ▶ меша́ть

помидо́р noun 1
= tomato

по́мнить verb imperfective 22
= to remember

помога́ть verb imperfective 18
(perfective **помо́чь**: помогу́, помо́жешь,
помо́гут; помо́г, -гла́)
= to help (a person + dative)

П

по-мо́ему *adverb*
= in my opinion

помоли́ться ▶ **моли́ться**

помо́чь ▶ **помога́ть**

помо́щник *noun* 1
= assistant

по́мощь *noun* 11
= help

помо́ю *etc.* ▶ **помы́ть**

помы́ть ▶ **мыть**

помы́ться ▶ **мы́ться**

понаде́яться ▶ **наде́яться**

понеде́льник *noun* 1
= Monday

понести́ ▶ **нести́**

понима́ть *verb imperfective* 18
(*perfective* **поня́ть**: пойму́, -мёшь, -му́т;
по́нял, -ла́, -ло)
• = to understand
• = to realize

понра́виться ▶ **нра́виться**

поня́тие *noun* 14
= concept, notion, idea

поня́тно
1 *adverb*
= clearly
2 *predicate*
= understandable
3 *exclamation*
= I understand!

поня́ть ▶ **понима́ть**

пообе́дать ▶ **обе́дать**

попада́ть *verb imperfective* 18
(*perfective* **попа́сть**: попаду́, -дёшь, -ду́т;
попа́л)
• = to hit (something + **в** + *accusative*)
• = to find oneself, get (in)to (a situation, a
place, etc. + **в** + *accusative*)

поплы́ть ▶ **плыть**

поп-му́зыка *noun* 7
= pop music

попола́м *adverb*
= in half, in two

поползти́ ▶ **ползти́**

поправля́ть *verb imperfective* 19
(*perfective* **попра́вить**: -влю, -вишь,
-вят)
• = to correct, put right
• = to set straight, tidy
• = to repair

поправля́ться *verb imperfective* 19
(*perfective* **попра́виться**: -влюсь,
-вишься, -вятся)
• = to get better, recover (from + **от**
+ *genitive*)
• = to improve

попро́бовать ▶ **про́бовать**

попроси́ть ▶ **проси́ть**

популя́рный *adjective* (-ная, -ное,
-ные; -рен, -рна, -рно, -рны)
= popular

попыта́ться ▶ **пыта́ться**

попы́тка *noun* 7 (*genitive plural* -ток)
= attempt

пора́ *noun* 7 (*accusative* -ру, *genitive*
-ры́; *plural* -ры, -р, -ра́м)
• = time
• (*introducing a phrase*) = it is time
до сих пор = (up) till now; still
с тех пор = since (then)
с тех пор, как = since (*conjunction*)

по-ра́зному *adverb*
= differently

пора́ниться *verb perfective* 22
= to hurt oneself, injure oneself

поре́зать *verb perfective* (-ре́жу,
-ре́жешь, -ре́жут)
= to cut

порекомендова́ть
▶ **рекомендова́ть**

порошо́к *noun* 1 (*genitive* -шка́)
= powder

порт *noun* 1 (*locative* -ту́; *plural* -ты, -то́в)
= port

портати́вный компью́тер *noun*
= laptop (*computer*)

по́ртить *verb imperfective* (-рчу, -ртишь,
-ртят) (*perfective* **испо́ртить**: -рчу,
-ртишь, -ртят)
• = to spoil
• = to ruin, damage

по́ртиться *verb imperfective* (-рчусь,
-ртишься, -ртятся) (*perfective*
испо́ртиться: -рчусь, -ртишься,
-ртятся)
• = to deteriorate, go bad, go off, spoil
• = to be damaged, ruined

Португа́лия *noun* 9
= Portugal

портфе́ль *noun* 6
= briefcase

поруче́ние *noun* 14
= assignment, errand

поря́док *noun* 1 (*genitive* -дка)
= order
всё в поря́дке = everything is all right

поря́дочный *adjective* (-ная, -ное,
-ные; -чен, -чна, -чно, -чны)
= decent, respectable

посади́ть ▶ **сажа́ть**

посвети́ть ▶ **свети́ть**

поселя́ться *verb imperfective* 19
(*perfective* **посели́ться** 22)
= to settle (*in a place*)

посереди́не
1 *preposition* (+ *genitive*)
= in the middle of
2 *adverb*
= in the middle

посети́тель *noun* 6
= visitor

посеща́ть *verb imperfective* 18
(*perfective* **посети́ть**: -ещу́, -ети́шь,
-етя́т)
= to visit

посеще́ние *noun* 14
= visit

посе́ять ▶ **се́ять**

поскользну́ться *verb perfective*
(-ну́сь, -нёшься, -ну́тся)
= to slip, slip up

посла́ть ▶ **посыла́ть**

по́сле
1 *preposition* (+ *genitive*)
= after
по́сле того́, как = after (*conjunction*)
2 *adverb*
= after, afterwards

после́дний *adjective* (-няя, -нее, -ние)
• = last
• = latest
• = recent

после́довать ▶ **сле́довать**

после́дствие *noun* 14
= consequence

послеза́втра *adverb*
= the day after tomorrow

послужи́ть ▶ **служи́ть**

послу́шать ▶ **слу́шать**

послу́шаться ▶ **слу́шаться**

послу́шный *adjective* (-ная, -ное,
-ные; -шен, -шна, -шно, -шны)
= obedient

посмотре́ть ▶ **смотре́ть**

посове́товать ▶ **сове́товать**

поспеши́ть ▶ **спеши́ть**

поспо́рить ▶ **спо́рить**

поссо́риться ▶ **ссо́риться**

поста́вить ▶ **ста́вить**

постара́ться ▶ **стара́ться**

постели́ть ▶ **стели́ть**

посте́ль *noun* 11
= bed

постепе́нно *adverb*
= gradually

постесня́ться ▶ **стесня́ться**

постира́ть *verb perfective* 18
= to do some washing

постоя́нный *adjective* (-нная, -нное,
-нные; -я́нен, -я́нна, -я́нно, -я́нны)
= constant, continual, permanent

пострада́ть ▶ **страда́ть**

постри́чь ▶ **стричь**

постри́чься ▶ **стри́чься**

постро́ить ▶ **стро́ить**

поступа́ть *verb imperfective* 18
(*perfective* **поступи́ть**: -туплю́, -ту́пишь,
-ту́пят)
• = to act, do
• = to enter, join (a place of study + **в**
  + *accusative*; work, a course + **на**
  + *accusative*)

постуча́ть ▶ **стуча́ть**

посу́да *noun* 7
= crockery, dishes

посчита́ться ▶ **счита́ться**

посыла́ть *verb imperfective* 18
(*perfective* **посла́ть**: пошлю́, -шлёшь,
-шлю́т)
= to send

посы́лка *noun* 7 (*genitive plural* -лок)
= parcel

потащи́ть ▶ **тащи́ть**

потерпе́ть ▶ **терпе́ть**

потеря́ть ▶ **теря́ть**

потеря́ться ▶ **теря́ться**

потоло́к *noun* 1 (*genitive* -лка́)
= ceiling

потолсте́ть ▶ **толсте́ть**

пото́м *adverb*
• = then
• = later, later on

потому́ что *conjunction*
= because

поторопи́ть ▶ **торопи́ть**

поторопи́ться ▶ **торопи́ться**

потре́бовать ▶ **тре́бовать**

потруди́ться *verb perfective* (-ужу́сь,
-у́дишься, -у́дятся)
= to bother, take the trouble

потряса́ть *verb imperfective* (*perfective*
потрясти́: -су́, -сёшь, -су́т; потря́с, -сла́)
• = to shake
• = to shock

потрясе́ние *noun* 14
= shock

П

потрясти́ ▶ потряса́ть

потуши́ть ▶ туши́ть

потяну́ть ▶ тяну́ть

поу́жинать ▶ у́жинать

похвали́ть ▶ хвали́ть

похища́ть *verb imperfective* 18 (*perfective* **похи́тить**: -хи́щу, -хи́тишь, -хи́тят)
= to kidnap, abduct, hijack

похло́пать ▶ хло́пать

похо́д *noun* 1
= hike, expedition

похо́жий *adjective* (-жая, -жое, -жие; похо́ж, -жа, -же, -жи)
= alike, like, similar (to a person or thing + на + *accusative*)

похорони́ть ▶ хорони́ть

по́хороны *noun plural* (*genitive* -ро́н, *dative* -рона́м)
= funeral

похуде́ть ▶ худе́ть

поцара́пать ▶ цара́пать

поцелова́ть ▶ целова́ть

поцелова́ться ▶ целова́ться

поцелу́й *noun* 2
= kiss

по́чва *noun* 7
= soil, ground

почему́ *adverb*
= why

по́черк *noun* 1
= handwriting

почеса́ть ▶ чеса́ть

почеса́ться ▶ чеса́ться

почини́ть ▶ чини́ть

почи́стить ▶ чи́стить

по́чта *noun* 7
* = post (*British English*), mail
* = post office

почтальо́н *noun* 1
= postman

почта́мт *noun* 1
= (main) post office

почти́ *adverb*
= almost, nearly

почто́вая ма́рка *noun*
= postage stamp

почто́вый *adjective* (-вая, -вое, -вые)
= postal

почто́вый и́ндекс *noun*
= postcode (*British English*), zip code (*US English*)

почто́вый я́щик *noun*
= postbox, letter box (*British English*), mailbox (*US English*)

почу́вствовать ▶ чу́вствовать

по́шлина *noun* 7
= duty (*a tax*)

пошути́ть ▶ шути́ть

поэ́зия *noun* 9
= poetry

поэ́ма *noun* 7
= poem

поэ́т *noun* 1
= poet

поэ́тому *adverb*
= therefore

пою́ *etc.* ▶ петь

появля́ться *verb imperfective* 19 (*perfective* **появи́ться**: -явлю́сь, -я́вишься, -я́вятся)
= to appear, turn up

по́яс *noun* 1 (*plural* -са́)
* = belt
* = waist

пр. *abbreviation* (*of* **проспе́кт**)
= Ave. (*Avenue*)

пра́вда
= truth
(э́то) пра́вда = that's true, it's true
не пра́вда ли? = isn't that so?

правди́вый *adjective* (-вая, -вое, -вые; правди́в, -ва, -во, -вы)
* (*of a story*) = true
* (*of a person*) = truthful

пра́вило *noun* 12
= rule

пра́вильно
1 *adverb*
= right, correctly
2 *exclamation*
= that's right!

пра́вильный *adjective* (-ная, -ное, -ные; -лен, -льна, -льно, -льны)
= right, correct

прави́тельство *noun* 12
= government

пра́вить *verb imperfective* (-влю, -вишь, -вят)
= to rule (a country etc. + *instrumental*)

пра́во *noun* 1 (*plural* -ва́)
* = right
* = (system of) law
води́тельские права́ (*plural*) = driving licence (*British English*), driver's license (*US English*)

пра́вый adjective (-вая, -вое, -вые; прав, -ва́, -во, -вы)
* = right, right-hand
* = right, correct (usually used in the short form: вы пра́вы! = you're right!)

пра́здник noun 1
= (public) holiday

пра́здновать verb imperfective 20 (perfective **отпра́здновать** 20)
= to celebrate

практи́ческий adjective (-кая, -кое, -кие)
= practical (of help, advice, activities, etc.)

практи́чный adjective (-ная, -ное, -ные; -чен, -чна, -чно, -чны)
= practical (of a person or object)

пра́чечная noun (declined like a feminine adjective)
= laundry

предвкуша́ть verb imperfective 18 (perfective **предвкуси́ть**: -ушу́, -у́сишь, -у́сят)
= to look forward to

предлага́ть verb imperfective 18 (perfective **предложи́ть**: -ложу́, -ло́жишь, -ло́жат)
* = to offer
* = to propose, suggest

предложе́ние noun 14
* = offer
* = proposal, suggestion

предложи́ть ▶ **предлага́ть**

предме́т noun 1
* = object
* = subject

предназнача́ть verb imperfective 18 (perfective **предназна́чить**: -чу, -чишь, -чат)
= to design, intend (for + для + genitive or на + accusative)

предполага́ть verb imperfective 18 (perfective **предположи́ть**: -ложу́, -ло́жишь, -ло́жат)
= to suppose, assume

предпочита́ть verb imperfective 18 (perfective **предпоче́сть**: -чту́, -чтёшь, -чту́т; предпочёл, -чла́)
= to prefer

предприя́тие noun 14
= enterprise, business

предста́вить ▶ **представля́ть**

представле́ние noun 14
* = idea, notion
* = performance
* = presentation

представля́ть verb imperfective 19 (perfective **предста́вить**: -влю, -вишь, -вят)
* = to represent
* = to present
* = to introduce (a person to another + accusative + dative)
* (often followed by себе́) = to imagine
представля́ть/предста́вить собо́й = to constitute, to be

предубежде́ние noun 14
= prejudice

предупрежда́ть verb imperfective 18 (perfective **предупреди́ть**: -ежу́, -еди́шь, -едя́т)
* = to warn, give notice
* = to prevent

предупрежде́ние noun 14
* = warning, notice
* = prevention

предыду́щий adjective (-щая, -щее, -щие)
= previous, preceding

пре́жде adverb
* = formerly, before
* = first
пре́жде всего́ = first of all

пре́жде чем conjunction
= before (doing something + infinitive)

пре́жний former (-няя, -нее, -ние)
= former, previous

презервати́в noun 1
= condom

президе́нт noun 1
= president

преиму́щество noun 12
= advantage

прекра́сный adjective (-ная, -ное, -ные; -сен, -сна, -сно, -сны)
= beautiful, fine, excellent

прекраща́ть verb imperfective 18 (perfective **прекрати́ть**: -ащу́, -ати́шь, -атя́т)
= to stop, discontinue (a thing, an activity)

прекраща́ться verb imperfective 18 (perfective **прекрати́ться**: -ати́тся, -атя́тся)
(of a thing) = to stop, cease

премье́р-мини́стр noun 1
= prime minister

преодолева́ть verb imperfective 18 (perfective **преодоле́ть**: -е́ю, -е́ешь, -е́ют)
= to overcome (an enemy, difficulty, etc.)

преподава́тель noun 6
= (male) teacher

преподава́тельница noun 7
= (female) teacher

П

преподава́ть verb imperfective (-даю́, -даёшь, -даю́т)
= to teach (*as an occupation*)

препя́тствие noun 14
= obstacle

прерыва́ть verb imperfective 18
(*perfective* **прерва́ть**: -ву́, -вёшь, -ву́т; прерва́л, -ла́, -ло)
• = to interrupt
• = to break off, cut short

пре́сса noun 7
= the press

престаре́лый adjective (-лая, -лое, -лые)
= aged, elderly
дом престаре́лых = old people's home

преступле́ние noun 14
= crime

престу́пник noun 1
= (*male*) criminal

престу́пница noun 7
= (*female*) criminal

при preposition (+ prepositional)
• = by, near, at (*a place*)
• = in the presence of
• = in the time of, during, under
• = on (*one's person*), with (*one*)
• = in the case of

прибавля́ть verb imperfective 19
(*perfective* **приба́вить**: -влю, -вишь, -вят)
= to add

приближа́ться verb imperfective 18
(*perfective* **прибли́зиться**: -бли́жусь, -бли́зишься, -бли́зятся)
= to approach, draw near (a thing + к + *dative*)

приблизи́тельно adverb
= approximately

приблизи́ться ▶ **приближа́ться**

прибыва́ть verb imperfective 18
(*perfective* **прибы́ть**: -бу́ду, -бу́дешь, -бу́дут; при́был, -ла́, -ло)
= to arrive

при́быль noun 11
= profit

прибы́тие noun 14
= arrival

прибы́ть ▶ **прибыва́ть**

привезти́ ▶ **привози́ть**

привести́ ▶ **приводи́ть**

приве́т noun 1
• = greetings, regards
• (*as an exclamation* **✲**) = hi!

─────────────
✲ in informal situations

приве́тствовать verb imperfective & perfective
= to greet, welcome

привлека́тельный adjective (-ная, -ное, -ные; -лен, -льна, -льно, -льны)
= attractive

привлека́ть verb imperfective 18
(*perfective* **привле́чь**: -еку́, -ечёшь, -еку́т)
= to attract

приводи́ть verb imperfective (-ожу́, -о́дишь, -о́дят) (*perfective* **привести́**: -еду́, -едёшь, -еду́т; привёл, -вела́)
= to bring, take, lead

привози́ть verb imperfective (-ожу́, -о́зишь, -о́зят) (*perfective* **привезти́**: -зу́, -зёшь, -зу́т; привёз, -везла́)
= to bring, take (*by transport*)

привыка́ть verb imperfective 18
(*perfective* **привы́кнуть**: -ну, -нешь, -нут; привы́к, -кла)
= to get accustomed, get used (to a person or thing + к + *dative*; to doing something + *infinitive*)

привы́чка noun 7 (*genitive plural* -чек)
= habit

привя́зывать verb imperfective 18
(*perfective* **привяза́ть**: -вяжу́, -вя́жешь, -вя́жут)
= to tie, tie up, fasten (to + к + *dative*)

приглаша́ть verb imperfective 18
(*perfective* **пригласи́ть**: -ашу́, -аси́шь, -ася́т)
= to invite, ask

приглаше́ние noun 14
= invitation

при́город noun 1
= suburb

пригото́вить ▶ **гото́вить**

пригото́виться ▶ **гото́виться**

приду́ etc. ▶ **прийти́**

приду́мывать verb imperfective 18
(*perfective* **приду́мать** 18)
= to think up, invent

прие́ду etc. ▶ **прие́хать**

приезжа́ть verb imperfective 18
(*perfective* **прие́хать**: -е́ду, -е́дешь, -е́дут)
= to arrive, come (*by transport*)

приёмник noun 1
= radio (set)

прие́хать ▶ **приезжа́ть**

приз noun 1 (*plural* -зы́)
= prize

приземля́ться verb imperfective 19
(*perfective* **приземли́ться** 22)
= to land

признава́ть *verb imperfective*
(-знаю́, -знаёшь, -знаю́т) (*perfective*
призна́ть 18)
• = to admit
• = to acknowledge, recognize

при́знак *noun* 1
= sign, indication

призна́ть ▶ **признава́ть**

прийти́ ▶ **приходи́ть**

прийти́сь ▶ **приходи́ться**

прика́з *noun* 1
= order, command

прика́зывать *verb imperfective* 18
(*perfective* **приказа́ть**: -кажу́, -ка́жешь,
-ка́жут)
= to order, command (a person + *dative*)

прикле́ивать *verb imperfective* 18
(*perfective* **прикле́ить** 23)
= to stick, glue

приключе́ние *noun* 14
= adventure

прикрепля́ть *verb imperfective* 19
(*perfective* **прикрепи́ть**: -плю́, -пи́шь,
-пя́т)
= to fasten, attach

прила́вок *noun* 1 (*genitive* -вка)
(*in a shop*) = counter

прилага́ть *verb imperfective* 18
(*perfective* **приложи́ть**: -ложу́, -ло́жишь,
-ло́жат)
• = to affix, enclose
• = to apply, exert

прилета́ть *verb imperfective* 18
(*perfective* **прилете́ть**: -лечу́, -лети́шь,
-летя́т)
= to arrive (*by air*), fly in

приложе́ние *noun* 14
= attachment (*to an email*)

приложи́ть ▶ **прилага́ть**

приме́р *noun* 1
= example

приме́рить ▶ **примеря́ть**

приме́рно *adverb*
= approximately

примеря́ть *verb imperfective* 19
(*perfective* **приме́рить** 22)
= to try on (*clothes*)

приму́ *etc.* ▶ **принима́ть**

принадлежа́ть *verb imperfective* (-жу́,
-жи́шь, -жа́т)
= to belong (to a person or thing + *dative*)

принести́ ▶ **приноси́ть**

принима́ть *verb imperfective* 18
(*perfective* **приня́ть**: приму́, при́мешь,
при́мут)
• = to receive
• = to accept
• = to take (*a bath, measures, medicine*)

приноси́ть *verb imperfective* (-ошу́,
-о́сишь, -о́сят) (*perfective* **принести́**: -су́,
-сёшь, -су́т; принёс, -несла́)
= to bring, fetch

при́нтер *noun* 1
= printer

принц *noun* 1
= prince

принце́сса *noun* 7
= princess

при́нцип *noun* 1
= principle
в при́нципе = in principle

приня́ть ▶ **принима́ть**

приро́да *noun* 7
= nature

присла́ть ▶ **присыла́ть**

прислоня́ть *verb imperfective* 19
(*perfective* **прислони́ть** 22)
= to lean (*a thing*; against something + **к**
+ *dative*)

прислоня́ться *verb imperfective* 19
(*perfective* **прислони́ться** 22)
(*of a person or thing*) = to lean (against
something + **к** + *dative*)

присни́ться ▶ **сни́ться**

присоединя́ть *verb imperfective* 19
(*perfective* **присоедини́ть** 22)
= to join, attach (*a thing*; to something
+ **к** + *dative*)

присоединя́ться *verb imperfective* 19
(*perfective* **присоедини́ться** 22)
= to join (*a group of people etc.* + **к**
+ *dative*)

прису́тствовать *verb imperfective* 20
= to be present (at + **на** + *prepositional*)

присыла́ть *verb imperfective* 18
(*perfective* **присла́ть**: пришлю́, -шлёшь,
-шлю́т)
= to send

приходи́ть *verb imperfective* (-ожу́,
-о́дишь, -о́дят) (*perfective* **прийти́**:
приду́, -дёшь, -ду́т; пришёл, -шла́)
= to arrive, come (*on foot*)

приходи́ться *verb imperfective*
(прихо́дится) (*perfective* **прийти́сь**:
пришло́сь)
= to have to (*impersonal* + *dative*)
мне пришло́сь уйти́ ра́но = I had to leave
early

прихо́жая *noun* (*declined like a
feminine adjective*)
= hall, lobby

причеса́ть ▶ **причёсывать**

причеса́ться ▶ **причёсываться**

причёска *noun* 7 (*genitive plural* -сок)
= hairdo, haircut

П

причёсывать verb imperfective 18
(perfective **причеса́ть**: -чешу́, -че́шешь)
• = to comb or brush (hair)
• = to comb or brush the hair of (a child etc.)

причёсываться verb imperfective 18
(perfective **причеса́ться**: -чешу́сь, -че́шешься, -че́шутся)
• = to comb or brush one's hair, do one's hair
• = to have one's hair done

причи́на noun 7
= reason

причиня́ть verb imperfective 19
(perfective **причини́ть** 22)
= to cause

пришлю́ etc. ▶ **присла́ть**

прия́тель noun 6
= (male) friend

прия́тельница noun 7
= (female) friend

прия́тный adjective (-ная, -ное, -ные; -тен, -тна, -тно, -тны)
= nice, pleasant

прия́тного аппети́та! = bon appetit!; enjoy your meal!

о́чень прия́тно! = pleased to meet you!; how do you do!

про preposition (+ accusative)
= about

пробе́жка noun 7 (genitive plural -жек)
= run

проби́ть ▶ **бить**

про́бка noun 7 (genitive plural -бок)
• = cork, stopper
• = plug (for a bath etc.)
• = traffic jam

пробле́ма noun 7
= problem

про́бовать verb imperfective 20
(perfective **попро́бовать** 20)
= to try, attempt

пробы́ть verb perfective (-бу́ду, -бу́дешь, -бу́дут; про́был, -была́)
= to stay (for a certain time)

прова́ливаться verb imperfective 18
(perfective **провали́ться**: -алю́сь, -а́лишься, -а́лятся)
• = to collapse, fall in
• = to fail

проверя́ть verb imperfective 19
(perfective **прове́рить** 22)
• = to check
• = to test

✷ in informal situations

проводи́ть verb imperfective (-ожу́, -о́дишь, -о́дят) (perfective **провести́**: -еду́, -едёшь, -еду́т; провёл, -вела́)
• = to lead, take
• = to spend (time)
• = to install, build
• = to conduct, hold (a meeting, rehearsal, etc.)

провожа́ть verb imperfective 18
(perfective **проводи́ть**: -ожу́, -о́дишь, -о́дят)
= to accompany, see off

прогно́з noun 1
= forecast

проголосова́ть ▶ **голосова́ть**

програ́мма noun 7
= programme (British English), program

программи́ст noun 1
= (computer) programmer

прогре́сс noun 1
= progress

прогу́лка noun 7 (genitive plural -лок)
• = walk, stroll
• = outing

продава́ть verb imperfective (-даю́, -даёшь, -даю́т) (perfective **прода́ть**: -да́м, -да́шь, -да́ст, -дади́м, -дади́те, -даду́т; про́дал, -ла́, -ло)
= to sell

продаве́ц noun 1 (genitive -вца́)
• = (male) (shop) assistant (British English), sales clerk (US English)
• = (male) seller, vendor

продавщи́ца noun 7
• = (female) (shop) assistant (British English), sales clerk (US English)
• = (female) seller, vendor

прода́ть ▶ **продава́ть**

продолжа́ть verb imperfective 18
(perfective **продо́лжить**: -жу, -жишь, -жат)
= to continue, carry on (doing something + imperfective infinitive)

продолжа́ться verb imperfective 18
(perfective **продо́лжиться**: -жится, -жатся)
= to continue, last, go on

проду́кт noun 1
• = product
• (in plural) = foodstuffs, food

проезжа́ть verb imperfective 18
(perfective **прое́хать**: -е́ду, -е́дешь, -е́дут)
• = to drive, go
• = to drive past, go past, pass
• = to drive past, go past (by mistake)
• = to get to (a place + в or на + accusative)
• = to cover (a distance)

проéкт *noun* [1]
* = design, plan
* = draft
* = project

проекти́ровать *verb imperfective* [20]
(*perfective* **спроекти́ровать** [20])
= to design

проéхать ▶ **проезжáть**

прозвучáть ▶ **звучáть**

проигрáть ▶ **прои́грывать**

прои́грыватель *noun* [6]
= record player

прои́грывать *verb imperfective* [18]
(*perfective* **проигрáть** [18])
* = to lose (*a game, war, etc.*)
* = to play through (*a record, tape, etc.*)

произведéние *noun* [14]
= work (*of art, literature, etc.*)

производи́ть *verb imperfective* (-ожу́,
-óдишь, -óдят) (*perfective* **произвести́**:
-еду́, -едёшь, -еду́т; произвёл, -велá)
* = to produce, make
* = to carry out

произноси́ть *verb imperfective* (-ошу́,
-óсишь, -óсят) (*perfective* **произнести́**:
-су́, -сёшь, -су́т; произнёс, -неслá)
* = to pronounce
* = to utter, say

произношéние *noun* [14]
= pronunciation

происходи́ть *verb imperfective*
(-хóдит, -хóдят) (*perfective* **произойти́**:
-йдёт, -йду́т; произошёл, -шлá)
= to happen, take place, occur

пройти́ ▶ **проходи́ть**

прокля́тый * *adjective* (-тая, -тое,
-тые)
= damn(ed)

прокóл *noun* [1]
= puncture

проконтроли́ровать
▶ **контроли́ровать**

проливáть *verb imperfective* [18]
(*perfective* **проли́ть**: -лью, -льёшь,
-льют; прóлил, -лá, -прóлило)
= to spill

промокáть *verb imperfective* [18]
(*perfective* **промóкнуть**: -ну, -нешь, -нут;
промóк, -кла)
= to get soaked

промы́шленность *noun* [11]
= industry

промы́шленный *adjective* (-нная,
-нное, -нные)
= industrial

пропускáть *verb imperfective* [18]
(*perfective* **пропусти́ть**: -ущу́, -у́стишь,
-у́стят)
* = to let pass, let in, let through
* = to miss out, leave out
* = to miss, fail to attend
* = to miss (*a bus etc.*)
* = to miss (*to fail to see or hear*)

пропылесóсить ▶ **пылесóсить**

прореаги́ровать ▶ **реаги́ровать**

прорепети́ровать
▶ **репети́ровать**

проси́ть *verb imperfective* (прошу́,
прóсишь, прóсят) (*perfective* **попроси́ть**:
-прошу́, -прóсишь, -прóсят)
= to ask, ask for, request (a thing +
accusative or genitive or
+ **о** + *prepositional*; a person +
accusative, to do something + *infinitive*)

проснýться ▶ **просыпáться**

проспáть ▶ **просыпáть**

проспéкт *noun* [1]
= avenue

прости́ть ▶ **прощáть**

прости́ться ▶ **прощáться**

прóсто *adverb*
– simply, just

простóй *adjective* (-тáя, -тóе, -ты́е;
прост, -тá, -то, прóсты)
= simple

простýда *noun* [7]
= a cold

простужáться *verb imperfective* [18]
(*perfective* **простуди́ться**: -ужу́сь,
-у́дишься, -у́дятся)
= to catch (a) cold, get a cold

простыня́ *noun* [8] (*plural* прóстыни,
-ы́нь, -ыня́м)
= sheet (*on a bed*)

просыпáть *verb imperfective* [18]
(*perfective* **проспáть**: -сплю, -спи́шь,
-спя́т; -спáл, -лá, -ло)
= to oversleep

просыпáться *verb imperfective* [18]
(*perfective* **проснýться**: -нýсь, -нёшься,
-нýтся)
= to wake up

прóсьба *noun* [7]
= request

протéст *noun* [1]
= protest

протестовáть *verb imperfective* [21]
= to protest (about, against + прóтив
+ *genitive*) .

П

про́тив preposition (+ genitive)
* = against
* = opposite
* (of medicine) = for (an illness or ailment)

проти́вник noun [1]
= opponent, enemy

противополо́жность noun [11]
= opposite

противополо́жный adjective (-ная,
-ное, -ные; -жен, -жна, -жно, -жны)
= opposite

профессиона́льный adjective
(-ная, -ное, -ные)
= professional

профе́ссия noun [9]
= profession

профе́ссор noun [1] (plural -pá)
= professor

профсою́з noun [1]
= trade union

прохла́дный adjective (-ная, -ное,
-ные; -ден, -дна, -дно, -дны)
= cool, chilly

прохо́д noun [1]
= aisle, gangway

проходи́ть verb imperfective (-ожу́,
-о́дишь, -о́дят) (perfective **пройти́**: -йду́,
-йдёшь, -йду́т; прошёл, -шла́)
* = to go, pass, go past
* = to go past (by mistake)
* = to get to (a place + в or на
+ accusative)
* = to cover (a distance, material in a lesson)
* (of time, pain, an event) = to pass, pass off

проце́нт noun [1]
* = per cent (British English), percent (US
English)
* = percentage

проце́сс noun [1]
* = process
* = trial

прочита́ть ▶ чита́ть

про́чный adjective (-ная, -ное, -ные;
-чен, -чна́, -чно, про́чны)
= solid, strong, durable, firm

про́шлое noun (declined like a neuter
adjective)
= the past

про́шлый adjective (-лая, -лое, -лые)
= past, last

проща́й(те) exclamation
= goodbye!, farewell!

проща́ть verb imperfective [18] (perfective
прости́ть: -ощу́, -ости́шь, -остя́т)
* = to forgive (a person or thing)
прости́(те) меня́! = forgive me!
* = to excuse
прости́(те)! = excuse me!; sorry!

проща́ться verb imperfective [18]
(perfective **прости́ться**: -ощу́сь,
-ости́шься, -остя́тся)
= to say goodbye (to + c + instrumental)

про́ще
1 predicative adjective (indeclinable)
= easier, simpler
2 adverb
= more easily, more simply

проясня́ться verb imperfective [19]
(perfective **проясни́ться** [22])
= to brighten (up), clear up

пруд noun [1] (genitive -да́, locative -ду́)
= pond

пры́гать verb imperfective [18] (perfective
пры́гнуть: -ну, -нешь, -нут)
= to jump, leap

прыжо́к noun [1] (genitive -жка́)
= jump, leap

пря́мо adverb
* = straight
* = straight on

прямо́й adjective (-ма́я, -мо́е, -мы́е;
прям, -ма́, -мо, прямы́)
* = straight
* = direct

пря́тать verb imperfective (-я́чу, -я́чешь,
-я́чут) (perfective **спря́тать**: -я́чу, -я́чешь,
-я́чут)
= to hide (a person or thing)

пря́таться verb imperfective (-я́чусь,
-я́чешься, -я́чутся) (perfective
спря́таться: -я́чусь, -я́чешься, -я́чутся)
= to hide (oneself)

психи́ческий adjective (-кая, -кое,
-кие)
= mental

психоло́гия noun [9]
= psychology

пти́ца noun [7]
= bird

пу́блика noun [7]
* = the public
* = audience

пуга́ть verb imperfective [18] (perfective
испуга́ть [18])
= to frighten

пуга́ться verb imperfective [18]
(perfective **испуга́ться** [18])
= to be frightened (of a thing + genitive)

пу́говица noun [7]
= button

пу́дра noun [7]
= powder

пуло́вер noun [1]
= pullover

пункт *noun* 1
* = point
* = spot, place, post, centre (*British English*), center (*US English*)
* = item

пунктуа́льно *adverb*
= punctually

пуска́й ▶ **пусть**

пуска́ть *verb imperfective* 18 (*perfective* **пусти́ть**: пущу́, пу́стишь, пу́стят)
* = to let, allow (*a person to go somewhere*)
* = to let go, let go of
* = to start (up), set in motion

пусто́й *adjective* (-та́я, -то́е, -ты́е; пуст, -та́, -то, пу́сты)
= empty

пусты́ня *noun* 8
= desert

пусть *particle* (*also* **пуска́й**)
= let

пу́тать *verb imperfective* 18
* = to mix up, confuse (*people*) (*perfective* **спу́тать** 18)
* = to mix up, confuse (*objects*) (*perfective* **перепу́тать** 18)
* = to tangle (*perfective* **спу́тать** 18 *or* **запу́тать** 18)
* = to confuse (*a person*) (*perfective* **спу́тать** 18 *or* **запу́тать** 18)

путёвка *noun* 7 (*genitive plural* -вок)
= place on an organized group tour or in a holiday resort

путеводи́тель *noun* 6
= guidebook

путеше́ствие *noun* 14
= journey

путеше́ствовать *verb imperfective* 20
= to travel

путь *noun* (*masculine*) (*genitive, dative* пути́, *instrumental* путём, *prepositional* пути́; *plural* пути́, путе́й, путя́м)
* = way
* = path, track, route
* = journey
по пути́ = on the way, en route

пущу́ ▶ **пусти́ть**

пылесо́с *noun* 1
= vacuum cleaner

пылесо́сить *verb imperfective* 22 (*perfective* **пропылесо́сить** 22) (*not used in the 1st person singular*)
= to vacuum

пыль *noun* 11 (*locative* пыли́)
= dust

пыта́ться *verb imperfective* 18 (*perfective* **попыта́ться** 18)
= to attempt, try

пье́са *noun* 7
= play (*in the theatre*)

пью *etc.* ▶ **пить**

пья́ный *adjective* (-ная, -ное, -ные; пьян, -на́, -но, пья́ны́)
= drunk

пятидеся́тый *adjective* (-тая, -тое, -тые)
= fiftieth

пя́тка *noun* 7 (*genitive plural* -ток)
= heel (*of the foot*)

пятна́дцатый *number* (-тая, -тое, -тые)
= fifteenth

пятна́дцать *number* 11
= fifteen

пя́тница *noun* 7
= Friday

пятно́ *noun* 12 (*plural* пя́тна, пя́тен, пя́тнам)
* = spot
* = stain

пя́тый *number* (-тая, -тое, -тые)
= fifth

пять *number* 11 (*genitive* пяти́)
= five

пятьдеся́т *number* (*genitive, dative, prepositional* пяти́десяти, *instrumental* пятью́десятью)
= fifty

пятьсо́т *number* (пятисо́т, пятиста́м, пятьюста́ми, пятиста́х)
= five hundred

Pp

рабо́та *noun* 7
= work

рабо́тать *verb imperfective* 18
* = to work (on + **над** + *instrumental*)
* = to function
* (*of a shop*) = to be open

рабо́тник *noun* 1
= (*male*) worker

рабо́тница *noun* 7
= (*female*) worker

работода́тель *noun* 6
= employer

рабо́чий *noun* (*declined like a masculine or feminine adjective*)
= worker, employee

равно́ *predicate*
  всё равно́ = all the same; it's all the same

ра́вный *adjective* (-ная, -ное, -ные; -вен, -вна́, -вно́, -вны́)
  = equal

рад *predicative adjective* (-да, -до, -ды)
  = glad, pleased

ра́ди *preposition* (+ *genitive*)
  = for the sake of

ра́дио *noun* (*neuter indeclinable*)
  = radio (*the medium*)

радиоприёмник *noun* [1]
  = radio (set)

ра́довать *verb imperfective* [20] (*perfective* **обра́довать** [20])
  = to make happy, gladden

ра́дость *noun* [11]
  = gladness, joy

раз *noun* [1] (*plural* разы́, раз)
  = time, occasion

разбива́ть *verb imperfective* [18] (*perfective* **разби́ть**: разобью́, -бьёшь, -бью́т)
  = to break, smash (*an object*)

разбива́ться *verb imperfective* [18] (*perfective* **разби́ться**: разобьётся, -бью́тся)
  (*of an object*) = to break, smash, be broken

разби́ть ▶ **разбива́ть**, **бить**

разби́ться ▶ **разбива́ться**

разбуди́ть ▶ **буди́ть**

разведённый *adjective* (-нная, -нные; разведён, -дена́, -дены́)
  = divorced

разверну́ть ▶ **развора́чивать**

разверну́ться ▶ **развора́чиваться**

развести́сь ▶ **разводи́ться**

развива́ть *verb imperfective* [18] (*perfective* **разви́ть**: разовью́, -вьёшь, -вью́т; разви́л, -ла́, -ло)
  = to develop (*a thing*)

развива́ться *verb imperfective* [18] (*perfective* **разви́ться**: разовью́сь, -вьёшься, -вью́тся; разви́лся, -ла́сь, -лось)
  (*of a person or thing*) = to develop

разви́тие *noun* [14]
  = development

разви́ть ▶ **развива́ть**

разви́ться ▶ **развива́ться**

развод *noun* [1]
  = divorce

разводи́ться *verb imperfective* (-ожу́сь, -о́дишься, -о́дятся) (*perfective* **развести́сь**: -еду́сь, -едёшься, -еду́тся; развёлся, -вела́сь)
  = to get divorced (from + **с** + *instrumental*)

развора́чивать *verb imperfective* [18] (*perfective* **разверну́ть**: -ну́, -нёшь, -ну́т)
  • = to unwrap
  • = to turn round (*a vehicle*)
  • = to unfold, unroll

развора́чиваться *verb imperfective* [18] (*perfective* **разверну́ться**: -ну́сь, -нёшься, -ну́тся)
  = to turn round (*in a vehicle*)

развя́зывать *verb imperfective* [18] (*perfective* **развяза́ть**: -вяжу́, -вя́жешь, -вя́жут)
  = to untie

разгова́ривать *verb imperfective* [18]
  = to talk, chat

разгово́р *noun* [1]
  = conversation

раздава́ть *verb imperfective* (-даю́, -даёшь, -даю́т) (*perfective* **разда́ть**: -да́м, -да́шь, -да́ст, -дади́м, -дади́те, -даду́т; разда́л, -дала́, -да́ло)
  = to distribute, give out

раздави́ть ▶ **дави́ть**

разда́ть ▶ **раздава́ть**

раздева́ть *verb imperfective* [18] (*perfective* **разде́ть**: -е́ну, -е́нешь, -е́нут)
  = to undress (*a person*)

раздева́ться *verb imperfective* [18] (*perfective* **разде́ться**: -е́нусь, -е́нешься, -е́нутся)
  • (*of a person*) = to undress, get undressed
  • = to take off one's coat

раздели́ть ▶ **дели́ть**

раздели́ться ▶ **дели́ться**

разде́ть ▶ **раздева́ть**

разде́ться ▶ **раздева́ться**

раздража́ть *verb imperfective* [18] (*perfective* **раздражи́ть**: -жу́, -жи́шь, -жа́т)
  = to annoy, irritate

раздража́ться *verb imperfective* [18] (*perfective* **раздражи́ться**: -жу́сь, -жи́шься, -жа́тся)
  = to get annoyed, to be irritated

разлива́ть *verb imperfective* [18] (*perfective* **разли́ть**: разолью́, -льёшь, -лью́т; разли́л, -ла́, -ло)
  • = to pour out
  • = to spill

✗ in informal situations

разли́чный *adjective* (-ная, -ное, -ные; -чен, -чна, -чно, -чны)
= different

разме́нивать *verb imperfective* 18 (*perfective* **разменя́ть** 19)
= to change (*money into a different currency*)

разме́р *noun* 1
= size, dimension

ра́зница *noun* 7
= difference

разнообра́зный *adjective* (-ная, -ное, -ные; -зен, -зна, -зно, -зны)
= various, diverse

разно́счик молока́ *noun* 1
= milkman

ра́зный *adjective* (-ная, -ное, -ные)
• = different
• = various

разобью́ *etc.* ▶ **разби́ть**

разойти́сь ▶ **расходи́ться**

разорва́ть ▶ **разрыва́ть**

разорва́ться ▶ **разрыва́ться**

разочарова́ние *noun* 14
= disappointment

разочаро́вывать *verb imperfective* 18 (*perfective* **разочарова́ть** 21)
= to disappoint

разочаро́вываться *verb imperfective* 18 (*perfective* **разочарова́ться** 21)
= to be disappointed (with *or* in a person or thing + **в** + *prepositional*)

разреза́ть *verb imperfective* 18 (*perfective* **разре́зать**: -éжу, -éжешь, -éжут)
= to cut, cut up

разреша́ть *verb imperfective* 18 (*perfective* **разреши́ть**: -шу́, -ши́шь, -ша́т)
• = to allow, let (*a person to do something* + *dative* + *infinitive*)
• = to solve, resolve (*a problem, dispute, etc.*)

разреше́ние *noun* 14
• = permission
• = permit
• = solution, resolution

разреши́ть ▶ **разреша́ть**

разруша́ть *verb imperfective* 18 (*perfective* **разру́шить**: -шу, -шишь, -шат)
= to destroy, ruin

разрыва́ть *verb imperfective* 18 (*perfective* **разорва́ть**: -ву́, -вёшь, -ву́т; разорва́л, -ла́, -ло)
• = to tear, tear up, tear open
• = to break, break off (*relations etc.*)

разрыва́ться *verb imperfective* 18 (*perfective* **разорва́ться**: -вётся, -ву́тся; разорва́лся, -ла́сь, -лось)
• (*of an object*) = to tear
• = to be severed, to break

райо́н *noun* 1
= region

рак *noun* 1
= cancer

раке́та *noun* 7
• = rocket
• = missile

раке́тка *noun* 7 (*genitive plural* -ток)
= racket

ра́ковина *noun* 7
• = sink
• = shell

раку́шка 7 (*genitive plural* -шек)
= (sea) shell

ра́ма *noun* 7
= frame

ра́на *noun* 7
= wound, injury

ра́неный *adjective* (-ная, -ное, -ные)
= wounded, injured

ра́нить *verb imperfective & perfective* 22
= to wound, injure

ра́нний *adjective* (-нняя, -ннее, -нние)
= early

ра́но *adverb & predicate*
= early

ра́ньше *adverb*
• = earlier, before, sooner
• = formerly

ра́са *noun* 7
= race (*ethnic division*)

распако́вывать *verb imperfective* 18 (*perfective* **распакова́ть** 21)
= to unpack

расписа́ние *noun* 14
= timetable, schedule

распи́сываться *verb imperfective* 18 (*perfective* **расписа́ться**: -пишу́сь, -пи́шешься, -пи́шутся)
• = to sign one's name
• = to register one's marriage (to + **с** + *instrumental*)✱

распространённый *adjective* (-нная, -нное, -нные; распространён, -нена́, -нено́, -нены́)
= widespread, prevalent

рассве́т *noun* 1
= dawn

рассерди́ть ▶ **серди́ть**

рассерди́ться ▶ **серди́ться**

расска́з *noun* 1
= story

Р

расска́зывать verb imperfective 18
(perfective **рассказа́ть**: -кажу́,
-ка́жешь, -ка́жут)
= to tell (a person + dative, about + o
+ prepositional)

рассортирова́ть ▸ **сортирова́ть**

расстёгивать verb imperfective 18
(perfective **расстегну́ть**: -ну́, -нёшь,
-ну́т)
= to unfasten, undo

расстоя́ние noun 14
= distance

расстра́ивать verb imperfective 18
(perfective **расстро́ить** 23)
= to upset

расстра́иваться verb imperfective 18
(perfective **расстро́иться** 23)
= to get upset

раста́ять ▸ **та́ять**

расте́ние noun 14
= plant

расти́ verb imperfective (-ту́, -тёшь, -ту́т;
рос, росла́)
• = to grow
• = to grow up

расходи́ться verb imperfective
(-ожу́сь, -о́дишься, -о́дятся) (perfective
разойти́сь: -йду́сь, -йдёшься, -йду́тся;
разошёлся, -шла́сь)
• = to disperse
• = to differ, disagree
• (of a couple) = to separate

расчёска noun 7 (genitive plural -сок)
= comb

рвать¹ verb imperfective (рву, рвёшь,
рвут; рвал, -ла́, -ло)
= to tear, rip, tear up (paper, a garment,
etc.)

рвать² verb imperfective (рвёт)
(perfective **вы́рвать**: вы́рвет)
= to vomit (impersonal + accusative)
его́ вы́рвало = he vomited

рва́ться verb imperfective (рвётся,
рву́тся; рва́лся, -ла́сь, -лось)
(of an object) = to tear, rip

реаги́ровать verb imperfective 20
(perfective **отреаги́ровать** 20, or
прореаги́ровать 20)
= to react (to + на + accusative)

реа́кция noun 9
= reaction

ребёнок noun 1 (genitive -нка; plural
ребя́та, -я́т or де́ти, -те́й, -тям, -тьми́, -тях)
= child

! **ребя́та** is often used informally to mean
'guys' or 'lads'

ребро́ noun 12 (plural рёбра, рёбер)
= rib

револю́ция noun 9
= revolution

ре́гби noun (neuter indeclinable)
= rugby

регистра́ция noun 9
= registration, reception, check-in

регистри́роваться verb imperfective
20 (perfective **зарегистри́роваться** 20)
• = to register, check in
• = to get married (at a registry office)

регуля́рный adjective (-ная, -ное,
-ные; -рен, -рна, -рно, -рны)
= regular

ре́дкий adjective (-кая, -кое, -кие;
ре́док, -дка́, -дко, -дки)
• = rare
• = infrequent
• (of hair) = thin

ре́дко adverb
• = seldom, rarely
• = sparsely

режиссёр noun 1
= producer, director

ре́зать verb imperfective (ре́жу, -жешь,
-жут)
= to cut

рези́нка noun 7 (genitive plural -нок)
• = rubber (British English), eraser (US
English)
• = elastic band

ре́зкий adjective (-кая, -кое, -кие; -зок,
-зка́, -зко, -зки)
(of pain, words, light, etc.) = sharp, harsh

результа́т noun 1
= result

рейс noun 1
• = flight
• = trip, run
• = voyage

река́ noun 7 (accusative ре́ку, genitive
реки́; plural ре́ки)
= river

рекла́ма noun 7
= advertisement

рекомендова́ть verb imperfective &
perfective 21 (perfective also
порекомендова́ть 21)
= to recommend (to a person + dative)

реко́рд noun 1
(in sport) = record

религио́зный adjective (-ная, -ное,
-ные; -зен, -зна, -зно, -зны)
= religious

рели́гия noun 9
= religion

реме́нь noun 6 (genitive -мня́)
= belt

ремонт noun [1] (no plural)
= repair, repairs
на ремонте = under repair

ремонтировать verb imperfective [20]
(perfective **отремонтировать** [20])
= to repair, do up, decorate

рентген noun [1]
= X-ray

репетировать verb imperfective [20]
(perfective **отрепетировать** [20], or
прорепетировать [20])
= to rehearse

репетиция noun [9]
= rehearsal

репортаж noun [3]
= report

республика noun [7]
= republic

ресторан noun [1]
= restaurant

рецепт noun [1]
• = prescription
• = recipe

речь noun [11] (plural **речи**, **-чей**)
= speech

решать verb imperfective [18] (perfective
решить: **-шу**, **-шишь**, **-шат**)
• = to decide
• = to solve

решаться verb imperfective [18]
(perfective **решиться**: **-шусь**, **-шишься**,
-шатся)
= to make up one's mind, decide finally
(on + **на** + accusative)

решение noun [14]
= decision

решить ▸ **решать**

решиться ▸ **решаться**

рис noun [1]
= rice

риск noun [1]
= risk

рисковать verb imperfective [21]
• = to risk (a thing + instrumental; doing
something + infinitive) (no perfective)
• = to run risks (perfective **рискнуть**: **-ну**,
-нёшь, **-нут**)

рисование noun [14]
= drawing; painting

рисовать verb imperfective [21]
(perfective **нарисовать** [21])
= to draw, paint

рисунок noun [1] (genitive **-нка**)
= drawing

ровно adverb
• = exactly, precisely, sharp
• = evenly

ровный adjective (**-ная**, **-ное**, **-ные**;
ровен, **-вна**, **-вно**, **-вны**)
= even, flat, level

род noun [1] (locative **роду**; plural **роды**)
• = sort, kind
• = gender

родина noun [7]
= native land, homeland

родители noun plural (genitive **-лей**)
= parents

родить verb imperfective & perfective
(**рожу**, **родишь**, **родят**; imperfective past:
родил, **-йла**; perfective past: **родил**, **-ила**,
-ило)
= to give birth to

родиться verb imperfective & perfective
(**рожусь**, **родишься**, **родятся**; imperfective
past: **родился**, **-йлась**; perfective past:
родился, **родилась**)
= to be born

родной adjective (**-ная**, **-ное**, **-ные**)
• (of a brother, sister, mother, etc.) = related
genetically, natural
• = native, home

родные noun plural (declined like a
plural adjective)
= relatives

родственник noun [1]
= relative

рождение noun [14]
= birth
день рождения = birthday

рождественский adjective (**-кая**,
-кое, **-кие**)
= Christmas

Рождество noun [12]
= Christmas

роза noun [7]
= rose

розовый adjective (**-вая**, **-вое**, **-вые**)
= pink

рок noun [1]
= rock (music)

роль noun [11] (plural **-ли**, **-лей**)
= role

роман noun [1]
• = novel
• = love affair, romance

романтичный adjective (**-ная**, **-ное**,
-ные)
= romantic

ронять verb imperfective [19] (perfective
уронить: **уроню**, **уронишь**, **уронят**)
= to drop

P

россййский adjective (-кая, -кое, -кие)
= Russian, Russia's

Россйя noun 9
= Russia

рост noun 1 (no plural)
• = growth
• = height, stature
• = increase

ростбиф noun 1
= roast beef

рот noun 1 (genitive **рта**, locative **рту**)
= mouth

рою etc. ▶ **рыть**

рояль noun 6
= (grand) piano

рубашка noun 7 (genitive plural -шек)
= shirt

рубйть verb imperfective (-блю, -бишь, -бят)
• = to chop, chop up
• = to chop down, fell, chop off

рубль noun 6 (genitive -ля)
= rouble

ругать verb imperfective 18 (perfective **обругать** 18)
= to scold, swear at

ругаться verb imperfective 18 (perfective **выругаться** 18)
= to swear, curse

ружьё noun 15 (plural **ружья, ружей, ружьям**)
= rifle, gun

рука noun 7 (accusative -ку, genitive -кй; plural -ки, -к, -кам)
• = arm
• = hand

рукав noun 1 (genitive -ва; plural -ва)
= sleeve

руководйтель noun 6
= leader, head

руководйть verb imperfective (-ожу, -одйшь, -одят)
• = to lead (+ instrumental)
• = to direct, manage, be in charge of (+ instrumental)

руль noun 6 (genitive -ля)
• = steering wheel; rudder, helm
• = handlebar(s)

Румыния noun 9
= Romania

русский (-кая, -кое, -кие)
1 adjective
= Russian
2 noun (declined like an adjective)
= Russian

рухнуть verb perfective (-ну, -нешь, -нут)
= to collapse

ручей noun 2 (genitive -чья)
= stream

ручка noun 7 (genitive plural -чек)
• = pen
• = handle
• = arm (of a chair)

рыба noun 7
= fish

рыбак noun 1 (genitive -ка)
= fisherman

рыбная ловля noun 8
= fishing

рыбный магазйн noun
= fishmonger's (shop), fish shop

рынок noun 1 (genitive -нка)
• = market
• = market place

рыть verb imperfective (рою, роешь, роют) (perfective **вырыть**: -рою, -роешь, -роют)
= to dig (a hole, the ground, etc.)

рюкзак noun 1 (genitive -ка)
= rucksack

рюмка noun 7 (genitive plural -мок)
= wineglass

ряд noun 1 (genitive ряда, but after два, три, четыре: ряда; locative ряду; plural ряды)
• = row (of houses, seats, etc.)
• = line (of people)
• = series (locative ряде)
  в ряде случаев = in a number of cases

рядом adverb
• = alongside, next door
• = close by
рядом с (+ instrumental) = next to

Сс

с preposition (also **со**)
• (+ genitive) = from, off, down from (a place)
• (+ genitive) = from, since (a time)
• (+ genitive) = from (a person)
• (+ genitive) = from, as a result of
• (+ genitive) = with (someone's agreement, consent, etc.)
• (+ genitive) = of, from, for (cold, hunger, fright, joy, etc.)
• (+ instrumental) = with
мы с вами = you and I

! **со** is used before many words beginning with two or more consonants, *e.g.* **клубника со сливками** = strawberries and cream

сад *noun* 1 (*locative* -**ду́**; *plural* -**ды́**)
= (*large*) garden

са́дик *noun* 1
= (*small*) garden

сади́ться *verb imperfective* (**сажу́сь, сади́шься, садя́тся**) (*perfective* **сесть**: **ся́ду, ся́дешь, ся́дут; сел**)
• = to sit down, be seated
• = to get on (a bus etc. + **в** + *accusative*; a bicycle etc. + **на** + *accusative*)
• (*of a bird or aeroplane*) = to land

садо́вник *noun* 1
= (*professional*) gardener

садово́д *noun* 1
= (*amateur*) gardener

садово́дство *noun* 12
= gardening

сажа́ть *verb imperfective* 18 (*perfective* **посади́ть**: -**ажу́**, -**а́дишь**, -**а́дят**)
• = to plant
• = to seat
• = to put (*in prison*)

сажу́сь ▶ сади́ться

сайт *noun* 1
= website

саксофо́н *noun* 1
= saxophone

сала́т *noun* 1
• = salad
• = lettuce

салфе́тка *noun* 7 (*genitive plural* -**ток**)
= napkin

сам *pronoun* (*genitive* **самого́**; *feminine* **сама́**, *accusative* **самоё**, *genitive* **само́й**; *neuter* **само́**, *genitive* **самого́**; *plural* **са́ми**, *genitive* **сами́х**)
• = myself, yourself, himself, herself, itself, ourselves, yourselves, themselves
• = oneself

самова́р *noun* 1
= samovar, tea urn

самолёт *noun* 1
= aeroplane (*British English*), airplane (*US English*), plane

са́мый (-**мая**, -**мое**, -**мые**)
1 *adjective*
= very, the very
2 *adverb*
= most, the most
тот же са́мый = the same

са́нки *noun plural* (*genitive* -**нок**, *dative* -**нкам**)
= sledge, toboggan

Санкт-Петербу́рг *noun* 1
= St Petersburg

сантиме́тр *noun* 1
• = centimetre (*British English*), centimeter (*US English*)
• = tape measure

сапо́г *noun* 1 (*genitive* -**га́**; *plural* **сапоги́**, -**о́г**, -**ога́м**)
= boot

сара́й *noun* 2
• = shed
• = barn

сарде́лька *noun* 7 (*genitive plural* -**лек**)
= (*small fat*) sausage

са́хар *noun* 1
= sugar

сберка́сса *noun* 7
= savings bank

сбива́ть *verb imperfective* 18 (*perfective* **сбить**: **собью́, собьёшь, собью́т**)
= to knock down

сбо́ку *adverb*
• = on one side, on the side
• = from one side, from the side

сбор *noun* 1
• = gathering (*of harvest*), collection (*of money etc.*)
• = fee
• (*in plural*) = takings

сва́дьба *noun* 7 (*genitive plural* -**деб**)
= wedding

свари́ть ▶ вари́ть

свари́ться ▶ вари́ться

све́жий *adjective* (-**жая**, -**жее**, -**жие**; **свеж**, -**жа́**, -**жо́**, **све́жи**)
• = fresh
• = new

свёкла *noun* 7
= beetroot

сверну́ть ▶ свора́чивать

сверх *preposition* (+ *genitive*)
• = over, above
• = beyond
• = in addition to
сверх того́ = moreover

све́рху *adverb*
= from above

свет *noun* 1
• = light
• = world

свети́ть *verb imperfective* (-**ечу́**, -**е́тишь**, -**е́тят**)
• (*of the sun*) = to shine (*no perfective*)
• = to shine (a torch etc. + *instrumental*) (*perfective* **посвети́ть**: -**ечу́**, -**е́тишь**, -**е́тят**)

С

светло́ *predicate*
= light

светло- *combining form*
(*used with colours*) = light

све́тлый *adjective* (-лая, -лое, -лые;
све́тел, -тла́, -тло́, -тлы́)
= light

светофо́р *noun* [1]
= traffic lights, set of traffic lights

свеча́ *noun* [7] (*plural* све́чи, свече́й)
= candle

свида́ние *noun* [14]
= meeting, appointment
до свида́ния = goodbye

свини́на *noun* [7]
= pork

свинья́ *noun* [8] (*plural* -ньи, -не́й, -ньям)
= pig

сви́тер *noun* [1]
= sweater

свобо́да *noun* [7]
= freedom

свобо́дный *adjective* (-ная, -ное, -ные;
-ден, -дна, -дно, -дны)
• = free
• = vacant, free
• = fluent
• = loose

свой (*genitive* своего́; *feminine* своя́,
genitive свое́й; *neuter* своё, *genitive*
своего́; *plural* свои́, *genitive* свои́х)
1 *determiner*
• = one's (own)
• = my, your, his, her, its, our, your, their
2 *pronoun*
• = one's own
• = mine, yours, his, hers, its, ours, theirs

свора́чивать *verb imperfective* [18]
(*perfective* **сверну́ть**: -ну́, -нёшь, -ну́т)
• = to roll up (*a newspaper etc.*)
• = to turn off (a road + **с** + *genitive*; into a
road = **на доро́гу**)

связа́ть ▶ вяза́ть, свя́зывать

свя́зывать *verb imperfective* [18]
(*perfective* **связа́ть**: -яжу́, -я́жешь, -я́жут)
• = to tie, tie up
• = to connect, link

свя́зываться *verb imperfective* [18]
(*perfective* **связа́ться**: -яжу́сь,
-я́жешься, -я́жутся)
= to contact (a person + **с** + *instrumental*)

связь *noun* [11]
• = connection, link
• = communication(s)

свято́й (-та́я, -то́е, -ты́е)
1 *adjective*
= holy

2 *noun* (*declined like a masculine or
feminine adjective*)
= saint

свяще́нник *noun* [1]
= priest

сгиба́ть *verb imperfective* [18] (*perfective*
согну́ть: -ну́, -нёшь, -ну́т)
= to bend (*an object*)

сгиба́ться *verb imperfective* [18]
(*perfective* **согну́ться**: -ну́сь, -нёшься,
-ну́тся)
(*of an object or a person*) = to bend (down)

сгора́ть *verb imperfective* [18] (*perfective*
сгоре́ть: -рю́, -ри́шь, -ря́т)
• = to burn, get burnt, burn up
• = to burn down

сдава́ть *verb imperfective* (сдаю́,
сдаёшь, сдаю́т) (*perfective* **сдать**: сдам,
сдашь, сдаст, сдади́м, сдади́те, сдаду́т;
сдал, -ла́, -ло)
• = to hand in
• = to hand over, surrender (*a city etc.*)
• = to rent out, let
• = to sit (*an exam*) (*imperfective only*)
• = to pass (*an exam*) (*perfective only*)

сдава́ться *verb imperfective* (сдаю́сь,
сдаёшься, сдаю́тся) (*perfective* **сда́ться**:
сда́мся, сда́шься, сда́стся, сдади́мся,
сдади́тесь, сдаду́тся; сда́лся, -ла́сь,
-лось)
= to surrender

сда́ча *noun* [1]
= change (*coins*)

сде́лать ▶ де́лать

сде́латься ▶ де́латься

сде́рживать *verb imperfective* [18]
(*perfective* **сдержа́ть**: -жу́, -жишь, -жат)
• = to hold back, suppress
• = to restrain
• = to keep (*a promise, one's word*)

сеа́нс *noun* [1]
= performance, show

себя́ *reflexive pronoun* (*dative* себе́,
instrumental собо́й *or* собо́ю, *prepositional*
себе́)
• = oneself
• = myself, yourself, himself, herself, itself,
ourselves, yourselves, themselves

се́вер *noun* [1]
= north

се́верный *adjective* (-ная, -ное, -ные)
= north, northern, northerly

сего́дня *adverb*
= today
сего́дня у́тром/ве́чером = this
morning/evening

седо́й *adjective* (-да́я, -до́е, -ды́е; сед, -да́, -до, -ды)
- *(of hair)* = grey
- = grey-haired

седьмо́й *adjective* (-ма́я, -мо́е, -мы́е)
= seventh

сейча́с *adverb*
- = now, at the moment
- = very soon, in just a minute
- = just now

секре́т *noun* 1
= secret

секрета́рша *noun* 7
= *(female)* secretary

секрета́рь *noun* 6 (*gentive* -ря́)
= *(male)* secretary

секре́тный *adjective* (-ная, -ное, -ные; -тен, -тна, -тно, -тны)
= secret

секс *noun* 1
= sex

секу́нда *noun* 7
= second

селёдка *noun* 7 (*genitive plural* -док)
= herring

село́ *noun* 12 (*plural* сёла, сёл)
= village

се́льское хозя́йство *noun*
= agriculture

семена́ *etc.* ▶ **се́мя**

семе́стр *noun* 1
= term, semester

семидеся́тый *number* (-тая, -тое, -тые)
= seventieth

семна́дцатый *number* (-тая, -тое, -тые)
= seventeenth

семна́дцать *number* 11
= seventeen

семь *number* 11 (*genitive* семи́)
= seven

се́мьдесят *number* (*genitive, dative, prepositional* семи́десяти, *instrumental* семью́десятью)
= seventy

семьсо́т *number* (семисо́т, семиста́м, семьюста́ми, семиста́х)
= seven hundred

семья́ *noun* 8 (*plural* се́мьи, семе́й, се́мьям)
= family

се́мя *noun* 17 (*plural* -мена́, -мя́н, -мена́м)
= seed

сентя́брь *noun* 6 (*genitive* -бря́)
= September

серва́нт *noun* 1
= sideboard

серди́тый *adjective* (-тая, -тое, -тые; серди́т, -та, -то, -ты)
= angry

серди́ть *verb imperfective* (сержу́, се́рдишь, се́рдят) (*perfective* **рассерди́ть**: -сержу́, -се́рдишь, -се́рдят)
= to anger

серди́ться *verb imperfective* (сержу́сь, се́рдишься, се́рдятся) (*perfective* **рассерди́ться**: -сержу́сь, -се́рдишься, -се́рдятся)
= to be angry, get angry (with a person + на + *accusative*)

се́рдце *noun* 13 (*plural* -дца́, -де́ц, -дца́м)
= heart

серебро́ *noun* 12
= silver

сере́бряный *adjective* (-ная, -ное, -ные)
= silver

середи́на *noun* 7
= middle

се́рый *adjective* (-рая, -рое, -рые; -р, -ра́, -ро, -ры)
= grey (*British English*), gray (*US English*)

серьга́ *noun* 7 (*plural* се́рьги, серёг, се́рьгам)
= earring

серьёзный *adjective* (-ная, -ное, -ные; -зен, -зна, -зно, -зны)
= serious

сестра́ *noun* 7 (*plural* сёстры, сестёр, сёстрам)
= sister

сесть ▶ **сади́ться**

се́тка *noun* 7 (*genitive plural* -ток)
- = string bag
- = net
- = luggage rack

сеть *noun* 11 (*locative* сети́; *plural* се́ти, сете́й)
- = net
- = network

се́ять *verb imperfective* (се́ю, се́ешь, се́ют) (*perfective* **посе́ять**: -се́ю, -се́ешь, -се́ют)
= to sow

сжечь ▶ **жечь**

сза́ди *adverb*
- = from behind
- = behind, at the back

С

сига́ра *noun* 7
= cigar

сигаре́та *noun* 7
= cigarette

сигна́л *noun* 1
= signal

сиде́нье *noun* 15
= seat (*of a chair*)

сиде́ть *verb imperfective* (сижу́, сиди́шь, сидя́т)
= to sit

си́ла *noun* 7
• = strength, power
• = force

си́льный *adjective* (-ная, -ное, -ные; силён сильна́, -но, -ны́)
• = strong, powerful
• = intense, hard

симпати́чный *adjective* (-ная, -ное, -ные; -чен, -чна, -чно, -чны)
= likeable, nice

си́ний *adjective* (-няя, -нее, -ние)
= (dark) blue

систе́ма *noun* 7
= system

ситуа́ция *noun* 9
= situation

сия́ть *verb imperfective* 19
= to shine

сказа́ть ▶ **говори́ть**

ска́зка *noun* 7 (*genitive plural* -зок)
= fairy tale

скала́ *noun* 7 (*plural* -лы)
• = cliff
• = rock

скаме́йка *noun* 7 (*genitive plural* -ме́ек)
= bench

сканда́л *noun* 1
• = scandal
• = rowdy scene, quarrel

ска́терть *noun* 11 (*plural* -ти, -те́й)
= tablecloth

сквозь *preposition* (+ *accusative*)
= through

скла́дывать *verb imperfective* 18 (*perfective* **сложи́ть**: -жу́, -жишь, -жат)
• = to put, lay
• = to pile, stack
• = to fold
• = to add (together)

скле́ить ▶ **кле́ить**

сковорода́ *noun* 7 (*plural* ско́вороды, -ро́д, -рода́м)
= frying pan

ско́льзкий *adjective* (-кая, -кое, -кие; -зок, -зка́, -зко, -зки)
= slippery

ско́лько
1 *determiner* (+ *genitive*)
= how much?; how many?
2 *pronoun*
= how much?; how many?
во ско́лько? = at what time?

скопи́ровать ▶ **копи́ровать**

ско́рая по́мощь *noun*
= ambulance (*the service*)

скоре́е *adverb*
= rather, sooner

ско́ро *adverb*
• = soon
• = quickly, fast

ско́рость *noun* 11 (*plural* -ти, -те́й)
= speed

ско́рый *adjective* (-рая, -рое, -рые; скор, -ра́, -ро, -ры)
= fast, quick

скоси́ть ▶ **коси́ть**

скри́пка *noun* 7 (*genitive plural* -пок)
= violin

скро́мный *adjective* (-ная; -ное, -ные; -мен, -мна́, -мно, -мны)
= modest

скульпту́ра *noun* 7
= sculpture

скупо́й *adjective* (-па́я, -по́е, -пы́е; скуп, -па́, -по, скупы́)
= mean, stingy

скуча́ть *verb imperfective* 18
• = to be bored
• = to miss, yearn for (*a person or thing* + по + *dative*)

ску́чный *adjective* (-ная, -ное, -ные; -чен, -чна́, -чно, скучны́)
= boring
мне ску́чно = I'm bored

ску́шать ▶ **ку́шать**

сла́бый *adjective* (-бая, -бое, -бые; слаб, -ба́, -бо, -бы)
= weak

сла́ва *noun* 7
= glory, fame
сла́ва Бо́гу! = thank God!

сла́вный *adjective* (-ная, -ное, -ные; -вен, -вна́, -вно, -вны)
= lovely, nice

сла́дкий *adjective* (-кая, -кое, -кие; -док, -дка́, -дко, -дки)
= sweet

сла́дкое *noun* (*declined like a neuter adjective*)
= sweet course, dessert
на сла́дкое = for dessert

слѐва *adverb*
= to the left, on the left (of + **от**
+ *genitive*)

следи́ть *verb imperfective* (-ежу́,
-еди́шь, -едя́т)
(+ **за** + *instrumental*)
* = to watch, observe
* = to follow, keep up with (*a subject of
interest*)
* = to keep an eye on, watch, look after

слѐдовать *verb imperfective* 20
(*perfective* **послѐдовать** 20)
* = to follow (a person + **за** + *instrumental*)
* = to follow (advice etc. + *dative*)
как слѐдует = properly

слѐдующий *adjective* (-щая, -щее,
-щие)
= following, next

слеза́ *noun* 7 (слёзы, слёз, слеза́м)
= tear

слеза́ть *verb imperfective* 18 (*perfective*
слезть: -зу, -зешь, -зут; слез, слѐзла)
* = to climb down (from a tree etc. + **с**
+ *genitive*)
* = to climb off, get off (a horse, bicycle, etc.
+ **с** + *genitive*)

слепо́й *adjective* (-па́я, -по́е, -пы́е;
слеп, -па́, -по, -пы)
= blind

слѐсарь *noun* 6 (*plural* -ри *or* -ря́)
* = repair man, engineer
* = metal worker
* = locksmith

сли́ва *noun* 7
= plum

сли́вки *noun plural* (*genitive* -вок, *dative*
-вкам)
= cream

сли́шком *adverb*
* = too
* = too much

слова́рь *noun* 6 (*genitive* -ря́)
= dictionary

сло́во *noun* 12 (*plural* -ва́)
= word

сложи́ть ▶ скла́дывать

сло́жный *adjective* (-ная, -ное, -ные;
-жен, -жна́, -жно, -жны)
= complicated

слома́ть ▶ лома́ть

слома́ться ▶ лома́ться

слон *noun* 1 (*genitive* -на́)
= elephant

слу́жащий *noun* (*declined like a
masculine or feminine adjective*)
= employee, office worker

слу́жба *noun* 7
* = service (*in the army etc.*)
* = work, employment
* = (*religious*) service

служи́ть *verb imperfective* (-жу́, -жишь,
-жат) (*perfective* **послужи́ть**: -служу́,
-слу́жишь, -слу́жат)
* = to serve (one's country etc. + *dative*)
* = to work as (somebody + *instrumental*)
* = to serve as, be (something
+ *instrumental*)

слух *noun* 1
* = hearing (*the faculty*)
* = rumour (*British English*), rumor (*US
English*)

слу́чай *noun* 2
* = incident, event, occasion
* = case
* = opportunity, chance
в тако́м слу́чае = in that case
во вся́ком слу́чае = in any case
на вся́кий слу́чай = just in case

> ! See also **несча́стный**

случа́йно *adverb*
* = by chance, accidentally
* = by any chance

случа́ться *verb imperfective* 18
(*perfective* **случи́ться**: -чи́тся, -ча́тся)
= to happen, occur

слу́шать *verb imperfective* 10 (*perfective*
послу́шать: 18)
* = to listen
* = to listen to

слу́шаться *verb imperfective* 18
(*perfective* **послу́шаться** 18)
= to obey

слы́шать *verb imperfective* (-шу,
-шишь, -шат) (*perfective* **услы́шать**: -шу,
-шишь, -шат)
= to hear

слы́шный *adjective* (-ная, -ное, -ные;
-шен, -шна́, -шно, слы́шны́)
= audible

смѐлый *adjective* (-лая, -лое, -лые;
смел, -ла́, -ло, смѐлы)
= bold, brave

смѐрить ▶ мѐрить

смерть *noun* 11 (*plural* -ти, -тей)
= death

смета́на *noun* 7
= sour cream

смех *noun* 1
* = laughter
* = laugh

смеша́ть ▶ меша́ть

смешно́й *adjective* (-на́я, -но́е, -ны́е;
-шо́н, -шна́, -шно́, -шны́)
* = funny
* = ridiculous

С

смея́ться verb imperfective (смею́сь, смеёшься, смею́тся)
= to laugh (at + над + instrumental)

смогу́ etc. ▶ смочь

сморо́дина noun [7] (collective; no plural)
= currants

смотре́ть verb imperfective (смотрю́, смо́тришь, смо́трят) (perfective **посмотре́ть**: -смотрю́, -смо́тришь, -смо́трят)
• = to look (at + на + accusative)
• = to have a look at, inspect (in a shop etc.)
• = to watch, see (TV, a film, etc.)
• = to look after (person etc. + за + instrumental)

смочь ▶ мочь

СМС-сообще́ние noun
= text message

смысл noun [1]
• = sense
• = meaning

сна etc. ▶ сон

снабжа́ть verb imperfective [18] (perfective **снабди́ть**: снабжу́, снабди́шь, снабдя́т)
= to provide, supply (a person or thing + accusative, with something + instrumental)

снару́жи adverb
= from the outside, on the outside

снача́ла adverb
• = at first
• = all over again

СНГ abbreviation (of **Содру́жество незави́симых госуда́рств**)
= CIS

снег noun [1] (locative -гу́; plural -га́)
= snow

снег идёт = it's snowing; it snows

сне́жный adjective (-ная, -ное, -ные)
= snowy

снести́ ▶ сноси́ть

снижа́ть verb imperfective [18] (perfective **сни́зить**: сни́жу, сни́зишь, сни́зят)
• = to lower, bring down
• = to reduce

снима́ть verb imperfective [18] (perfective **снять**: сниму́, -мешь, -мут)
• = to take off, take down (from a place + с + genitive)
• = to take off (clothes)
• = to rent
• = to take (a photograph)
• = to photograph, take a photo of, film

сни́мок noun [1] (genitive -мка)
= photo, snapshot

сни́ться verb imperfective [22] (perfective **присни́ться** [22])
= to dream (of) (impersonal + dative)
мне присни́лось, что ... = I dreamt that ...
он мне присни́лся = I dreamt of him

сно́ва adverb
= again, anew

сноси́ть verb imperfective (сношу́, сно́сишь, сно́сят) (perfective **снести́**: -су́, -сёшь, -су́т; снёс, снесла́)
= to demolish

сноубо́рдинг noun [1]
= snowboarding

снять ▶ снима́ть

со ▶ с

соба́ка noun [7]
= dog

собира́ть verb imperfective [18] (perfective **собра́ть**: -беру́, -берёшь, -беру́т; собра́л, -ла́, -ло)
= to collect, gather

собира́ться verb imperfective [18] (perfective **собра́ться**: -беру́сь, -берёшься, -беру́тся; собра́лся, -ла́сь)
• = to assemble, gather, collect
• = to get ready, prepare
• = to intend, be going (to do something)

собо́й, собо́ю ▶ себя́

собо́р noun [1]
= cathedral

собра́ние noun [14]
= meeting

собра́ть ▶ собира́ть

собра́ться ▶ собира́ться

со́бственность noun [11]
= property

со́бственный adjective (-нная, -нное, -нные)
= own, one's own

собы́тие noun [14]
= event, occasion

соверша́ть verb imperfective [18] (perfective **соверши́ть**: -шу́, -ши́шь, -ша́т)
• = to accomplish, carry out, make (a feat, mission, journey, etc.)
• = to commit (a crime etc.)

соверше́нно adverb
• = completely, absolutely
• = perfectly

соверши́ть ▶ соверша́ть

со́весть noun [11]
= conscience

сове́т *noun* [1]
* = advice
* = council

сове́товать *verb imperfective* [20]
(*perfective* **посове́товать** [20])
= to advise (a person + *dative*)

сове́тский *adjective* (-кая, -кое, -кие)
= Soviet

Сове́тский Сою́з *noun*
= Soviet Union

совра́ть ▶ врать

совреме́нный *adjective* (-нная,
-нное, -нные; -ме́нен, -ме́нна, -ме́нно,
-ме́нны)
= contemporary, modern

совсе́м *adverb*
* = completely, quite
* = very
совсе́м не = not at all

согла́сен *predicative adjective* (-сна,
-сно, -сны)
= agreeable, in agreement
мы согла́сны с тобо́й = we agree with
you

согла́сие *noun* [14]
= consent, agreement

соглаша́ться *verb imperfective* [18]
(*perfective* **согласи́ться**: -ашу́сь,
-аси́шься, -ася́тся)
= to agree (to a thing + **на** + *accusative*;
with a person + **с** + *instrumental*)

соглаше́ние *noun* [14]
= agreement

согну́ть ▶ сгиба́ть

согну́ться ▶ сгиба́ться

согрева́ться *verb imperfective* [18]
(*perfective* **согре́ться**: -е́юсь, -е́ешься,
-е́ются)
= to warm oneself, get warm, warm up

содержа́ние *noun* [14]
= contents

содержа́ть *verb imperfective* (-держу́,
-де́ржишь, -де́ржат)
* = to contain
* = to keep, maintain

Соединённое Короле́вство
noun [12]
= United Kingdom

**Соединённые Шта́ты
(Аме́рики)** *noun plural*
= United States (of America)

соединя́ть *verb imperfective* [19]
(*perfective* **соедини́ть** [22])
= to unite, join, combine

сожале́ние *noun* [14]
* = pity

* = regret
к сожале́нию = unfortunately

сожале́ть *verb imperfective* (-е́ю,
-е́ешь, -е́ют)
= to regret (a thing + **о** + *prepositional*)

создава́ть *verb imperfective* (-даю́,
-даёшь, -даю́т) (*perfective* **созда́ть**: -да́м,
-да́шь, -да́ст, -дади́м, -дади́те, -даду́т;
со́здал, -ла́, -ло)
= to create

созна́ние *noun* [14]
* = consciousness
* = awareness
без созна́ния = unconscious
приходи́ть/прийти́ в созна́ние = to
come round
теря́ть/потеря́ть созна́ние = to lose
consciousness, faint

сойти́ ▶ сходи́ть

сок *noun* [1] (*locative* соку́)
= (fruit) juice

солга́ть ▶ лгать[1]

солда́т *noun* [1] (*genitive plural* солда́т)
= soldier

солёный *adjective* (-ная, -ное, -ные)
= pickled, salted

со́лнечный *adjective* (-ная, -ное,
-ные, -чен, -чна, -чно, -чны)
= sunny

со́лнце *noun* [13]
= sun
на со́лнце = in the sun

соль *noun* [11]
= salt

сомнева́ться *verb imperfective* [18]
= to doubt (a person or thing + **в**
+ *prepositional*)

сомне́ние *noun* [14]
= doubt

сон *noun* [1] (*genitive* сна)
* = sleep
* = dream
ви́деть/уви́деть во сне́ = to dream

сообща́ть *verb imperfective* [18]
(*perfective* **сообщи́ть**: -щу́, -щи́шь, -ща́т)
= to inform, let know (a person + *dative*,
about + **о** + *prepositional*)

сообще́ние *noun* [14]
* = report, announcement; message
* = communication(s)

соо́бщество *noun* [12]
= association

сообщи́ть ▶ сообща́ть

соревнова́ние *noun* [14]
= competition; contest

с

соревнова́ться verb imperfective 21
= to compete

со́рок number (genitive, dative, instrumental, prepositional **сорока́**)
= forty

сороково́й number (-ва́я, -во́е, -вы́е)
= fortieth

сорт noun 1 (plural -та́)
• = sort
• = grade, quality

сортирова́ть verb imperfective 21 (perfective **рассортирова́ть** 21)
= to sort, sort out

сосе́д noun 1 (plural -ди, -дей, -дям)
= (male) neighbour (British English), neighbor (US English)

сосе́дка noun 7 (genitive plural -док)
= (female) neighbour (British English), neighbor (US English)

сосе́дний adjective (-няя, -нее, -ние)
= neighbouring, next

соси́ска noun 7 (genitive plural -сок)
= frankfurter, sausage

сосна́ noun 7 (plural со́сны, со́сен, со́снам)
= pine tree

сосредото́чиваться verb imperfective 18 (perfective **сосредото́читься**: -то́чусь, -то́чишься, -то́чатся)
= to concentrate

составля́ть verb imperfective 19 (perfective **соста́вить**: -влю, -вишь, -вят)
• = to put together, compile, draw up
• = to make, make up, constitute

состоя́ние noun 14
• = state, condition
• = fortune

состоя́ть verb imperfective (состою́, состои́шь, состоя́т)
= to consist (of + из + genitive; in + в + prepositional)

состоя́ться verb imperfective (состои́тся, состоя́тся)
= to take place

состяза́ние noun 14
= contest

сосчита́ть ▶ счита́ть

сот ▶ сто

сотру́дник noun 1
• = colleague
• = employee, member of staff

со́ус noun 1
= sauce, gravy, dressing

сохраня́ть verb imperfective 19 (perfective **сохрани́ть** 22)
= to preserve, keep

социа́льный adjective (-ная, -ное, -ные)
= social

сочине́ние noun 14
= composition, work

сочу́вствие noun 14
= sympathy

сочу́вствовать verb imperfective 20
= to sympathize (with a person or thing + dative)

сошёл etc. ▶ сойти́

сою́з noun 1
= union, alliance

спа́льный мешо́к noun
= sleeping bag

спа́льня noun 8 (genitive plural -лен)
= bedroom

спаса́ть verb imperfective 18 (perfective **спасти́**: -су́, -сёшь, -су́т; спас, -сла́)
= to save, rescue

спаси́бо exclamation
= thank you!; thanks! (for a thing + за + accusative)
большо́е спаси́бо! = thank you very much!

спасти́ ▶ спаса́ть

спать verb imperfective (сплю, спишь, спят; спал, -ла́, -ло)
= to sleep, be asleep

спекта́кль noun 6
= show

спеть ▶ петь

специа́льность noun 11
• = special interest
• = profession
кто вы по специа́льности? what's your profession?

специа́льный adjective (-ная, -ное, -ные)
= special

спеши́ть verb imperfective (-шу́, -ши́шь, -ша́т) (perfective **поспеши́ть**: -шу́, -ши́шь, -ша́т)
= to hurry, be in a hurry

спина́ noun 7 (accusative -ну, genitive -ны́; plural -ны)
= back

спи́сок noun 1 (genitive -ска)
= list

спи́чка noun 7 (genitive plural -чек)
= match

сплю ▶ спать

споко́йный adjective (-ная, -ное, -ные; -о́ен, -о́йна, -о́йно, -о́йны)
= calm, quiet

споко́йной но́чи! = good night!

спор *noun* [1]
= argument, dispute, debate

спо́рить *verb imperfective* [22] (*perfective* **поспо́рить** [22])
= to argue, dispute, debate

спорт *noun* [1] (*no plural*)
= sport

спорти́вный *adjective* (-ная, -ное, -ные)
• = sports
• = sporty

спортсме́н *noun* [1]
= sportsman, athlete

спортсме́нка *noun* [7] (*genitive plural* -нок)
= sportswoman, athlete

спо́соб *noun* [1]
= method, way

спосо́бный *adjective* (-ная, -ное, -ные; -бен, -бна, -бно, -бны)
• = capable
• = able

спра́ва *adverb*
= to the right, on the right (of + от + *genitive*)

справедли́вый *adjective* (-вая, -вое, -вые; справедли́в, -ва, -во, -вы)
= just, fair

спра́виться ▶ **справля́ться**

спра́вка *noun* [7] (*genitive plural* -вок)
• = information
• = certificate

справля́ться *verb imperfective* [19] (*perfective* **спра́виться**: -влюсь, -вишься, -вятся)
• = to manage, deal with, cope with (a person or thing + с + *instrumental*)
• = to ask, inquire (about + о + *prepositional*)

спра́вочное бюро́ *noun*
= information office

спра́шивать *verb imperfective* [18] (*perfective* **спроси́ть**: -ошу́, -о́сишь, -о́сят)
• = to ask (a person + *accusative*, about + о + *prepositional*)
• = to ask for (a thing + *accusative* or *genitive*)

спроекти́ровать ▶ **проекти́ровать**

спроси́ть ▶ **спра́шивать**

спря́тать ▶ **пря́тать**

спря́таться ▶ **пря́таться**

спуска́ться *verb imperfective* [18] (*perfective* **спусти́ться**: -ущу́сь, -у́стишься, -у́стятся)
= to go down, descend

спустя́
1 *preposition* (+ *accusative*)
= after
2 *adverb*
= later

спу́тать ▶ **пу́тать**

спу́тниковое телеви́дение *noun*
= satellite television

спущу́сь *etc.* ▶ **спусти́ться**

сравне́ние *noun* [14]
= comparison
по сравне́нию с (+ *instrumental*) = compared with, in comparison with

сра́внивать *verb imperfective* [18] (*perfective* **сравни́ть** [22])
= to compare (with + с + *instrumental*)

сра́зу *adverb*
= at once, immediately

среда́[1] *noun* [7] (*accusative* -ду, *genitive* -ды; *plural* сре́ды, сред, сре́дам)
= Wednesday

среда́[2] *noun* [7] (*plural* сре́ды)
• = environment, surroundings
• = medium

среди́ *preposition* (+ *genitive*)
• = among
• = in the middle of

сре́дний *adjective* (-няя, -нее, -ние)
• = middle
• = medium
• = average

сре́дняя шко́ла *noun*
= secondary school, high school

сре́дство *noun* [12]
= means

срок *noun* [1]
• = time, period
• = date

сро́чный *adjective* (-ная, -ное, -ные; -чен, -чна, -чно, -чны)
= urgent

ссо́ра *noun* [7]
= quarrel

ссо́риться *verb imperfective* [22] (*perfective* **поссо́риться** [22])
= to quarrel

СССР *abbreviation*
= USSR

ста́вить *verb imperfective* (-влю, -вишь, -вят) (*perfective* **поста́вить**: -влю, -вишь, -вят)
• = to put, place, set, stand (*an object somewhere*)
• = to produce (*a play, film, etc.*)
• = to put on (*a kettle; a show; a record*)

стадио́н *noun* [1]
= stadium

С

стáдия noun 9
= stage (*in a process*)

стáдо noun 12 (*plural* -дá)
= herd, flock

стакáн noun 1
= glass

стáлкивать verb imperfective 18
(*perfective* **столкнýть**: -нý, -нёшь, -нýт)
= to knock off, push off

стáлкиваться verb imperfective 18
(*perfective* **столкнýться**: -нýсь, -нёшься, -нýтся)
= to hit, collide (with + с + *instrumental*)

сталь noun 11
= steel

становúться verb imperfective
(-новлю́сь, -но́вишься, -но́вятся)
(*perfective* **стать**: -áну, -áнешь, -áнут)
• = to become, get, grow (+ *instrumental or indeclinable predicative adjective*)
• = to begin (doing something + *imperfective infinitive*)
• (*of a watch, engine, etc.*) = to stop (*perfective only*)
• = to stand

стáнция noun 9
= station

старáться verb imperfective 18
(*perfective* **постарáться** 18)
= to try

старúк noun 1 (*genitive* -кá)
= old man

старúнный adjective (-нная, -нное, -нные)
= ancient

старомóдный adjective (-ная, -ное, -ные; -ден, -дна, -дно, -дны)
= old-fashioned

старт noun 1
(*in sport*) = start

старýха noun 7
= old woman

старýшка noun 7 (*genitive plural* -шек)
= old woman

стáрше predicative adjective (*indeclinable*)
= older

стáрший adjective (-шая, -шее, -шие)
• = oldest, eldest
• = older, elder
• = senior, head

стáрый adjective (-рая, -рое, -рые; стар, -рá, -ро, -ры)
= old

стáтуя noun 10
= statue

стать ▶ становúться

статья́ noun 8 (*plural* -тьй, -тéй, -тья́м)
= article

стёганое одея́ло noun
= duvet (*British English*), comforter (*US English*)

стеклó noun 12 (*plural* стёкла, стёкол, стёклам)
• = glass
• = (window) pane

стелúть verb imperfective (стелю́, -лешь, -лют) (*perfective* **постелúть**: -стелю́, -стéлешь, -стéлют)
= to make (*a bed*)

стенá noun 7 (*accusative* -нý, *genitive* -ны́; *plural* -ны)
= wall

стéнка noun 7 (*genitive plural* -нок)
• = wall
• = side

стéпень noun 11 (*plural* -ни, -нéй)
= degree, extent

стереосистéма noun 7
= stereo system, stereo

стерéть ▶ стирáть

стéрлинг noun 1
= sterling

стесня́ться verb imperfective 19
(*perfective* **постесня́ться** 19)
• = to feel too shy (to do something + *infinitive*)
• = to be shy (of a person or thing + *genitive*)

стиль noun 6
= style

стипéндия noun 9
= grant

стирáльная машúна noun
= washing machine

стирáть verb imperfective 18
• = to wash (*perfective* **вы́стирать** 18)
• = to wipe, wipe off, rub out (*perfective* **стерéть**: сотрý, сотрёшь, сотрýт; стёр, стёрла)

стих noun 1 (*genitive* -хá)
• = verse
• (*in plural*) = poetry

стихотворéние noun 14
= poem

сто number 12 (*genitive, dative, instrumental, prepositional* ста; *plural* ста, сот, стам, стáми, стах)
= hundred

сто́ить *verb imperfective* 23
• = to cost
• = to be worth (doing something
  + *infinitive*)

стол *noun* 1 *(genitive* -ла́)
= table

столб *noun* 1 *(genitive* -ба́)
= post, pole, pillar

столе́тие *noun* 14
= century

столи́ца *noun* 7
= capital

столкну́ть ▶ **ста́лкивать**

столкну́ться ▶ **ста́лкиваться**

столо́вая *noun (declined like a feminine
adjective)*
• = dining room
• = canteen, cafeteria

столо́вые прибо́ры *noun plural* 1
= cutlery, *(US English)* flatware

сто́лько
1 *determiner (* + *genitive)*
= so much, so many
2 *pronoun*
= so much, so many
сто́лько ..., ско́лько = as much ... as; as
many ... as

сто́рож *noun* 3 *(plural* -жа́)
= watchman, guard

сторона́ *noun* 7 *(accusative* сто́рону,
genitive -ны́; *plural* сто́роны, -ро́н, -рона́м)
• = side
• = direction
с одно́й стороны́ = on the one hand
с друго́й стороны́ = on the other hand

стоя́нка *noun* 7 *(genitive plural* -нок)
• = car park *(British English)*, parking lot
  (US English)
• = (taxi) rank *(British English)*, stand *(US
  English)*

стоя́ть *verb imperfective* (стою́, стои́шь,
стоя́т)
• = to stand
• = to be

страда́ть *verb imperfective* 18
(perfective **пострада́ть** 18)
• = to suffer (from + **от** + *genitive*)
• = to be hurt *(in an accident etc.)*

страна́ *noun* 7 *(plural* -ны́)
= country

страни́ца *noun* 7
= page

стра́нный *adjective* (-нная, -нное,
-ные; -а́нен, -анна́, -а́нно, -а́нны)
= strange, funny

стра́стный *adjective* (-ная, -ное, -ные;
-тен, -тна́, -тно, -тны)
= passionate, keen

страх *noun* 1
= fear

стра́шный *adjective* (-ная, -ное, -ные;
-шен, -шна́, -шно, стра́шны)
= terrible, awful

стреля́ть *verb imperfective* 19
= to shoot, fire (at + **в** + *accusative*)

стреми́ться *verb imperfective*
(-млю́сь, -ми́шься, -ми́тся)
= to strive (for + **к** + *dative*)

стресс *noun* 1
= stress

стри́жка *noun* 7 *(genitive plural* -жек)
= haircut

стричь *verb imperfective* (-игу́, -ижёшь,
-игу́т; стриг, -гла́) *(perfective* **постри́чь**:
-игу́, -ижёшь, -игу́т; постри́г, -гла)
• = to cut, trim *(hair, nails, etc.)*
• = to cut the hair of *(a person)*

стри́чься *verb imperfective* (-игу́сь,
-ижёшься, -игу́тся; стри́гся, -гла́сь)
(perfective **постри́чься**: -игу́сь,
-ижёшься, -игу́тся; постри́гся, -гла́сь)
= to have one's hair cut

стро́гий *adjective* (-гая, -гое, -гие;
строг, -га́, -го, -ги)
= strict, severe

строи́тель *noun* 6
= builder

стро́ить *verb imperfective* 23 *(perfective*
постро́ить 23)
• = to build, construct
• = to create

стро́йка *noun* 7 *(genitive plural* -о́ек)
= building site

строка́ *noun* 7 *(plural* -ки́, -к, -ка́м)
= line *(of text)*

струна́ *noun* 7 *(plural* -ны)
= string *(of a musical instrument)*

студе́нт *noun* 1
= *(male)* student

студе́нтка *noun* 7 *(genitive plural* -ток)
= *(female)* student

стук *noun* 1
= knock (on/at the door = **в дверь**)

стул *noun* 1 *(plural* -лья, -льев)
= chair

ступе́нь *noun* 11
= step

ступе́нька *noun* 7 *(genitive plural* -нек)
= step

стуча́ть *verb imperfective* (-чу́, -чи́шь,
-ча́т) *(perfective* **постуча́ть**: -чу́, -чи́шь,
-ча́т)
= to knock (on/at the door = **в дверь**)

С

сты́дно *predicate*
= shameful (*impersonal + dative*)
ему́ сты́дно = he is ashamed
как тебе́ не сты́дно! = you should be
ashamed of yourself!

стюарде́сса *noun* 7
= stewardess

суббо́та *noun* 7
= Saturday

сувени́р *noun* 1
= souvenir

суд *noun* 1 (*genitive* -да́)
• = court
• = trial
• = verdict

суда́ ▶ суд, су́дно

суди́ть *verb imperfective* (сужу́, су́дишь,
су́дят)
• = to judge (*often followed by* о
   + prepositional)
• = to try (*a person in court*)

су́дно *noun* 12 (*plural* -да́, -до́в)
= vessel, ship

судьба́ *noun* 7 (*plural* -дьбы, -деб)
= fate

судья́ *noun* (*masculine*) 8 (*plural* -дьи,
-де́й, -дьям)
• = judge
• = referee, umpire

> **!** Although **судья́** declines like a feminine
> noun, adjectives and verbs that it
> governs have to be masculine, e.g.
> ста́рый судья́ вошёл в суд = the old
> judge entered the court

сумасше́дший *adjective* (-шая, -шее,
-шие)
= mad

суме́ть *verb perfective* (-е́ю, -е́ешь,
-е́ют)
= to be able to, manage to

су́мка *noun* 7 (*genitive plural* -мок)
= bag

су́мма *noun* 7
= sum

су́мочка *noun* 7 (*genitive plural* -чек)
= handbag

суп *noun* 1
= soup

суро́вый *adjective* (-вая, -вое, -вые;
суро́в, -ва, -во, -вы)
= severe

су́тки *noun plural* (*genitive* -ток)
= twenty-four hours, day (and night)

суть *noun* 11
= essence, crux, point

сухо́й *adjective* (-ха́я, -хо́е, -хи́е; сух,
-ха́, -хо, -хи)
= dry

су́ше *predicative adjective* (*indeclinable*)
= drier

суши́ть *verb imperfective* (-шу́, -шишь,
-шат) (*perfective* **вы́сушить**: -шу, -шишь,
-шат)
= to dry

существова́ть *verb imperfective* 21
= to exist

сфотографи́ровать
▶ **фотографи́ровать**

схвати́ть ▶ хвата́ть[1]

сходи́ть[1] *verb imperfective* (-ожу́,
-о́дишь, -о́дят) (*perfective* **сойти́**: -йду́,
-йдёшь, -йду́т; сошёл, -шла́)
• = to go down, come down, descend (a
   mountain etc. + **с** + *genitive*)
• = to get off (a bus etc. + **с** + *genitive*)
   сходи́ть/сойти́ с ума́ = to go mad

сходи́ть[2] *verb perfective* (-ожу́, -о́дишь,
-о́дят)
• = to go (*somewhere and come back, on
   foot*)
   сходи́ть в магази́н = to go to the shop
• = to go and fetch (*on foot; a thing* + **за**
   + instrumental)

сце́на *noun* 7
• = stage
• = scene

сцена́рий *noun* 5
= scenario

сча́стливо ✱ *exclamation*
= all the best!

сча́стливый *adjective* (-вая, -вое,
-вые; сча́стлив, -ва, -во, -вы)
• = happy
• = lucky
сча́стливого пути́! = bon voyage!; have a
good journey!

сча́стье *noun* 15
= happiness
к сча́стью = luckily

счесть ▶ счита́ть

счёт *noun* 1 (*locative* -ту́; *plural* -та́)
• = bill, (*US English*) check
• = (bank) account
• = score (*in a match*)
• = calculation

счётчик *noun* 1
= meter

счита́ть *verb imperfective* 18
• = to count (*perfective* **сосчита́ть** 18)
• = to consider, regard (to be, as
   + instrumental) (*perfective* **счесть**:
   сочту́, -тёшь, -ту́т; счёл, сочла́)

считáться verb imperfective 18
* = to be considered, be regarded (to be, as + instrumental) (no perfective)
* = to consider, take into account (a thing + с + instrumental) (perfective **посчитáться** 18)

США abbreviation
= USA

сшить ▶ шить

съéздить verb perfective (-éзжу, -éздишь, -éздят)
* = to go (somewhere and come back, by transport)
* = to go and fetch (by transport; a thing + за + instrumental)

съезжáть verb imperfective 18 (perfective **съéхать**: съéду, съéдешь, съéдут)
= to move out (of a flat etc. + с + genitive)

съесть ▶ есть¹

сыгрáть ▶ игрáть

сын noun 1 (plural сыновья́, -вéй, -вья́м)
= son

сыр noun 1 (locative -ру́; plural -ры́)
= cheese

сыро́й adjective (-рáя, -рóе, -ры́е; сыр, -рá, -ро, -ры)
* = damp
* = raw, uncooked

сы́тый adjective (-тая, -тое, -тые; сыт, -тá, -то, -ты)
= full

сэр noun 1
= sir

сюдá adverb
= here

сюрпри́з noun 1
= surprise

Т т

та ▶ тот

таблéтка noun 7 (genitive plural -ток)
= tablet, pill

табурéтка noun 7 (genitive plural -ток)
= stool

Таджикистáн noun 1
= Tajikistan

таз noun 1 (locative -зу́; plural -зы́)
= bowl

тáзик noun 1
= bowl

тáйна noun 7
= secret

тáйный adjective (-ная, -ное, -ные)
= secret

так adverb
* = so, such
* = like this, like that, thus
не так = wrong

тáкже adverb
= also, too, as well

так как conjunction
= as, because, since

такóй (-кáя, -кóе, -кие)
1 determiner
= such
2 adverb
= such, such a
такóй же = the same

такси́ noun (neuter indeclinable)
= taxi

так что conjunction
= so; and so

талáнтливый adjective (-вая, -вое, -вые; талáнтлив, -ва, -во, -вы)
= talented

тáлия noun 9
= waist

талóн noun 1
= ticket, coupon

там adverb
= there

тамóженный adjective (-нная, -нное, -нные)
= customs

тамóжня noun 8 (genitive plural -жен)
= customs, custom house

тáнец noun 1 (genitive -нца)
= dance

танцевáть verb imperfective (-цу́ю, -цу́ешь, -цу́ют)
= to dance

танцо́вщик noun [1]
= (*male ballet*) dancer

танцо́вщица noun [7]
= (*female ballet*) dancer

та́пка noun [7] (*genitive plural* -пок)
= slipper

та́почка noun [7] (*genitive plural* -чек)
= slipper

таре́лка noun [7] (*genitive plural* -лок)
= plate

таска́ть verb imperfective
indeterminate [18]
= to pull, drag

тахта́ noun [7]
= sofa, divan

тащи́ть verb imperfective determinate
(-щу́, -щишь, -щат) (*perfective* **потащи́ть**:
-тащу́, -та́щишь, -та́щат) = to pull,
drag

та́ять verb imperfective (та́ет, та́ют)
(*perfective* **раста́ять**: -та́ет, -та́ют)
= to melt, thaw

твёрдый adjective (-дая, -дое, -дые;
твёрд, -да́, -до, твёрды́)
• = hard
• = firm

твой (*genitive* твоего́; *feminine* твоя́,
genitive твое́й; *neuter* твоё, *genitive*
твоего́; *plural* твои́, *genitive* твои́х)
1 determiner
= your
2 pronoun
= yours

творо́г noun [1] (*genitive* -га́)
= curd cheese

те ▶ **тот**

теа́тр noun [1]
= theatre (*British English*), theater (*US
English*)

тебе́ ▶ **ты**

тебя́ ▶ **ты**

тёк ▶ **течь**

те́кстовый проце́ссор noun [1]
= word processor

телеви́дение noun [14]
= television (*the medium; the activity of
watching TV*)

телеви́зор noun [1]
= television (set)

теле́га noun [7]
= cart

телегра́мма noun [7]
= telegram

телефо́н noun [1]
= telephone, phone

телефо́н-автома́т noun (*both halves
declined*)
= public telephone, call box

телефони́ст noun [1]
= (*male*) operator

телефони́стка noun [7] (*genitive
plural* -ток)
= (*female*) operator

телефо́нная бу́дка noun
= telephone booth, telephone box (*British
English*)

телефо́нная кни́га noun
= telephone directory

те́ло noun [12] (*plural* -ла́)
= body

тем adverb
(*used with the comparative form of an
adjective*)
= so much the
тем лу́чше = so much the better
чем ..., **тем** = the ..., the
чем ра́ньше, тем лу́чше = the earlier, the
better

> ! See also **бо́лее**, **ме́нее**

те́ма noun [7]
= subject, theme

темно́ predicate
= dark

тёмно- combining form
(*used with colours*) = dark

темнота́ noun [7]
= darkness

тёмный adjective (-ная, -ное, -ные;
тёмен, темна́, -но́, -ны́)
= dark

температу́ра noun [7]
= temperature

те́ннис noun [1]
= tennis

те́ннисный adjective (-ная, -ное, -ные)
= tennis

тень noun [11] (*locative* -ни́; *plural* -ни,
-не́й)
• = shade
• = shadow

тепе́рь adverb
• = now
• = today

тепло́
1 noun [12]
= heat, warmth
2 adverb
= warmly
3 predicate
= warm

тёплый adjective (-лая, -лое, -лые;
тёпел, тепла́, -ло́, -лы́)
= warm

терпели́вый adjective (-вая, -вое,
-вые; терпели́в, -ва, -во, -вы)
= patient

терпе́ние noun [14]
= patience

терпе́ть verb imperfective (-плю́, -пишь,
-пят)
• = to bear, endure (no perfective)
• = to suffer (perfective **потерпе́ть**: -плю́,
-пишь, -пят)

террори́ст noun [1]
= terrorist

теря́ть verb imperfective [19] (perfective
потеря́ть [19])
= to lose

теря́ться verb imperfective [19]
(perfective **потеря́ться** [19])
= to get lost

те́сный adjective (-ная, -ное, -ные;
-сен, -сна́, -сно, те́сны)
= crowded, cramped, tight

тетра́дь noun [11]
= exercise book

тётя noun [8] (genitive plural -тей)
= aunt

те́хник noun [1]
= technician

техни́ческий adjective (-кая, -кое,
-кие)
= technical

техноло́гия noun [9]
= technology

тече́ние noun [14]
• = current
• = flow
• = course
в тече́ние (+ genitive) = during, over, in
the course of

течь verb imperfective (течёт, теку́т; тёк,
текла́)
= to flow, stream

тигр noun [1]
= tiger

тип noun [1]
= type

типи́чный adjective (-ная, -ное, -ные;
-чен, -чна, -чно, -чны)
= typical

ти́хий adjective (-хая, -хое, -хие; тих,
-ха́, -хо, -хи)
= quiet, peaceful, calm

Ти́хий океа́н noun
= the Pacific (ocean)

ти́ше
1 predicative adjective (indeclinable)
= quieter
2 adverb
= more quietly

тишина́ noun [7]
= silence

ткань noun [11]
= fabric, cloth

то ▶ тот

тобо́й ▶ ты

това́р noun [1]
= commodity, (in plural) goods

това́рищ noun [3]
= friend, comrade, mate

тогда́ adverb
• = then
• = in that case

того́ ▶ тот

то́же adverb
= also, too
то́же не = not ... either

толка́ть verb imperfective [18] (perfective
толкну́ть: -ну́, -нёшь, -ну́т)
= to push

толпа́ noun [7] (plural -пы)
= crowd

толсте́ть verb imperfective (-е́ю, -е́ешь,
-е́ют) (perfective **потолсте́ть**: -е́ю, -е́ешь,
-е́ют)
= to get fat, put on weight

толсто́вка* noun [7] (genitive plural
-вок)
= sweatshirt

то́лстый adjective (-тая, -тое, -тые;
толст, -та́, -то, то́лсты)
• = fat
• = thick

то́лько
1 adverb
= only
то́лько что = only just
2 conjunction
• = only, but
• (also **как то́лько**) = as soon as

тома́тный adjective (-ная, -ное, -ные)
= tomato

то́нкий adjective (-кая, -кое, -кие; то́нок,
-нка́, -нко, то́нки)
• = thin, slim
• = fine

тону́ть verb imperfective (-ну́, -нешь,
-нут) (perfective **утону́ть**: -ону́, -о́нешь,
-о́нут)
• = to sink
• = to drown

Т

топи́ть verb imperfective (-плю́, -пишь, -пят)
* = to stoke, heat (a stove)
* = to heat (a building etc.)
* = to have the heating on

то́пливо noun 12
= fuel

торгова́ть verb imperfective 21
= to trade (in + instrumental)

торго́вля noun 8
= trade

торго́вый adjective (-вая, -вое, -вые)
= trade, commercial

то́рмоз noun 1 (plural -за́)
= brake

тормози́ть verb imperfective (-ожу́, -ози́шь, -ози́т) (perfective **затормози́ть**: -ожу́, -ози́шь, -ози́т)
= to brake

торопи́ть verb imperfective (-оплю́, -о́пишь, -о́пят) (perfective **поторопи́ть**: -оплю́, -о́пишь, -о́пят)
= to hurry (a person)

торопи́ться verb imperfective (-оплю́сь, -о́пишься, -о́пятся) (perfective **поторопи́ться**: -оплю́сь, -о́пишься, -о́пятся)
(of a person) = to hurry

торт noun 1
= cake, gateau

тост noun 1
* = (drinking) toast
* = piece of toast

тот (feminine **та**, neuter **то**, plural **те**)
1 determiner
= that
2 pronoun
= the one; that one
тот = the right (one)
не тот = the wrong (one)
и тот и друго́й = both
ни тот ни друго́й = neither
тот же (**са́мый**) = the same (one)

то́тчас adverb
= immediately

то́чка noun 7 (genitive plural -чек)
* = point
* = dot
* = full stop (British English), period (US English)

то́чка зре́ния noun
= point of view

то́чно adverb
* = exactly, precisely, just
* = punctually

то́чный adjective (-ная, -ное, -ные; -чен, -чна́, -чно, то́чны́)
* = exact, precise
* = accurate
* = punctual

тошни́ть verb imperfective 22
= to feel sick (impersonal + accusative)
меня́ тошни́т = I feel sick

трава́ noun 7 (plural -вы)
* = grass
* = herb

траге́дия noun 9
= tragedy

традицио́нный adjective (-нная, -нное, -нные; -о́нен, -о́нна, -о́нно, -о́нны)
= traditional

тради́ция noun 9
= tradition

тра́ктор noun 1
= tractor

трамва́й noun 2
= tram

тра́нспорт noun 1
= transport

тра́та noun 7
= waste

тра́тить verb imperfective (-а́чу, -а́тишь, -а́тят) (perfective **истра́тить**: -а́чу, -а́тишь, -а́тят)
* = to spend (money, time)
* = to waste

тре́бование noun 14
* = demand
* = requirement, need
* = request

тре́бовать verb imperfective 20 (perfective **потре́бовать** 20)
* = to demand, request (+ genitive or accusative)
* = to require, need (+ genitive)

тре́нер noun 1
= trainer

трениро́ва́ть verb imperfective 21 (perfective **натрениро́ва́ть** 21)
= to train, coach (a person)

трениро́ва́ться verb imperfective 21 (perfective **натрениро́ва́ться** 21)
(of a person) = to train

трениро́вка noun 7 (genitive plural -вок)
* = training, coaching
* = training session

тре́тий number (-тья, -тье, -тьи)
= third

тре́тье noun (declined like a neuter adjective)
= sweet (course)

три *number* (трёх, трём, тремя, трёх)
= three

тридца́тый *number* (-тая, -тое, -тые)
= thirtieth

три́дцать *number* 11 (*genitive* -ти́)
= thirty

трина́дцатый *number* (-тая, -тое, -тые)
= thirteenth

трина́дцать *number* 11
= thirteen

три́ста *number* (трёхсо́т, трёмста́м, тремяста́ми, трёхста́х)
= three hundred

тро́гать *verb imperfective* 18 (*perfective* **тро́нуть**: -ну, -нешь, -нут)
• = to touch
• = to move (*emotionally*)

тролле́йбус *noun* 1
= trolley bus

тромбо́н *noun* 1
= trombone

тро́нуть ▶ тро́гать

тропи́нка *noun* 7 (*genitive plural* -нок)
= path

тротуа́р *noun* 1
= pavement

труба́ *noun* 7 (*plural* -бы)
• = pipe
• = chimney
• = trumpet

тру́бка *noun* 7 (*genitive plural* -бок)
• = tube
• = pipe (*for smoking*)
• = (*telephone*) receiver

труд *noun* 1 (*genitive* -да́)
• = work, labour (*British English*), labor (*US English*)
• = difficulty

труди́ться *verb imperfective* (-ужу́сь, -у́дишься, -у́дятся)
= to work, toil, labour (*British English*), labor (*US English*)

тру́дно *predicate*
= difficult, hard

тру́дность *noun* 11
= difficulty

тру́дный *adjective* (-ная, -ное, -ные; -ден, -дна́, -дно, трудны́)
= difficult, hard

трусы́ *noun plural* (*genitive* -со́в)
• = shorts
• = (under)pants

тря́пка *noun* 7 (*genitive plural* -пок)
• = cloth, duster
• = rag

туале́т *noun* 1
= toilet

туале́тная бума́га *noun*
= toilet paper

туда́ *adverb*
= there

тума́н *noun* 1
= fog, mist

тума́нный *adjective* (-нная, -нное, -нные; -а́нен, -а́нна, -а́нно, -а́нны)
= foggy, misty

ту́мбочка *noun* 7 (*genitive plural* -чек)
= bedside table

тунне́ль *noun* 6
= tunnel

турба́за *noun* 7
= tourist centre (*British English*), tourist center (*US English*)

тури́зм *noun* 1
= tourism

тури́ст *noun* 1
= (*male*) tourist

туристи́ческий *adjective* (-кая, -кое, -кие)
= tourist

тури́стка *noun* 7 (*genitive plural* -ток)
= (*female*) tourist

Туркмениста́н *noun* 1
= Turkmenistan

Ту́рция *noun* 9
= Turkey

тут *adverb*
= here

ту́фля *noun* 8 (*genitive plural* -фель)
= shoe

ту́ча *noun* 7
= (storm) cloud

туши́ть *verb imperfective* (-шу́, -шишь, -шат) (*perfective* **потуши́ть**: -шу́, -шишь, -шат)
= to put out, extinguish

ты *pronoun* (тебя́, тебе́, тобо́й, тебе́)
= you (*familiar, singular*)

ты́сяча *number* 7
= thousand

тюльпа́н *noun* 1
= tulip

тюрьма́ *noun* 7 (*plural* тю́рьмы, тю́рем)
= prison

тяжело́ *predicate*
= difficult, hard

тяжёлый *adjective* (-лая, -лое, -лые; тяжёл, -ла́, -ло́, -лы́)
• = heavy
• = difficult, hard
• = serious

T

тяну́ть verb imperfective (-ну́, -нешь, -нут) (perfective **потяну́ть**: -ну́, -нешь, -нут)
• = to pull, tug
• = to stretch out, extend
• = to draw, attract

Уу

у preposition (+ genitive)
• = by
• = at
• = at the house of, with
• = from (a person)
• (+ pronoun + **есть** + nominative) = to have (got)
  у меня́ есть маши́на = I have (got) a car

убега́ть verb imperfective 18 (perfective **убежа́ть**: -егу́, -ежи́шь, -егу́т)
= to run away

убежда́ть verb imperfective 18 (perfective **убеди́ть**: -ди́шь, -дя́т; not used in the 1st person singular)
= to convince, persuade (of a thing + **в** + prepositional)

убе́жище noun 13
= shelter, refuge

уберу́ etc. ▶ **убра́ть**

убива́ть verb imperfective 18 (perfective **уби́ть**: убью́, убьёшь, убью́т)
= to kill, murder

уби́йство noun 12
= murder

уби́йца noun 7 (masculine & feminine)
= murderer

> **!** **уби́йца** declines like a feminine noun, but verbs and adjectives that it governs are masculine or feminine according to the sex of the person referred to

убира́ть verb imperfective 18 (perfective **убра́ть**: уберу́, -рёшь, -ру́т; убра́л, -ла́, -ло)
• = to take away, remove
• = to clear up, tidy
• = to put away
• = to gather, harvest
убира́ть/убра́ть посте́ль = to make the bed
убира́ть/убра́ть со стола́ = to clear the table

уби́ть ▶ **убива́ть**

убра́ть ▶ **убира́ть**

убью́ etc. ▶ **уби́ть**

уважа́емый adjective (-мая, -мое, -мые)
= dear (at the start of a formal letter)

уважа́ть verb imperfective 18
= to respect

уваже́ние noun 14
= respect

уведу́ etc. ▶ **увести́**

увели́чивать verb imperfective 18 (perfective **увели́чить**: -чу, -чишь, -чат)
• = to increase
• = to enlarge

увели́чиваться verb imperfective 18 (perfective **увели́читься**: -чусь, -чишься, -чатся)
= to increase, grow

уве́рен predicative adjective (-ена, -ено, -ены)
= certain, sure, confident (of something)

уве́ренно adverb
= confidently, with confidence

уве́ренность noun 11
= confidence, certainty

уве́ренный adjective (-нная, -нное, -нные; уве́рен, -енна, -енно, -енны)
(of a person, step, tone) = assured, confident, sure

уверя́ть verb imperfective 19 (perfective **уве́рить** 22)
= to assure, convince

увести́ ▶ **уводи́ть**

уви́деть ▶ **ви́деть**

уви́деться ▶ **ви́деться**

уводи́ть verb imperfective (-ожу́, -о́дишь, -о́дят) (perfective **увести́**: -еду́, -едёшь, -еду́т; увёл, -ла́)
= to take (away) (by leading), lead away

увольня́ть verb imperfective 19 (perfective **уво́лить** 22)
= to dismiss, sack, make redundant

угова́ривать verb imperfective 18 (perfective **уговори́ть** 22)
= to persuade

у́гол noun 1 (genitive угла́, locative углу́)
= corner

у́голь noun 6 (genitive у́гля; plural у́гли, угле́й)
= coal

угоща́ть verb imperfective 18 (perfective **угости́ть**: -ощу́, -ости́шь, -остя́т)
= to treat (a person + accusative, to a thing + instrumental)

угрожа́ть *verb imperfective* 18
= to threaten (a person + *dative*, with a thing + *instrumental*)

удава́ться *verb imperfective* (удаётся, удаю́тся) (*perfective* **уда́ться**: уда́стся, удаду́тся; уда́лся, -ла́сь)
• = to succeed, be a success
• = to manage, succeed (*impersonal* + *dative* + *infinitive*)
мне удало́сь найти́ рабо́ту = I managed to find a job

уда́р *noun* 1
= blow

ударя́ть *verb imperfective* 19 (*perfective* **уда́рить** 22)
= to hit, strike (a person + *accusative*; an object + **по** + *dative*)

ударя́ться *verb imperfective* 19 (*perfective* **уда́риться** 22)
= to hit (against + **о** + *accusative*)

уда́ться ▶ **удава́ться**

уда́ча *noun* 7
= good luck, success

уда́чный *adjective* (-ная, -ное, -ные; -чен, -чна, -чно, -чны)
= successful

удиви́тельный *adjective* (-ная, -ное, -ные; -лен, -льна, -льно, -льны)
= surprising, amazing

удиви́ть ▶ **удивля́ть**

удиви́ться ▶ **удивля́ться**

удивле́ние *noun* 14
= surprise, amazement

удивлённый *adjective* (-нная, -нное, -нные; -ён, -ена́, -ено́, -ены́)
= surprised

удивля́ть *verb imperfective* 19 (*perfective* **удиви́ть**: -влю́, -ви́шь, -вя́т)
= to surprise, amaze

удивля́ться *verb imperfective* 19 (*perfective* **удиви́ться**: -влю́сь, -ви́шься, -вя́тся)
= to be surprised, be amazed

уди́ть *verb imperfective* (ужу́, у́дишь, у́дят)
= to fish

удо́бный *adjective* (-ная, -ное, -ные; -бен, -бна, -бно, -бны)
• = comfortable
• = convenient

удовлетворя́ть *verb imperfective* 19 (*perfective* **удовлетвори́ть** 22)
= to satisfy

удово́льствие *noun* 14
= pleasure

у́дочка *noun* 7 (*genitive plural* -чек)
= fishing rod

уезжа́ть *verb imperfective* 18 (*perfective* **уе́хать**: уе́ду, уе́дешь, уе́дут)
= to go away, leave, depart

у́жас *noun* 1
= horror, terror

ужа́сно *adverb*
= awfully, terribly

ужа́сный *adjective* (-ная, -ное, -ные; -сен, -сна, -сно, -сны)
= awful, terrible, horrible

уже́ *adverb*
= already
уже́ не = no longer

у́жин *noun* 1
= dinner, supper (*an evening meal*)

у́жинать *verb imperfective* 10 (*perfective* поу́жинать 18)
= to have dinner, supper

Узбекиста́н *noun* 1
= Uzbekistan

у́зел *noun* 1 (*genitive* узла́)
= knot

у́зкий *adjective* (-кая, -кое, -кие; у́зок, узка́, -ко, у́зки́)
• = narrow
• = tight

узнава́ть *verb imperfective* (-наю́, -наёшь, -наю́т) (*perfective* **узна́ть** 18)
• = to recognize
• = to find out, learn

узо́р *noun* 1
= pattern, design

уйду́ *etc.* ▶ **уйти́**

уйти́ ▶ **уходи́ть**

указа́ние *noun* 14
= instruction

указа́тельный столб *noun*
= signpost

ука́зывать *verb imperfective* 18 (*perfective* **указа́ть**: -ажу́, -а́жешь, -а́жут)
• = to point (to *or* at something + **на** + *accusative*)
• = to point out, indicate

уко́л *noun* 1
= injection

Украи́на *noun* 7
= Ukraine

укра́сить ▶ **украша́ть**

укра́сть ▶ **красть**

украша́ть *verb imperfective* 18 (*perfective* **укра́сить**: -а́шу, -а́сишь, -а́сят)
= to decorate

украше́ние *noun* 14
= decoration

укрыва́ть verb imperfective 18
(perfective **укры́ть**: -ро́ю, -ро́ешь,
-ро́ют)
= to shelter, give shelter to

укрыва́ться verb imperfective 18
(perfective **укры́ться**: -ро́юсь, -ро́ешься,
-ро́ются)
= to shelter, take shelter

укуси́ть ▶ **куса́ть**

ул. abbreviation (of **у́лица**)
= St. (Street)

улета́ть verb imperfective 18 (perfective
улете́ть: -ечу́, -ети́шь, -етя́т)
= to fly away, fly off, fly out

у́лица noun 7
= street
на у́лице = in the street; outside

у́личный adjective (-ная, -ное, -ные)
= street

улыба́ться verb imperfective 18
(perfective **улыбну́ться**: -ну́сь, -нёшься,
-ну́тся)
= to smile

улы́бка noun 7 (genitive plural -бок)
= smile

улыбну́ться ▶ **улыба́ться**

ум noun 1 (genitive ума́)
= mind, intellect
сходи́ть/сойти́ с ума́ = to go mad

умере́ть ▶ **умира́ть**

уме́ть verb imperfective (-е́ю, -е́ешь,
-е́ют)
= to be able, know how

умира́ть verb imperfective 18 (perfective
умере́ть: умру́, -рёшь, -ру́т; у́мер, -рла́,
-рло)
= to die

умножа́ть verb imperfective 18
(perfective **умно́жить**: -жу, -жишь, -жат)
= to multiply

у́мный adjective (-ная, -ное, -ные; умён,
умна́, у́мно, умны́)
= clever, intelligent

у́мственный adjective (-нная, -нное,
-нные)
= mental

умыва́льник noun 1
= washbasin

умыва́ть verb imperfective 18 (perfective
умы́ть: умо́ю, умо́ешь, умо́ют)
= to wash

умыва́ться verb imperfective 18
(perfective **умы́ться**: умо́юсь, умо́ешься,
умо́ются)
= to have a wash, wash (oneself)

унести́ ▶ **уноси́ть**

универма́г noun 1
= department store

универса́м noun 1
= supermarket

университе́т noun 1
= university

уничтожа́ть verb imperfective 18
(perfective **уничто́жить**: -жу, -жишь,
-жат)
• = to destroy
• = to do away with, abolish

уноси́ть verb imperfective (-ношу́,
-но́сишь, -но́сят) (perfective **унести́**: -есу́,
-есёшь, -есу́т; унёс, -сла́)
= to take away

упако́вывать verb imperfective 18
(perfective **упакова́ть** 21)
= to pack

упа́сть ▶ **па́дать**

упомина́ть verb imperfective 18
(perfective **упомяну́ть**: -яну́, -я́нешь,
-я́нут)
= to mention (+ **о** + prepositional)

управля́ть verb imperfective 19
(+ instrumental)
• = to manage, run, direct
• = to drive, operate

управля́ющий noun (declined like a
masculine or feminine adjective)
= manager (of + instrumental)

упражне́ние noun 14
= exercise

упражня́ться verb imperfective 19
• = to practise (British English), practice (US
English)
• = to exercise

упря́мый adjective (-мая, -мое, -мые;
упря́м, -ма, -мо, -мы)
= stubborn

упуска́ть verb imperfective 18
(perfective **упусти́ть**: -ущу́, -у́стишь,
-у́стят)
= to miss (an opportunity etc.)

у́ровень noun 6 (genitive -вня)
• = level
• = standard

урожа́й noun 2
= harvest

уро́к noun 1
= lesson

урони́ть ▶ **роня́ть**

ускоря́ть verb imperfective 19
(perfective **ускорить** 22)
= to speed (a thing) up, accelerate

ускоря́ться verb imperfective 19
(perfective **ускóриться** 22)
(of a thing) = to speed up, accelerate

услóвие noun 14
= condition

услы́шать ▶ слы́шать

уснýть verb perfective (-нý, -нёшь, -нýт)
= to fall asleep, go to sleep

успева́ть verb imperfective 18
(perfective **успéть**: -éю, -éешь, -éют)
• = to have time, manage
• = to be in time (for a train etc. + на
 + accusative)

успéх noun 1
= success
дéлать/сдéлать успéхи = to make
 progress

успéшный adjective (-ная, -ное, -ные;
-шен, -шна, -шно, -шны)
= successful

успока́ивать verb imperfective 18
(perfective **успокóить** 23)
= to calm, calm down, soothe

успока́иваться verb imperfective 18
(perfective **успокóиться** 23)
– to calm down, grow calm

устава́ть verb imperfective (-таю́,
-таёшь, -таю́т) (perfective **устáть**: áну,
-áнешь, -áнут)
= to get tired

устáлый adjective (-лая, -лое, -лые)
= tired

устáть ▶ устава́ть

устóйчивый adjective (-вая, -вое,
-вые; устóйчив, -ва, -во, -вы)
= stable, steady

устра́ивать verb imperfective 18
(perfective **устрóить** 23)
• = to arrange, organize
• = to fix (a person) up (with work etc.
 + на + accusative)
• = to suit, be convenient for

усы́ noun plural (genitive усóв)
= moustache

утвержда́ть verb imperfective 18
(perfective **утверди́ть**: -ржý, -рди́шь,
-рдя́т)
• = to approve (a plan etc.)
• = to maintain, claim

ýтка noun 7 (genitive plural ýток)
= duck

утонýть ▶ тонýть

ýтро noun 12 (genitive ýтра, but утрá after
до, с, and the time of day; dative ýтру after
к; dative plural утрáм after по)
= morning

ýтром adverb
= in the morning
зáвтра ýтром = tomorrow morning

утю́г noun 1 (genitive -гá)
= iron (for clothes)

ухá noun 7
= fish soup

уха́живать verb imperfective 18
= to look after, tend (a person or thing
 + за + instrumental)

ýхо noun 12 (plural ýши, ушéй)
= ear

ухóд noun 1
– departure, leaving

уходи́ть verb imperfective (-ожý,
-óдишь, -óдят) (perfective **уйти́**: уйдý,
уйдёшь, уйдýт; ушёл, ушлá)
= to go away, leave, depart

уча́ствовать verb imperfective 20
= to take part (in + в + prepositional)

уча́стие noun 14
принима́ть/приня́ть уча́стие = to
take part (in + в + prepositional)

уча́сток noun 1 (genitive -тка)
= area, section, zone

учéбник noun 1
= textbook

учёная стéпень noun
= (academic) degree

учени́к noun 1 (genitive -кá)
= (male) pupil

учени́ца noun 7
= (female) pupil

учёный noun (declined like a masculine
adjective)
= scientist, scholar

учи́лище noun 13
= (specialist) college

учи́тель noun 6 (plural -ля́)
= (male) teacher

учи́тельница noun 7
= (female) teacher

учи́ть verb imperfective (учý, ýчишь,
ýчат)
• = to teach (a person + accusative; a
 subject + dative) (perfective **научи́ть**:
 -учý, -ýчишь, -ýчат)

- = to learn (a subject, a poem, etc.
  + *accusative*) (*perfective* **вы́учить**:
  вы́учу, -чишь, -чат)

учи́ться *verb imperfective* (**учу́сь**,
у́чишься, у́чатся)
- = to be a student, study (*no object; no
  perfective*)
- = to learn, study (a subject + *dative*;
  perfective **научи́ться**: -учу́сь,
  -у́чишься, -у́чатся)

ую́тный *adjective* (-ная, -ное, -ные;
-тен, -тна, -тно, -тны)
= cosy

Уэ́льс *noun* 1
= Wales

уэ́льский *adjective* (-кая, -кое, -кие)
= Welsh

Фф

фа́брика *noun* 7
= factory

факс *noun* 1
= fax

факт *noun* 1
= fact

фами́лия *noun* 9
= surname

фантасти́ческий *adjective* (-кая,
-кое, -кие)
= fantastic

фарш *noun* 3
= minced meat, mince (*British English*),
ground meat (*US English*)

фасо́ль *noun* 11 (*collective; no plural*)
= (runner, kidney, haricot, *or* French)
beans

февра́ль *noun* 6 (*genitive* **-ля́**)
= February

фейерве́рк *noun* 1
= firework

фен *noun* 1
= hairdryer

фе́рма *noun* 7
= farm

фе́рмер *noun* 1
= farmer

✱ in informal situations

фестива́ль *noun* 6
= festival

фигу́ра *noun* 7
= figure

фи́зика *noun* 7
= physics

физи́ческий *adjective* (-кая, -кое,
-кие)
= physical

физкульту́ра *noun* 7
= PE, gym

филосо́фия *noun* 9
= philosophy

фильм *noun* 1
= film

фина́л *noun* 1
(*in sport*) = final

фина́нсовый *adjective* (-вая, -вое,
-вые)
= financial

фина́нсы *noun plural* (*genitive* **-сов**)
= finances, finance

фи́ниш *noun* 3
(*in sport*) = finish, finishing post

Финля́ндия *noun* 9
= Finland

фи́рма *noun* 7
= firm, company

флаг *noun* 1
= flag

фле́йта *noun* 7
= flute

флома́стер *noun* 1
= felt-tip pen

флот *noun* 1
- = navy
- = fleet

фон *noun* 1
= background

фона́рик *noun* 1
= torch (*British English*), flashlight (*US
English*)

фона́рь *noun* 6 (*genitive* **-ря́**)
= (street) lamp

фонта́н *noun* 1
= fountain

форе́ль *noun* 11
= trout

фо́рма *noun* 7
- = form, shape
- = form (*for filling in*)
- = uniform
- = kind, form

фортепья́но *noun* (*neuter indeclinable*)
= piano

фо́рточка *noun* 7 (*genitive plural* **-чек**)
= small window in a larger one (*used for ventilation esp. in winter*)

фо́то* *noun* (*neuter indeclinable*)
= photo

фотоаппара́т *noun* 1
= camera

фото́граф *noun* 1
= photographer

фотографи́ровать *verb imperfective* 20 (*perfective* **сфотографи́ровать** 20)
= to photograph

фотогра́фия *noun* 9
• = photography
• = photograph

фотоко́пия *noun* 9
= photocopy

Фра́нция *noun* 9
= France

францу́женка *noun* 7 (*genitive plural* **-нок**)
= Frenchwoman

францу́з *noun* 1
= Frenchman

францу́зский *adjective* (**-кая, -кое, -кие**)
= French

фрукт *noun* 1
• = a piece of fruit
• (*in plural*) = fruit

фрукто́вый сад *noun*
= orchard

фунт *noun* 1
= pound

фут *noun* 1
= foot (*measure*)

футбо́л *noun* 1
= football (*British English*), soccer

футболи́ст *noun* 1
= footballer (*British English*), soccer player

футбо́лка *noun* 7 (*genitive plural* **-лок**)
= T-shirt

футбо́льный *adjective* (**-ная, -ное, -ные**)
= football (*British English*), soccer

Хх

хала́т *noun* 1
= dressing gown

хара́ктер *noun* 1
= character

хвали́ть *verb imperfective* (**-лю́, -лишь, -лят**) (*perfective* **похвали́ть**: **-лю́, -лишь, -лят**)
= to praise

хвата́ть[1] *verb imperfective* 18 (*perfective* **схвати́ть**: **-ачу́, -а́тишь, -а́тят**)
= to seize, grab

хвата́ть[2] *verb imperfective* 18 (*perfective* **хвати́ть**: **-а́тит, -а́тят**)
• = to suffice, be enough (*impersonal + genitive*)
хле́ба не хвата́ет = there isn't enough bread
• = to have enough (*impersonal + dative + genitive*)
нам не хвата́ет хле́ба = we don't have enough bread

хвост *noun* 1 (*genitive* **-та́**)
= tail

хи́мия *noun* 9
= chemistry

хиру́рг *noun* 1
= surgeon

хи́трый *adjective* (**-рая, -рое, -рые**; **хитёр, -тра́, хи́тро́, хи́тры́**)
= cunning, sly

хлеб *noun* 1
• = bread
• = loaf

хло́пать *verb imperfective* 18
• = to clap (a performer + *dative*) (*perfective* **похло́пать** 18)
• = to slap, clap (a person + *accusative*, on part of the body + **по** + *dative*) (*perfective* **хло́пнуть**: **-ну, -нешь, -нут**)
• = to bang, slam (a door + *instrumental*) (*perfective* **хло́пнуть**: **-ну, -нешь, -нут**)

хло́пок *noun* 1 (*genitive* **-пка**)
= cotton

хло́пья *noun plural* (*genitive* **-пьев**)
= flakes

хо́бби *noun* (*neuter indeclinable*)
= hobby

Ф
Х

ход *noun* [1] (*locative* ходу́, *plural* -ды́)
* = motion, movement (*of a vehicle, machine, etc.*)
* = speed
* = course (*of events*)
* = entrance

ходи́ть *verb imperfective indeterminate* (-ожу́, -о́дишь, -о́дят)
* = to go, come
* = to walk

хозя́ин *noun* [1] (*plural* -я́ева, -я́ев)
* = (*male*) owner
* = landlord
* = host
* = (*male*) boss, employer
* = master

хозя́йка *noun* [7] (*genitive plural* -я́ек)
* = (*female*) owner
* = landlady
* = hostess
* = (*female*) boss, employer
* = mistress

хозя́йство *noun* [12]
* = economy
* = housekeeping
се́льское хозя́йство ▶ се́льское

хокке́й *noun* [2]
= hockey

холм *noun* [1] (*genitive* -ма́)
= hill

хо́лод *noun* [1]
= cold

холоди́льник *noun* [1]
= refrigerator

хо́лодно
1 *adverb*
= coldly
2 *predicate*
= cold
мне хо́лодно = I'm cold

холо́дный *adjective* (-ная, -ное, -ные; хо́лоден, -дна́, -дно, хо́лодны)
= cold

холосто́й *adjective* (-ты́е; хо́лост, хо́лосты)
(*of a man*) = unmarried, single

хор *noun* [1] (*plural* хо́ры)
= choir

хорони́ть *verb imperfective* (-оню́, -о́нишь, -о́нят) (*perfective* **похорони́ть**: -оню́, -о́нишь, -о́нят)
= to bury

хоро́ший *adjective* (-шая, -шее, -шие; хоро́ш, -ша́, -шо́, -ши́)
= good

хорошо́
1 *adverb*
= well

2 *predicate*
= good, nice
3 *exclamation*
= good!, fine!, all right!, OK!

хоте́ть *verb imperfective* (хочу́, хо́чешь, хо́чет, хоти́м, хоти́те, хотя́т) (*perfective* **захоте́ть**: -очу́, -о́чешь, -о́чет, -оти́м, -оти́те, -отя́т)
= to want, would like
хоте́ть есть = to be hungry
хоте́ть пить = to be thirsty
хоте́ть спать = to be tired, be sleepy
хоте́ть сказа́ть = to mean

хоте́ться *verb imperfective* (хо́чется) (*perfective* **захоте́ться**: -о́чется)
= to want (*impersonal* + *dative*)
мне хо́чется пойти́ на конце́рт = I want to go to the concert
мне хоте́лось бы пойти́ на конце́рт = I would like to go to the concert

хотя́ *conjunction*
= although

хочу́ *etc.* ▶ **хоте́ть**

хра́брый *adjective* (-рая, -рое, -рые; храбр, -бра́, -бро, хра́бры)
= brave

храм *noun* [1]
= temple, church

храни́ть *verb imperfective* [22]
* = to keep (*a thing in a certain place*)
* = to preserve, maintain

хрустя́щий карто́фель (*collective*; *no plural*)
= crisps (*British English*), chips (*US English*)

худе́ть *verb imperfective* (-е́ю, -е́ешь, -е́ют) (*perfective* **похуде́ть**: -е́ю, -е́ешь, -е́ют)
= to grow thin, lose weight, slim (down)

худо́жественная литерату́ра *noun*
= fiction

худо́жественный фильм *noun*
= feature film

худо́жник *noun* [1]
= artist, painter

худо́й *adjective* (-да́я, -до́е, -ды́е; худ, -да́, -до, ху́ды)
= thin

ху́дший *adjective* (-шая, -шее, -шие)
* = worse
* = worst

ху́же
1 *predicative adjective* (*indeclinable*)
= worse
2 *adverb*
= worse

хулига́н *noun* 1
= hooligan

цара́пать *verb imperfective* 18
(*perfective* **поцара́пать** 18)
= to scratch

царь *noun* 6 (*genitive* -ря́)
= tsar

цвести́ *verb imperfective* (-ету́, -ете́шь,
-ету́т; цвёл, -ла́)
= to flower, blossom

цвет[1] *noun* 1 (*plural* -та́)
= colour (*British English*), color (*US
English*)

цвет[2] *noun* 1 (*locative* -ту́; *plural* -ты́)
= blossom

цветна́я капу́ста *noun*
= cauliflower

цветно́й *adjective* (-на́я, -но́е, -ны́е)
• = colour (*British English*), color (*US
English*)
• = coloured (*British English*), colored (*US
English*)

цвето́к *noun* 1 (*genitive* цветка́; *plural*
цветы́, -то́в)
= flower

целова́ть *verb imperfective* 21
(*perfective* **поцелова́ть** 21)
= to kiss (*a person or thing*)

целова́ться *verb imperfective* 21
(*perfective* **поцелова́ться** 21)
(*of two people*) = to kiss (each other)

це́лый *adjective* (-лая, -лое, -лые; цел,
-ла́, -ло, -лы)
• = whole
• = undamaged, intact

цель *noun* 11
• = aim, goal
• = target

цена́ *noun* 7 (*accusative* -ну, *genitive*
-ны́; *plural* -ны)
• = price, cost
• = value

це́нный *adjective* (-нная, -нное, -нные;
це́нен, це́нна, це́нно, це́нны)
= valuable

центр *noun* 1
= centre, middle

центра́льный *adjective* (-ная, -ное,
-ные)
= central

це́рковь *noun* 11 (*genitive, dative*
це́ркви, *instrumental* це́рковью,
prepositional це́ркви; *plural* це́ркви,
церкве́й, церква́м)
= church

цех *noun* 1 (*locative* цеху́; *plural* це́хи *or*
цеха́)
(*in a factory*) = shop, workshop

цирк *noun* 1
= circus

цита́та *noun* 7
= quotation

ци́фра *noun* 7
= number, numeral, figure

цифрово́й *adjective* (-ва́я, -во́е, -вы́е)
= digital

цыга́н *noun* 1 (*plural* -а́не, -а́н)
= (*male*) gypsy

цыга́нка *noun* 7 (*genitive plural* -нок)
= (*female*) gypsy

цыплёнок *noun* 1 (*genitive* -нка; *plural*
-ля́та, -ля́т)
= chicken, chick

чаевы́е *noun plural* (declined like a plural
adjective)
= tip

чай *noun* 2 (*plural* чай, чаёв)
= tea

ча́йка *noun* 7 (*genitive plural* ча́ек)
= (sea)gull

ча́йник *noun* 1
• = teapot
• = kettle

ча́йный *adjective* (-ная, -ное, -ные)
= tea

час *noun* 1 (*genitive* часа́ after 2, 3, 4,
locative часу́; *plural* часы́)
• = hour
• = one o'clock
  в два часа́ = at two o'clock
кото́рый час? = what's the time?
в кото́ром часу́? = at what time?

час пик *noun*
= rush hour

ча́стный *adjective* (-ная, -ное, -ные)
• = private
• = particular, individual

ча́сто *adverb*
= often

часть *noun* 11 (*plural* -ти, -те́й)
= part

часы́ *noun plural* (*genitive* часо́в)
• = clock
• = watch

ча́шка *noun* 7 (*genitive plural* -шек)
= cup

ча́ще
1 *adverb*
= more often
2 *predicative adjective* (*indeclinable*)
= more frequent

чего́ ▶ **что**

чей (чья, чьё, чьи)
1 *determiner*
= whose?
2 *pronoun*
= whose?

чек *noun* 1
• = cheque (*British English*), check (*US English*)
• = receipt

че́ковая кни́жка *noun*
= cheque book (*British English*), check book (*US English*)

челове́к *noun* 1 (*plural* ▶ **лю́ди**; *with numbers, genitive plural* = **челове́к**)
• = person, human being
• = man

челове́чество *noun* 12
= mankind

чем *conjunction*
= than

чем ..., тем ▶ **тем**

! *See also* **что**

чемода́н *noun* 1
= suitcase

чемпио́н *noun* 1
= (*male*) champion

чемпиона́т *noun* 1
= championship

чемпио́нка *noun* 7 (*genitive plural* -нок)
= (*female*) champion

чему́ ▶ **что**

чепуха́ *noun* 7
= nonsense, rubbish

черда́к *noun* 1 (*genitive* -ка́)
= attic, loft

че́рез *preposition* (+ *accusative*)
• = across, over
• = through
• = via
• = in, after (*a period of time*)
• = every other (*day etc.*)

чёрная сморо́дина *noun* (*collective; no plural*)
= blackcurrants

черни́ла *noun plural* (*genitive* -йл)
= ink

чёрный *adjective* (-ная, -ное -ные; чёрен, черна́, -но́, -ны́)
= black

чёрт *noun* 1 (*plural* чёрти, черте́й)
= devil

черта́ *noun* 7
• = line
• = trait, characteristic, feature
• (*in plural*) = (facial) features

чеса́ть *verb imperfective* (чешу́, че́шешь, че́шут) (*perfective* **почеса́ть**: -ешу́, -е́шешь, -е́шут)
• = to scratch
• = to itch

чеса́ться *verb imperfective* (чешу́сь, че́шешься, че́шутся) (*perfective* **почеса́ться**: -ешу́сь, -е́шешься, -е́шутся)
• = to scratch (oneself)
• = to itch

чесно́к *noun* 1 (*genitive* -ка́)
= garlic

че́стный *adjective* (-ная, -ное, -ные; -тен, -тна́, -тно, че́стны)
= honest

честь *noun* 11
= honour

четве́рг *noun* 1 (*genitive* -га́)
= Thursday

четвёртый *adjective* (-тая, -тое, -тые)
= fourth

че́тверть *noun* 11 (*genitive plural* -те́й)
= quarter

четы́ре *number* (четырёх, четырём, четырьмя́, четырёх)
= four

четы́реста *number* (четырёхсо́т, четырёмста́м, четырьмяста́ми, четырёхста́х)
= four hundred

четы́рнадцатый *number* (-тая, -тое, -тые)
= fourteenth

четы́рнадцать *number* [11]
= fourteen

чехо́л *noun* [1] (*genitive* -хла́)
= cover, (*soft*) case

Че́шская Респу́блика *noun*
= Czech Republic

чешу́ *etc.* ▶ **чеса́ть**

чини́ть *verb imperfective* (-ню́, -нишь, -нят) (*perfective* **почини́ть**: -иню́, -и́нишь, -и́нят)
= to repair, mend

чи́псы *noun plural* (*genitive* -сов)
= crisps (*British English*), chips (*US English*)

число́ *noun* [12] (*plural* чи́сла, -сел, -слам)
• = number
• = date
како́е сего́дня число́? = what's the date today?

чи́стить *verb imperfective* (чи́щу, чи́стишь, чи́стят)
• = to clean (*perfective* **вы́чистить**: вы́чищу, -истишь, -истят, *or* **почи́стить**: почи́щу, -и́стишь, -и́стят)
• = to peel (*perfective* **очи́стить**: очи́щу, -и́стишь, -и́стят)

чи́сто *adverb*
• = cleanly, clean
• = purely

чистота́ *noun* [7]
= cleanness, purity

чи́стый *adjective* (-тая, -тое, -тые; чист, -та́, -то, чи́сты)
• = clean, neat
• = pure, complete

чита́тель *noun* [6]
= reader

чита́ть *verb imperfective* [18] (*perfective* **прочита́ть** [18])
= to read

чиха́ть *verb imperfective* [18] (*perfective* **чихну́ть**: -ну́, -нёшь, -ну́т)
= to sneeze

чи́ще
1 *predicative adjective* (*indeclinable*)
= cleaner
2 *adverb*
= cleaner, more cleanly

чи́щу *etc.* ▶ **чи́стить**

член *noun* [1]
= member

чо́каться *verb imperfective* [18] (*perfective* **чо́кнуться**: -нусь, -нешься, -нутся)
= to clink glasses

чрезвыча́йно *adverb*
= extremely

чте́ние *noun* [14]
= reading

что
1 *pronoun* (чего́, чему́, чем, чём)
• = what
• = which
2 *conjunction*
= that
что ... за ...? = what sort of ...?
что он за челове́к? = what sort of man is he?
что с тобо́й? = what's the matter (with you)?
что бы ни ... = whatever ...

чтобы *conjunction*
• = in order, so that (+ *infinitive*)
• (*used after verbs expressing a wish or command*; + *past tense*):
я хочу́, чтобы вы пришли́ = I want you to come

что́-нибудь *pronoun*
= anything, something

что́-то *pronoun*
= something

чу́вство *noun* [12]
= feeling

чу́вствовать *verb imperfective* [20] (*perfective* **почу́вствовать** [20])
= to feel (*pain etc.*)
чу́вствовать/почу́вствовать себя́ = to feel (a certain way + *indeclinable predicative neuter adjective or adjective in instrumental*)

чуде́сный *adjective* (-ная, -ное, -ные; -сен, -сна, -сно, -сны)
= wonderful, lovely, marvellous (*British English*), marvelous (*US English*)

чужо́й *adjective* (-жа́я, -жо́е, -жи́е)
• = somebody else's; others'
• = strange, alien

чуло́к *noun* [1] (*genitive* -лка́; *genitive plural* -ло́к)
= stocking

чуть *adverb*
• = hardly
• = a little
чуть не = almost
чуть-чуть = a tiny bit

чьё *etc.* ▶ **чей**

ч

Шш

шаг noun 1 (genitive -rá after 2,3,4; locative -гý; plural -гй)
= step, pace

шампа́нское noun (declined like a neuter adjective)
= champagne

шампу́нь noun 6
= shampoo

шанс noun 1 (usually in plural)
= chance

ша́пка noun 7 (genitive plural -пок)
= hat

шар noun 1 (genitive -рá after 2,3,4; plural -ры́)
• = sphere
• = ball
• = balloon

шарф noun 1
= scarf

ша́хматы noun plural (genitive -т)
= chess

ша́хта noun 7
= mine

шахтёр noun 1
= miner

ша́шки noun plural (genitive -шек)
= draughts (British English), checkers (US English)

швед noun 1
= (male) Swede

шве́дка noun 7 (genitive plural -док)
= (female) Swede

швейца́р noun 1
= doorman

швейца́рец noun 1 (genitive -рца)
= (male) Swiss

Швейца́рия noun 9
= Switzerland

швейца́рка noun 7 (genitive plural -рок)
= (female) Swiss

швейца́рский adjective (-кая, -кое, -кие)
= Swiss

Шве́ция noun 9
= Sweden

шёл ▶ идти́

шерсть noun 11
• = hair, fur
• = wool

шерстяно́й adjective (-на́я, -но́е, -ны́е)
= wool, woollen (British English), woolen (US English)

шестидеся́тый number (-тая, -тое, -тые)
= sixtieth

шестна́дцатый number (-тая, -тое, -тые)
= sixteenth

шестна́дцать number 11
= sixteen

шесто́й number (-та́я, -то́е, -ты́е)
= sixth

шесть number 11 (genitive -ти́)
= six

шестьдеся́т number (genitive, dative, prepositional шести́десяти, instrumental шестью́десятью)
= sixty

шестьсо́т number (шестисо́т, шестиста́м, шестьюста́ми, шестиста́х)
= six hundred

ше́я noun 10
= neck

ши́ре
1 predicative adjective (indeclinable)
= wider
2 adverb
= more widely, wider

ширина́ noun 7
= width, breadth

широ́кий adjective (-кая, -кое, -кие; широ́к, -ока́, -о́ко́, -о́ки́)
= wide, broad

шить verb imperfective (шью, шьёшь, шьют) (perfective **сшить**: сошью́, -шьёшь, -шью́т)
• = to sew
• = to make (by sewing)

шкаф noun 1 (locative -фу́; plural -фы́)
• = cupboard
• = wardrobe

шко́ла noun 7
= school

шко́льник noun 1
= schoolboy

шко́льница noun 7
= schoolgirl

шла etc. ▶ идти́

шля́па *noun* [7]
= hat

шни́цель *noun* [6]
= schnitzel

шнуро́к *noun* [1] (*genitive* -рка́)
= (shoe)lace

шоки́ровать *verb imperfective* [20]
= to shock

шокола́д *noun* [1]
= chocolate

шокола́дный *adjective* (-ная, -ное, -ные)
= chocolate

шокола́дный бато́нчик *noun* [1]
= chocolate bar

шо́рты *noun plural* (*genitive* -т)
= shorts

шоссе́ *noun* (*neuter indeclinable*)
= highway

шотла́ндец *noun* [1] (*genitive* -дца)
= (*male*) Scot, Scotsman

Шотла́ндия *noun* [9]
= Scotland

шотла́ндка *noun* [7] (*genitive plural* -док)
= (*female*) Scot, Scotswoman

шотла́ндский *adjective* (-кая, -кое, -кие)
= Scottish

шофёр *noun* [1]
• = driver
• = chauffeur

штаны́ *noun plural* (*genitive* -но́в)
= trousers

штат *noun* [1]
• = State
• = staff

што́пор *noun* [1]
= corkscrew

штраф *noun* [1]
= fine

шту́ка *noun* [7]
• = item
• = thing**✲**

шу́ба *noun* [7]
= fur coat

шум *noun* [1]
= noise

шуме́ть *verb imperfective* (-млю́, -ми́шь, -мя́т)
= to make a noise

шу́мный *adjective* (-ная, -ное, -ные; -мен, -мна́, -мно, шу́мны)
• = noisy
• = loud

шути́ть *verb imperfective* (шучу́, шу́тишь, шу́тят) (*perfective* **пошути́ть**: -учу́, -у́тишь, -у́тят)
= to joke

шу́тка *noun* [7] (*genitive plural* -ток)
= joke

шью *etc.* ▶ **шить**

ще́дрый *adjective* (-рая, -рое, -рые; щедр, -ра́, -ро, ще́дры)
= generous

щека́ *noun* [7] (*accusative* щёку, *genitive* щеки́; *plural* щёки, щёк, щека́м)
= cheek

щётка *noun* [7] (*genitive plural* -ток)
= brush

щи *noun plural* (*genitive* щей, *dative* щам, *instrumental* ща́ми)
= cabbage soup

эгоисти́чный *adjective* (-ная, -ное, -ные; -чен, -чна, -чно, -чны)
= selfish

экза́мен *noun* [1]
= examination, exam

зкземпля́р *noun* [1]
= copy

эконо́мика *noun* [7]
= economics

экономи́ческий *adjective* (-кая, -кое, -кие)
= economic

эконо́мный *adjective* (-ная, -ное, -ные)
= economical

экра́н *noun* [1]
= screen

экску́рсия *noun* 9
= excursion, (guided) tour, trip

экскурсово́д *noun* 1
= guide

экспериме́нт *noun* 1
= experiment

экспе́рт *noun* 1
= expert

э́кспорт *noun* 1
= export

элега́нтный *adjective* (-ная, -ное, -ные; -тен, -тна, -тно, -тны)
= elegant, smart

эле́ктрик *noun* 1
= electrician

электри́ческий *adjective* (-кая, -кое, -кие)
= electric

электри́чество *noun* 12
= electricity

электри́чка *noun* 7 (*genitive plural* -чек)
= (suburban) electric train

электро́нная по́чта *noun*
= email (*the system; letters*)

электро́нное письмо́ *noun*
= email (*an email letter*)

эмоциона́льный *adjective* (-ная, -ное, -ные; -лен, -льна, -льно, -льны)
= emotional

энерги́чный *adjective* (-ная, -ное, -ные; -чен, -чна, -чно, -чны)
= energetic

эне́ргия *noun* 9
= energy

энтузиа́зм *noun* 1
= enthusiasm

энциклопе́дия *noun* 9
= encyclopedia

эпо́ха *noun* 7
= epoch, era, period

эскала́тор *noun* 1
= escalator

Эсто́ния *noun* 9
= Estonia

эта́ж *noun* 4 (*genitive* -жа́)
= storey, floor

э́то *pronoun*
= this, that, it

э́тот (*feminine* э́та, *neuter* э́то, *plural* э́ти)
1 *determiner*
= this
2 *pronoun*
= this one

юбиле́й *noun* 2
= anniversary

ю́бка *noun* 7 (*genitive plural* -бок)
= skirt

юг *noun* 1
= south

Югосла́вия *noun* 9
= Yugoslavia

ю́жный *adjective* (-ная, -ное, -ные)
= south, southern, southerly

ю́мор *noun* 1
= humour (*British English*), humor (*US English*)

ю́ноша *noun* (*masculine*) 7 (*genitive plural* -шей)
= youth (*a young man*), teenager

> ❗ *Although* ю́ноша *declines like a feminine noun, adjectives and verbs that it governs have to be masculine, e.g.* краси́вый ю́ноша вошёл в ко́мнату = a handsome youth entered the room

Я я

я *pronoun* (меня́, мне, мной, мне)
= I

я́блоко *noun* 12 (*plural* -ки, -к)
= apple

я́года *noun* 7
= berry

язы́к *noun* 1 (*genitive* -ка́)
• = language
• = tongue

яи́чница *noun* 7 (*no plural*)
= fried eggs

яйцо́ *noun* 12 (*plural* я́йца, яи́ц, я́йцам)
= egg

я́ма *noun* 7
= pit, hole

янва́рь *noun* 6 (*genitive* -ря́)
= January

япо́нец *noun* 1 (*genitive* -нца)
= (*male*) Japanese

Япо́ния *noun* 9
= Japan

япо́нка *noun* 7 (*genitive plural* -нок)
= (*female*) Japanese

япо́нский *adjective* (-кая, -кое, -кие)
= Japanese

ярд *noun* 1
= yard (*measure*)

я́ркий *adjective* (-кая, -кое, -кие; я́рок, ярка́, -ко, -ки)
= bright, brilliant, striking

я́рость *noun* 11
= rage

я́сли *noun plural* (*genitive* я́слей)
= nursery, crèche

я́сный *adjective* (-ная, -ное, -ные; -сен, -сна́, -сно, я́сны́)
= clear

я́хта *noun* 7
= yacht

я́щик *noun* 1
• = box
• = drawer

Ю
Я

Dictionary know-how

This section contains a number of short exercises that will help you to use the dictionary more effectively. The answers to all the exercises are given at the end of the section.

1 Identifying Russian nouns and adjectives

Here is an extract from a Russian advertisement for a restaurant. See if you can find ten different nouns and eight different adjectives and make two lists. If you are not sure of some of the words, look them up in the Russian–English half of the dictionary and see if they are labelled 'noun' or 'adjective'. In each case, give the form of the word as it is found in the dictionary, i.e. the nominative singular of nouns and the nominative masculine singular of adjectives.

РУ́ССКИЙ РЕСТОРА́Н

Большо́й вы́бор ру́сских, англи́йских и интернациона́льных блюд

Прия́тная и дру́жеская атмосфе́ра

Высо́кий у́ровень обслу́живания

Конце́рт популя́рной му́зыки в пя́тницу и суббо́ту

---

2 Checking the gender of Russian nouns

Here are some English nouns that appear in the English–Russian half of the dictionary. Find out what their Russian equivalents are and make three separate lists, masculine nouns, feminine nouns, and neuter nouns. If you cannot tell what gender a noun is from its ending, check it in the Russian–English half to find out which declension it belongs to and look at the tables in the back of the dictionary to find out its gender.

book	club	door	England
February	grandfather	hobby	ice
journey	kitchen	life	meat
newspaper	opinion	passport	raincoat
square	tree	wine	word

3 **Pronouns**

What are the English equivalents of these Russian pronouns?

personal pronouns	interrogative pronouns	demonstrative pronouns	possessive pronouns
я	кто	э́тот	мой
он	что	тот	твой
мы	како́й	э́ти	ваш

4 **Recognizing Russian verbs**

Underline the verb in each of the following sentences

Он рабо́тает на фа́брике.

В про́шлом году́ мы е́здили во Фра́нцию.

Она́ ду́мала об о́тпуске.

Они́ оста́вили свои́ ве́щи у меня́.

Не беспоко́йтесь!

Ско́лько сто́ит биле́т?

Она́ ничего́ не бои́тся.

5 **Find the verb**

Some words in English can be both nouns and verbs, e.g. *race*. Find the following words in the English–Russian half of the dictionary and then give the Russian for the verb only; give both the imperfective and perfective infinitives where both exist:

dance	demand	fly	force	hand
hold	hope	interest	jump	love
name	phone	plan	reply	request
respect	shout	smile	trade	wave

6 **Which part of speech?**

Use your dictionary to help you to arrange these words in separate lists according to their parts of speech (noun, adjective, adverb, etc.).

автобус	бы́стрый	вы	где
да	е́сли	ждать	здра́вствуй
из	ка́к-нибудь	ле́том	ме́жду
но	она́	принима́ть	роя́ль
сра́зу	Ту́рция	у	францу́зский
хотя́	целова́ть	четы́ре	шути́ть
щётка	электри́ческий	ю́бка	я

7 **Plural of nouns**

Use the Russian–English half of the dictionary and the tables at the back of the dictionary to find the nominative plural of the following nouns:

автобус	англича́нин	ба́бушка	боти́нок
враг	го́лос	гость	день
де́рево	жена́	живо́тное	зда́ние
иде́я	и́мя	кафе́	кни́жный магази́н
лицо́	мужчи́на	неде́ля	одея́ло
плато́к	пра́здник	разгово́р	сестра́
столе́тие	толпа́	трамва́й	у́лица
учёный	фами́лия	цвето́к	я́блоко

8 Translating phrasal verbs

Use the dictionary to find the correct translation for the following English sentences:

She's given up smoking.
We went back home.
He hung the picture up.
They let him in.
He's moved away.
He put a sweater on.
She ran out of money.
We sat down.
They all stood up.
He took off his coat.
She woke up late.

9 Male or female?

Some nouns have both male and female forms in Russian. This is particularly true of words that denote a person's occupation or nationality, e.g.

учитель/учительница = a teacher

Find out the meaning of the following Russian words by looking them up in the Russian–English half of the dictionary. Then look up the English words in the English–Russian half in order to find out the feminine equivalent:

америка́нец	вегетариа́нец	журнали́ст
иностра́нец	касси́р	не́мец
перево́дчик	преподава́тель	продаве́ц
ру́сский	секрета́рь	сосе́д
студе́нт	учени́к	япо́нец

10 **Which meaning?**

Some words have more than one meaning and it is important to check that you have chosen the right one. In this dictionary, different meanings are introduced by a bullet point (•). We have given you one meaning of the Russian words listed below. Use your dictionary to find another one.

блю́до	• = dish	• = ...
вилка	• = fork	• = ...
води́ть	• = to take	• = ...
дере́вня	• = village	• = ...
заходи́ть	• = to call in	• = ...
ка́рта	• = map	• = ...
купа́ться	• = to bathe	• = ...
ла́мпочка	• = lamp	• = ...
ме́рить	• = to measure	• = ...
мо́лния	• = lightning	• = ...
ничего́	• = it doesn't matter	• = ...
носи́ть	• = to carry	• = ...
опа́здывать	• = to be late	• = ...
пе́ред	• = in front of	• = ...
ра́ковина	• = sink	• = ...
слеза́ть	• = to climb down	• = ...
сто́ить	• = to cost	• = ...
сыро́й	• = damp	• = ...
тень	• = shade	• = ...
я́щик	• = box	• = ...

11 **Russian reflexive verbs**

Use your dictionary to find the Russian equivalents of the following English sentences:

The concert begins at seven o'clock.

He quickly got changed.

She returned late.

It's getting colder.

We quarrel a lot.

What happened to him?

We washed and dressed.

The war's coming to an end.

12 **Imperfective/perfective**

Most Russian verbs have an imperfective and a perfective form. Use the dictionary to find the perfective infinitives of the following verbs:

выбира́ть	выходи́ть	гляде́ть
гото́вить	объясня́ть	писа́ть
плати́ть	покупа́ть	помога́ть
хоте́ть		

13 **Indeterminate/determinate**

Some Russian verbs have two imperfective forms, indeterminate and determinate. Use the English–Russian half of the dictionary to find out the two imperfective forms of the Russian equivalents of the following verbs:

to carry (*by hand*)

to carry (*by transport*)

to chase

to fly

to go (*on foot*)

to go (*by transport*)

to run

to swim

Answers

1

Nouns: рестора́н, вы́бор, блю́до, атмосфе́ра, у́ровень, обслу́живание, конце́рт, му́зыка, пя́тница, суббо́та

Adjectives: ру́сский, большо́й, англи́йский, интернациона́льный, прия́тный, дру́жеский, высо́кий, популя́рный

2

Masculine nouns: клуб, февра́ль, де́душка, лёд, па́спорт, плащ

Feminine nouns: кни́га, дверь, А́нглия, ку́хня, жизнь, газе́та, пло́щадь

Neuter nouns: хо́бби, путеше́ствие, мя́со, мне́ние, де́рево, вино́, сло́во

3

personal pronouns	interrogative pronouns	demonstrative pronouns	possessive pronouns
I	who	this	mine
he	what	that	yours
we	which	these	yours

4

Verbs: рабо́тает, е́здили, ду́мала, оста́вили, беспоко́йтесь, сто́ит, бои́тся

5

Russian verbs:
танцева́ть,
тре́бовать/потре́бовать,
лета́ть/лете́ть/полете́ть,
заставля́ть/заста́вить,
передава́ть/переда́ть,
держа́ть,
наде́яться/понаде́яться,
интересова́ть,
пры́гать/пры́гнуть,
люби́ть,
называ́ть/назва́ть,
звони́ть/позвони́ть,
плани́ровать/заплани́ровать,
отвеча́ть/отве́тить,
проси́ть/попроси́ть,
уважа́ть,
крича́ть/кри́кнуть,
улыба́ться/улыбну́ться,
торгова́ть, маха́ть/махну́ть

6

Nouns: авто́бус, роя́ль, Ту́рция, щётка, ю́бка

Adjectives: бы́стрый, францу́зский, электри́ческий

Verbs: ждать, принима́ть, целова́ть, шути́ть

Adverbs: где, ка́к-нибудь, ле́том, сра́зу

Pronouns: вы, она́, я

Prepositions: из, ме́жду, у

Conjunctions: е́сли, но, хотя́

Exclamation: здра́вствуй

Number: четы́ре

Particle: да

7

Nominative plural of nouns: авто́бусы, англича́не, ба́бушки, боти́нки, враги́, голоса́, го́сти, дни, доро́вы, жёны, живо́тные, зда́ния, иде́и, имена́, кафе́, кни́жные магази́ны, ли́ца, мужчи́ны, неде́ли, одея́ла, платки́, пра́здники, разгово́ры, сёстры, столе́тия, то́лпы, трамва́и, у́лицы, учёные, фами́лии, цветы́, я́блоки

8

Она́ бро́сила кури́ть.

Мы верну́лись домо́й.

Он пове́сил карти́ну.

Они́ впусти́ли его́.

Он уе́хал.

Он наде́л сви́тер.

У неё ко́нчились де́ньги.

Мы се́ли.

Они́ все вста́ли.

Он снял пальто́.

Она́ проснула́сь по́здно.

9

Feminine equivalents: америка́нка, вегетариа́нка, журнали́стка, иностра́нка, касси́рша, не́мка, перево́дчица, преподава́тельница, продавщи́ца, ру́сская, секрета́рша, сосе́дка, студе́нтка, учени́ца, япо́нка.

10

блю́до	• = dish	• = course
ви́лка	• = fork	• = plug
води́ть	• = to take	• = to drive
дере́вня	• = village	• = the country(side)
заходи́ть	• = to call in	• = to set
ка́рта	• = map	• = (playing) card
купа́ться	• = to bathe	• = to have a bath
ла́мпочка	• = lamp	• = bulb
ме́рить	• = to measure	• = to try on
мо́лния	• = lightning	• = zip(per)
ничего́	• = it doesn't matter	• = all right
носи́ть	• = to carry	• = to wear
опа́здывать	• = to be late	• = to miss
пе́ред	• = in front of	• = before
ра́ковина	• = sink	• = shell
слеза́ть	• = to climb down	• = to climb off
сто́ить	• = to cost	• = to be worth
сыро́й	• = damp	• = raw
тень	• = shade;	• = shadow
я́щик	• = box	• = drawer

11

Конце́рт начина́ется в семь часо́в.

Он бы́стро переоде́лся.

Она́ верну́лась по́здно.

Стано́вится холодне́е.

Мы мно́го ссо́римся

Что с ним случи́лось?

Мы умы́лись и оде́лись.

Война́ конча́ется.

12

Perfective infinitives: **вы́брать, вы́йти, погляде́ть, пригото́вить, объясни́ть, написа́ть, заплати́ть, купи́ть, помо́чь, захоте́ть.**

13

носи́ть/нести́

вози́ть/везти́

гоня́ться/гна́ться

лета́ть/лете́ть

ходи́ть/идти́

е́здить/е́хать

бе́гать/бежа́ть

пла́вать/плыть

a determiner (also **an**)

> **!** a and an are not translated in Russian:
> a big house = большо́й дом
> an apple = я́блоко

able adjective
to be able
- (to be in a position to) = мочь/смочь
  will you be able to come? = вы смо́жете прийти́?
- (to have the skill) = уме́ть/суме́ть
  he's not able to read = он не уме́от чита́ть

about
1 preposition
- (concerning) = о (+ prepositional)
  a book about Russia = кни́га о Росси́и
- (up and down) = по (+ dative)
  they were walking about the town = они́ ходи́ли по го́роду
- (at a time near to) = о́коло (+ genitive)
  come about six! = приходи́те о́коло шести́ часо́в!
2 adverb
  (approximately) = о́коло (+ genitive)
  about ten pounds = о́коло десяти́ фу́нтов
to be about to = собира́ться/собра́ться (+ infinitive)
  he was about to get up = он собра́лся встать

above
1 preposition
- (higher than) = над (+ instrumental)
  above his head = над головой
- (more than) = вы́ше (+ genitive)
  ten degrees above zero = де́сять гра́дусов вы́ше нуля́
2 adverb
  in the flat above = в кварти́ре наверху́
above all = бо́льше всего́
from above = све́рху

abroad adverb
- (place) = за грани́цей
  she lives abroad = она́ живёт за грани́цей
- (motion) = за грани́цу
  she goes abroad every summer = она́ е́здит ка́ждое ле́то за грани́цу
from abroad = из-за грани́цы

absent adjective
to be absent = отсу́тствовать (imperfective)
  who's absent? = кто отсу́тствует?

absolute adjective
= абсолю́тный

absolutely adverb
= абсолю́тно

accent noun
= акце́нт
  he has a French accent = у него́ францу́зский акце́нт

accept verb
= принима́ть/приня́ть
  they accepted the offer = они́ при́няли предложе́ние

accident noun
- (road accident) = ава́рия
  he had an accident = он попа́л в ава́рию
- (chance)
by accident = случа́йно

accommodation (British English),
accommodations (US English) noun
= жильё
  accommodation in London is expensive = жильё в Ло́ндоне до́рого

accompany verb
= провожа́ть/проводи́ть
  she accompanied him to the station = она́ проводи́ла его́ на вокза́л

account noun
  (at a bank) = счёт
  she opened an account = она́ откры́ла счёт
to take into account = принима́ть/приня́ть во внима́ние

accountant noun
= бухга́лтер

accurate adjective
= то́чный

acquaintance noun
  (a person one knows) = знако́мый (noun)

across preposition
- (to the other side of) = че́рез (+ accusative)
  a bridge across the river = мост че́рез ре́ку
  she went across the street = она́ перешла́ (че́рез) у́лицу

> **!** The preposition че́рез is optional when using verbs of motion that already have the prefix пере-, e.g.
> перебега́ть/перебежа́ть (to run across), переезжа́ть/перее́хать (to cross by transport), переплыва́ть/переплы́ть (to swim across), перепры́гивать/перепры́гнуть (to jump across), and переходи́ть/перейти́ (to cross on foot)

- (on the other side of) = на друго́й стороне́ (+ genitive)

they live across the street = они живу́т на друго́й стороне́ у́лицы

act verb
* (to behave) = вести́ (imperfective) себя́
she's acting strangely = она́ ведёт себя́ стра́нно
* (as an actor) = игра́ть/сыгра́ть

actor noun
= актёр

actress noun
= актри́са

actually adverb
* (really) = действи́тельно
did she actually say that? = она́ действи́тельно э́то сказа́ла ?
* (in actual fact) = на са́мом де́ле
what actually happened? = что произошло́ на са́мом де́ле?
* (even) = да́же
he actually arrived on time = он да́же пришёл во́время

add verb
* (to put in addition) = прибавля́ть/приба́вить
you must add water = на́до приба́вить воды́
* (when speaking) = добавля́ть/доба́вить
I have nothing to add = мне не́чего доба́вить
* (in arithmetic) = скла́дывать/сложи́ть
add two and three! = сложи́те два и три!

address noun
= а́дрес
what's your address? = како́й у вас а́дрес?

admit verb
= признава́ть/призна́ть
he admitted that he was wrong = он призна́л, что был непра́в

adult noun
= взро́слый (noun)
a course for adults = курс для взро́слых

advantage noun
= преиму́щество
this plan has many advantages = у э́того пла́на мно́го преиму́ществ
to take advantage of (an opportunity) = по́льзоваться/воспо́льзоваться (+ instrumental)
she took advantage of the offer = она́ воспо́льзовалась предложе́нием

adventure noun
= приключе́ние

advertise verb
= дава́ть/дать объявле́ние (for + о + prepositional)
we advertised for a secretary = мы да́ли объявле́ние о секретаре́

advertisement noun
* (in most contexts) = рекла́ма
* (a classified ad) = объявле́ние

advice noun
= сове́т
she asked my advice = она́ попроси́ла у меня́ сове́та

advise verb
= сове́товать/посове́товать (+ dative)
he advised me not to go = он посове́товал мне не ходи́ть

aeroplane noun (British English)
= самолёт

affect verb
* (to influence) = влия́ть/повлия́ть на (+ accusative)
the weather affected our plans = пого́да повлия́ла на на́ши пла́ны
* (to concern) = относи́ться/отнести́сь к (+ dative)
the decision doesn't affect you = реше́ние не отно́сится к вам

afford verb
= позволя́ть/позво́лить себе́
I can't afford a car = я не могу́ позво́лить себе́ маши́ну

afraid adjective
to be afraid = боя́ться (imperfective) (of + genitive)
I'm afraid of dogs = я бою́сь соба́к
I'm afraid I'll be late = я бою́сь, что опозда́ю

Africa noun
= А́фрика

African
1 adjective
= африка́нский
2 noun
= африка́нец/африка́нка

after
1 preposition
* (later than) = по́сле (+ genitive)
after lunch = по́сле обе́да
after six = по́сле шести́ часо́в
* (after the passage of) = че́рез (+ accusative)
after a week = че́рез неде́лю
* (behind) = за (+ instrumental)
close the door after you! = закро́й за собо́й дверь!
one after the other = оди́н за други́м
2 conjunction
= по́сле того́, как
after seeing the film, we went home = по́сле того́, как мы посмотре́ли ф ильм, мы пое́хали домо́й
3 adverb
two months after = спустя́ два ме́сяца
the day after = на сле́дующий день

afternoon noun
= втора́я полови́на дня

we spent the afternoons on the beach = мы проводи́ли втору́ю полови́ну дня на пля́же
in the afternoon = днём
at four in the afternoon = в четы́ре часа́ дня
this afternoon = сего́дня днём
tomorrow afternoon = за́втра днём
good afternoon! = до́брый день!

afterwards, **afterward** (*US English*) *adverb*
= пото́м

again *adverb*
• (*yet again*) = опя́ть
we're going to France again = мы опя́ть пое́дем во Фра́нцию
• (*once more*) = ещё раз
do it again! = сде́лай э́то ещё раз!
• (*anew*) = сно́ва
you must do your homework again = тебе́ на́до сде́лать дома́шнее зада́ние сно́ва
• (*in negative phrases*) = бо́льше
we never met again = мы никогда́ бо́льше не ви́делись

against *preposition*
• (*opposed to*) = про́тив (+ *genitive*)
• (*touching*) = к (+ *dative*)

age *noun*
= во́зраст
people of all ages = лю́ди всех во́зрастов

! See also the boxed note on ▶ Age p. 130

aggressive *adjective*
= агресси́вный

ago *adverb*
= тому́ наза́д
two weeks ago = две неде́ли тому́ наза́д
long ago = давно́
not long ago = неда́вно

agree *verb*
• (*in opinion*) = (быть) согла́сен
we agree with you = мы с ва́ми согла́сны
she agreed with me = она́ была́ со мно́й согла́сна
• (*to consent*) = соглаша́ться/согласи́ться (to + на + *accusative*)
I agree to the conditions = я соглаша́юсь на э́ти усло́вия
he agreed to come = он согласи́лся прийти́
• (*to arrange*) = догова́риваться/договори́ться
we agreed to meet at two = мы договори́лись встре́титься в два часа́

agreement *noun*
• (*consent*) = согла́сие
without my agreement = без моего́ согла́сия
• (*a settlement*) = соглаше́ние
we came to an agreement = мы пришли́ к соглаше́нию

agriculture *noun*
= се́льское хозя́йство

ahead *adverb*
• (*motion*) = вперёд
we went on ahead = мы пошли́ вперёд
• (*position*) = впереди́
there was a castle ahead = впереди́ был за́мок

aim *noun*
= цель

air *noun*
= во́здух
fresh air = све́жий во́здух

airline *noun*
= авиакомпа́ния

airmail *noun*
= авиапо́чта
she sent the letter by airmail = она́ посла́ла письмо́ авиапо́чтой

airmail stamp *noun*
= авиама́рка

airplane *noun* (*US English*)
= самолёт

airport *noun*
= аэропо́рт

alarm clock *noun*
= буди́льник

all
1 *determiner*
= весь
all the time = всё вре́мя
all day = весь день *or* це́лый день
all the people = все лю́ди
2 *pronoun*
= всё (*singular*); все (*plural*)
that's all = э́то всё
they've all left = они́ все ушли́
they came in all together = они́ вошли́ все вме́сте
3 *adverb*
• (*completely*) = совсе́м
he was all alone = он был совсе́м оди́н
• (*in scoring*) = по (+ *accusative*)
two all = по два
at all
(*in negative contexts*) = совсе́м не
I don't like football at all = мне совсе́м не нра́вится футбо́л

allow *verb*
= разреша́ть/разреши́ть (+ *dative*)
they don't allow me to smoke = они́ не разреша́ют мне кури́ть

all right
1 *exclamation*
= хорошо́! *or* ла́дно!
'come at seven!'—'all right!' = «приходи́те в семь часо́в!» — «хорошо́!»
2 *adjective*
• (*not bad*)

Age

When talking about age, the Russian word for 'year', год, is used. It has different forms according to the number coming in front of it. After the number *one*, and numbers ending in *one* such as *twenty-one*, it remains in the nominative singular form, год. After the numbers *two*, *three*, and *four*, and numbers ending in these, it is in the genitive singular, года. After the numbers *five and above* it is in the genitive plural form, лет. Лет is also the form used after the word сколько, 'how many'.

Asking how old a person is

Russian says 'how many to (the person) years?', so that the pronoun or noun referring to the person is in the dative case:

how old are you?	= сколько тебе лет? (ты *form*), сколько вам лет? (вы *form*)
how old is he?	= сколько ему лет?
what age is she?	= сколько ей лет?
how old is your brother?	= сколько лет твоему брату?
what age is her grandmother?	= сколько лет её бабушке?

Saying how old a person is

Russian says "to (the person) x years", so that the pronoun or noun referring to the person is in the dative case:

I am seventeen years old	= мне семнадцать лет
she's four years old	= ей четыре года
he is forty-one years old	= ему сорок один год
she is fifty-five	= ей пятьдесят пять лет
my mother's sixty-two	= моей маме шестьдесят два года
his sister's eight years old	= его сестре восемь лет

In colloquial usage, the word for years can be omitted in these examples:

he's eight	= ему — восемь
she's forty-two	= ей — сорок два

-year-old

The number is in the genitive case and the suffix -летний is added:

a three-year-old boy	= трёхлетний мальчик
a twenty-five-year-old woman	= двадцатипятилетняя женщина

Note that compound numbers in Russian are written as one word in this context.

Approximate ages

The preposition около (+ *genitive*) is used:

he's about fifty	= ему около пятидесяти лет
she's about twenty-four	= ей около двадцати четырёх лет

Comparing ages

To say 'older than' or 'younger than', the Russian words старше and младше are followed by the genitive case; alternatively, старше/младше чем (+ *nominative*) is used:

I'm older than you	= я старше тебя (*or* чем ты)
she's younger than him	= она младше его (*or* чем он)
Sasha's older than Nina	= Саша старше Нины (*or* чем Нина)
he's younger than his brother	= он младше своего брата (*or* чем его брат)

When saying how much older or younger, на (+ *accusative*) is used:

I'm two years older than you	= я на два года старше тебя
he's five years younger than his brother	= он на пять лет младше своего брата

'how are you?'—'all right!' = «как дела?» — «ничего!»

the film was all right = фильм был неплохой

is the tea all right? = как чай, ничего?

• (*in order; as it should be*)
is everything all right? = всё в порядке?

• (*feeling well*)
to feel all right = чувствовать себя нормально

are you all right? = вы чувствуете себя нормально? *or* вам нехорошо?

I'm all right now = сейчас у меня всё хорошо

• (*permissible; doesn't matter*) = ничего
is it all right if I [go out | come a bit later | smoke | phone you at work...]? = ничего, если я [выйду | приду попозже | покурю | позвоню тебе на работу...]?

it's all right to talk about it = об этом можно говорить

'I've got no money'—'it's all right, I've got some' = «у меня нет денег» — «ничего, у меня есть»

almost *adverb*
= почти
we're almost there = мы почти приехали
he almost forgot = он почти забыл

alone *adjective & adverb*
= один
she was alone in the house = она была одна в доме
he lives alone = он живёт один

along *preposition*
= по (+ *dative*)
he was walking along the street = он шёл по улице

already *adverb*
= уже
it's already late = уже поздно

also *adverb*
= тоже *or* также
we're also going = мы тоже пойдём
we also went to the cinema = мы также ходили в кино

! тоже *is used mostly with a subject that differs from a preceding one;* также *is used if a single subject is performing an additional action, or if the action is directed at an additional object*

although *conjunction*
= хотя
he did it although he didn't want to = он сделал это, хотя и не хотел

altogether *adverb*
= всего
how much is that altogether? = сколько это стоит всего?

always *adverb*
= всегда

he's always laughing = он всегда смеётся

we always go to Spain = мы всегда ездим в Испанию

a.m. *abbreviation*
• (*in the morning*) = утра
10.00 a.m. = десять часов утра
• (*in the night*) = ночи *or* утра
2.00 a.m. = два часа ночи *or* утра

ambulance *noun*
• (*the service*) = скорая помощь
we called an ambulance = мы вызвали скорую помощь
• (*the vehicle*) = машина скорой помощи
a new ambulance = новая машина скорой помощи

America *noun*
= Америка

American
1 *adjective*
= американский
2 *noun*
= американец/американка

among *preposition*
• (*amidst*) = среди (+ *genitive*)
among the trees = среди деревьев
• (*between*) = между (+ *instrumental*)
they divided the sweets among them = они разделили конфеты между собой

amount *noun*
= количество
a large amount of work = большое количество работы

an ▶ a

and *conjunction*
• (*in most contexts*) = и
Sasha and Nina = Саша и Нина
I like the theatre and the cinema = я люблю театр и кино
• (*introducing a contrast*) = а
my name's Natasha; and what's yours? = меня зовут Наташа; а как вас зовут?
• (*together with*) = с (+ *instrumental*)
bread and cheese = хлеб с сыром
• (*together with another person*) = с (+ *instrumental*)

! Note that the pronoun is in the plural; note also the word order:
my brother and I = мы с братом
you and I = мы с вами
he and his grandmother = они с бабушкой
Sasha and Misha = Саша с Мишей *or* Саша и Миша
• (*in numbers*)
two and a half = два с половиной
five hundred and sixty = пятьсот шестьдесят

angry adjective
= серди́тый (with + на + accusative)
an angry look = серди́тый взгляд
she is angry with him = она́ серди́та на
него́
to be, get angry =
серди́ться/рассерди́ться (with + на
+ accusative)
I'm angry with you = я сержу́сь на тебя́
he got angry = он рассерди́лся

animal noun
= живо́тное (noun)

annoy verb
= раздража́ть/раздражи́ть
she annoys me = она́ раздража́ет меня́

anorak noun
= ку́ртка

another
1 determiner
• (additional) = ещё оди́н or ещё
he bought another ticket = он купи́л ещё
оди́н биле́т
another cup of coffee? = ещё ча́шку
ко́фе?
• (different) = друго́й
he works for another firm = он рабо́тает
в друго́й фи́рме
2 pronoun
• (an additional one) = ещё оди́н or ещё
take another! = возьми́те ещё!
• (a different one) = друго́й
this cup is dirty; bring me another! = э́та
ча́шка гря́зная; принеси́те мне
другу́ю!

answer
1 noun
= отве́т
2 verb
= отвеча́ть/отве́тить (a person
+ dative; a question etc. + на
+ accusative)
she didn't answer him = она́ не
отве́тила ему́
he didn't answer my letter = он не
отве́тил на моё письмо́
to answer the phone =
подходи́ть/подойти́ к телефо́ну

answering machine noun
= автоотве́тчик
he left a message on my answering
machine = он оста́вил поруче́ние на
моём автоотве́тчике

anxious adjective
to be anxious = беспоко́иться
(imperfective)
he's anxious about the exams = он
беспоко́ится об экза́менах

any
1 determiner
• (in questions) = како́й-нибудь; but often
untranslated, especially before
uncountable nouns; како́й-нибудь

tends to be used emphatically to mean
any at all
is there any tea? = есть чай?
do you have any money? = у вас есть
де́ньги?
is there any hotel here (at all)? = здесь
есть кака́я-нибудь гости́ница?
• (with the negative) = никако́й; but often
untranslated, especially before
uncountable nouns; никако́й tends to
be used emphatically to mean none at
all
we don't have any bread = у нас нет
хле́ба
I don't have any friends (at all) = у меня́
нет никаки́х друзе́й
we couldn't get into any restaurant = ни
в како́й рестора́н мы не попа́ли
• (whatever) = любо́й
take any cup! = возьми́те любу́ю
ча́шку!
any more
• (in questions) = ещё
is there any more coffee? = есть ещё
ко́фе?
• (with the negative)
I haven't any more money = у меня́ нет
бо́льше де́нег
! See also more
in any case = во вся́ком слу́чае
2 pronoun
we don't have any bread—do you have
any? = у нас нет хле́ба — у вас есть?
do any of you want to go? = кто́-нибудь
из вас хо́чет пойти́?
take any of them = возьми́те любо́й

anybody pronoun (also **anyone**)
• (in questions) = кто́-нибудь
did you see anybody? = вы ви́дели
кого́-нибудь?
• (with the negative) = никто́
she doesn't know anybody = она́
никого́ не зна́ет
• (everybody) = любо́й
anybody can come = любо́й мо́жет
прийти́

anything pronoun
• (in questions) = что́-нибудь
do you want anything? = вы хоти́те
чего́-нибудь?
• (with the negative) = ничего́
she didn't say anything = она́ ничего́ не
сказа́ла
• (everything) = всё
I eat anything = я ем всё
say anything you want! = скажи́те всё,
что хоти́те!

anyway adverb
thanks, anyway! = в любо́м слу́чае —
спаси́бо!
he didn't want to go anyway = всё
равно́, он не хоте́л пойти́

anywhere adverb
• (in questions; no motion) = где́-нибудь

is there a shop anywhere here? = тут есть где-нибудь магазин?
- (*in questions; motion*) = куда-нибудь
are we going anywhere today? = мы поедем куда-нибудь сегодня?
- (*with the negative; no motion*) = нигде
I can't find the book anywhere = я нигде не могу найти книгу
- (*with the negative; motion*) = никуда
we're not going anywhere = мы никуда не поедем
- (*any place; no motion*) = где угодно
we can meet anywhere = мы можем встретиться где угодно
- (*any place; motion*) = куда угодно
you can go anywhere = вы можете идти куда угодно

apart from *preposition*
= кроме (+ *genitive*)

apartment *noun*
= квартира

apartment block *noun*
= многоквартирный дом

apologize *verb*
= извиняться/извиниться (**to** + перед + *instrumental*; **for** + за + *accusative*)
he apologized to her for his behaviour = он извинился перед ней за своё поведение

apparently *adverb*
= кажется
apparently, he forgot to come = кажется, он забыл прийти

appear *verb*
- (*to come into view*) = появляться/появиться
he suddenly appeared = он вдруг появился
- (*to perform*) = выступать/выступить
she appears on television = она выступает на телевидении
- (*to seem*) = казаться/показаться (+ *instrumental*)
he appears to be angry = он кажется сердитым
she appears to have lost the key = она, кажется, потеряла ключ

appetite *noun*
= аппетит

applause *noun*
= аплодисменты (*plural*)

apple *noun*
= яблоко

apply *verb*
= подавать/подать заявление (**for** + на + *accusative*)
she applied for a job = она подала заявление на работу

approach *verb*
- (*in most contexts*) = приближаться/приблизиться (+ к + *dative*)
the train was approaching the station = поезд приближался к станции
winter is approaching = зима приближается
- (*to walk up*) = подходить/подойти (+ к + *dative*)
he approached me = он подошёл ко мне
- (*to drive up*) = подъезжать/подъехать (+ к + *dative*)
we approached the house from behind = мы подъехали к дому сзади

April *noun*
= апрель (*masculine*)

architect *noun*
= архитектор

architecture *noun*
= архитектура

area *noun*
- (*region*) = район
- (*locality*) = местность

argue *verb*
= спорить/поспорить
they're always arguing = они всегда спорят

argument *noun*
(*a dispute*) = спор

arm *noun*
= рука
she's broken her arm = она сломала руку

armchair *noun*
= кресло

Armenia *noun*
= Армения

army *noun*
= армия
he joined the army = он пошёл в армию
he's in the army (*as a profession*) = он военный

around

> ! For translations of **around** in combination with verbs, e.g. **turn around**, see the entries for **turn** etc.

1 *preposition*
- (*in a circle around*) = вокруг (+ *genitive*)
we sat around the table = мы сидели вокруг стола
around the world = вокруг света
- (*up and down*) = по (+ *dative*)
they were walking around the garden = они ходили по саду
- (*at a time near to*) = около (+ *genitive*)

he came around four o'clock = он
пришёл около четырёх часов
2 *adverb*
  (*about*) = около (+ *genitive*)
  around ten pounds = около десяти
  фунтов

arrange *verb*
• (*to organize*) = устра́ивать/устро́ить
  he arranged a concert = он устро́ил
  конце́рт
• (*to agree*) =
  догова́риваться/договори́ться
  we arranged to meet = мы
  договори́лись встре́титься

arrest *verb*
  = аресто́вывать/арестова́ть

arrival *noun*
  = прибы́тие

arrive *verb*
• (*of a person on foot*) =
  приходи́ть/прийти́
• (*of a person by transport*) =
  приезжа́ть/прие́хать
• (*of a vehicle*) = приходи́ть/прийти́ *or*
  прибыва́ть/прибы́ть
  **what time does the train from Moscow
  arrive?** = в кото́ром часу́ прихо́дит
  (*or* прибыва́ет) по́езд из Москвы́?

art *noun*
• (*in general*) = иску́сство
• (*as a school subject*) = рисова́ние

art gallery *noun*
  = галере́я

article *noun*
  (*in a newspaper*) = статья́

artist *noun*
  = худо́жник

as
1 *conjunction*
• (*because*) = так как
  as it was raining, she didn't go = так
  как шёл дождь, она́ не ходи́ла
• (*when*) = когда́
  the phone rang as he was going out =
  телефо́н зазвони́л, когда́ он выходи́л
• (*conforming with what; in the same way
  as*) = как
  as you know, I love music = как вы
  зна́ете, я люблю́ му́зыку
  as usual = как обы́чно
• (*in the capacity of*) = как
  I speak as a friend = я говорю́ как друг
2 *relative pronoun*
  I have the same car as you = у меня́
  така́я же маши́на, как у вас
as ... as = тако́й же, как (*adjective*); так
  (же) как (*adverb*)
  he's as tall as you = он тако́й же
  высо́кий, как ты
  she sings as well as him = она́ поёт так
  же хорошо́, как и он

as if = как бу́дто
  she looked as if she wanted to leave = у
  неё был тако́й вид, как бу́дто она́
  хоте́ла уйти́
as much as = сто́лько, ско́лько
  I've done as much as I can = я сде́лала
  сто́лько, ско́лько я могу́
as soon as = как то́лько
as well (*also*) = та́кже *or* то́же

ashtray *noun*
  = пе́пельница

Asia *noun*
  = А́зия

Asian
1 *adjective*
  = азиа́тский
2 *noun*
  = азиа́т/азиа́тка

ask *verb*
• (*to enquire*) = спра́шивать/спроси́ть
  I'll ask my father = я спрошу́ отца́
  he asked a girl the way = он спроси́л
  доро́гу у де́вушки
  to ask (a person) a question =
  задава́ть/зада́ть вопро́с (+ *dative*)
  she asked him a question = она́ задала́
  ему́ вопро́с
• (*to request a thing; to ask for*) =
  проси́ть/попроси́ть (a thing
  + *accusative* or *genitive* or + о
  + *prepositional*)

  > **!** *The genitive tends to be used with
  > more abstract objects*:
  she asked for a cup of tea = она́
  попроси́ла ча́шку ча́ю (*accusative*)
  she asked permission = она́ попроси́ла
  разреше́ния (*genitive*)
  she asked for help = она́ попроси́ла
  по́мощи (*genitive*) *or* она́ попроси́ла о
  по́мощи
• (*to ask someone to do something*) =
  проси́ть/попроси́ть (+ *accusative*
  + *infinitive*)
  she asked me to help = она́ попроси́ла
  меня́ помо́чь
• (*to invite*) = приглаша́ть/пригласи́ть
  they asked him to dinner = они́
  пригласи́ли его́ на у́жин

asleep *adjective*
  to be asleep = спать (*imperfective*)
  to fall asleep = засыпа́ть/засну́ть

assistant *noun*
• (*a casual helper*) = помо́щник
• (*professional*) = ассисте́нт
• (*British English*) (*in a shop*) =
  продаве́ц/продавщи́ца

assure *verb*
  = уверя́ть/уве́рить
  I assure you = я уверя́ю вас

astronaut *noun*
  = астрона́вт

at *preposition*

> ! For translations of **at** in combination
> with verbs, e.g. **look at**, see the entries
> for **look** etc. For expressions such as
> **at night, at last** etc., see **night, last,**
> etc.

• (*a place*) = в *or* на (+ *prepositional*)
  at [the theatre | the hospital | school ...] = в
    [теа́тре | больни́це | шко́ле ...]
  at [a concert | work | the market ...] = на
    [конце́рте | рабо́те | ры́нке ...]

> ! Some nouns are used with в (e.g.
> больни́ца, гости́ница, кварти́ра,
> магази́н, музе́й, теа́тр, университе́т,
> шко́ла); others with на (e.g. вокза́л,
> заво́д, конце́рт, мо́ре, по́чта, рабо́та,
> ры́нок, ста́нция)

• (*by*) = у (+ *genitive*)
  at the window = у окна́
• (*at the house of*) = у (+ *genitive*)
  at John's (house) = у Джо́на
• (*expressions of time*)
  at six o'clock = в шесть часо́в
  at half past two = в полови́не тре́тьего
  at five to three = без пяти́ три

> ! See also the boxed note on ▶ **The
> clock p. 151**

at home = до́ма

athlete *noun*
= спортсме́н/спортсме́нка

athletics *noun*
= атле́тика

Atlantic *noun*
the Atlantic (**ocean**) = Атланти́ческий
  океа́н

atmosphere *noun*
= атмосфе́ра

attach *verb*
• (*to fix firmly*) = прикрепля́ть/прикрепи́ть
• (*to enclose*) = прилага́ть/приложи́ть

attachment *noun*
  (*to an email*) = приложе́ние

attack *verb*
= напада́ть/напа́сть на (+ *accusative*)
  he was attacked in the street = на него́
  напа́ли на у́лице

attempt
1 *verb*
= пыта́ться/попыта́ться
2 *noun*
= попы́тка

attend *verb*
• (*to go regularly*) = посеща́ть/посети́ть
• (*to be present*) = прису́тствовать
  (*imperfective*) на (+ *prepositional*)

attention *noun*
= внима́ние

to pay attention = обраща́ть/обрати́ть
  внима́ние (**to** + на + *accusative*)

attic *noun*
= черда́к

attract *verb*
= привлека́ть/привле́чь

attractive *adjective*
= привлека́тельный

audience *noun*
= пу́блика

August *noun*
= а́вгуст

aunt *noun*
= тётя

Australia *noun*
= Австра́лия

Australian
1 *adjective*
= австрали́йский
2 *noun*
= австрали́ец/австрали́йка

Austria *noun*
= Австрия

Austrian
1 *adjective*
= австри́йский
2 *noun*
= австри́ец/австри́йка

author *noun*
= а́втор *or* писа́тель (*masculine*)

autumn
1 *noun*
= о́сень
  in the autumn = о́сенью
2 *adjective*
= осе́нний

avoid *verb*
= избега́ть/избежа́ть (+ *genitive*)
  she's avoiding me = она́ избега́ет меня́
  she avoided meeting him = она́
  избежа́ла встре́чи с ним

> ! As shown in the above examples, this
> verb needs to be followed by a noun or
> pronoun in Russian rather than a verb

awake *adjective*
to be awake = не спать (*imperfective*)
  he was awake all night = он всю ночь
  не спал
  is he awake yet? = он уже́ просну́лся?

away *adverb*
• (*absent*)
  he's away at the moment = его́ сейча́с
  нет *or* он уе́хал
  how long will you be away? = ско́лько
  вре́мени вас не бу́дет?
  she's away on business = она́ уе́хала в
  командиро́вку
• (*distant*)

far away = далекó
five miles away = в пятú мúлях отсю́да

> ! For translations of **away** in
> combination with verbs, e.g. **run away**,
> **throw away**, see the entries for **run**,
> **throw**, etc.

awful adjective
= ужáсный

awfully adverb
= ужáсно

Azerbaijan noun
= Азербайджáн

Bb

---

baby noun
= ребёнок
she's feeding the baby = онá кóрмит
ребёнка

babysit verb
= смотрéть (imperfective) за ребёнком
(one child) or детьмú (more than one
child)

babysitter noun
= приходя́щая ня́ня

back
1 noun
• (part of the body) = спинá
• (the rear)
the back of the house is always cold = в
зáдней чáсти дóма всегдá хóлодно
at the back = сзáди
we sat at the back = мы сидéли сзáди
• (the other side) = оборóтная сторонá or
оборóт
the back of a cheque = оборóтная
сторонá чéка
2 adjective
= зáдний
the back seat = зáднее сидéнье
3 verb
• (to reverse a vehicle)
she backed the car into the garage = онá
въéхала зáдним хóдом в гарáж
• (of a vehicle: to reverse)
the car was backing into a side street =
машúна въéхала зáдним хóдом в
переу́лок
to be back = возвращáться/верну́ться
I'll be back in five minutes = я верну́сь
чéрез пять мину́т

> ! For translations of **back** in combination
> with verbs, e.g. **give back**, see the
> entries for **give** etc.

background noun
• (of a picture or scene) = зáдний план
there are trees in the background = на
зáднем плáне — дерéвья
• (a contrasting surface) = фон
on a dark background = на тёмном фóне
• (a family) = семья́
he comes from a poor background = он
из бéдной семьú

backwards adverb
= назáд
a step backwards = шаг назáд

bacon noun
= бекóн

bad adjective
• (not good) = плохóй
a bad film = плохóй фильм
• (severe) = сúльный
a bad headache = сúльная головнáя
боль
he's got a bad cold = он сúльно
простудúлся
• (serious) = серьёзный
a bad accident = серьёзная авáрия
not bad! = неплóхо! or ничегó!
'how are you?'—'not bad!' = «как делá?»
— «неплóхо!»

badly adverb
• (not well) = плóхо
she slept badly = онá плóхо спалá
• (seriously) = тяжелó or сúльно
he was badly wounded = он был тяжелó
рáнен
the table was badly damaged = стол был
сúльно поврежён

badminton noun
= бадминтóн

bag noun
• (a shopping bag, school bag) = су́мка
• (a handbag) = су́мочка
• (a paper bag, a plastic bag) = пакéт
• (a suitcase) = чемодáн

baggage noun
= багáж

bake verb
= печь/испéчь
he baked a cake = он испёк торт

baker's noun (also **bakery**)
= бу́лочная (noun)

balalaika noun
= балалáйка

balcony noun
= балкóн

bald adjective
= лы́сый

ball noun
• (in most games) = мяч
• (in billiards) = шар

ballet noun
= балет

ballet dancer noun
= артист/артистка балета or
танцовщик/танцовщица

banana noun
= банан

band noun
• (of pop musicians) = группа
a rock band = рок-группа
• (of jazz or military musicians) = оркестр
a jazz band = джаз-оркестр

bandage noun
= бинт

bank 1 noun
(for money) = банк

bank 2 noun
(of a river) = берег

bar noun
(a pub) = бар

bare adjective
• (naked) = голый
• (empty) = пустой

bark verb
= лаять (imperfective)

barn noun
= сарай

baseball noun
= бейсбол

basement noun
= подвал

basic adjective
= основной

basically adverb
= в основном

basin noun
• (a washbasin) = умывальник
• (a bowl) = миска

basis noun
= основа

basket noun
= корзина

basketball noun
= баскетбол

bat noun
(for hitting) = бита

bath noun
= ванна
to have a bath = принимать/принять
ванну or купаться/выкупаться

bathe verb
(to swim) = купаться/выкупаться

bathing costume (British English),
bathing suit (US English) noun
= купальник

B

bathroom noun
• (a room with a bath) = ванная (noun)
• (US English) (a toilet) = туалет

battery noun
• (large, for a vehicle) = батарея
• (small, for a torch etc.) = батарейка

battle noun
= битва

be
1 verb
= быть
• (in the present tense)

> **!** The verb to be is usually omitted in the
> present tense in Russian:
> he's a teacher = он учитель
> she is young = она молодая
> today is Tuesday = сегодня вторник
> it's late = поздно
> it's six o'clock = сейчас шесть часов
> how are you? = как вы?

• (to be situated) = находиться
(imperfective)
the Kremlin is in the centre of Moscow =
Кремль находится в центре Москвы
• (in the past tense and future tense)
yesterday was Tuesday = вчера был
вторник
tomorrow will be Saturday = завтра
будет суббота
it was cold yesterday = вчера было
холодно
tomorrow will be hot = завтра будет
жарко

> **!** In the past and future tenses, быть is
> followed by the instrumental
> in the following contexts:
> he was an engineer = он был инженером
> she will be a doctor = она будет врачом
> the film was boring = фильм был
> скучным
> the play will be interesting = пьеса будет
> интересной

> **!** In some cases, an impersonal
> construction is used to translate to be:
> I'm cold = мне холодно
> I was hot = мне было жарко
> she will be five tomorrow = ей будет пять
> лет завтра

• (when talking about going to places) =
бывать (imperfective)
he's often at my place = он часто бывает
у меня
she's never been to Spain = она никогда
не бывала в Испании
have you ever been to India? = вы
когда-нибудь бывали в Индии?
• (to cost)
how much is that? = сколько это стоит?
that will be five roubles = с вас пять
рублей

2 *auxiliary verb*
* (*in continuous tenses*)

> **!** For the present continuous, Russian uses the present imperfective; for the past continuous, the past tense of the imperfective verb; and for the future continuous, the future tense of быть + the imperfective infinitive:

I'm coming = я иду
it's raining = дождь идёт
she was reading = она читала
it was snowing = шёл снег
what will she be doing tomorrow? = что она будет делать завтра?
* (*when expressing obligation or a plan*) = должен + *infinitive*
I am to be there tomorrow = я должна быть там завтра
he was to help me = он должен был помочь мне
you are to do it at once = вы должны это сделать сразу
* (*when expressing the passive*)

> **!** In Russian the passive is expressed by быть + the short form of the past passive participle, or by an impersonal construction with the verb in the 3rd person plural; alternatively, an active construction can be used:

the house was built last year = дом был построен в прошлом году
she was invited to the theatre = её пригласили в театр
he was helped by his brother = ему помог брат

beach *noun*
= пляж
they sat on the beach = они сидели на пляже

beans *noun*
= фасоль (*collective; no plural*)

bear
1 *noun*
= медведь (*masculine*)
2 *verb*
(*to endure*) = терпеть (*imperfective*)
I can't bear him = я его не терплю

beard *noun*
= борода
he has a beard = у него борода

beat *verb*
* (*to hit*) = бить/побить
she beats her dog = она бьёт свою собаку
* (*to be victorious over*) = выигрывать/выиграть у (+ *genitive*; at + в + *accusative*)
she always beats me at tennis = она всегда выигрывает у меня в теннис
Scotland beat England two nil = Шотландия выиграла у Англии со счётом два нуль
* (*of the heart*) = биться (*imperfective*)

beat up = избивать/избить

beautiful *adjective*
* (*physically*) красивый
beautiful flowers = красивые цветы
* (*fine, excellent*) = прекрасный
beautiful weather = прекрасная погода

beauty *noun*
= красота

because *conjunction*
= потому что *or* так как

because of *preposition*
= из-за (+ *genitive*)
because of the rain = из-за дождя

become *verb*
= становиться /стать (+ *instrumental* or indeclinable predicative adjective)
he became a doctor = он стал врачом
the weather's becoming worse = погода становится хуже

bed *noun*
= кровать *or* постель
to go to bed = ложиться/лечь спать
to make the bed = стелить/постелить кровать

> **!** When referring to a bed as a piece of furniture, кровать should be used, e.g. the cat crawled under the bed = кошка залезла под кровать

bed and breakfast *noun*
(*a small hotel*) = маленькая гостиница

bedroom *noun*
= спальня

beef *noun*
= говядина

beer *noun*
= пиво
two beers, please = два пива, пожалуйста

beetroot *noun*
= свёкла

before
1 *preposition*
* (*preceding an event*) = перед (+ *instrumental*)
before lunch = перед обедом
* (*earlier than a time*) = до (+ *genitive*)
before six = до шести часов
* (*in front of*) = перед (+ *instrumental*)
before a big audience = перед большой публикой
2 *conjunction*
= перед тем, как *or* прежде чем (+ *infinitive*)
before she went to bed she watched television = перед тем, как (*or* прежде чем) лечь спать, она смотрела телевизор

3 adverb
where he lived before = где он ра́ньше жил
have you been to Russia before? = вы ра́ньше быва́ли в Росси́и?
two months before = за два ме́сяца до э́того

begin verb
* (to start doing something) = начина́ть/нача́ть (+ imperfective infinitive)
she began to speak = она́ начала́ говори́ть
they began work = они́ на́чали рабо́ту

> **!** In Russian, the beginning of an action is often indicated by the prefix on the verb (usually по- or за-); in such cases 'begin to' is not translated:
he began to run = он побежа́л
they began to cry = они́ запла́кали
* (to commence) = начина́ться/нача́ться
the concert begins early = конце́рт начина́ется ра́но
it began to rain = на́чался дождь

beginning noun
= нача́ло
at the beginning of May = в нача́ле ма́я

behave verb
= вести́ (imperfective) себя́
she behaved badly = она́ пло́хо себя́ вела́

behaviour (British English), **behavior** (US English) noun
= поведе́ние

behind
1 preposition
* (position) = за (+ instrumental)
behind the house = за до́мом
behind me = за мной
* (motion) = за (+ accusative)
the spoon fell behind the cupboard = ло́жка упа́ла за шкаф
2 adverb
= сза́ди
he was walking behind = он шёл сза́ди
from behind = из-за (+ genitive)

Belarus noun
= Белару́сь

Belgium noun
= Бе́льгия

believe verb
= ве́рить/пове́рить (+ dative)
I believe him = я ему́ ве́рю
believe in = ве́рить/пове́рить в (+ accusative)
I believe in God = я ве́рю в Бо́га

bell noun
* (of a church) = ко́локол
* (a doorbell) = звоно́к

belong verb
* (to be the property of) = принадлежа́ть (imperfective) (to + dative)

that book belongs to me = та кни́га принадлежи́т мне
* (to be a member of) = быть чле́ном (to + genitive)
he belongs to the youth club = он член молодёжного клу́ба
* (to be kept) = до́лжен быть
these plates belong in the cupboard = э́ти таре́лки должны́ быть в шкафу́

below
1 preposition
* (position) = под (+ instrumental)
the kitchen is below the bathroom = ку́хня нахо́дится под ва́нной
* (less than) = ни́же
five degrees below zero = пять гра́дусов ни́же нуля́
2 adverb
= внизу́
in the flat below = в кварти́ре внизу́
in the street below = внизу́ на у́лице

belt noun
* (leather) = реме́нь (masculine)
* (cloth) = по́яс

bench noun
= скаме́йка

bend
1 noun
* (in a road) = поворо́т
2 verb
* (to put a curve in) = сгиба́ть/согну́ть
he bent the pipe = он согну́л трубу́
* (to become curved) = сгиба́ться/согну́ться
the branch bent = ве́тка согну́лась
* (of a road) = повора́чивать/поверну́ть
bend down = нагиба́ться/нагну́ться
she bent down and picked up the letter = она́ нагну́лась и подняла́ письмо́

benefit
1 noun
= по́льза
2 verb
= приноси́ть/принести́ по́льзу (a person or thing + dative)

berry noun
= я́года

beside preposition
* (next to) = ря́дом с (+ instrumental)
she was sitting beside me = она́ сиде́ла ря́дом со мной
* (near) = о́коло (+ genitive)
beside the sea = о́коло мо́ря

besides
1 preposition
= кро́ме (+ genitive)
besides us = кро́ме нас
2 adverb
= кро́ме того́
besides, she didn't want to go = кро́ме того́, она́ не хоте́ла пойти́

best
1 *adjective*
- (*attributive*) = лу́чший *or* са́мый лу́чший *or* наилу́чший
  the best hotel = лу́чшая гости́ница
  my best friend = мой лу́чший друг
- (*predicative*) = лу́чше всего́ *or* лу́чше всех
  the weather is best in the south = пого́да лу́чше всего́ на ю́ге
  this method is best = э́тот спо́соб лу́чше всех
2 *adverb*
- (*forming the superlative*) = лу́чше всего́ *or* лу́чше всех
  he works best at night = он рабо́тает лу́чше всего́ но́чью
  he played best of all of them = он игра́л лу́чше их всех
- (*to the greatest extent*) = бо́льше всего́ *or* бо́льше всех
  I like tennis best = я люблю́ те́ннис бо́льше всего́
all the best! = всего́ хоро́шего! *or* всего́ до́брого! *or* счастли́во!
with best wishes = с наилу́чшими пожела́ниями

better
1 *adjective*
- (*attributive*) = лу́чший
  that's a better idea = э́то лу́чшая иде́я
- (*predicative*) = лу́чше
  the weather is getting better = пого́да стано́вится лу́чше
  I feel better now = я чу́вствую себя́ лу́чше тепе́рь
2 *adverb*
- (*forming the comparative*)
  he plays better than me = он игра́ет лу́чше меня́
- (*to a greater extent*)
  I like this blouse better = я предпочита́ю э́ту блу́зку
had better = лу́чше бы (*impersonal + dative + infinitive*)
  we had better not go = нам лу́чше бы не ходи́ть

between *preposition*
= ме́жду (*+ instrumental*)
  between three and four o'clock = ме́жду тремя́ и четырьмя́ часа́ми

beyond *preposition*
- (*position*) = за (*+ instrumental*)
  beyond the town = за го́родом
- (*motion*) = за (*+ accusative*)
  don't go beyond the line! = не ходи́ за ли́нию!

bicycle *noun*
= велосипе́д
  he was riding a bicycle = он е́хал на велосипе́де

big *adjective*
= большо́й

bigger *adjective*
- (*attributive*) = бо́льший
  he lives in a bigger house than me = он живёт в бо́льшем до́ме, чем я
- (*predicative*) = бо́льше
  his house is bigger than mine = его́ дом бо́льше, чем мой

bike ▶ **bicycle**

bill *noun*
= счёт
  could we have the bill, please? = принеси́те счёт, пожа́луйста!
  we paid the bill = мы оплати́ли счёт

bin ▶ **rubbish bin**

biology *noun*
= биоло́гия

bird *noun*
= пти́ца

bird flu *noun*
= пти́чий грипп

birth *noun*
= рожде́ние

birthday *noun*
= день рожде́ния
  Happy Birthday! = с днём рожде́ния!

birthday party *noun*
= день рожде́ния
  he came to my birthday party = он пришёл ко мне́ на день рожде́ния

biscuit *noun* (*British English*)
= пече́нье (*collective; no plural*)
  please pass the biscuits! = переда́йте, пожа́луйста, пече́нье!
  he ate four biscuits = он съел четы́ре пече́нья

> **!** Since пече́нье *can only be used in the singular, another word has to be used if you want to say* he ate five biscuits. *Either use* штука: он съел пять штук, *or the dimininutive* пече́нька

bit *noun*
- (*a piece*) = кусо́к
  a bit of bread = кусо́к хле́ба
- (*a small amount, a little*) = немно́го (*+ genitive*)
  a bit of time = немно́го вре́мени
- (*with adjectives and adverbs*) = немно́го
  it's still a bit early = ещё немно́го ра́но
a bit + -er = немно́го *or* по- (*+ comparative of the adjective or adverb*)
  a bit bigger = немно́го бо́льше *or* побо́льше
not a bit = совсе́м не
  he wasn't a bit angry = он был совсе́м не серди́т

bite verb
= куса́ть/укуси́ть
the dog bit him = соба́ка укуси́ла его́

bitter adjective
= го́рький

black adjective
= чёрный
a black coffee = чёрный ко́фе
a black person = негр/негритя́нка

blackberry noun
= ежеви́ка (collective; no plural)
blackberries and cream = ежеви́ка со
сли́вками

blackboard noun
= доска́

blackcurrant noun
= чёрная сморо́дина (collective; no
plural)

blame
1 verb
= вини́ть (imperfective) (for + в
+ prepositional or за + accusative)
don't blame me for it! = не вини́те меня́ в
э́том!
2 noun
= вина́

blank adjective
• (of paper, a cassette) = чи́стый
• (of a screen) = пусто́й

blanket noun
= одея́ло

blind adjective
= слепо́й

blizzard noun
= мете́ль

block
1 noun
• (a block of flats) = многокварти́рный
дом
• (of a city street) = кварта́л
2 verb
(to obstruct) = загражда́ть/загради́ть
the road was blocked = доро́га была́
загражде́на

blonde adjective
= све́тлый
he/she has blonde hair = он блонди́н/она́
блонди́нка

blood noun
= кровь

bloody *adjective
(confounded) = прокля́тый*

bloom verb
= цвести́ (imperfective)

blouse noun
= блу́зка

blow
1 verb
= дуть (imperfective)
the wind was blowing = ве́тер дул
2 noun
= уда́р
blow up
• (to explode) = взрыва́ться/взорва́ться
the building blew up = зда́ние взорва́лось
• (to cause to explode) =
взрыва́ть/взорва́ть
they blew up the building = они́ взорва́ли
зда́ние

blue adjective
• (dark) = си́ний
• (light) = голубо́й

blush verb
= красне́ть/покрасне́ть

board noun
= доска́

boarding school noun
= интерна́т

boat noun
• (small) = ло́дка
• (large) = кора́бль (masculine)

body noun
= те́ло

boil verb
• (to come to the boil) = кипе́ть/вскипе́ть
the kettle is boiling = ча́йник кипи́т
• (to cook by boiling) = вари́ть/свари́ть
she boiled an egg = она́ свари́ла яйцо́
• (to bring water or milk to the boil) =
кипяти́ть/вскипяти́ть

bomb
1 noun
= бо́мба
2 verb
= бомби́ть (imperfective)

bone noun
= кость

book
1 noun
= кни́га
2 verb
• (a ticket, a table, a taxi) =
зака́зывать/заказа́ть
• (a hotel room) =
брони́ровать/заброни́ровать

bookcase noun
= кни́жный шкаф

bookshelf noun
= кни́жная по́лка

bookshop noun
= кни́жный магази́н

B

boot *noun*
* (*knee-length*) = сапо́г
* (*a sturdy shoe*) = боти́нок
* (*British English*) (*of a car*) = бага́жник

border *noun*
(*a frontier*) = грани́ца

bored *adjective*
to be bored = *dative* (*of person*)
  + ску́чно
I'm bored = мне ску́чно
we were bored = нам бы́ло ску́чно

boring *adjective*
= ску́чный

born *adjective*
to be born = роди́ться (*imperfective &*
  perfective)
she was born in 1953 = она́ роди́лась в
  ты́сяча девятьсо́т пятьдеся́т тре́тьем
  году́

borrow *verb*
* (*money*) = занима́ть/заня́ть (from + y
  + *genitive*)
he borrowed five pounds from his father =
  он за́нял пять фу́нтов у отца́
* (*to take temporarily*) = брать/взять
may I borrow your bike? = мо́жно взять
  твой велосипе́д?

boss *noun*
= нача́льник

both
1 *determiner*
= о́ба (+ *genitive singular of the noun;*
  verb and adjective in the plural)
both my sons are studying in London =
  о́ба мои́ сына́ у́чатся в Ло́ндоне
both the girls are clever = о́бе де́вочки
  у́мные
2 *pronoun*
the books are both interesting = о́бе
  кни́ги интере́сные
both of us like music = мы о́ба лю́бим
  му́зыку
both ... and = и ... ,и
both in Europe and Amerika = и в
  Евро́пе, и в Аме́рике

bother *verb*
* (*to disturb*) = беспоко́ить/побеспоко́ить
I'm sorry to bother you = извини́те, что я
  вас беспоко́ю
* (*to trouble oneself*) = потруди́ться
  (*perfective*)
he didn't bother to answer the letter = он
  не потруди́лся отве́тить на письмо́

bottle *noun*
= буты́лка

bottom
1 *noun*
* (*of the sea, a container*) = дно
  at the bottom of [the page | the stairs ...] =
    внизу́ [страни́цы | ле́стницы ...]
* (*of a mountain*) = подно́жие
* (*the buttocks*) = зад
2 *adjective*
= ни́жний
the bottom shelf = ни́жняя по́лка

bound *adjective*
he's bound to be there = он обяза́тельно
  там бу́дет
it was bound to happen = э́то должно́
  бы́ло случи́ться

boundary *noun*
= грани́ца

bowl *noun*
* (*for eating from*) = глубо́кая таре́лка
* (*in cookery*) = ми́ска
* (*for washing up in*) = та́зик
* (*large, for washing clothes in*) = таз

box *noun*
* (*small*) = коро́бка
a box of chocolates = коро́бка шокола́да
* (*large*) = я́щик
* (*a cardboard box*) = карто́нка

boxing *noun*
= бокс

box office *noun*
= ка́сса

boy *noun*
= ма́льчик

boyfriend *noun*
= друг

bra *noun*
= ли́фчик

brain *noun*
= мозг

brake
1 *noun*
= то́рмоз
2 *verb*
= тормози́ть/затормози́ть

branch *noun*
(*of a tree*) = ве́тка

brandy *noun*
= конья́к

brave *adjective*
* (*courageous*) = хра́брый
* (*daring, bold*) = сме́лый

bread *noun*
= хлеб

break
1 *verb*
- (*to snap*) = лома́ть/слома́ть
  he broke the chair = он слома́л стул
  she broke her arm = она́ слома́ла ру́ку
- (*to be snapped*) = лома́ться/слома́ться
  his pencil broke = его́ каранда́ш
  слома́лся
- (*to smash*) = разбива́ть/разби́ть
  he broke a cup = он разби́л ча́шку
- (*to be smashed*) =
  разбива́ться/разби́ться
  the plate broke = таре́лка разби́лась
- (*to be torn, ripped*) =
  разрыва́ться/разорва́ться
  the rope broke = верёвка разорвала́сь
- (*the law, a rule, a promise*) =
  наруша́ть/нару́шить
  she broke her promise = она́ нару́шила
  обеща́ние
2 *noun*
  (*a pause*) = переры́в
  let's have a break! = сде́лаем переры́в!
break down = лома́ться/слома́ться
  the car broke down = маши́на слома́лась
break up (*of a couple*) =
  расходи́ться/разойти́сь
  she broke up with her boyfriend = она́
  разошла́сь с дру́гом

breakfast *noun*
= за́втрак
to have breakfast =
  за́втракать/поза́втракать

breast *noun*
= грудь

breathe *verb*
= дыша́ть (*imperfective*)

brick *noun*
= кирпи́ч

bridge *noun*
= мост

brief *adjective*
= кра́ткий

briefcase *noun*
= портфе́ль (*masculine*)

bright *adjective*
= я́ркий

brilliant *adjective*
= блестя́щий

bring *verb*
- (*by carrying*) = приноси́ть/принести́
  he brought me some flowers = он принёс
  мне цветы́
- (*to accompany*) = приводи́ть/привести́
  he brought his sister to the party = он
  привёл сестру́ на вечери́нку
- (*by transport*) = привози́ть/привезти́
  they brought me home = они́ привезли́
  меня́ домо́й
bring back = возвраща́ть/верну́ть

he brought the books back = он верну́л
  кни́ги
bring up = воспи́тывать/воспита́ть
  he was brought up by an aunt = его́
  воспита́ла тётя

British
1 *adjective*
= брита́нский
2 *noun*
the British = брита́нцы

broad *adjective*
= широ́кий

broadband *noun*
= широкополо́сная переда́ча да́нных

broadcast
1 *noun*
= переда́ча
2 *verb*
  (*on the radio/TV*) = передава́ть/переда́ть
  по [ра́дио | телеви́дению …]

broken *adjective*
= сло́манный

broom *noun*
= метла́

brother *noun*
= брат

brown *adjective*
- (*in most contexts*) = кори́чневый
- (*tanned*) = загоре́лый

brush
1 *noun*
- (*for hair, teeth, sweeping*) = щётка
- (*a paintbrush*) = кисть
2 *verb*
- (*hair*) = причёсывать/причеса́ть
- (*teeth, shoes*) = чи́стить/вы́чистить *or*
  почи́стить (щёткой)

bucket *noun*
= ведро́

buckwheat *noun*
= гре́чневая ка́ша

build *verb*
= стро́ить/постро́ить
  they built a house = они́ постро́или дом

builder *noun*
= строи́тель (*masculine*)

building *noun*
= зда́ние

bulb *noun*
- (*a light bulb*) = ла́мпочка
- (*of a plant*) = лу́ковица

Bulgaria *noun*
= Болга́рия

bump *verb*
= ударя́ться/уда́риться (+ *instrumental*)
  he bumped his head on the door = он
  уда́рился голово́й о дверь

B

bump into (to collide with; to meet by chance) = наталкиваться/натолкнуться на (+ accusative)
she bumped into a tree = она натолкнулась на дерево

bunch noun
a bunch of flowers = букет цветов

bureaucracy noun
= бюрократия

burger noun
= котлета

burglar noun
= взломщик

burn verb
* (to be on fire) = гореть (imperfective)
the house was burning = дом горел
the fire is burning well = огонь хорошо горит
* (to set on fire; to scorch food) = жечь/сжечь
they burnt the rubbish = они сожгли мусор
she burnt the pie = она сожгла пирог
* (to injure) = обжигать/обжечь
she burnt her hand = она обожгла руку
to burn oneself = обжигаться/обжечься
* (of food) = подгорать/подгореть
the meat burnt = мясо подгорело
* (in the sun) = сгорать/сгореть
he (got) burnt in the sun = он сгорел на солнце

burn down
* (to be burnt) = сгорать/сгореть
the factory burnt down = фабрика сгорела
* (to destroy by fire) = жечь/сжечь
they burnt the house down = они сожгли дом

bury verb
* (a corpse) = хоронить/похоронить
* (an object) = закапывать/закопать

bus noun
= автобус

bus driver noun
= водитель (masculine) автобуса

bush noun
= куст

business noun
* (commercial activities) = бизнес or торговля
business is good = бизнес идёт хорошо
he's here on business = он здесь по делам
* (a company) = предприятие or фирма or компания
* (affair) = дело
it's none of your business! = это не ваше дело!

businessman noun
= бизнесмен

businesswoman noun
= женщина-бизнесмен

bus station noun
= автобусная станция

bus stop noun
= автобусная остановка

busy adjective
* (occupied) = занят
she is very busy = она очень занята
he's busy talking = он занят разговором
* (US English) (engaged) = занятый
the line is busy = линия занята
* (full of activity)
the town was busy = в городе было много народу
the roads are busy = на дорогах большое движение

but
1 conjunction
* (yet, however) = но
she wanted to go, but wasn't allowed = она хотела пойти, но ей не разрешили
* (expressing a contrast) = а
he is English, but she is Scottish = он—англичанин, а она—шотландка
2 preposition
= кроме (+ genitive)
everyone but me = все, кроме меня

butcher's (**shop**) noun
= мясной магазин

butter noun
= масло
bread and butter = хлеб с маслом

button noun
* (on clothes) = пуговица
* (on a device) = кнопка

buy verb
= покупать/купить
he bought her a blouse for ten pounds = он купил ей (dative) блузку за десять фунтов

by
1 preposition
* (next to) = около (+ genitive) or у (+ genitive)
by the station = около вокзала
by the window = у окна
* (next to) = рядом с (+ instrumental)
he sat by me = он сидел рядом со мной
* (means of transport) = на (+ prepositional); or + instrumental (no preposition)
we went by train = мы ездили на поезде or мы ездили поездом
* (indicating the author or painter) = + genitive
a book by Tolstoy = книга Толстого
* (by means of) = + instrumental
she paid by cheque = она заплатила чеком
* (in passive constructions) = + instrumental

the play was written by Chekhov = пьéса былá напи́сана Чéховым
- (*when talking about time*) = к (+ *dative*)
  by Thursday = к четвергý
  by six o'clock = к шести́ часáм
  he should be there by now = он дóлжен быть там ужé
- (*means of communication*) = по (+ *dative*)
  by post = по пóчте

2 *adverb*
go by ▶ **go**

Cc

cabbage *noun*
= капýста (*collective; no plural*)

café *noun*
= кафé (*neuter indeclinable*)

cake *noun*
- (*a large elaborate one*) = торт
- (*an individual one*) = пирóжное (*noun*)

cake shop *noun*
= кондúтерская (*noun*)

calendar *noun*
= календáрь (*masculine*)

call
1 *verb*
- (*to shout to*) = звать/позвáть
  your mother's calling you = тебя́ зовёт мáма
  she was called to the phone = сё позвáли к телефóну
- (*to send for*) = вызывáть/вы́звать
  he called an ambulance = он вы́звал скóрую пóмощь
- (*to name*) = называ́ть/назвáть
  they called the baby Masha = они́ назвáли ребёнка Мáшей (*instrumental*) or Мáша (*nominative*)
to be called
- (*of an object*) = называ́ться/назвáться
  what's this called? = как э́то называ́ется?
  the book's called 'War and Peace' = кни́га называ́ется «Войнá и мир»
- (*of a person*)

  ! *The person is in the accusative case and the name is in the nominative case:*
  she's called Natasha = её зовýт Натáша
  the teacher's called Ivan Petrovich = учи́теля зовýт Ивáн Петрóвич
  what's your brother called? = как зовýт вáшего брáта?

- (*to describe as*) = называ́ть/назвáть
  he called me a fool = он назвáл меня́ дуракóм (*instrumental*)
- (*to phone*) = звони́ть/позвони́ть
  call me tomorrow! = позвони́те мне (*dative*) зáвтра!
- (*to wake*) = буди́ть/разбуди́ть
- (*to visit*) = заходи́ть/зайти́
  they called yesterday = они́ заходи́ли вчерá

2 *noun*
- (*a shout*) = крик
- (*a phone call*) = звонóк

call back
- (*to phone back*) = перезвáнивать/перезвони́ть
- (*to come back*) = заходи́ть/зайти́ опя́ть

call for (*to fetch*) = заходи́ть/зайти́ за (+ *instrumental*)

call off (*to cancel*) = отменя́ть/отмени́ть

call on (*to visit*) = заходи́ть/зайти́ к (+ *dative*)

call up (*to phone*) = звони́ть/позвони́ть (+ *dative*)

call box *noun* (*British English*)
= телефóн-автомáт

call centre *noun*
= колл-цéнтр

calm *adjective*
= спокóйный
calm down =
успокáиваться/успокóиться

camcorder *noun*
= видеокáмера

camera *noun*
= фотоаппарáт

camp
1 *noun*
= лáгерь (*masculine*)
2 *verb*
I like camping = я люблю́ жить в палáтках
the children camp out when it's fine = дéти ночýют в палáтках, когдá погóда хорóшая
we go camping every year = кáждый год мы отдыхáем в лáгере

campsite *noun*
= кéмпинг

can¹ *verb*

  ! *For the past tense see* **could**
- (*to be in a position to*) = мочь/смочь
  can you come? = вы смóжете прийти́?
  I can't sleep = я не могý спать
- (*to have the skill*) = умéть/сумéть
  he can't swim = он не умéет плáвать
- (*to be allowed; in requests*) = мочь/смочь or мóжно (+ *dative* + *infinitive*)
  can I take this book? = могý ли я взять э́ту кни́гу?
  can I have a look? = мóжно мне посмотрéть?

you can't smoke here = здесь нельзя́ кури́ть
can you help me? = вы не мо́жете мне помо́чь?

! With **see**, **hear**, and **understand** can is not usually translated in the present tense:
I can't see you = я вас не ви́жу

can² noun
(a container) = ба́нка

Canada noun
= Кана́да

Canadian
1 adjective
= кана́дский
2 noun
= кана́дец/кана́дка

canal noun
= кана́л

cancel verb
= отменя́ть/отмени́ть
we cancelled our trip = мы отмени́ли пое́здку

cancer noun
= рак

candle noun
= свеча́

candy noun (US English)
= конфе́ты (plural)
a piece of candy = конфе́та

can opener noun
= консе́рвный нож

canteen noun
= столо́вая (noun)

cap noun
(of cloth) = ке́пка

capital noun
= столи́ца
Moscow is the capital of Russia = Москва́ — столи́ца Росси́и

captain noun
= капита́н

capture verb
• (a place) = захва́тывать/захвати́ть
• (to take prisoner) = брать/взять в плен

car noun
• (a motor car) = маши́на
we went to London by car = мы пое́хали в Ло́ндон на маши́не
• (US English) (part of a train) = ваго́н

caravan noun (British English)
= автофурго́н

caravan site noun (British English)
= стоя́нка для автофурго́нов

card noun
• (a greetings card) = откры́тка

he sent me a birthday card = он посла́л мне откры́тку на день рожде́ния
• (a playing card) = ка́рта
• (a credit card, a season ticket) = ка́рточка

care verb
(to be concerned) = забо́титься/позабо́титься
he only cares about himself = он забо́тится то́лько о себе́
I don't care = мне всё равно́
take care
he took care not to be late = он позабо́тился, что́бы не опозда́ть
take care not to make mistakes! = смотри́те, не де́лайте оши́бок!
take care of = уха́живать (imperfective) за + (instrumental)
he takes care of the garden = он уха́живает за са́диком
he takes care of his mother = он уха́живает за ма́терью

career noun
= карье́ра

careful adjective
= осторо́жный
careful! = осторо́жно!
be careful with my records! = бу́дьте осторо́жны с мои́ми пласти́нками!
be careful not to wake the baby! = смотри́те, не буди́те ребёнка!

careless adjective
• (negligent) = небре́жный
• (incautious) = неосторо́жный

carol noun
= рожде́ственская пе́сня

car park noun (British English)
= стоя́нка

carpenter noun
= пло́тник

carpet noun
= ковёр

carriage noun
(British English) (part of a train) = ваго́н

carrot noun
• (a single carrot) = морко́вка
• (collective; carrots) = морко́вь (collective; no plural)
mince with carrots = фарш с морко́вью

carry verb
• (by hand) = носи́ть (indeterminate) | нести́ (determinate) | понести́ (perfective)
he carries his books in a briefcase = он но́сит свои́ кни́ги в портфе́ле
she was carrying a suitcase = она́ несла́ чемода́н
• (by transport) = вози́ть (indeterminate) | везти́ (determinate) | повезти́ (perfective)
the truck was carrying sand = грузови́к вёз песо́к

carry on = продолжа́ть/продо́лжить
  (+ *imperfective infinitive*)
  he carried on working = он продолжа́л
  рабо́тать
carry out = выполня́ть/вы́полнить
  they carried out my request = они́
  вы́полнили мою́ про́сьбу

case¹ *noun*
  (*an instance*) = слу́чай
  in most cases = в большинстве́ слу́чаев
in case = в слу́чае, е́сли
  here's a map in case you get lost = вот
  ка́рта, в слу́чае, е́сли вы потеря́етесь
in any case = во вся́ком слу́чае
in that case = тогда́ *or* в тако́м слу́чае
just in case = на вся́кий слу́чай

case² *noun*
  (*a suitcase*) = чемода́н

cash *verb*
  to cash a cheque = получа́ть/получи́ть
  де́ньги по че́ку

cash desk *noun*
  = ка́сса
  pay at the cash desk! = плати́те в ка́ссу!

cashier *noun*
  = касси́р/касси́рша

cash machine *noun*
  = банкома́т

cassette *noun*
  = кассе́та

cassette player *noun*
  = плёер

cassette recorder *noun*
  = кассе́тный магнитофо́н

castle *noun*
  = за́мок

cat *noun*
  = кот/ко́шка
  I like cats = я люблю́ ко́шек

  ! кот *is a tom-cat;* ко́шка *is a female cat
  and also the general word for* **cat**

catch *verb*
• (*a thief; a ball; a fish*) = лови́ть/пойма́ть
• (*to be in time for*) = успева́ть/успе́ть на
  (+ *accusative*)
  he caught the last bus = он успе́л на
  после́дний авто́бус
• (*to get on transport*) = сади́ться/сесть на
  (+ *accusative*)
  she caught the train at nine o'clock = она́
  се́ла на по́езд в де́вять часо́в
• (*to go by transport*) = е́здить
  (*indeterminate*) | е́хать (*determinate*) |
  пое́хать (*perfective*) (+ *instrumental* or
  + на + *prepositional*)
  every day he catches the train to London
  = ка́ждый день он е́здит по́ездом (*or*
  на по́езде) в Ло́ндон
catch up (**with**) = догоня́ть/догна́ть
  they caught us up *or* they caught up with

us = они́ догна́ли нас

cathedral *noun*
  = собо́р

cauliflower *noun*
  = цветна́я капу́ста (*collective; no plural*)

cause
1 *verb*
  = причиня́ть/причини́ть
  the car was causing him a lot of problems
  = маши́на причиня́ла ему́ мно́го
  забо́т
  she caused trouble = она́ причини́ла
  неприя́тности
2 *noun*
  (*a reason*) = причи́на

caviar *noun*
  = икра́

CD *abbreviation* (*of* **compact disc**)
  = компа́кт-ди́ск

CD player *noun*
  = прои́грыватель (*masculine*)
  компа́кт-ди́сков

ceiling *noun*
  = потоло́к

celebrate *verb*
  = пра́здновать/отпра́здновать
  we celebrated her birthday = мы
  отпра́здновали её день рожде́ния

cellar *noun*
  = подва́л

cello *noun*
  = виолонче́ль

cell phone *noun*
  = со́товый телефо́н

cemetery *noun*
  = кла́дбище

center ▶ centre

centimetre (*British English*),
centimeter (*US English*) *noun*
  = сантиме́тр

central heating *noun*
  = центра́льное отопле́ние

centre (*British English*), **center** (*US
English*) *noun*
  = центр
  the centre of London = центр Ло́ндона
  a cultural centre = культу́рный центр

century *noun*
  = век
  in the twentieth century = в двадца́том
  ве́ке

cereal *noun*
  (*eaten for breakfast*) = хло́пья (*plural*)

certain *adjective*
• (*sure*) = уве́рен
she was certain = она́ была́ уве́рена
• (*some, unspecified*) = не́который *or*
изве́стный
certain people = не́которые лю́ди

certainly *adverb*
• (*of course*) = коне́чно
• (*undoubtedly*) = несомне́нно

chair *noun*
• (*upright*) = стул
• (*an armchair*) = кре́сло

chalk *noun*
= мел

champagne *noun*
= шампа́нское (*noun*)

champion *noun*
= чемпио́н/чемпио́нка

chance *noun*
• (*opportunity*) = возмо́жность
she had the chance to travel = она́ име́ла
возмо́жность путеше́ствовать
• (*likelihood*) = ша́нсы (*plural*)
he has a good chance of success = он
име́ет хоро́шие ша́нсы на успе́х
by chance = случа́йно

change
1 *verb*
• (*to change for something else*) =
меня́ть/поменя́ть *or* обменя́ть
he changed his job = он поменя́л рабо́ту
I want to change this shirt for another = я
хочу́ поменя́ть э́ту руба́шку на
другу́ю
• (*to become different*) =
изменя́ться/измени́ться
he hasn't changed at all = он совсе́м не
измени́лся
a lot had changed in the house = мно́го
измени́лось в до́ме
• (*to make different*) = изменя́ть/измени́ть
they didn't change anything = они́ ничего́
не измени́ли
• (*one's clothes*) =
переодева́ться/переоде́ться
• (*money*) = меня́ть/обменя́ть *or* поменя́ть
where can I change money? = где мо́жно
обменя́ть де́ньги?
• (*money into smaller denominations*) =
разме́нивать/разменя́ть
can you change a twenty pound note? =
вы мо́жете разменя́ть два́дцать
фу́нтов?
• (*when travelling*) = де́лать/сде́лать
переса́дку
do I have to change? = ну́жно де́лать
переса́дку? *or* э́то с переса́дкой?

you don't have to change = не ну́жно
де́лать переса́дку *or* э́то без переса́дки
• (*to replace*) = заменя́ть/замени́ть
she changed the bulb = она́ замени́ла
ла́мпочку
• (*to swap*) = меня́ться /поменя́ться *or*
обменя́ться (+ *instrumental*)
we changed places = мы поменя́лись
места́ми
to change one's mind =
переду́мывать/переду́мать
2 *noun*
• (*an alteration*) = измене́ние
there have been a few changes = бы́ло
не́сколько измене́ний
a change in the weather = измене́ние
пого́ды
• (*money returned*) = сда́ча
• (*small change*) = ме́лочь

channel *noun*
(*a TV station*) = кана́л

Channel *noun*
the (English) Channel = Ла-Ма́нш

chapter *noun*
= глава́

character *noun*
• (*nature*) = хара́ктер
• (*in a book or play*) = де́йствующее лицо́

charge
1 *verb*
(*to ask a price*) = брать/взять
he charged me ten pounds for a lesson =
он взял с меня́ де́сять фу́нтов за
уро́к
2 *noun*
(*a fee*) = пла́та
in charge
who's in charge? = кто гла́вный?
he's in charge of the money = он
отвеча́ет за де́ньги

chase *verb*
= гоня́ться (*indeterminate*) | гна́ться
(*determinate*) | погна́ться (*perfective*) за
(+ *instrumental*)
the cat was chasing the mouse = ко́шка
гнала́сь за мы́шью
the police were chasing the burglar =
поли́ция гнала́сь за взло́мщиком

chat
1 *verb*
= бесе́довать (*imperfective*)
2 *noun*
= бесе́да

cheap *adjective*
= дешёвый

cheaper *adjective*
• (*attributive*) = бо́лее дешёвый
cheaper tickets = бо́лее дешёвые
биле́ты
• (*predicative*) = деше́вле
it's cheaper to go by bus = деше́вле
е́здить авто́бусом

✘ in informal situations

check
1 *verb*
= проверя́ть/прове́рить
she checked my work = она́ прове́рила
мою́ рабо́ту
2 *noun* (*US English*)
• (*a bill*) = счёт
• (*a cheque*) = чек
check in =
регистри́роваться/зарегистри́роваться
check out = выпи́сываться/вы́писаться
(**of** + из + *genitive*)

checkbook *noun* (*US English*)
= че́ковая кни́жка

check-in *noun*
= регистра́ция

checkout *noun*
= ка́сса

checkup *noun*
= осмо́тр

cheek *noun*
= щека́

cheerful *adjective*
= весёлый

cheerio *exclamation*
= пока́! ✱

cheers *exclamation*
= ва́ше здоро́вье! *or* бу́дем здоро́вы!

cheese *noun*
= сыр
a cheese sandwich = бутербро́д с сы́ром

chef *noun*
= по́вар

chemistry *noun*
= хи́мия

chemist's (**shop**) *noun* (*British English*)
= апте́ка

cheque *noun* (*British English*)
= чек

cheque book *noun* (*British English*)
= че́ковая кни́жка

cherry *noun*
= ви́шня

chess *noun*
= ша́хматы (*plural*)

chest *noun*
(*part of the body*) = грудь

chest of drawers *noun*
= комо́д

chicken *noun*
(*the bird and the meat*) = ку́рица

child *noun*
= ребёнок

childhood *noun*
= де́тство

childminder *noun* (*British English*)
= ня́ня

chilly *adjective*
= прохла́дный

chimney *noun*
= труба́

chin *noun*
= подборо́док

China *noun*
= Кита́й

Chinese
1 *adjective*
= кита́йский
2 *noun*
• (*a person*) = кита́ец/китая́нка
• (*the language*) = кита́йский язы́к
the Chinese = кита́йцы

chips *noun*
• (*British English*) (*French fries*) =
карто́фель-соло́мка (*collective; no
plural*)
• (*US English*) (*crisps*) = хрустя́щий
карто́фель (*collective; no plural*) or
чи́псы (*plural*)

chocolate *noun*
• (*the substance*) = шокола́д
• (*an individual sweet*) = шокола́дная
конфе́та

> **!** Note that the Russian for **a box of
> chocolates** *is* коро́бка шокола́да

chocolate bar *noun*
= шокола́дный бато́нчик

choice *noun*
= вы́бор

choir *noun*
= хор

choose *verb*
= выбира́ть/вы́брать
choose what you want! = вы́берите, что
хоти́те!

chop *verb*
(*also* **chop up**) = руби́ть (*imperfective*)

Christian name *noun*
= и́мя

Christmas
1 *noun*
= Рождество́
2 *adjective*
= рожде́ственский

Christmas Day *noun*
= пе́рвый день Рождества́

Christmas Eve *noun*
= кану́н Рождества́

Christmas tree *noun*
= рожде́ственская ёлка

church noun
= церковь

cigar noun
= сигара

cigarette noun
* (*Russian-style*) = папироса
* (*Western-style*) = сигарета

> **!** A Russian-style cigarette consists of a
> cardboard tube half filled with tobacco; it
> has no filter

cinema noun
= кино (*neuter indeclinable*) *or* кинотеатр
let's go to the cinema! = пойдём в кино!

circle noun
= круг

circumstance noun
= обстоятельство
under the circumstances = при данных
обстоятельствах

circus noun
= цирк

CIS abbreviation (*of* **Commonwealth of
Independent States**)
= СНГ

citizen noun
= гражданин/гражданка

city noun
= город

civil servant noun
= государственный служащий (*noun*)

claim verb
(*to assert*) = утверждать/утвердить

clap verb
= хлопать/похлопать (a performer
+ *dative*)
they clapped him = они похлопали ему

clarinet noun
= кларнет

class noun
* (*a group of pupils; a social group*) = класс
is John in your class? = Джон в твоём
классе?
she always travels first-class = она
всегда ездит первым классом
* (*a lesson*) = урок
classes begin at nine = уроки
начинаются в девять часов

classical adjective
= классический

classroom noun
= класс

clean
1 adjective
= чистый
2 verb
* (*teeth*) = чистить/вычистить

or почистить
* (*a car, window*) = мыть/вымыть
clean up = убирать/убрать
she cleaned (up) the room = она убрала
комнату

clear
1 adjective
= ясный
a clear explanation = ясное объяснение
a clear sky = ясное небо
2 verb
(*also* **clear away**, **clear up**) =
убирать/убрать
to clear the table = убирать/убрать со
стола
they cleared the snow from the road =
они убрали снег с дороги
can you clear your books away? = вы
можете убрать свои книги?
clear up
* (*of the weather*) =
проясняться/проясниться
* (*to tidy up*) = убирать/убрать

clever adjective
= умный

client noun
= клиент

cliff noun
= скала

climate noun
= климат

climb verb
* (*a tree, wall*) = лезть (*imperfective*)
he was climbing (up) the tree = он лез на
дерево
she was climbing in the window = она
лезла в окно

> **!** If the perfective aspect is needed, a
> compound verb is used:
> he climbed in the window = он влез в
> окно
* (*a mountain, hill, stairs*) =
подниматься/подняться
they were climbing the mountain = они
поднимались на гору
we climbed the stairs = мы поднялись по
лестнице
climb down
* (*from a tree*) = слезать/слезть (с
+ *genitive*)
she climbed down the tree = она слезла с
дерева
* (*from a mountain, hill*) =
спускаться/спуститься (с + *genitive*)
they climbed down the mountain = они
спустились с горы

cloakroom noun
* (*for coats*) = гардероб
* (*British English*) (*a toilet*) = туалет

clock noun
= часы (*plural*)

The clock

What time is it?

what time is it?/what's the time?	= кото́рый час *or* ско́лько вре́мени?
what's the right time, please?	= скажи́те, пожа́луйста, то́чное вре́мя!
it is/it's	= сейча́с
it's exactly 4 o'clock	= сейча́с ро́вно четы́ре часа́

Remember that the number one takes the nominative singular, two, three, and four the genitive singular, and five and above the genitive plural:

1 o'clock = час		*midday*	= по́лдень
3 o'clock = три часа́		*midnight* = по́лночь
6 o'clock = шесть часо́в			

For **times between the o'clock and half past**, Russian uses ordinal numbers in the genitive: while in English we say 'twenty past five', in Russian they say 'twenty minutes of the sixth':

ten past five	= де́сять мину́т шесто́го
a quarter past five	= че́тверть шесто́го
twenty-five past five	= два́дцать пять мину́т шесто́го
half past five	= полови́на шесто́го *or* полшесто́го

For **times between half past and the next o'clock**, Russian uses без + the genitive of the cardinal number + the nominative of the next hour: while in English we say 'twenty to six', in Russian they say 'without twenty six':

ten to six	= без десяти́ шесть
a quarter to six	= без че́тверти шесть
twenty-five to six	= без двадцати́ пяти́ шесть

As in English, Russian sometimes uses figures instead of words:

2.10 (say два де́сять)	*2.30 (say* два три́дцать)

These can also appear in the form 2ч.15м. (standing for час and мину́та)

To say **a.m.** or **p.m.**, Russian uses утра́ (in the morning), дня (in the afternoon), ве́чера (in the evening), and но́чи (at night), as appropriate:

11.00 a.m./11.00 in the morning	= оди́ннадцать часо́в утра́
2.00 p.m./2.00 in the afternoon	= два часа́ дня
7.00 p.m./7.00 in the evening	= семь часо́в ве́чера
11.00 p.m./11.00 at night	= оди́ннадцать часо́в но́чи *or* ве́чера
3.00 a.m./3.00 in the morning	= три часа́ но́чи *or* утра́

In timetables etc., the twenty-four hour clock is used, so that 7.00 p.m. is 19.00 or 19ч. (*say* девятна́дцать часо́в).

When?

The Russian word for 'at' is в; it takes the accusative case except for 'half past' and the expression 'at what time?' where it takes the prepositional:

at one o'clock	= в час
at seven o'clock	= в семь часо́в
at ten past seven	= в де́сять мину́т восьмо́го
at a quarter past seven	= в че́тверть восьмо́го
at half past seven	= в полови́не восьмо́го *or* в полвосьмо́го

If there is another preposition present, the в is omitted:

at about five o'clock	= о́коло пяти́ часо́в

This also applies where без is used to express times between half past and the next o'clock:

at twenty to seven	= без двадцати́ семь

Examples

at what time did he arrive?	= в кото́ром часу́ он прие́хал?
come at about seven!	= приходи́те о́коло семи́ часо́в!
we must finish by six o'clock	= мы должны́ ко́нчить э́то к шести́ часа́м
the shop is closed from 1 to 2 p.m.	= магази́н закры́т с ча́са до двух

close
1 *adjective*
= бли́зкий
close friends = бли́зкие друзья́

> **!** *The sense* **near** *is translated by the unchanging form* бли́зко:
> the station is quite close = вокза́л дово́льно бли́зко
> the school is close to the church = шко́ла бли́зко от це́ркви

2 *adverb*
= бли́зко
he lives close (by) = он живёт бли́зко
3 *verb*
• (*to shut something*) = закрыва́ть/закры́ть
he closed the window = он закры́л окно́
• (*to become shut*) = закрыва́ться/закры́ться
the door closed suddenly = дверь вдруг закры́лась
the shop closes at midday = магази́н закрыва́ется в по́лдень

close down
• (*of a business etc.*) = закрыва́ться/закры́ться
the factory closed down = заво́д закры́лся
• (*to shut a business etc. down*) = закрыва́ть/закры́ть
they closed down the school = закры́ли шко́лу

closed *adjective*
= закры́тый
the shop's closed = магази́н закры́т

closer *adjective*
• (*attributive*) = бо́лее бли́зкий
• (*predicative*) = бли́же
come closer! = подойди́те бли́же!

cloth *noun*
• (*material*) = ткань
• (*for cleaning*) = тря́пка
• (*for drying dishes*) = полоте́нце
• (*a tablecloth*) = ска́терть

clothes *noun*
= оде́жда
warm clothes = тёплая оде́жда
to put on one's clothes = одева́ться/оде́ться
to take off one's clothes = раздева́ться/разде́ться
to change one's clothes = переодева́ться/переоде́ться

cloud *noun*
= о́блако

cloudy *adjective*
= о́блачный
it's cloudy today = сего́дня о́блачно

club *noun*
= клуб
a tennis club = те́ннисный клуб

coach
1 *noun*
• (*a bus*) = авто́бус
• (*a trainer*) = тре́нер
• (*British English*) (*part of a train*) = ваго́н
2 *verb*
(*to train*) = тренирова́ть/натренирова́ть

coal *noun*
= у́голь (*masculine*)

coast *noun*
• (*the edge of the land*) = бе́рег
the road runs along the coast = доро́га идёт вдоль бе́рега
• (*a region*) = побере́жье
he lives on the south coast = он живёт на ю́жном побере́жье

coat *noun*
= пальто́ (*neuter indeclinable*)

coffee *noun*
= ко́фе (*masculine indeclinable*)
three coffees, please = три ча́шки ко́фе, пожа́луйста

coin *noun*
= моне́та

Coke *noun* (*proprietary term*)
= ко́ка-ко́ла

cold
1 *adjective*
= холо́дный
a cold wind = холо́дный ве́тер
it's cold in the house = в до́ме хо́лодно
I'm cold = мне хо́лодно
my feet are cold = но́ги замёрзли
2 *noun*
• (*a lack of heat*) = хо́лод
• (*the illness*) = просту́да
she's got a cold = у неё просту́да
to catch a cold = простужа́ться/простуди́ться

collapse *verb*
= ру́хнуть (*perfective*)

collar *noun*
= воро́тник

colleague *noun*
= колле́га (*masculine & feminine*)

collect *verb*
• (*to gather*) = собира́ть/собра́ть
we collected wood = мы собра́ли дрова́
• (*as a hobby*) = собира́ть/собра́ть
he collects stamps = он собира́ет ма́рки
• (*to pick up, on foot*) = заходи́ть/зайти́ за (+ *instrumental*)
I'll collect you on my way to the lecture = я зайду́ за тобо́й по доро́ге на ле́кцию
• (*to pick up, by transport*) = заезжа́ть/зае́хать за (+ *instrumental*)

she collected them from school = она́
заéхала за ни́ми в шко́лу
• (to come together) =
собира́ться/собра́ться
water collected in the pipe = вода́
собрала́сь в трубé

collection noun
• (of objects) = колле́кция
• (of money) = сбор

college noun
• (giving professional training) = институ́т
• (attended instead of the top class at
    school; technical college) = учи́лище

college of education noun
= педагоги́ческий институ́т

collide verb
= ста́лкиваться/столкну́ться
the bus collided with a car = автóбус
столкну́лся с маши́ной

colour (British English), **color** (US
English) noun
= цвет
what colour is your car? = какóго цвéта
ва́ша маши́на?

! See also the boxed note on ▶ **Colours**
p. 154

colour film (British English), **color film**
(US English) noun
(for a camera) = цветна́я плёнка

comb
1 noun
= расчёска
2 verb
= причёсывать/причеса́ть
she combed his hair = она́ причеса́ла егó
во́лосы
to comb one's hair =
причёсываться/причеса́ться

come verb
• (to arrive on foot) = приходи́ть/прийти́
she came home early = она́ пришла́ ра́но
домóй
• (to arrive by transport) =
приезжáть/приéхать
he came by bus = он приéхал автóбусом
• (to attend) = приходи́ть/прийти́
can you come to the meeting? = вы
смóжете прийти́ на собра́ние?
• (to approach) = идти́ (imperfective)
come here! = иди́ сюда́!
the bus is coming = автóбус идёт
• (to reach, on foot) = подходи́ть/подойти́
к (+ dative)
they came to a river = они́ подошли́ к
рекé
• (to reach, by transport) =
подъезжáть/подъéхать к (+ dative)
they came to some traffic lights = они́
подъéхали к светофóру
come around ▶ **come round**
come back = возвраща́ться/верну́ться

come down (to descend) =
спуска́ться/спусти́ться (+ по + dative
or с + genitive)
she came down the [stairs | mountain ...] =
она́ спусти́лась [по лéстнице | с горы́ ...]
come from
she comes from Germany = она́ из
Герма́нии
come in (to enter) = входи́ть/войти́
come in! = войди́те!
come into = входи́ть/войти́ в
(+ accusative)
she came into the kitchen = она́ вошла́ в
ку́хню
come out = выходи́ть/вы́йти
the book comes out in May = кни́га
выхóдит в мáе
come out of = выходи́ть/вы́йти из
(+ genitive)
he came out of the room = он вы́шел из
кóмнаты
come round
(to visit) = заходи́ть/зайти́ (to + к
+ dative)
she comes round to (see) me every day =
она́ захóдит ко мнé ка́ждый день
come to
• (to amount to) = составля́ть/соста́вить
• (to reach an agreement etc.) =
приходи́ть/прийти́ к (+ dative)
come up
• (to approach) = подходи́ть/подойти́ (to
+ к + dative)
• (to happen) = возника́ть/возни́кнуть
something's come up = чтó-то возни́кло
• (to ascend) = поднима́ться/подня́ться
he was coming up the [stairs | hill ...] = он
поднима́лся [по лéстнице | в гóру ...]

comfortable adjective
= удóбный

comforter noun (US English)
(a bedcover) = стёганое одея́ло

comment noun
= замеча́ние

commercial noun
(on the radio or TV) = рекла́ма

commit verb
(a deed) = соверша́ть/соверши́ть
he commited a crime = он соверши́л
преступлéние

common adjective
(frequent) = обы́чный
it's a common problem = э́то обы́чная
проблéма

Communism noun
= коммуни́зм

Communist
1 noun
= коммуни́ст/коммуни́стка
2 adjective
= коммунисти́ческий

Colours

The most common colour adjectives

кра́сный (*red*)   голубо́й (*light blue*)
ро́зовый (*pink*)   чёрный (*black*)
жёлтый (*yellow*)   бе́лый (*white*)
зелёный (*green*)   кори́чневый (*brown*)
си́ний (*dark blue*)

Colours as nouns

Nouns are formed from the appropriate adjective + цвет, meaning 'colour':
    (the colour) green   = зелёный цвет

Describing the colour of something

what colour is it?	= како́го цве́та он/она́/оно́?
what colour is your new car? — it's green	= како́го цве́та ва́ша но́вая маши́на? — она́ зелёная
what colour is her hair? — it's black	= како́го цве́та её во́лосы? — они́ чёрные
he has blue eyes	= у него́ голубы́е глаза́
he painted the wall green	= он покра́сил сте́ну в зелёный цвет
she was dressed in green	= она́ была́ в зелёном
my favourite colour is green	= мой люби́мый цвет — зелёный
I prefer yellow	= я предпочита́ю жёлтый цвет
this is an unusual red	= э́то необы́чный кра́сный цвет

Shades of colour

light- or pale-	= све́тло-
dark-	= тёмно-
a light green skirt	= све́тло-зелёная ю́бка
dark brown trousers	= тёмно-кори́чневые брю́ки
a dark blue dress	= тёмно-си́нее пла́тье
a light blue shirt	= све́тло-голуба́я руба́шка

---

commute verb
= е́здить (*imperfective*) на рабо́ту
he commutes to work every day = он е́здит ка́ждый день на рабо́ту

compact disc noun
= компа́кт-ди́ск

company noun
• (*a firm*) = компа́ния or фи́рма
• (*the presence of others*) = о́бщество
they're good company = их о́бщество прия́тно
she kept me company = она́ соста́вила мне компа́нию

compare verb
= сра́внивать/сравни́ть (**with** + с + *instrumental*)
compared with = по сравне́нию с (+ *instrumental*)

compartment noun
(*in a train*) = купе́ (*neuter indeclinable*)

compete verb
= соревнова́ться (*imperfective*) (**for** + за + *accusative*)

competition noun
• (*a sporting contest*) = соревнова́ние
• (*a literary or musical contest*) = ко́нкурс

complain verb
= жа́ловаться/пожа́ловаться (**about, of** + на + *accusative*; **to** + *dative*)
she complained to her boss about the noise = она́ пожа́ловалась нача́льнику на шум

complete adjective
= по́лный
a complete success = по́лный успе́х

completely adverb
= совсе́м or совершённо
she completely forgot = она́ совсе́м забы́ла

complicated adjective
= сло́жный

composer noun
= компози́тор

computer noun
= компью́тер

computer game *noun*
= компью́терная игра́

computer programmer *noun*
= программи́ст

concentrate *verb*
= сосредото́чиваться/сосредото́читься
(**on** + на + *prepositional*)
I can't concentrate = я не могу́
сосредото́читься

concern *verb*
* (*to relate to*) = каса́ться (*imperfective*)
(+ *genitive*)
it doesn't concern you = э́то вас не
каса́ется
* (*to worry*) = беспоко́ить (*imperfective*)
his behaviour concerns me = его́
поведе́ние беспоко́ит меня́
to be concerned = беспоко́иться
(*imperfective*)
she's concerned about her father = она́
беспоко́ится об отце́
as far as I'm concerned = что каса́ется
меня́

concert *noun*
= конце́рт

conclusion *noun*
= заключе́ние
she came to the conclusion that ... = она́
пришла́ к заключе́нию, что ...

condition *noun*
* (*a state*) = состоя́ние
in a terrible condition = в ужа́сном
состоя́нии
* (*a stipulation*) = усло́вие
on condition that ... = при усло́вии, что ...
* (*in the plural*; *circumstances*) = усло́вия
working conditions = усло́вия труда́

condom *noun*
= презервати́в

conductor *noun*
(*of an orchestra*) = дирижёр

conference *noun*
= конфере́нция

confidence *noun*
* (*certainty*)
he spoke with confidence = он говори́л
уве́ренно
* (*trust*)
I have confidence in her = я ей доверя́ю
* (*self-confidence*) = уве́ренность в себе́
he lacks confidence = ему́ не хвата́ет
уве́ренности в себе́

confident *adjective*
* (*assured*) = уве́ренный
a confident voice = уве́ренный го́лос
* (*certain*) = уве́рен
he was confident that she would come =
он был уве́рен, что она́ придёт
* (*self-confident*) = уве́ренный в себе́
he's a confident person = он уве́ренный
в себе́ челове́к

congratulate *verb*
= поздравля́ть/поздра́вить (**on** + с
+ *instrumental*)
they congratulated us on the work = они́
поздра́вили нас с э́той рабо́той

congratulations *exclamation*
= поздравля́ю вас!

connect *verb*
= свя́зывать/связа́ть (**to, with** + с
+ *instrumental*)

connection *noun*
* (*link*) = связь
I don't see the connection = я не ви́жу
свя́зи
* (*when travelling*)
he missed his connection = он не успе́л
сде́лать переса́дку

conquer *verb*
* (*a country*) = завоёвывать/завоева́ть
* (*an enemy, fear*) = побежда́ть/победи́ть

conscience *noun*
= со́весть

consequence *noun*
= после́дствие

consider *verb*
* (*to think over*) = обду́мывать/обду́мать
* (*to regard; be of the opinion*) =
счита́ть/счесть
I consider myself lucky = я счита́ю себя́
счастли́вым (*instrumental*)
I consider him to be wrong = я счита́ю,
что он непра́в

consideration *noun*
to take into consideration =
принима́ть/приня́ть во внима́ние

consist *verb*
to consist of = состоя́ть (*imperfective*) из
(+ *genitive*)

constant *adjective*
= постоя́нный

contact
1 *noun*
= конта́кт
I'm in contact with him = я в конта́кте с
ним
he lost contact with her = он потеря́л с
ней конта́кт
2 *verb*
= свя́зываться/связа́ться с
(+ *instrumental*)
I'll try to contact them = я постара́юсь
связа́ться с ни́ми

contact lens *noun*
= конта́ктная ли́нза

contain *verb*
= содержа́ть (*imperfective*)

content *predicative adjective*
= дово́лен

we were very content = мы бы́ли о́чень дово́льны

contented adjective
= дово́льный

contest noun
= состяза́ние

continue verb
• (to go on with something) = продолжа́ть/продо́лжить (+ imperfective infinitive)
he continued reading = он продолжа́л чита́ть
she continued the lesson = она́ продолжа́ла уро́к
• (to remain unchanged) = продолжа́ться/продо́лжиться
the bad weather continued = плоха́я пого́да продолжа́лась

contract noun
= контра́кт

control
1 noun
he lost control of himself = он потеря́л контро́ль над собо́й
be in control of = контроли́ровать (imperfective)
2 verb
• (to be in charge of) = контроли́ровать (imperfective)
troops controlled the region = войска́ контроли́ровали райо́н
• (to operate) = управля́ть (imperfective) (+ instrumental)
this button controls the heating = э́та кно́пка управля́ет отопле́нием
• (to deal with people) = справля́ться/спра́виться с (+ instrumental)
he can't control the class = он не мо́жет справля́ться с кла́ссом

convenient adjective
= удо́бный
a convenient day = удо́бный день
it's not convenient for me = э́то мне неудо́бно

conversation noun
= разгово́р

convince verb
= убежда́ть/убеди́ть
she convinced him that he was wrong = она́ убеди́ла его́, что он непра́в

cook
1 verb
• (to prepare food) = гото́вить/пригото́вить
she cooked a meal = она́ пригото́вила еду́
I can't cook = я не уме́ю гото́вить
• (of food) = вари́ться/свари́ться
the meat is cooking = мя́со ва́рится
2 noun
(professional) = по́вар

she's a good cook (i.e. not professional) = она́ хорошо́ гото́вит

cooker noun (British English)
= плита́

cookie noun (US English)
= пече́нье (collective; no plural)
please pass the cookies! = переда́йте, пожа́луйста, пече́нье!

! See the Note at **biscuit**

cool
1 adjective
= прохла́дный
it's cooler today = сего́дня прохла́днее
2 verb (also **cool down**)
= остыва́ть/осты́ть
the engine needs to cool down = ну́жно, что́бы мото́р осты́л

cope verb
= справля́ться/спра́виться (with + с + instrumental)
he coped well with the situation = он хорошо́ спра́вился с ситуа́цией

copy
1 noun
• (a duplicate) = ко́пия
• (a book) = экземпля́р
2 verb
(to make a copy of) = копи́ровать/скопи́ровать
copy down, **copy out** = перепи́сывать/переписа́ть

cork noun
= про́бка

corkscrew noun
= што́пор

corner noun
= у́гол
the house on the corner = дом на углу́
there's a post office round the corner = за угло́м есть по́чта
he turned the corner = он поверну́л за́ угол

correct
1 adjective
• (in most contexts) = пра́вильный
the correct address = пра́вильный а́дрес
that's correct! = э́то пра́вильно!
• (precise)
what's the correct time, please? = скажи́те, пожа́луйста, то́чное вре́мя!
2 verb
• (informally) = поправля́ть/попра́вить
• (with authority) = исправля́ть/испра́вить

corridor noun
= коридо́р

cost verb
= сто́ить (imperfective)
how much does it cost? = ско́лько э́то сто́ит?

how much does it cost to send a postcard to England? = сколько стоит послать открытку в Англию?
it costs a lot = это стоит дорого
it doesn't cost much = это стоит недорого

cosy adjective (British English)
= уютный

couch noun
= тахта or диван

cough
1 verb
= кашлять (imperfective)
2 noun
= кашель (masculine)
to have a cough = кашлять (imperfective)

could verb
• (in most contexts) = мочь/смочь (in the past tense)
he couldn't come = он не смог прийти
she couldn't sleep = она не могла спать
• (to have the skill) = уметь/суметь (in the past tense)
he couldn't swim = он не умел плавать
• (to be allowed; in requests) = можно (+ dative + infinitive) or мочь/смочь
could I have a look? = можно мне посмотреть?
could you take a message? = вы не могли бы что-то передать?
previously you couldn't smoke here = раньше здесь нельзя было курить
• (when implying that something did not happen) = бы + past tense of мочь
she could have become a doctor = она могла бы стать врачом
they could have died! = они могли бы погибнуть!
• (when talking about a possibility)
some advice could be useful = совет может быть полезным
she could be right = она, может быть, права
we could ask John = мы могли бы спросить Джона

count verb
= считать/сосчитать
she counted the money = она сосчитала деньги

counter noun
(in a shop) = прилавок

country noun
• (a State) = страна
• (a native land) = родина
• (the countryside) = деревня
she lives in the country = она живёт в деревне
• (outside the city) = за городом
they spent the day in the country = они провели день за городом

county noun
• (in the UK) = графство
• (in the US) = округ

couple noun
• (a few) = несколько (+ genitive)
• (a pair) = пара
a young couple = молодая пара

course noun
• (of lessons) = курс
a Russian course = курс русского языка
• (part of a meal) = блюдо
in the course of = в течение (+ genitive)
in the course of the day = в течение дня
of course = конечно

court noun
• (a lawcourt) = суд
• (for sports) = площадка

courtyard noun
= двор

cousin noun
= двоюродный брат/двоюродная сестра

cover
1 verb
• (to protect, hide) = закрывать/закрыть
we covered the furniture with sheets = мы закрыли мебель простынями
he covered his eyes = он закрыл глаза
• (to lie on) = покрывать/покрыть
the ground was covered with snow = земля была покрыта снегом
• (a distance) = проходить/пройти (on foot); проезжать/проехать (by transport)
we covered a hundred miles before noon = мы проехали сто миль до полудня
2 noun
• (a lid) = крышка
• (for a duvet) = пододеяльник
• (a blanket) = одеяло
• (for a cushion) = чехол

cow noun
= корова

cozy adjective (US English)
= уютный

crash
1 noun
• (an accident) = авария
• (a loud noise) = грохот
2 verb
• (to smash a vehicle) = разбивать/разбить
she crashed her car = она разбила свою машину
• (to be smashed) = разбиваться/разбиться
the plane crashed = самолёт разбился
crash into = врезаться/врезаться в (+ accusative)
the car crashed into a tree = машина врезалась в дерево

crawl *verb*
= по́лзать (*indeterminate*) | ползти́
(*determinate*) | поползти́ (*perfective*)
the baby's beginning to crawl = ребёнок
начина́ет по́лзать

> **!** *The perfective form* поползти́ *means
> 'to begin to crawl'. To express motion in
> one direction in the past,* заползти́ *is
> used:*
> the cat crawled under the sofa = ко́шка
> заползла́ под дива́н

crazy *adjective*
= сумасше́дший
a crazy idea = сумасше́дшая иде́я

cream *noun*
• (*from milk*) = сли́вки (*plural*)
strawberries and cream = клубни́ка со
сли́вками
• (*cake filling; cosmetic; for cleaning*) =
крем
face cream = крем для лица́

create *verb*
= создава́ть/созда́ть
it created a lot of difficulties = э́то
созда́ло мно́го пробле́м

crèche *noun* (*British English*)
= (де́тские) я́сли (*plural*)

credit card *noun*
= креди́тная ка́рточка
do you take credit cards? = вы
принима́ете креди́тные ка́рточки?

cricket *noun*
= кри́кет

crime *noun*
= преступле́ние

criminal *noun*
= престу́пник/престу́пница

crisis *noun*
= кри́зис
the country is in crisis = страна́ в кри́зисе

crisps *noun* (*British English*)
= хрустя́щий карто́фель (*collective; no
plural*) *or* чи́псы (*plural*)

criticize *verb*
= критикова́ть (*imperfective*)
she criticized the book = она́
критикова́ла кни́гу

crockery *noun*
= посу́да

cross
1 *verb*
• (*on foot*) = переходи́ть/перейти́
(+ *accusative or* че́рез + *accusative*)

we crossed the road = мы перешли́
(че́рез) у́лицу
• (*by transport*) = переезжа́ть/перее́хать
(+ *accusative or* че́рез + *accusative*)
they crossed the border = они́ перее́хали
(че́рез) грани́цу
2 *noun*
= крест
3 *adjective*
= серди́тый
he's cross with you = он серди́т на тебя́
cross off, **cross out** =
вычёркивать/вы́черкнуть

crossroads *noun*
= перекрёсток

crowd *noun*
= толпа́

crowded *adjective*
= перепо́лненный
a crowded train = перепо́лненный по́езд
it was crowded on the bus = в авто́бусе
бы́ло те́сно
the town is crowded with tourists = го́род
по́лон тури́стов

cruel *adjective*
= жесто́кий

cry *verb*
• (*to weep*) = пла́кать (*imperfective*)
he was crying = он пла́кал
• (*to shout; also* **cry out**) =
крича́ть/кри́кнуть
he cried for help = он позва́л на по́мощь

cucumber *noun*
= огуре́ц

culture *noun*
= культу́ра

cup *noun*
= ча́шка
a cup of tea = ча́шка ча́ю

cupboard *noun*
= шкаф

curly *adjective*
= кудря́вый

currants *noun*
• (*dried fruit*) = изю́м (*collective; no plural*)
• (*berries*) = сморо́дина (*collective; no
plural*)

currency *noun*
= валю́та *or* де́ньги

> **!** валю́та *is applied only to convertible
> currency; non-convertible currency is*
> де́ньги
> what's the currency of France? = кака́я
> во Фра́нции валю́та?
> foreign currency = иностра́нная валю́та
> Russian currency = ру́сские де́ньги

curtain *noun*
= занаве́ска

cushion *noun*
= подушка

custom *noun*
= обычай

customer *noun*
* (of a shop) = покупатель (*masculine*)
* (of a business) = клиент

customs *noun*
= таможня
to go through customs = проходить/пройти таможенный осмотр

cut *verb*
* (to slice) = резать (*imperfective*)
he cut the bread = он резал хлеб
* (to injure) = порезать (*perfective*)
he cut his finger = он порезал себе палец
she cut herself = она порезалась
* (to trim) = стричь/постричь
she cut his hair = она постригла ему волосы
she had her hair cut = она постриглась
cut down (trees) = рубить (*imperfective*)
cut off = отрезать/отрезать
cut up = разрезать/разрезать

cutlery *noun*
= столовые приборы (*plural*)

cycle *verb*
= ездить (*indeterminate*) | ехать (*determinate*) | поехать (*perfective*) на велосипеде *or* кататься/покататься на велосипеде
she cycles to work = она ездит на работу на велосипеде
he was cycling along the road = он ехал по улице на велосипеде
we cycled there = мы поехали туда на велосипеде

! кататься/покататься на велосипеде is used when the emphasis is on cycling for pleasure

cycling *noun*
= езда на велосипеде
his favourite sport is cycling = его любимый спорт — езда на велосипеде
she loves cycling = она любит кататься на велосипеде

cyclist *noun*
= велосипедист

Czech Republic *noun*
= Чешская Республика

Dd

dad *noun* (*also* **daddy**)
= папа (*masculine*)
my dad's an engineer = мой папа — инженер

damage *verb*
= вредить/повредить (+ *dative*)
smoking damages your health = курение вредит здоровью
the house was damaged by the storm = дом был повреждён бурей

damn∗
1 *exclamation*
= чёрт возьми!∗
2 *adjective* (*also* **damned**)
= проклятый∗

damp *adjective*
= сырой

dance
1 *verb*
= танцевать (*imperfective*)
2 *noun*
* (a kind of dance) = танец
* (a party) = танцы (*plural*)
she was invited to a dance = её пригласили на танцы

danger *noun*
= опасность
we were in danger = мы были в опасности

dangerous *adjective*
= опасный

dark
1 *adjective*
= тёмный
it was dark = было темно
a dark blue dress = тёмно-синее платье
2 *noun*
= темнота

darkness *noun*
= темнота

date *noun*
* (a particular day or year) = дата
date of birth = дата рождения
the letter didn't have a date = письмо было без даты
* (a day of the month) = число *or* дата
what's the date today? = какое сегодня число?

daughter *noun*
= дочь

dawn *noun*
= рассвет

Days, months, and dates

The days of the week

Note that Russian uses small letters, not capitals, for the names of the days.

Where there is little space, the names may appear abbreviated, as shown in brackets:

Monday	= **понеде́льник (пон)**	*Friday*	= **пя́тница (пят)**
Tuesday	= **вто́рник (вт)**	*Saturday*	= **суббо́та (субб)**
Wednesday	= **среда́ (ср)**	*Sunday*	= **воскресе́нье (воск)**
Thursday	= **четве́рг (четв)**		

вто́рник in the examples below stands for any day; they all work in the same way.

what day is it?	= **како́й сего́дня день?**
it's|today's Tuesday	= **сего́дня вто́рник** (*nominative*)
on Tuesday	= **во вто́рник** (*accusative*)
on Tuesdays	= **по вто́рникам** (*dative*)
last Tuesday	= **в про́шлый вто́рник** (*accusative*)
next Tuesday	= **в сле́дующий вто́рник** (*accusative*)
the following Tuesday	= **в сле́дующий вто́рник** (*accusative*)
on Tuesday afternoon	= **во вто́рник во второ́й полови́не дня**
last Tuesday morning	= **в про́шлый вто́рник, у́тром**
next Tuesday evening	= **в сле́дующий вто́рник, ве́чером**
early on Tuesday	= **ра́но во вто́рник**
late on Tuesday	= **по́здно во вто́рник**
the Tuesday after next	= **че́рез вто́рник**
the Tuesday before last	= **позапро́шлый вто́рник**

The months of the year

As with the days of the week, use small letters, not capitals, to spell the months in Russian.
Some of the names may appear abbreviated, as shown in brackets:

January	= **янва́рь (янв)**	*May*	= **май**	*September* = **сентя́брь (сент)**
February	= **февра́ль (фев)**	*June*	= **ию́нь**	*October* = **октя́брь (окт)**
March	= **март**	*July*	= **ию́ль**	*November* = **ноя́брь (нояб)**
April	= **апре́ль (апр)**	*August*	= **а́вгуст (авг)**	*December* = **дека́брь (дек)**

а́вгуст in the examples below stands for any month; they all work in the same way.

in August	= **в а́вгусте** (*prepositional*)
next August	= **в сле́дующий а́вгуст** *or* **в сле́дующем а́вгусте** (*accusative or prepositional*)
last August	= **в про́шлый а́вгуст** *or* **в про́шлом а́вгусте** (*accusative or prepositional*)
in early|at the beginning of August	= **в нача́ле а́вгуста**
in late|at the end of August	= **в конце́ а́вгуста**

Dates

what's the date today?	= **како́е сего́дня число́?**

To say what the date is, the neuter form of the ordinal number is used + the name of the month in the genitive:

today's|it's the first of August	= **сего́дня пе́рвое а́вгуста**
today's|it's the 26th of September	= **сего́дня два́дцать шесто́е сентября́**
today's|it's the 31st of October	= **сего́дня три́дцать пе́рвое октября́**

If the YEAR is also given, it is in the nominative, except for the last element of the (ordinal) number and the word **год**, which are in the genitive:

9th April 1564	= **девя́тое апре́ля ты́сяча пятьсо́т шестьдеся́т четвёртого го́да**
11th August 1939	= **оди́ннадцатое а́вгуста ты́сяча девятьсо́т три́дцать девя́того го́да**

To say **on a date**, the last element of the number and the month are in the genitive case:

on the first of August	= пе́рвого а́вгуста
on the 25th of December	= два́дцать пя́того декабря́
on the fourteenth of November	= четы́рнадцатого ноября́
on the 23rd of July	= два́дцать тре́тьего ию́ля
on 4th April 1952	= четвёртого апре́ля ты́сяча девятьсо́т пятьдеся́т второ́го го́да
on 7th November 1917	= седьмо́го ноября́ ты́сяча девятьсо́т семна́дцатого го́да

D

To say **in a year**, в is used with the number in the nominative except for the last element which is prepositional:

in 1972	= в ты́сяча девятьсо́т се́мьдесят второ́м году́

writing the date
When writing the date on a letter etc., it is expressed in either the nominative or the genitive case:

2nd August	= 2-ое а́вгуста *or* 2-ого а́вгуста (*say* второ́е/второ́го а́вгуста)
21st August	= 21-ое а́вгуста *or* 21-ого а́вгуста (*say* два́дцать пе́рвое/пе́рвого а́вгуста)
14th August 1996	= 14-ое а́вгуста *or* 14-ого а́вгуста 1996-ого го́да (*say* четы́рнадцатое/четы́рнадцатого а́вгуста ты́сяча девятьсо́т девяно́сто шесто́го го́да) (*genitive for the last element of the year*)

Other phrases

in the 1980s	= в 1980-х *or* в 1980-ые (*say* в восьмидеся́тых года́х *or* в восьмидеся́тые го́ды) (*prepositional or accusative*)
in the 19th century	= в XIX в. (*say* в девятна́дцатом ве́ке) (*prepositional*)

---

day *noun*
* (*in most contexts*) = день (*masculine*)
  all day = весь день *or* це́лый день
  the next day = на сле́дующий день
* (*a 24-hour period*) = су́тки (*plural*)
  the room costs 50 dollars a day = но́мер сто́ит пятьдеся́т до́лларов в су́тки

dead *adjective*
= мёртвый

deaf *adjective*
= глухо́й

deal
1 *noun*
a great deal = о́чень мно́го (+ *genitive*)
  a great deal of money = о́чень мно́го де́нег
2 *verb*
(*to trade*) = торгова́ть (*imperfective*) (**in** + *instrumental*)
deal with = занима́ться/заня́ться (+ *instrumental*)
  she's dealing with the problem = она́ занима́ется э́той пробле́мой

dear
1 *adjective*
* (*expensive*) = дорого́й
* (*in most letter-writing*) = дорого́й
  Dear Volodya = Дорого́й Воло́дя!
  Dear Mum and Dad = Дороги́е ма́ма и па́па!
* (*in official letters*) = уважа́емый
  Dear Mr Smith = Уважа́емый ми́стер Смит!

Dear Sir = Уважа́емый господи́н!
2 *exclamation*
  oh dear! = Бо́же мой!

death *noun*
= смерть

debt *noun*
= долг
  she's in debt = у неё долги́

deceive *verb*
= обма́нывать/обману́ть

December *noun*
= дека́брь (*masculine*)

decide *verb*
= реша́ть/реши́ть
  he decided not to go = он реши́л не ходи́ть

decision *noun*
= реше́ние

decorate *verb*
* (*with ornaments*) = украша́ть/укра́сить
* (*with paint etc.*) = ремонти́ровать/отремонти́ровать
  he's decorating the bathroom = он ремонти́рует ва́нную

decoration *noun*
= украше́ние

deep *adjective*
= глубо́кий

defeat *verb*
= побежда́ть/победи́ть

they defeated the enemy = они победи́ли врага́
our team was defeated = на́ша кома́нда проигра́ла

defence (*British English*), **defense** (*US English*) *noun*
= защи́та

defend *verb*
= защища́ть/защити́ть

definite *adjective*
= определённый

definitely *adverb*
(*certainly*) = несомне́нно

degree *noun*
* (*in measurements*) = гра́дус
* (*from a university*) = учёная сте́пень

delay *verb*
(*to cause to be late*) = заде́рживать/задержа́ть
to be delayed = заде́рживаться/задержа́ться

delicious *adjective*
= о́чень вку́сный

deliver *verb*
(*goods*) = доставля́ть/доста́вить

demand
1 *verb*
= тре́бовать/потре́бовать (+ *accusative* or *genitive*)

! *The genitive tends to be used if the object is indefinite or intangible:*
he demanded ten pounds = он потре́бовал де́сять фу́нтов (*accusative*)
he demanded an explanation = он потре́бовал объясне́ния (*genitive*)
2 *noun*
= тре́бование

democracy *noun*
= демокра́тия

democratic *adjective*
= демократи́ческий

demolish *verb*
= сноси́ть/снести́

Denmark *noun*
= Да́ния

dentist *noun*
= зубно́й врач

depart *verb*
(*of a vehicle*) = отходи́ть/отойти́ or отправля́ться/отпра́виться
the train departs from platform three = по́езд отхо́дит (*or* отправля́ется) с тре́тьей платфо́рмы

department *noun*
* (*of a shop*) = отде́л
* (*of an educational institution*) = отделе́ние

department store *noun*
= универма́г

depend *verb*
(*of conditions*) = зави́сеть (*imperfective*) (**on** + от + *genitive*)
it depends on you = э́то зави́сит от тебя́

depressed *adjective*
= пода́вленный
she was feeling depressed = она́ чу́вствовала себя́ пода́вленной

describe *verb*
= опи́сывать/описа́ть

description *noun*
= описа́ние

desert
1 *noun*
= пусты́ня
2 *verb*
= покида́ть/поки́нуть

deserve *verb*
= заслу́живать/заслужи́ть

design
1 *noun*
* (*of a building*) = прое́кт
* (*a pattern*) = узо́р
* (*as a subject of study*) = диза́йн
2 *verb*
(*a building*) = проекти́ровать/спроекти́ровать

desk *noun*
* (*at home*) = пи́сьменный стол
* (*at school*) = па́рта

despair *noun*
= отча́яние
in despair = в отча́янии

desperate *adjective*
= отча́янный

dessert *noun*
= сла́дкое (*noun*) *or* десе́рт
what's for dessert? = что на сла́дкое?

destroy *verb*
= уничтожа́ть/уничто́жить

detail *noun*
= дета́ль
in detail = подро́бно

develop *verb*
* (*to make bigger etc.*) = развива́ть/разви́ть
* (*to become bigger etc.*) = развива́ться/разви́ться

development *noun*
= разви́тие

diary *noun*
= дневни́к

dictionary *noun*
= слова́рь (*masculine*)

die *verb*
= умира́ть/умере́ть (**of** + от + *genitive*)

difference *noun*
= ра́зница

different *adjective*
- (*not the same as each other*) = ра́зный
  they live in different countries = они́
  живу́т в ра́зных стра́нах
- (*various*) = разли́чный
  we visited different places = мы
  посети́ли разли́чные места́
- (*other*) = друго́й
  I have a different opinion = у меня́ друго́е
  мне́ние

difficult *adjective*
= тру́дный

difficulty *noun*
= тру́дность

dig *verb*
= копа́ть/вы́копать
she dug a hole = она́ вы́копала я́му
dig up = выка́пывать/вы́копать

digital *adjective*
= цифрово́й

dining room *noun*
= столо́вая (*noun*)

dinner *noun*
- (*a midday meal*) = обе́д
- (*an evening meal*) = у́жин
to have dinner
- (*at midday*) = обе́дать/пообе́дать
- (*in the evening*) = у́жинать/поу́жинать

direct
1 *adjective*
= прямо́й
2 *verb*
(*to show the way to*) =
пока́зывать/показа́ть доро́гу
(+ *dative*)
can you direct me to the station, please?
= вы не мо́жете показа́ть мне доро́гу к
вокза́лу?

direction *noun*
= направле́ние
we were walking in the wrong direction =
мы шли в непра́вильном
направле́нии

director *noun*
- (*of a film or play*) = режиссёр
- (*of a company*) = дире́ктор

dirt *noun*
= грязь

dirty *adjective*
= гря́зный

disadvantage *noun*
= недоста́ток

disagree *verb*
(*in opinion*) = (быть) не согла́сен
he disagrees with you = он с ва́ми не
согла́сен
we disagreed = мы бы́ли не согла́сны

disappear *verb*
= исчеза́ть/исче́знуть

disappointed *adjective*
= разочаро́ванный
we were disappointed by the film = мы
бы́ли разочаро́ваны фи́льмом

disappointment *noun*
= разочарова́ние

disaster *noun*
= катастро́фа

discotheque *noun*
= дискоте́ка

discover *verb*
- (*to be the first to find*) =
  открыва́ть/откры́ть
- (*to find out*) = узнава́ть/узна́ть

discuss *verb*
= обсужда́ть/обсуди́ть

discussion *noun*
= обсужде́ние

disease *noun*
= боле́знь

disgusting *adjective*
= отврати́тельный

dish *noun*
- (*part of a meal*) = блю́до
- (*a plate*) = блю́до
- (*in the plural; crockery*) = посу́да
  do the dishes = мыть/вы́мыть *or*
  помы́ть посу́ду

dishonest *adjective*
= нече́стный

dislike *verb*
= не люби́ть (*imperfective*)
I dislike him = я не люблю́ его́

dissatisfied *adjective*
= недово́льный

distance *noun*
= расстоя́ние
it's only short distance to my house = до
моего́ до́ма то́лько небольшо́е
расстоя́ние
in the distance = вдали́

distant *adjective*
= да́льний

disturb *verb*
(*to bother*) = беспоко́ить/побеспоко́ить
excuse me for disturbing you = извини́те,
что я беспоко́ю вас

dive *verb*
= ныря́ть/нырну́ть
she dived into the pool = она́ нырну́ла в
бассе́йн

divide *verb*
- (*into parts or shares*) = дели́ть/раздели́ть
  or подели́ть

D

the teacher divided the pupils into groups
= учительница разделила учеников на
группы
they divided the money between them =
они разделили деньги между собой
• (in maths) = делить/разделить
six divided by two is three = шесть
делённое на два — три

divorce verb
(also **get divorced**) =
разводиться/развестись (from + c
+ instrumental)
we got divorced = мы развелись
I'm divorced = я разведён (of a man), я
разведена (of a woman)
my parents are divorced = мои родители
разведены

do verb

! See the boxed note on ▶ **do p. 165** for
detailed information and examples
• (in most contexts) = делать/сделать
what are you doing? = что вы делаете?
I don't know what to do = я не знаю, что
делать
• (to have as a job)
what do you do? = кто вы по
специальности?
• (as an auxiliary verb: not translated in
Russian)
'do you like fish?' — 'yes, I do' = «вы
любите рыбу?» — «да, люблю»
don't shut the door! = не закрывайте
дверь!
he'll go if I do = он пойдёт, если я пойду
he lives in London, doesn't he? = он
живёт в Лондоне, не правда ли?
so do I = я тоже
• (to get on, fare)
the business is doing well = бизнес идёт
хорошо
she's not doing very well at school = она
не очень хорошо учится
how are you doing? = как дела?
how do you do? = приветствую вас!
do up
• (to wrap up) = заворачивать/завернуть
• (to tie up) = завязывать/завязать
• (buttons, clothing) =
застёгивать/застегнуть
• (to restore) =
ремонтировать/отремонтировать
do with
it has nothing to do with you = это не
имеет к вам никакого отношения
she won't have anything to do with him =
она не хочет иметь с ним дела
do without = обходиться/обойтись без
(+ genitive)
we'll do without potatoes = мы
обойдёмся без картошки

doctor noun
= врач or доктор

document noun
= документ

dog noun
= собака

doll noun
= кукла

dollar noun
= доллар

don't ▶ **do**

door noun
= дверь

dormitory noun
(US English) (a hostel) = общежитие

double adjective
= двойной

double bass noun
= контрабас

double bed noun
= двуспальная кровать

double room noun
• (in a house) = комната на двоих
• (in a hotel) = двухместный номер

doubt
1 verb
= сомневаться (imperfective) (+ в
+ prepositional)
I doubt it = я в этом сомневаюсь
I doubt whether she'll come =
сомневаюсь, что она придёт
2 noun
= сомнение
without doubt = без сомнения

down

! For translations of **down** in combination
with verbs, e.g. **calm down**, **sit down**,
see the entries for **calm**, **sit**, etc.
1 preposition
• (downwards) = вниз по (+ dative)
down the stairs = вниз по лестнице
• (along) = по (+ dative)
they walked down the street = они шли
по улице
2 adverb
• (motion) = вниз
she ran down = она побежала вниз
• (position) = внизу
he's down in the basement = он внизу в
подвале

downstairs adverb
• (motion) = вниз
she went downstairs = она пошла вниз
• (position) = внизу
he's downstairs = он внизу

dozen noun
= дюжина (+ genitive plural)
a dozen eggs = дюжина яиц

drag verb
= таскать (indeterminate) | тащить
(determinate) | потащить (perfective)

do

As an ordinary verb

In many contexts, the Russian equivalent of the verb *to do* is де́лать/сде́лать:

she is doing her homework	= она́ де́лает дома́шние зада́ния
what has he done with the newspaper?	= что он сде́лал с газе́той?

D

As an auxiliary verb

In Russian there is no auxiliary verb equivalent to *do* in English. It is translated in a variety of ways depending on context:

In questions

In Russian, a question usually has the same form as a statement except that it ends in a question mark. In spoken Russian, the tone of voice indicates that it is a question:

do you like Pushkin?	– вы лю́бите Пу́шкина?
does he live far from here?	= он живёт далеко́ отсю́да?

In negatives

In Russian, the negative is formed using не:

I don't like Pushkin	= я не люблю́ Пу́шкина

In emphatic uses

In Russian there is no equivalent for the use of *do* in expressions such as *I do like your dress*. In emphatic contexts, Russian may use an adverb like о́чень or как, or a stronger verb:

I do like your dress!	= ва́ше пла́тье мне о́чень нра́вится!
she does sing well!	= как она́ хорошо́ поёт!
I do think you should go	= я убеждён, что вы должны́ пойти́

When referring back to another verb

In this case, the verb *do* is not translated, but sometimes the first verb is repeated:

I'll go if you do	= я пойду́, е́сли ты пойдёшь
she doesn't earn as much as I do	= она́ не зараба́тывает сто́лько, ско́лько я
I don't like him — neither do I	= я его́ не люблю́ — я то́же
who said that? — I did	= кто сказа́л э́то? — я

In polite requests

In polite requests, пожа́луйста or я (о́чень) прошу́ вас is often used with the imperative:

do sit down!	= пожа́луйста, сади́тесь!
do come!	= о́чень прошу́ вас, приходи́те!

In negative imperatives

In negative imperatives, не is used with the imperative form of the (usually imperfective) verb:

don't be afraid!	= не бо́йся!
don't forget!	= не забыва́йте!

In tag questions

In tag questions like *doesn't he* or *did they?*, the phrase не пра́вда ли will work in many cases:

they live in Moscow, don't they?	= они́ живу́т в Москве́, не пра́вда ли?
you eat meat, don't you?	= вы еди́те мя́со, не пра́вда ли?
he didn't phone, did he?	= он не звони́л, не пра́вда ли?

In short answers

In replies to simple enquiries, да or нет is used with or without the repetition of the verb:

do you like fish? — yes, I do	= вы лю́бите ры́бу? — да(, люблю́)
does he speak Russian? — no, he doesn't	= он говори́т по-ру́сски? — нет(, не говори́т)

In contradictions to negative statements, непра́вда can be used:

she doesn't speak Russian — yes she does	= она́ не говори́т по-ру́сски — непра́вда, говори́т
he didn't say that — yes he did	= он э́того не сказа́л — непра́вда, сказа́л

she was dragging a suitcase behind her = она тащила за собой чемодан
drag out = вытаскивать/вытащить
she dragged him out of the room = она вытащила его из комнаты

draw
1 *verb*
- (*a picture etc.*) = рисовать/нарисовать
she drew a [tree | map ...] = она нарисовала [дерево | карту ...]
- (*in sport*) = сыграть (*perfective*) вничью
2 *noun*
- (*in sport*) = ничья

drawer *noun*
= ящик

drawing *noun*
(*a picture*) = рисунок

dream
1 *noun*
- (*when asleep*) = сон
I had an awful dream = я увидел ужасный сон *or* мне приснился ужасный сон
- (*a daydream*) = мечта
2 *verb*
- (*when asleep*) = сниться/присниться (*impersonal + dative*) *or* видеть/увидеть во сне
I dreamt that ... = мне приснилось, что ...
I dreamt about him = он мне приснился *or* я его видел во сне
- (*to daydream*) = мечтать (*imperfective*)
she dreams about going to Russia = она мечтает поехать в Россию

dress
1 *noun*
= платье
2 *verb*
- (*also* **get dressed**) = одеваться/одеться
- (*to put clothes on somebody*) = одевать/одеть

dressing gown *noun*
= халат

drink
1 *verb*
= пить/выпить
2 *noun*
= напиток
would you like a drink? = вы хотите чего-нибудь выпить?

drive
1 *verb*
- (*to travel in a vehicle*) = ездить (*indeterminate*) | ехать (*determinate*) | поехать (*perfective*)
we drove all night = мы ехали всю ночь
- (*to go by car*) = ездить (*indeterminate*) | ехать (*determinate*) | поехать (*perfective*) на машине
he drives to work = он ездит на работу на машине

we drove to France = мы поехали во Францию на машине
- (*to operate a vehicle*) = водить (*indeterminate*) | вести (*determinate*) | повести (*perfective*)
can you drive? = вы водите машину?
she was driving a bus = она вела автобус
- (*to transport*) = возить (*indeterminate*) | везти (*determinate*) | повезти (*perfective*)
we were driven round the town in a bus = нас возили по городу на автобусе
- (*to take to the required place*) = отвозить/отвезти
I'll drive you to the station = я тебя отвезу на вокзал
2 *noun*
- (*a journey*) = езда
a three-hour drive = три часа езды
we went for a drive = мы покатались на машине
drive in(to) = въезжать/въехать (+ в + *accusative*)
he drove into the garage = он въехал в гараж
drive off = уезжать/уехать
drive out (of)
- (*to exit in a vehicle*) = выезжать/выехать (+ из + *genitive*)
- (*to chase out*) = выгонять/выгнать (+ из + *genitive*)
drive up = подъезжать/подъехать (**to** + к + *dative*)

driver *noun*
= водитель (*masculine*)

driving licence (*British English*), driver's license (*US English*) *noun*
= водительские права (*plural*)

drop *verb*
- (*to let fall*) = ронять/уронить
- (*also* **drop off**) = высаживать/высадить
drop me on the corner! = высадите меня на углу!
drop in = заходить/зайти (**on, to see** + к + *dative*)
she dropped in to see me = она зашла ко мне

drown *verb*
= тонуть/утонуть
three people drowned = утонуло три человека

drug *noun*
- (*a narcotic*) = наркотик
- (*a medicine*) = лекарство

drugstore *noun* (*US English*)
= аптека

drum *noun*
= барабан

drunk *adjective*
= пьяный

Ee

dry
1 adjective
= сухо́й
2 verb
- (to make clothes, hair, dry) =
  суши́ть/вы́сушить
- (to wipe hands, dishes, dry) =
  вытира́ть/вы́тереть
- (to become dry; also **dry out**) =
  высыха́ть/вы́сохнуть

duck noun
= у́тка

due adjective
(expected)
the train is due at 2 o'clock = по́езд
  прибыва́ет в два часа́
he was due to arrive yesterday = он
  до́лжен был прие́хать вчера́
due to (because of) = из-за (+ genitive)

during preposition
- (in the course of) = во вре́мя (+ genitive)
  during the war = во вре́мя войны́
- (throughout) = в тече́ние (+ genitive)
  during the past few days = в тече́ние
  после́дних не́скольких дней

dust noun
= пыль

dustbin noun (British English)
= му́сорный бак

dustman noun (British English)
= му́сорщик

Dutch
1 adjective
= голла́ндский
2 noun
(the language) = голла́ндский язы́к
the Dutch = голла́ндцы

Dutchman noun
= голла́ндец

Dutchwoman noun
= голла́ндка

duty noun
- (a moral obligation) = долг
  it's my duty to go = мой долг пойти́
- (a task) = обя́занность
- (a tax) = по́шлина
to be on duty = дежу́рить (imperfective)

duvet noun (British English)
= стёганое одея́ло

DVD noun
= DVD

DVD player noun
= DVD-пле́ер

each
1 determiner
= ка́ждый
each morning = ка́ждое у́тро
2 pronoun
= ка́ждый
each of the boys = ка́ждый из ма́льчиков
they cost ten pounds each = они́ сто́ят
  де́сять фу́нтов ка́ждый

each other pronoun
= друг дру́га

> ! Only the second друг of this phrase is
> declined:
they know each other = они́ зна́ют друг
  дру́га
we write to each other = мы пи́шем друг
  дру́гу

ear noun
= у́хо

earlier
1 adverb
= ра́ньше
we arrived earlier than them = мы
  пришли́ ра́ньше их
2 adjective
= бо́лее ра́нний
an earlier flight = бо́лее ра́нний рейс

early
1 adverb
= ра́но
we got up early = мы вста́ли ра́но
2 adjective
= ра́нний
an early lunch = ра́нний обе́д

earn verb
= зараба́тывать/зарабо́тать
he earns a lot of money = он
  зараба́тывает мно́го де́нег

earring noun
= серьга́

earth noun
- (the ground, soil) = земля́
- (the planet) = Земля́

easily adverb
= легко́

east
1 noun
= восто́к
in the east = на восто́ке
2 adverb
(motion) = на восто́к
she was travelling east = она́ е́хала на
  восто́к

east of = к восто́ку от (+ *genitive*)
   east of Moscow = к восто́ку от Москвы́
3 *adjective*
   = восто́чный
   an east wind = восто́чный ве́тер

Easter *noun*
   = Па́сха
   at Easter = на Па́сху

eastern *adjective*
   = восто́чный

easy *adjective*
   = лёгкий
   it's easy to get lost = легко́ потеря́ться

eat *verb*
   = есть/съесть
   he was eating an apple = он ел я́блоко

economic *adjective*
   = экономи́ческий

economy *noun*
   = эконо́мия

edge *noun*
• (*of a table, chair, cliff, town*) = край
   at the edge of the town = на краю́ го́рода
• (*of a lake*) = бе́рег

educate *verb*
   = дава́ть/дать образова́ние (+ *dative*)
   he was educated in London = он получи́л
      образова́ние в Ло́ндоне

education *noun*
   = образова́ние

e.g. *abbreviation*
   = напр.

egg *noun*
   = яйцо́

Egypt *noun*
   = Еги́пет

eight *number*
   = во́семь

eighteen *number*
   = восемна́дцать

eighteenth *number*
• (*in a series*) = восемна́дцатый
• (*in dates*)
   the eighteenth of April = восемна́дцатое
      апре́ля

eighth *number*
• (*in a series*) = восьмо́й
• (*in dates*)
   the eighth of August = восьмо́е а́вгуста

eightieth *number*
   = восьмидеся́тый

eighty *number*
   = во́семьдесят

either
1 *conjunction*

• (*in either ... or sentences*) = и́ли ..., и́ли
   either on Tuesday or Wednesday = и́ли
      во вто́рник, и́ли в сре́ду
• (*in negative either ... or sentences*)
   I don't know either him or his son = я не
      зна́ю ни его́, ни его́ сы́на
2 *determiner*
• (*one or other*) = любо́й
   either girl = люба́я де́вушка
• (*in negative sentences*)
   I don't like either film = мне не нра́вится
      ни тот, ни друго́й ф ильм
• (*both*) = о́ба
   on either side = с обе́их сторо́н
3 *pronoun*
• (*one or other*) = любо́й
   either of them will help you = любо́й из
      них помо́жет вам
   did either of you see him? = кто́-то из вас
      его́ ви́дел?
• (*in negative sentences*)
   I don't like either of them = ни тот, ни
      друго́й мне не нра́вятся
4 *adverb*
   I don't want to either = я то́же не хочу́

elder *adjective*
   = ста́рший
   her elder sister = её ста́ршая сестра́

elderly *adjective*
   = пожило́й

eldest *adjective*
   = ста́рший
   the eldest daughter = ста́ршая дочь

elect *verb*
   = выбира́ть/вы́брать

election *noun*
   = вы́боры (*plural*)

electric *adjective*
   = электри́ческий

electrician *noun*
   = эле́ктрик

electricity *noun*
   = электри́чество

elephant *noun*
   = слон

elevator *noun* (*US English*)
   = лифт

eleven *number*
   = оди́ннадцать

eleventh *number*
• (*in a series*) = оди́ннадцатый
• (*in dates*)
   the eleventh of June = оди́ннадцатое
      ию́ня

else *adverb*
• (*besides*) = ещё
   who else do you know? = кого́ вы ещё
      зна́ете?
   what else did you do? = что вы ещё
      сде́лали?

was anybody else there? = кто́-то ещё
был там?
- (*instead*) = друго́й
he wanted something else = он хоте́л
что́-то друго́е
she loves somebody else = она́ лю́бит
кого́-то друго́го
- (*in negative sentences*) = бо́льше
nobody else knew = никто́ бо́льше не
знал
he didn't want anything else = он бо́льше
ничего́ не хоте́л
or else = ина́че *or* а то́
hurry, or else we'll be late! = спеши́, ина́че
мы опозда́ем!

email *noun*
- (*the system, letters*) = электро́нная по́чта
- (*a letter*) = электро́нное письмо́

embarrassed *adjective*
to be embarrassed = чу́вствовать
(*imperfective*) себя́ неудо́бно

embarrassing *adjective*
= неудо́бный
an embarrassing situation = неудо́бная
ситуа́ция
it was very embarrassing = бы́ло о́чснь
неудо́бно

emergency *noun*
this is an emergency = э́то сро́чное де́ло

emotion *noun*
= чу́вство

emotional *adjective*
= эмоциона́льный

employ *verb*
= нанима́ть/наня́ть
they employ a chef = они́ нанима́ют
по́вара
the factory employs two hundred people
= на фа́брике рабо́тает две́сти
челове́к

employee *noun*
= сотру́дник *or* рабо́чий (*noun*)

employer *noun*
= работода́тель (*masculine*)

empty *adjective*
= пусто́й

enable *verb*
= дава́ть/дать возмо́жность (+ *dative*)

enclose *verb*
(*in a letter etc.*) = прилага́ть/приложи́ть

encyclopedia *noun*
= энциклопе́дия

end
1 *noun*
= коне́ц
at the end of May = в конце́ ма́я

at the end of the street = в конце́ у́лицы
2 *verb*
- (*to come to an end*) =
конча́ться/ко́нчиться
the play ends at ten o'clock = пье́са
конча́ется в де́сять часо́в
- (*to bring to an end*) =
зака́нчивать/зако́нчить
in the end = в конце́ концо́в

enemy *noun*
= враг

energetic *adjective*
= энерги́чный

energy *noun*
= эне́ргия

engaged *adjective*
- (*British English*) (*of a phone*) = за́нятый
the number is engaged = но́мер за́нят
- (*of a couple*) = обру́ченный
to get engaged =
обруча́ться/обручи́ться (**to** + с
+ *instrumental*)

engine *noun*
= мото́р

engineer *noun*
= инжене́р

England *noun*
= Англия

English
1 *adjective*
= англи́йский
2 *noun*
(*the language*) = англи́йский язы́к
he's learning English = он изуча́ет
англи́йский язы́к
she speaks English = она́ говори́т
по-англи́йски
the English = англича́не

Englishman *noun*
= англича́нин

Englishwoman *noun*
= англича́нка

enjoy *verb*
- (*habitually*) = люби́ть (*imperfective*)
she enjoys reading = она́ лю́бит чита́ть
- (*on a particular occasion*) = нра́виться
(*impersonal* + *dative*)
did you enjoy the concert? = вам
понра́вился конце́рт?
to enjoy oneself = хорошо́
проводи́ть/провести́ вре́мя

enormous *adjective*
= огро́мный

enough
1 *determiner*
= доста́точно (+ *genitive*)
they bought enough food = они́ купи́ли
доста́точно еды́

to be enough = хвата́ть/хвати́ть
  (*impersonal + genitive*)
  there isn't enough bread = хле́ба не
    хвата́ет
to have enough = хвата́ть/хвати́ть
  (*impersonal: + dative of subject
  + genitive of object*)
  we don't have enough bread = нам не
    хвата́ет хле́ба
2 *adverb*
  = доста́точно
  is the house big enough? = дом
    доста́точно большо́й?
3 *pronoun*
  = доста́точно (*+ genitive*)
  we have enough to do = у нас
    доста́точно дел

  ! Note that in the above example
  доста́точно *must be followed by a noun
  in the genitive rather than by an infinitive*

enter *verb*
• (*to go or come in on foot*) =
    входи́ть/войти́ (*+ в + accusative*)
  she entered the room = она́ вошла́ в
    ко́мнату
• (*to go or come in by transport*) =
    въезжа́ть/въе́хать (*+ в + accusative*)
  they entered the city = они́ въе́хали в
    го́род

enthusiasm *noun*
  = энтузиа́зм

enthusiastic *adjective*
  = по́лный энтузиа́зма

entrance *noun*
• (*for people on foot*) = вход
  the main entrance = гла́вный вход
• (*for vehicles*) = въезд

envelope *noun*
  = конве́рт

environment *noun*
  the environment = окружа́ющая среда́

envy *verb*
  = зави́довать (*+ dative*)
  I envy you = я вам зави́дую

equal *adjective*
  = ра́вный

equipment *noun*
  = обору́дование

escalator *noun*
  = эскала́тор

escape *verb*
• (*from prison*) = бежа́ть (*determinate*)
  he escaped from prison = он бежа́л из
    тюрьмы́
• (*to run away*) = убега́ть/убежа́ть
  he escaped from the dog = он убежа́л от
    соба́ки
• (*to avoid*) = избега́ть/избежа́ть
  (*+ genitive*)

she escaped death = она́ избежа́ла
    сме́рти

especially *adverb*
  = осо́бенно

Estonia *noun*
  = Эсто́ния

etc. *abbreviation*
  = и т. д.

EU *abbreviation* (*of European Union*)
  = Европе́йский сою́з

euro *noun*
  = е́вро (*masculine indeclinable*)

Europe *noun*
  = Евро́па

European *adjective*
  = европе́йский

even *adverb*
• (*in most contexts*) = да́же
  even in the summer = да́же ле́том
• (*before a comparative*) = еще
  even better = ещё лу́чше
even if = да́же е́сли
even though = хотя́

evening *noun*
  = ве́чер
  in the evening = ве́чером
  this evening = сего́дня ве́чером
  tomorrow evening = за́втра ве́чером
  good evening! = до́брый ве́чер!

event *noun*
  = собы́тие

eventually *adverb*
  = в конце́ концо́в

ever *adverb*
• (*at any time*) = когда́-нибудь *or*
    когда́-либо
  have you ever been to Greece? = вы
    когда́-нибудь быва́ли в Гре́ции?
  the best book he'd ever read = лу́чшая
    кни́га, кото́рую он когда́-либо чита́л
  she's happier than ever = она́
    счастли́вее, чем когда́-либо
• (*in negative sentences*) = никогда́
  nothing ever happens = ничего́ никогда́
    не происхо́дит
  I hardly ever see him = я почти́ никогда́
    не ви́жу его́
• (*always*) = всегда́
  she's as nice as ever = она́ така́я же
    ми́лая, как всегда́
ever since = с тех пор, как
ever so = о́чень
for ever = навсегда́

every *determiner*
  = ка́ждый
  every day = ка́ждый день
  every five minutes = ка́ждые пять мину́т
  every time I see her = ка́ждый раз, когда́
    я ви́жу её

every other day = че́рез день

everybody pronoun (also **everyone**)
• (all) = все (plural)
  everybody went home = все пошли́
  домо́й
• (each) = ка́ждый or вся́кий
  everybody knows that = ка́ждый э́то
  зна́ет

everything pronoun
  = всё
  is everything all right? = всё в поря́дке?

everywhere adverb
• (in all places) = везде́
  she's been everywhere = она́ была́ везде́
• (wherever) = куда́ бы ни (motion), где бы
  ни (no motion)
  everywhere he works, he's dissatisfied =
  он недово́лен, где бы он ни рабо́тал

exact adjective
  = то́чный

exactly
1 adverb
• (in most contexts) = то́чно
  I don't exactly know = я то́чно не зна́ю
• (of time, quantities) = ро́вно
  it's exactly midnight = сейча́с ро́вно
  по́лночь
• (just) = как раз
  that's exactly what I want = э́то как раз
  то, чего́ я хочу́
2 exclamation
  = и́менно!

exam noun
  = экза́мен

examine verb
  (to inspect) = осма́тривать/осмотре́ть

example noun
  = приме́р
for example = наприме́р

excellent adjective
  = отли́чный

except preposition
  = кро́ме (+ genitive)

exception noun
  = исключе́ние

exchange verb
• (to swap for something else) =
  меня́ть/обменя́ть (for + на
  + accusative)
  he exchanged the trousers for a shirt = он
  обменя́л брю́ки на руба́шку
• (to swap with someone else) =
  меня́ться/обменя́ться (something
  + instrumental, with someone + с
  + instrumental)
  he exchanged addresses with her = он
  обменя́лся с ней адреса́ми

exchange rate noun
  = курс

excited adjective
  = возбуждённый
  she was excited about the trip = она́ была́
  возбуждена́ иде́ей о пое́здке
to get excited =
  волнова́ться/взволнова́ться

exciting adjective
  = волну́ющий

exclude verb
  = исключа́ть/исключи́ть

excursion noun
  = экску́рсия

excuse verb
  = извиня́ть/извини́ть
  excuse me! = извини́! (ты form),
  извини́те! (вы form)

exercise noun
• (a piece of work) = упражне́ние
• (to keep fit) = упражне́ния (plural)
  I don't get enough exercise = я
  недоста́точно упражня́юсь

exercise book noun
  = тетра́дь

exhausted adjective
  = изму́ченный
  she's exhausted = она́ изму́чена

exhibition noun
  = вы́ставка

exist verb
  = существова́ть (imperfective)

exit noun
• (for people on foot) = вы́ход
• (for vehicles) = вы́езд

expect verb
• (to wait for) = ждать (imperfective) or
  ожида́ть (imperfective) (+ accusative
  or genitive)

  ! The genitive tends to be used if the
  object is indefinite or intangible, but in
  many contexts either is acceptable:
  she's expecting her sister = она́ ждёт or
  ожида́ет сестру́ (accusative)
  I'm expecting an unpleasant letter = я
  жду (or ожида́ю) неприя́тное письмо́
  (accusative)
  I'm expecting a letter = я жду (or ожида́ю)
  письмо́ or письма́
• (to anticipate) = ожида́ть (imperfective)
  (+ accusative or genitive)

  ! The genitive tends to be used if the
  object is indefinite or intangible, but in
  many contexts either is acceptable:
  we were expecting good weather = мы
  ожида́ли хоро́шую пого́ду or хоро́шей
  пого́ды
  we expected them to win = мы ожида́ли,
  что они́ вы́играют
• (to demand) = ожида́ть (imperfective)
  (+ genitive or что́бы + past tense)

E

she expects a lot = она́ мно́го ожида́ет
he expects us to come = он ожида́ет, что́бы мы пришли́
- (to suppose) = ду́мать (imperfective)
I expect they've been delayed = ду́маю, что они́ задержа́лись
I expect so = я ду́маю, что да
- (a baby) = ждать (imperfective)
she's expecting a baby = она́ ждёт ребёнка

expensive adjective
= дорого́й

experience noun
- (knowledge) = о́пыт
- (an event) = слу́чай
an unpleasant experience = неприя́тный слу́чай

experienced adjective
= о́пытный

expert noun
= экспе́рт

explain verb
= объясня́ть/объясни́ть
he explained it to them = он им э́то объясни́л

explanation noun
= объясне́ние

explode verb
- (to go off) = взрыва́ться/взорва́ться
the bomb exploded = бо́мба взорвала́сь
- (to set off) = взрыва́ть/взорва́ть

export
1 noun
= э́кспорт or вы́воз
2 verb
= вывози́ть/вы́везти

express verb
= выража́ть/вы́разить

expression noun
= выраже́ние

expressway noun (US English)
= автостра́да

extent noun
(degree) = сте́пень
to some extent = до не́которой сте́пени
to what extent? = до како́й сте́пени?

extra
1 adjective
an extra bed = ещё одна́ крова́ть
an extra ten pounds = ещё де́сять фу́нтов
2 adverb
she worked extra hard = она́ рабо́тала осо́бенно мно́го

extremely adverb
= кра́йне

eye noun
= глаз

eyebrow noun
= бровь

eyesight noun
= зре́ние

Ff

face noun
= лицо́

fact noun
= факт
in fact = на са́мом де́ле

factory noun
= фа́брика or заво́д

fail verb
- (to be unsuccessful) = не удава́ться/уда́ться
the attempt failed = попы́тка не удала́сь
- (to be unable to do something) = не удава́ться/уда́ться (impersonal + dative + infinitive)
he tried to find a job but failed = он стара́лся найти́ рабо́ту, но ему́ не удало́сь
- (to not pass) = прова́ливаться/провали́ться (+ на + prepositional)
she failed the exam = она́ провали́лась на экза́мене

fair adjective
- (in colour) = све́тлый
fair hair = све́тлые во́лосы
- (just) = справедли́вый
it's not fair = э́то несправедли́во

fairly adverb
(quite) = дово́льно

fairy tale noun
= ска́зка

faithful adjective
= ве́рный (to + dative)

fall
1 verb
= па́дать/упа́сть
he fell on the ice = он упа́л на льду
the cup fell off the table = ча́шка упа́ла со стола́
prices fell = це́ны упа́ли
2 noun
(US English) (autumn) = о́сень
fall asleep = засыпа́ть/засну́ть
fall down, fall off, fall over = па́дать/упа́сть
he fell off the wall = он упа́л со стены́

fall in love = влюбля́ться/влюби́ться
(with + в + *accusative*)

familiar *adjective*
= знако́мый

family *noun*
= семья́

famous *adjective*
= изве́стный

fan *noun*
• (*an admirer*) = покло́нник/покло́нница
• (*in sport*) = боле́льщик

fantastic *adjective*
= фантасти́ческий

far
1 *adverb*
• (*in distance*)
= далеко́
he lives far from here = он живёт далеко́
отсю́да
• (*very much*) = намно́го
that's far better = э́то намно́го лу́чше
2 *adjective*
• (*in distance*) = далеко́ (*indeclinable*)
the school isn't very far = шко́ла не о́чень
далеко́
is London far from here? = Ло́ндон
далеко́ отсю́да?
how far is Moscow from St Petersburg? =
как далеко́ Москва́ от
Санкт-Петербу́рга?
• (*extreme*) = далёкий
the far north = далёкий се́вер
• (*other*) = да́льний
in the far corner of the room = в да́льнем
углу́ ко́мнаты
as far as
• (*up to*) = до (+ *genitive*)
• (*to the extent that*)
as far as I know = наско́лько я зна́ю
by far = намно́го (+ *comparative*
+ други́х)
she's by far the youngest = она́ намно́го
мла́дше други́х
so far = до сих пор

farm *noun*
= фе́рма

farmer *noun*
= фе́рмер

farther ▶ **further**

fashion *noun*
= мо́да
red tights are in fashion = кра́сные
колго́тки в мо́де
long skirts are out of fashion = дли́нные
ю́бки не в мо́де

fashionable *adjective*
= мо́дный

fast
1 *adjective*

= бы́стрый
a fast current = бы́строе тече́ние
a fast train = ско́рый по́езд
2 *adverb*
= бы́стро
he can run fast = он уме́ет бы́стро
бе́гать

fasten *verb*
(*to attach*) = прикрепля́ть/прикрепи́ть (to
+ к + *dative*)

fat
1 *adjective*
= то́лстый
he's very fat = он о́чень то́лстый
to get fat = толсте́ть/потолсте́ть
2 *noun*
(*grease*) = жир

fate *noun*
= судьба́

father *noun*
= оте́ц *or* па́па

> **!** Although па́па *strictly corresponds to
> the English* dad *or* daddy, *it is often used
> in Russian where* father *is used in
> English*

Father Christmas *noun*
= Дед-Моро́з

faucet *noun* (*US English*)
= кран

fault *noun*
• (*responsibility*)
it's her fault = она́ винова́та
who's fault is it? = кто винова́т?
• (*a flaw*) = недоста́ток

favourite (*British English*), **favorite** (*US
English*) *adjective*
= люби́мый
my favourite subject is physics = мой
люби́мый предме́т — фи́зика *or* я
бо́льше всего́ люблю́ фи́зику

fax
1 *noun*
(*the machine; the message*) = факс
she sent him a fax = она́ посла́ла ему́
факс
2 *verb*
= посыла́ть/посла́ть фа́ксом
he faxed me the document = он посла́л
мне докуме́нт фа́ксом

fear
1 *noun*
= страх
2 *verb*
= боя́ться *imperfective* (+ *genitive*)
she fears nothing = она́ ничего́ не бои́тся
I fear I'll be late = бою́сь, что я опозда́ю

feather *noun*
= перо́

February *noun*
= февра́ль (*masculine*)

F

fed up *adjective*
he's fed up = ему́ надое́ло
I'm fed up with the situation = мне
  надое́ла ситуа́ция

fee *noun*
= пла́та

feed *verb*
= корми́ть/накорми́ть

feel *verb*
• (*emotionally, physically*) =
  чу́вствовать/почу́вствовать себя́
  (+ *indeclinable predicative neuter
  adjective* or *adjective in the
  instrumental*)
  I feel well = я чу́вствую себя́ хорошо́
  we feel better = мы чу́вствуем себя́
    лу́чше
  he feels ill = он чу́вствует себя́ больны́м
  she was feeling happy = она́
    чу́вствовала себя́ счастли́вой
  I feel hungry = я хочу́ есть
  I feel cold = мне хо́лодно
• (*to experience*) =
  чу́вствовать/почу́вствовать
  he felt the pain = он почу́вствовал боль
• (*to touch*) = тро́гать/тро́нуть
• (*to think*) = счита́ть/счесть
  I feel we should wait = я счита́ю, что мы
    должны́ ждать
to feel like = хоте́ться *imperfective*
  (*impersonal* + *dative*)
  I feel like staying at home = мне хо́чется
    оста́ться до́ма

feeling *noun*
= чу́вство *or* ощуще́ние
a feeling of regret = чу́вство сожале́ния
I have the feeling that he's right = у меня́
  тако́е ощуще́ние, что он прав
to hurt someone's feelings =
  обижа́ть/оби́деть
she hurt my feelings = она́ оби́дела меня́

fence *noun*
= забо́р

festival *noun*
• (*a holiday or feast*) = пра́здник
• (*a cultural event*) = фестива́ль (*masculine*)

fetch *verb*
• (*by carrying*) = приноси́ть/принести́
  she fetched a cloth = она́ принесла́
    тря́пку
• (*by leading*) = приводи́ть/привести́
  she fetched the children from school =
    она́ привела́ дете́й из шко́лы
• (*to call for on foot*) = заходи́ть/зайти́ за
  (+ *instrumental*)
• (*to pick up by transport*) =
  заезжа́ть/зае́хать за (+ *instrumental*)
  or привози́ть/привезти́
  he fetched me from the station = он
    зае́хал за мной на вокза́л *or* он
    привёз меня́ с вокза́ла

few
1 *determiner*
• (*not many*) = ма́ло (+ *genitive*)
  there were very few people there = там
    бы́ло о́чень ма́ло люде́й
  few people remember = ма́ло, кто
    по́мнит
• (*several*) = не́сколько (+ *genitive*)
  the first few days = пе́рвые не́сколько
    дней
2 *pronoun*
= ма́ло (+ *genitive*)
few want that = ма́ло, кто хо́чет э́того
few of us knew = ма́ло, кто знал
there are so few of them = их так ма́ло
a few
a few hours = не́сколько часо́в
a few of them left early = не́которые из
  них ушли́ ра́но

fewer
1 *determiner*
= ме́ньше (+ *genitive*)
there are fewer shops now = сейча́с
  ме́ньше магази́нов
2 *pronoun*
= ме́ньше
fewer came today than yesterday =
  сего́дня пришло́ ме́ньше, чем вчера́
fewer than ten people = ме́ньше, чем
  де́сять челове́к

fewest *determiner*
= ме́ньше (+ *genitive*) всех
who has the fewest pupils? = у кого́
  ме́ньше всех ученико́в?
he received the fewest votes = он
  получи́л ме́ньше всех голосо́в

fiction *noun*
= худо́жественная литерату́ра

field *noun*
• (*in the countryside*) = по́ле
• (*a football pitch*) = футбо́льное по́ле

fifteen *number*
= пятна́дцать

fifteenth *number*
• (*in a series*) = пятна́дцатый
• (*in dates*)
  the fifteenth of May = пятна́дцатое ма́я

fifth *number*
• (*in a series*) = пя́тый
• (*in dates*)
  the fifth of June = пя́тое ию́ня

fiftieth *number*
= пятидеся́тый

fifty *number*
= пятьдеся́т

fight
1 *noun*
• (*physical*) = дра́ка
• (*a quarrel*) = ссо́ра
• (*a struggle*) = борьба́
• (*in a war*) = бой

2 verb
- (physically) = дра́ться/подра́ться
  (c + instrumental)
  the children were fighting = де́ти дра́лись
- (to quarrel) = ссо́риться/поссо́риться
- (to combat) = боро́ться (imperfective)
  (c + instrumental)
  he was fighting the fire = он боро́лся с
  пожа́ром
  they were fighting for their rights = они́
  боро́лись за свои́ права́
- (to wage war) = воева́ть (imperfective)
  (про́тив + genitive)
  they were fighting the French = они́
  воева́ли про́тив францу́зов

figure noun
- (a number) = ци́фра
- (shape or outline of the body) = фигу́ра

fill verb
  (a container; also **fill up**) =
  наполня́ть/напо́лнить
  he filled the glass = он напо́лнил стака́н
  fill in (British English), **fill out** (US English)
  = заполня́ть/запо́лнить
  he filled in the form = он запо́лнил
  анке́ту

film
1 noun
- (in the cinema) = фильм
- (for a camera) = плёнка
2 verb
  = снима́ть/снять

final
1 adjective
- (last) = после́дний
2 noun
  (in sport) = фина́л

finally adverb
- (in the end) = в конце́ концо́в
- (at last) = наконе́ц

financial adjective
  = фина́нсовый

find verb
  = находи́ть/найти́
  he couldn't find the house = он не мог
  найти́ до́ма
  find out = узнава́ть/узна́ть
  we found out where he had been = мы
  узна́ли, где он был

fine
1 adjective
- (excellent) = прекра́сный
  a fine writer = прекра́сный писа́тель
  I feel fine = я чу́вствую себя́ прекра́сно
- (good) = хоро́ший
  the weather's fine = пого́да хоро́шая
  'how are you?'—'fine!' = «как дела́?» —
  «хорошо́!»
2 noun
  = штраф

finger noun
  = па́лец

finish
1 verb
- (to complete something; to stop doing
  something) = конча́ть/ко́нчить
  (+ imperfective infinitive)
  he finished the book = он ко́нчил кни́гу
  she finished speaking = она́ ко́нчила
  говори́ть
  he hasn't finished = он не ко́нчил
- (to come to an end) =
  конча́ться/ко́нчиться
  the meeting finished early = собра́ние
  ко́нчилось ра́но
2 noun
- (end) = коне́ц
- (in sport) = фи́ниш

Finland noun
  = Финля́ндия

fire
1 noun
- (in a hearth) = ого́нь (masculine)
  she threw the letter on the fire = она́
  бро́сила письмо́ в ого́нь
- (an accidental fire) = пожа́р
  to be on fire = горе́ть (imperfective)
  to set fire to = поджига́ть/подже́чь
2 verb
- (to shoot) = стреля́ть (imperfective)
  he fired the gun = он стреля́л из ружья́
  she fired at him = она́ стреля́ла в него́
- (to dismiss) = увольня́ть/уво́лить

fire brigade noun
  = пожа́рная кома́нда

fire engine noun
  = пожа́рная маши́на

fireman noun
  = пожа́рник

fireplace noun
  = ками́н

firework noun
  = фейерве́рк

firm
1 noun
  = фи́рма
2 adjective
  = твёрдый

first
1 number
- (in a series) = пе́рвый
  the first three days = пе́рвые три дня
- (in dates)
  the first of April = пе́рвое апре́ля
2 adverb
- (before others) = пе́рвым (instrumental)
  she arrived first = она́ пришла́ пе́рвой
- (to begin with) = снача́ла
  first we must find the key = снача́ла мы
  должны́ найти́ ключ
- (for the first time) = впервы́е
  when she first met him = когда́ она́
  впервы́е встре́тила его́

F

at first = снача́ла
first of all = пре́жде всего́

first aid *noun*
= пе́рвая по́мощь

first-class
1 *adjective*
= пе́рвого кла́сса
a first-class hotel = гости́ница пе́рвого
кла́сса
2 *adverb*
= пе́рвым кла́ссом
she always travels first-class = она́
всегда́ е́здит пе́рвым кла́ссом

firstly *adverb*
= во-пе́рвых

first name *noun*
= и́мя
what's your first name? = как ва́ше и́мя?
my first name is Irina = моё и́мя Ири́на

fish
1 *noun*
= ры́ба
2 *verb*
= уди́ть (*imperfective*) ры́бу
they go fishing every Saturday = ка́ждую
суббо́ту они́ у́дят ры́бу

fisherman *noun*
= рыба́к

fishing *noun*
= ры́бная ло́вля
he loves fishing = он лю́бит лови́ть
ры́бу

fishing rod *noun*
= у́дочка

fish shop *noun*
= ры́бный магази́н

fit
1 *adjective*
(*healthy*) = здоро́вый
2 *verb*
(*to be the right size for*) =
подходи́ть/подойти́ по разме́ру
(+ *dative*)
this coat doesn't fit me = э́то пальто́ не
подхо́дит мне по разме́ру
fit in, **into** = входи́ть/войти́ (в +
accusative)
we all fitted into the car = мы все вошли́ в
маши́ну

five *number*
= пять

fix *verb*
• (*to repair*) = чини́ть/почини́ть
• (*a date etc.*) = назнача́ть/назна́чить
• (*to fasten*) = прикрепля́ть/прикрепи́ть (*to*
+ к + *dative*)
fix up (*to organize*) = организова́ть
(*imperfective & perfective*)

flag *noun*
= флаг

flame *noun*
= пла́мя

flashlight *noun* (*US English*)
= фона́рик

flat
1 *noun* (*British English*)
= кварти́ра
2 *adjective*
(*of a surface*) = пло́ский

flight *noun*
(*a trip by air*) = полёт
the flight takes three hours = полёт
продолжа́ется три часа́
during the flight = во вре́мя полёта

> **!** *When focussing on a particular flight,
> the word* рейс *is more often used*:
> **a convenient flight** = удо́бный рейс
> **he took the next flight** = он вы́летел
> сле́дующим ре́йсом
> **she missed her flight** = она́ пропусти́ла
> свой рейс

float *verb*
= пла́вать (*indeterminate*) | плыть
(*determinate*) | поплы́ть (*perfective*)
the boat was floating down the river =
ло́дка плыла́ вниз по реке́

floor *noun*
• (*in a room*) = пол
• (*a storey*) = эта́ж

flour *noun*
= мука́

flow *verb*
= течь (*imperfective*)

flower
1 *noun*
= цвето́к
2 *verb*
= цвести́ (*imperfective*)

flu *noun*
= грипп
he's got the flu = у него́ грипп

fluent *adjective*
he speaks fluent Russian = он свобо́дно
говори́т по-ру́сски

flute *noun*
= фле́йта

fly
1 *verb*
= лета́ть (*indeterminate*) | лете́ть
(*determinate*) | полете́ть (*perfective*)
I don't like flying = я не люблю́ лета́ть
we were flying to Kiev = мы лете́ли в
Ки́ев
she flew from London to Moscow = она́
полете́ла из Ло́ндона в Москву́
2 *noun*
= му́ха

fog *noun*
= тума́н

foggy adjective
= тума́нный
it's foggy today = сего́дня тума́н or
сего́дня тума́нно

fold verb
= скла́дывать/сложи́ть
he folded (up) the towels = он сложи́л
полоте́нца
she folded her arms = она́ сложи́ла ру́ки

follow verb
• (to go after) = сле́довать/после́довать за
(+ instrumental)
follow me! = сле́дуйте за мной!
she followed him into the room = она́
после́довала за ним в ко́мнату
dinner was followed by a concert = за
у́жином после́довал конце́рт
• (to heed) = сле́довать/после́довать
(+ dative)
he followed my advice = он после́довал
моему́ сове́ту
• (to keep track of) = следи́ть (imperfective)
за (+ instrumental)
we're being followed = за на́ми следя́т
do you follow the news? = вы следи́те за
новостя́ми?

following adjective
= сле́дующий
the following day we went to London = на
сле́дующий день мы е́здили в Ло́ндон

food noun
• (in general) = пи́ща or еда́
• (as sold in shops) = проду́кты (plural)
we must buy some food = мы должны́
купи́ть проду́кты

fool noun
= дура́к/ду́ра

foolish adjective
= глу́пый

foot noun
• (part of the body) = нога́
• (the measurement) = фут

football noun
• (the game) = футбо́л
• (the ball) = футбо́льный мяч

footballer noun (British English)
= футболи́ст

footstep noun
(the sound) = шаг

for preposition
• (intended for, benefiting) = для
(+ genitive) or + dative with no
preposition
he did it for me = он э́то сде́лал для
меня́
here's a letter for you = вот тебе́ письмо́
he bought me a book = он купи́л мне
кни́гу
a course for adults = курс для взро́слых

he works for a big company = он
рабо́тает в большо́й фи́рме
• (when talking about time)

> **!** for is usually not translated; sometimes
> в тече́ние (+ genitive) is used; when the
> period of time referred to begins as the
> action is completed, на (+ accusative) is
> used:

we waited for four hours = мы жда́ли
четы́ре часа́
we've been living here for two years = мы
живём здесь два го́да
I haven't seen him for years = я не ви́дел
его́ мно́го лет
I haven't seen him for two weeks = я не
ви́дел его́ в тече́ние двух неде́ль
she's going to Moscow for six months =
она́ е́дет в Москву́ на шесть ме́сяцев
they've gone away for a few days = они́
уе́хали на не́сколько дней
• (in various contexts) = на (+ accusative)
the train for Moscow = по́езд на Москву́
a room for one person = но́мер на одного́
a room for three days = но́мер на три дня
a ticket for the film = биле́т на фильм
a stamp for a postcard = ма́рка на
откры́тку
for breakfast = на за́втрак
a cheque for three pounds = чек на три
фу́нта
a taxi for eight in the morning = такси́ на
во́семь часо́в утра́
• (after the verbs to pay, thank, fight, vote,
etc.) = за (+ accusative)
he paid for the bread = он заплати́л за
хлеб
thank you for your letter = спаси́бо за
твоё письмо́
he bought it for five pounds = он купи́л
э́то за пять фу́нтов
• (when talking about distance)
we drove for ten miles = мы прое́хали
де́сять миль
• (to get into) = в (+ accusative)
a ticket for the cinema = биле́т в кино́
• (against an ailment) = от (+ genitive)
have you anything for a cold? = у вас есть
что-нибудь от просту́ды?

forbid verb
= запреща́ть/запрети́ть (+ dative)
they were forbidden to go out = им
запрети́ли выходи́ть
smoking is forbidden = кури́ть запрещено́

force
1 noun
(strength) = си́ла
by force = си́лой
2 verb
= заставля́ть/заста́вить
he forced them to accept the offer = он
заста́вил их приня́ть предложе́ние

forecast noun
(of weather) = прогно́з

forehead noun
= лоб

foreign adjective
= иностра́нный
foreign language = иностра́нный язы́к
foreign countries = иностра́нные
госуда́рства

foreign currency noun
= (иностра́нная) валю́та or
иностра́нные де́ньги

> ! (иностра́нная) валю́та is applied only
> to convertible currency; non-covertible
> foreign currency is иностра́нные
> де́ньги

foreigner noun
= иностра́нец/иностра́нка

forest noun
= лес

forget verb
= забыва́ть/забы́ть
he forgot his key = он забы́л ключ
she forgot my birthday = она́ забы́ла о
моём дне рожде́ния
we forgot to ring him = мы забы́ли ему́
позвони́ть

forgive verb
= проща́ть/прости́ть
he forgave her = он прости́л её
he forgave her everything = он прости́л
ей всё
he forgave her for what she'd done = он
прости́л её за то, что она́ сде́лала

> ! Note that the person forgiven is in the
> accusative or dative case according to
> the structure of the sentence

fork noun
= ви́лка

form
1 noun
• (a kind) = фо́рма
• (a document) = анке́та or фо́рма
• (British English) (a class) = класс
in the sixth form = в шесто́м кла́ссе
2 verb
• (to create) = образова́ть (imperfective &
perfective)
• (to be created) = образова́ться
(imperfective & perfective)

former adjective
• (earlier) = пре́жний
in former times = в пре́жние времена́
• (ex) = бы́вший
his former wife = его́ бы́вшая жена́
• (the first of two) = пе́рвый

formerly adverb
= ра́ньше

fortieth number
= сороково́й

fortnight noun
= две неде́ли

forty number
= со́рок

forwards adverb
= вперёд

found verb
= осно́вывать/основа́ть

fountain noun
= фонта́н

four number
= четы́ре

fourteen number
= четы́рнадцать

fourteenth number
• (in a series) = четы́рнадцатый
• (in dates)
the fourteenth of July = четы́рнадцатое
ию́ля

fourth number
• (in a series) = четвёртый
• (in dates)
the fourth of August = четвёртое а́вгуста

frame noun
(of a picture or window) = ра́ма

France noun
= Фра́нция

free
1 adjective
• (in liberty) = свобо́дный
• (not occupied) = свобо́дный
a free evening = свобо́дный ве́чер
are you free now? = вы сейча́с
свобо́дны?
is this seat free? = здесь свобо́дно?
• (gratis) = беспла́тный
free tickets = беспла́тные биле́ты
2 adverb
= беспла́тно
we got in free = мы прошли́ беспла́тно
3 verb
= освобожда́ть/освободи́ть

freedom noun
= свобо́да

freeze verb
• (of a river etc.; also **freeze up**) =
замерза́ть/замёрзнуть
• (to feel cold) = мёрзнуть/замёрзнуть
you'll freeze if you don't put on a coat =
ты замёрзнешь, е́сли не наде́нешь
пальто́

> ! See also **freezing**
• (to preserve food) =
замора́живать/заморози́ть

freezer noun
= морози́льник

freezing adjective
(very cold) = о́чень хо́лодно

it's freezing in my bedroom = в моей
спа́льне о́чень хо́лодно
I'm freezing = мне о́чень хо́лодно *or* я
замёрз
my hands are freezing = ру́ки замёрзли

! *Note that in the above two examples
the past tense of the Russian*
замёрзнуть *is used to translate the
English present tense: this is because
this English usage usually implies that a
cold state has been reached rather than
is in the process of happening*

French
1 *adjective*
= францу́зский
2 *noun*
(the language) = францу́зский язы́к
she's learning French = она́ изуча́ет
францу́зский язы́к
he speaks French = он говори́т
по-францу́зски
the French = францу́зы

French fries *noun* (US English)
= карто́фель-соло́мка (*collective; no
plural*)

Frenchman *noun*
= францу́з

Frenchwoman *noun*
= францу́женка

fresh *adjective*
= све́жий

Friday *noun*
= пя́тница

fridge *noun*
= холоди́льник

fried *adjective*
= жа́реный

fried egg *noun*
= яи́чница

friend *noun*
= друг/подру́га *or*
прия́тель/прия́тельница

! *The masculine forms* друг *and*
прия́тель *are used when the sex of the
friend is unspecified or where there is a
mixed group, e.g.* she's a friend of mine
= она́ одна́ из мои́х друзе́й
to be friends = дружи́ть (*imperfective*)
(with + c + *instrumental*)
to make friends = подружи́ться
(*perfective*) (with + c + *instrumental*)

friendly *adjective*
= дру́жеский

friendship *noun*
= дру́жба

frighten *verb*
= пуга́ть/испуга́ть

frightened *adjective*
a frightened child = испу́ганный ребёнок
to be frightened = испуга́ться
(*perfective*)
he was very frightened = он о́чень
испуга́лся
to be frightened of = боя́ться
(*imperfective*) (+ *genitive*)
he's frightened of the dark = он бои́тся
темноты́

from *preposition*
• (*when talking about distances*) = от
(+ *genitive*)
he lives ten miles from Moscow = он
живёт в десяти́ ми́лях от Москвы́

! *In the above example, note the
construction* в + **prepositional** *which is
used when saying how far one place is
from another*
is it far from here? = э́то далеко́ отсю́да?
• (*from a person*)
a letter from a friend = письмо́ от дру́га
a present from his mother = пода́рок от
ма́мы
he bought it from a friend = он купи́л э́то
у дру́га
he borrowed five pounds from his father =
он за́нял пять фу́нтов у отца́
she took the book from him = она́ взяла́ у
него́ кни́гу
• (*when saying where someone or
something comes from*) = из
(+ *genitive*)
she's from London = она́ из Ло́ндона
he's from Germany = он из Герма́нии
the train from Moscow = по́езд из
Москвы́
where do you come from? = вы отку́да?
• (*from one place to another*)
= из *or* с (+ *genitive*)
he was going from his flat to the theatre =
он е́хал из свое́й кварти́ры в теа́тр
he was going home from the factory = он
е́хал с фа́брики домо́й

! *Some nouns are used with* из (*e.g.*
апте́ка, аэропо́рт, бассе́йн,
больни́ца, гости́ница, кварти́ра,
музе́й, о́пера, парк, теа́тр,
университе́т, шко́ла); *others with* с (*e.g.*
вокза́л, заво́д, мо́ре, по́чта, рабо́та,
ры́нок, ста́нция, фа́брика). *These
correspond with the use of* в *or* на
meaning 'to' a place. When to *is
translated by* до, *from is translated by*
от:
the bus goes from the hospital to the park
= авто́бус идёт от больни́цы до па́рка
• (*from off*) = с (+ *genitive*)
she took a book from the table = она́
взяла́ кни́гу со стола́
• (*when talking about time*) = с (+ *genitive*)
from eight to nine = с восьми́ до девяти́
часо́в

F

from June to August = с ию́ня до а́вгуста
* (when talking about translating) = с
  (+ genitive)
  from English into Russian = с
  англи́йского языка́ на ру́сский
* (at the end of a letter)
  from Mitya = твой/ваш Ми́тя or simply
  Ми́тя
from here = отсю́да
from there = отту́да

front
1 noun
* (the front part) = пере́дняя часть
  the front of the house is always cold = в
  пере́дней ча́сти до́ма всегда́ хо́лодно
at the front, in front = впереди́
  we sat at the front = мы сиде́ли впереди́
* (the front side) = лицева́я сторона́
  the front of a cheque = лицева́я сторона́
  че́ка
* (of a queue) = нача́ло
  we were at the front of the queue = мы
  стоя́ли в нача́ле о́череди
2 adjective
  = пере́дний
  the front seat = пере́днее сиде́нье
  front door = пере́дняя дверь
in front of = пе́ред (+ instrumental)

frost noun
  = моро́з

fruit noun
* (a piece of fruit) = фрукт
* (collectively) = фру́кты
  I like fruit = я люблю́ фру́кты

fruit juice noun
  = фрукто́вый сок

fry verb
  = жа́рить/зажа́рить or изжа́рить

frying pan noun
  = сковорода́

fulfil (British English), **fulfill** (US English)
verb
  = выполня́ть/вы́полнить

full adjective
* (filled) = по́лный
  the streets were full of cars = у́лицы
  бы́ли по́лны маши́н
* (with food) = сы́тый

fun noun
  it was fun = бы́ло ве́село
  we had a lot of fun = нам бы́ло о́чень
  ве́село

funeral noun
  = по́хороны (plural)

funny adjective
* (amusing) = смешно́й
* (odd) = стра́нный

fur
1 noun
  = мех

2 adjective
  = мехово́й
  a fur hat = мехова́я ша́пка
  a fur coat = шу́ба

furious adjective
  = о́чень серди́тый

furniture noun
  = ме́бель

further adverb
  = да́льше
  it was further than he thought = э́то бы́ло
  да́льше, чем он ду́мал
  how much further is it? = наско́лько э́то
  да́льше?

future
1 noun
the future = бу́дущее (noun)
  in (the) future = в бу́дущем
2 adjective
  = бу́дущий
  the future king = бу́дущий коро́ль

Gg

gallery noun
  = галере́я

game noun
* (a form of play or sport) = игра́
  children's games = де́тские и́гры
* (a match) = матч or па́ртия
  a game of football = футбо́льный матч
  a game of [tennis | chess ...] = па́ртия в
  [те́ннис | ша́хматы ...]

garage noun
* (for keeping a car) = гара́ж
* (for selling petrol) = бензозапра́вочная
  ста́нция
* (for repairing cars) = автомастерска́я
  (noun)

garbage noun (US English)
  = му́сор

garbage can noun (US English)
* (outside) = му́сорный бак
* (in the kitchen) = му́сорное ведро́
* (in another room, office) = му́сорная
  корзи́на

garbage collector noun (US English)
  = му́сорщик

garden noun
* (large) = сад
* (small) = са́дик

gardener *noun*
* (*professional*) = садо́вник
* (*amateur*) = садово́д

gardening *noun*
= садово́дство
he loves gardening = он лю́бит рабо́тать
в саду́

garlic *noun*
= чесно́к

gas *noun*
* (*the fuel*) = газ
* (*US English*) (*petrol*) = бензи́н

gas station *noun* (*US English*)
= бензозапра́вочная ста́нция

gate *noun*
* (*large*) – воро́та (*plural*)
the gate into the courtyard = воро́та во
двор
* (*small*) = кали́тка

gather *verb*
* (*to come together*) =
собира́ться/собра́ться
a crowd had gathered = собрала́сь толпа́
* (*to collect*) = собира́ть/собра́ть

gay *adjective*
(*homosexual*)
he's gay = он гомосексуали́ст
she's gay = она́ гомосексуали́стка

general *adjective*
= о́бщий
in general = вообще́

generous *adjective*
= ще́дрый

gentle *adjective*
= мя́гкий

gentleman *noun*
(*a polite man*) = джентльме́н
ladies and gentlemen! = да́мы и господа́!

geography *noun*
= геогра́фия

Georgia *noun*
= Гру́зия

German
1 *noun*
* (*a person*) = не́мец/не́мка
* (*the language*) = неме́цкий язы́к
I'm learning German = я изуча́ю
неме́цкий язы́к
he speaks German = он говори́т
по-неме́цки
2 *adjective*
= неме́цкий

Germany *noun*
= Герма́ния

get *verb*
! See the boxed note on ▶ **get** p. 182 for
detailed information and examples.

get back
* (*to return*) = возвраща́ться/верну́ться
* (*to regain*) = получа́ть/получи́ть обра́тно
get down
she got down from the tree = она́ сле́зла с
де́рева
he got the book down from the shelf = он
снял кни́гу с по́лки
get in
* (*to enter*)
how did you get in? = как вы вошли́?
how much does it cost to get in? =
ско́лько сто́ит вход?
* (*to arrive*)
the train gets in at six = по́езд прибыва́ет
в шесть часо́в
get into
she got into the car = она́ се́ла в маши́ну
he got into bed = он лёг в посте́ль
get off
* (*a train, bus, etc.*) = выходи́ть/вы́йти
(+ из + *genitive*) or сходи́ть/сойти́
(+ с + *genitive*)
he got off at the next station = он вы́шел
(*or* сошёл) на сле́дующей ста́нции
she got off the bus = она́ вы́шла из
авто́буса *or* она́ сошла́ с авто́буса
where should I get off? = где мне
выходи́ть (*or* сходи́ть)?
* (*a bicycle or horse*) = сходи́ть/сойти́ *or*
слеза́ть/слезть (+ с + *genitive*)
he got off his bike = он сошёл (*or* слез) с
велосипе́да
get on
* (*to climb onto*) = сади́ться/сесть (+ в/на
+ *accusative*)
she got on [the bus | the plane ...] = она́ се́ла
в [авто́бус | самолёт ...]
she got on [her bike | her motorbike ...] = она́
се́ла на [велосипе́д | мотоци́кл ...]
* (*to have good relations*)
we get on well together = мы хорошо́
отно́симся друг к дру́гу
* (*to fare*)
how's she getting on? = как у неё иду́т
дела́?
how did you get on? = ну, как? *or* как
дела́?
get out
(*to leave*) = выходи́ть/вы́йти
he couldn't get out of the building = он не
мог вы́йти из зда́ния
he got out of the car = он вы́шел из
маши́ны
get round to = успева́ть/успе́ть
she didn't get round to phoning me = она́
не успе́ла позвони́ть мне
get through = дозвони́ться (*perfective*)
(to + до + *genitive*)
he couldn't get through to her = он не мог
дозвони́ться до неё
get to know = знако́миться/
познако́миться с (+ *instrumental*)
get up = встава́ть/встать
she gets up early = она́ ра́но встаёт

G

get

A multi-purpose verb

The word *get* is extremely common in English and does not have an equivalent multi-purpose verb in Russian. It is often helpful to find a synonym and from there a suitable translation. For example, *get* meaning *to fetch* is translated in a variety of ways which can be found by looking up *fetch* in the dictionary:

she got his coat	= она́ принесла́ его́ пальто́
he got me from the station	= он привёз меня́ с вокза́ла

Similarly, *get* meaning *to arrive* is translated by various verbs which can be found by looking up *arrive* in the dictionary:

I'll call when we get there	= я позвоню́, когда́ мы прие́дем
the train gets to Moscow at six	= по́езд прибыва́ет в Москву́ в шесть часо́в

Main senses

When 'to get' means 'to obtain'
In the sense 'to get hold of, come by', *get* is translated by достава́ть/доста́ть:

she managed to get tickets	= она́ суме́ла доста́ть биле́ты
I need to get some money	= мне ну́жно доста́ть де́нег

In the sense 'to buy', *get* is translated by покупа́ть/купи́ть:

she got him a present	= она́ купи́ла ему́ пода́рок

In the sense 'to receive', *get* is translated by получа́ть/получи́ть:

we got permission	= мы получи́ли разреше́ние
he got a letter	= он получи́л письмо́

'to get a job' is получа́ть/получи́ть рабо́ту or (if much effort has been spent) находи́ть/найти́ рабо́ту:

he got a job in London	= он получи́л рабо́ту в Ло́ндоне

When changing from one state to another
Russian often uses the verb meaning *to become*, станови́ться/стать (+ *instrumental* or *indeclinable predicative adjective*):

he got rich	= он стал бога́тым
it's getting colder	= стано́вится холодне́е
we got bored	= нам ста́ло ску́чно

However, there is often a single verb translation for the English *get* + *adjective*:

he got angry	= он рассерди́лся
she gets tired quickly	= она́ бы́стро устаёт
he got ill	= он заболе́л

When asking, telling, or persuading
The verbs проси́ть/попроси́ть 'to ask', and угова́ривать/уговори́ть 'to persuade' are useful:

please get her to call me!	= попроси́те её позвони́ть мне, пожа́луйста!
he got her to give him five pounds	= он уговори́л её дать ему́ пять фу́нтов

When asking for directions to a place
The verb добира́ться/добра́ться is often used:

how do I get there?	= как мне туда́ добра́ться?
how do I get to the post office?	= как мне добра́ться до по́чты?

When getting things done by someone else
Russian uses a single active verb:

to get something repaired	= чини́ть/почини́ть:
she got her car repaired	= она́ почини́ла маши́ну
to get one's hair cut	= стри́чься/постри́чься:
he got his hair cut	= он постри́гся
to get something decorated	= де́лать/сде́лать ремо́нт:
we're having the house decorated	= мы де́лаем ремо́нт

When cooking
The most useful verb is гото́вить/пригото́вить:

    he got the dinner = он пригото́вил у́жин

When using transport
When talking about travelling by a certain type of transport, use **е́здить** (*indeterminate*) / **е́хать** (*determinate*) / **пое́хать** (*perfective*) (+ *instrumental* or + **на** + *prepositional*):

    every day he gets the train to London = ка́ждый день он е́здит пое́здом (*or* на по́езде) в Ло́ндон
    he got a taxi to the station = он пое́хал на вокза́л на такси́ *or* он взял такси́ на вокза́л

взять is used only with **такси́**. Since **такси́** is indeclinable, the construction with the instrumental is not used.

When talking about *boarding* transport, use **сади́ться/сесть на** (+ *accusative*):

    she got the train at nine o'clock = она́ се́ла на по́езд в де́вять часо́в

❚ You will find translations for phrasal verbs using *get* (*get back, get down, get up*) listed separately under the entry for *get*.

For **have got** and **have got to** see the boxed note at **have**.

---

he got up from the table = он встал из-за стола́

have got ▶ have

girl *noun*
- (*a child*) = де́вочка
- (*a young woman*) = де́вушка

girlfriend *noun*
= подру́га

give *verb*
= дава́ть/дать (**thing given** + *accusative*; **person given to** + *dative*)
  he gave me a book = он дал мне кни́гу
give away = раздава́ть/разда́ть (*to many people*) *or* отдава́ть/отда́ть (*to one person*)
  she gave all her books away = она́ раздала́ все свои́ кни́ги
give back = отдава́ть/отда́ть
  she gave him back the video = она́ отдала́ ему́ видеокассе́ту
give out (*to distribute*) = раздава́ть/разда́ть
give up = броса́ть/бро́сить
  she gave up smoking = она́ бро́сила кури́ть
  he gave up his job = он бро́сил рабо́ту
  we can't give up now = тепе́рь мы не мо́жем э́то бро́сить

glad *adjective*
= рад
  we're glad you're coming = мы ра́ды, что ты придёшь
  she was glad to see him = она́ была́ ра́да его́ уви́деть

❚ рад *exists only as a short-form adjective*

glass *noun*
- (*a vessel*) = стака́н
- (*the substance*) = стекло́

glasses *noun*
= очки́
  she wears glasses = она́ но́сит очки́

glove *noun*
= перча́тка
  a pair of gloves = па́ра перча́ток *or* перча́тки

glue *noun*
= клей

go *verb*

❚ *See the boxed note on* ▶ **go p. 184** *for detailed information and examples*
- (*to depart, go away: on foot or of a vehicle*) = уходи́ть/уйти́
  she's gone already = она́ уже́ ушла́
  the bus goes at three = авто́бус ухо́дит в три часа́
- (*to depart, go away: by transport*) = уезжа́ть/уе́хать
  he's gone to Greece = он уе́хал в Гре́цию
  she's going to France tomorrow = она́ уезжа́ет за́втра во Фра́нцию
- (*to fare*)
  how's it going? = как дела́?
  everything's going well = всё в поря́дке
  how did the exam go? = как прошёл экза́мен?
  the concert went very well = конце́рт прошёл о́чень хорошо́
- (*to function*)
  the car won't go = маши́на не хо́дит
  her watch won't go = её часы́ не хо́дят
be going to = собира́ться/собра́ться
  he's going to move to London = он собира́ется перее́хать в Ло́ндон

✱ in informal situations

go

! You will find translations for senses of 'to go' not treated here, for phrasal verbs like *go away*, *go back*, *go in*, etc., and for expressions like *I'm going to move to London* listed separately in the dictionary entry.

Getting from A to B

Russian uses different verbs depending on whether the person is going on foot or by transport. In addition, these verbs have two imperfective forms, called *indeterminate* and *determinate*, and one perfective form.

going on foot

Generally, *to go*, when going on foot, is translated by ходи́ть (*indeterminate*) | идти́ (*determinate*) | пойти́ (*perfective*)

The **indeterminate** form, ходи́ть, is used when describing

(a) a two-way journey, motion there and back, a round trip:

yesterday we went to the theatre	= вчера́ мы ходи́ли в теа́тр
where did you go last night?	= куда́ вы ходи́ли вчера́ ве́чером?
did she go to the party?	= она́ ходи́ла на ве́чер?
he advised me not to go	= он посове́товал мне не ходи́ть
he decided not to go	= он реши́л не ходи́ть

(b) habitual or repeated movement (implying two directions)

he goes to school every day	= он хо́дит ка́ждый день в шко́лу
every day we went to school past their house	= ка́ждый день мы ходи́ли в шко́лу ми́мо их до́ма
we used to go to the museum every month	= ра́ньше мы ходи́ли в музе́й ка́ждый ме́сяц
she likes going to the opera	= она́ лю́бит ходи́ть в о́перу
we rarely go to the movies	= мы ре́дко хо́дим в кино́

(c) multi-directional movement, motion in no particular direction:

we were going round the town	= мы ходи́ли по го́роду
I love going round the shops	= я люблю́ ходи́ть по магази́нам

The **determinate** form, идти́, is used when describing

(a) a one-way journey, motion there but not back:

where are you going?	= куда́ ты идёшь?
I'm going there now	= я иду́ туда́ сейча́с
we were going through the forest	= мы шли че́рез лес
I have (got) to go home	= я до́лжен идти́ домо́й
we were just about to go	= мы как раз собира́лись идти́

(b) habitual motion in one direction:

he always goes home after school	= он всегда́ идёт домо́й по́сле шко́лы

(c) the immediate future (using the present continuous in English):

tomorrow we're going to a concert	= за́втра мы идём на конце́рт

The **perfective** form, пойти́, is used

(a) to form the past tense when there is no implication that the person has returned:

he's gone to the post office	= он пошёл на по́чту
they went home	= они́ пошли́ домо́й

(b) to form the past tense when the beginning of the action is described:

she got up and went	= она́ вста́ла и пошла́

(c) to form the future tense when talking of one's intentions:

tomorrow I'll go into town	= за́втра я пойду́ в го́род

The verb for going on foot, ходи́ть/идти́/пойти́, is also used of **vehicles** going:

trains go every five minutes	= поезда́ иду́т ка́ждые пять мину́т
this bus goes to the centre	= э́тот авто́бус идёт в центр
does this bus go to the library?	= э́тот авто́бус идёт до библиоте́ки?

going by transport

Generally, to go, when going by transport, is translated by **éздить** (*indeterminate*) | **éхать** (*determinate*) | **поéхать** (*perfective*)

The **indeterminate** form, **éздить**, is used in the same contexts as ходи́ть, i.e. for motion in more than one direction, but when going by transport:

last year we went to France	= в прóшлом году́ мы éздили во Фра́нцию
where did you go on Saturday?	= куда́ вы éздили в суббóту?
every day he goes to work by train	= ка́ждый день он éздит на рабóту на пóезде
I like going to Germany	= я люблю́ éздить в Герма́нию
they were going (i.e. *driving*) up and down the street	= они́ éздили по у́лице

The **determinate** form, **éхать**, is used in the same contexts as идти́, i.e. for motion in one direction and for the immediate future, but when going by transport:

where are you going?	= куда́ вы éдете?
why are you going so slowly?	= почему́ вы éдете так ме́дленно?
we were going towards the hospital	= мы éхали к больни́це
she goes home on the bus	= она́ éдет домóй на автóбусе
tomorrow we're going to town	= за́втра мы éдем в гóрод

The **perfective** form, **поéхать**, is used in the same contexts as пойти́, for the past tense where there is no implication of having returned, to describe the beginning of an action, and to form the future when talking of one's intentions, but when going by transport:

he's gone to America	= он поéхал в Аме́рику
they went home	= они́ поéхали домóй
he suddenly went (i.e. *started going*) *faster*	= вдруг он поéхал быстре́е
tomorrow we'll go into town	= за́втра мы поéдем в гóрод

!! Note that the perfective may also be used (instead of the indeterminate form of the verb) in the past tense for describing a two-way journey, when attention is being drawn to a particular occasion:

yesterday we went to a concert	= вчера́ мы пошли́ на концéрт
	(*or* вчера́ мы ходи́ли на концéрт)
last year we went to China	= в прóшлом году́ мы поéхали в Кита́й
	(*or* в прóшлом году́ мы éздили в Кита́й)

I'm going to watch television tonight = сегóдня вéчером я собира́юсь смотре́ть телеви́зор

go away
* (*on foot*) = уходи́ть/уйти́
* (*by transport*) = уезжа́ть/уéхать

go back = возвраща́ться/верну́ться
  he went back home = он верну́лся домóй

go by
* (*on foot; of a vehicle; of time*) = проходи́ть/пройти́
  he went by = он прошёл (ми́мо)
  the years went by = гóды прошли́
* (*by transport*) = проезжа́ть/проéхать
  they shouted to us as they went by = они́ кри́кнули нам, когда́ проезжа́ли (ми́мо)

go down = спуска́ться/спусти́ться (+ по + *dative*) *or* с + *genitive*)
  she went down the [stairs | mountain ...] = она́ спусти́лаеь [по лéстнице | с горы́ ...]

go in
  (*to enter*) = входи́ть/войти́
  we went in = мы вошли́

go into
  (*to enter*) = входи́ть/войти́ в (+ *accusative*)

she went into the room = она́ вошла́ в кóмнату

go off
* (*on foot*) = уходи́ть/уйти́
* (*by transport*) = уезжа́ть/уéхать
* (*of food*) = пóртиться/испóртиться

go on
* (*to continue with something*) = продолжа́ть/продóлжить (+ *imperfective infinitive*)
  she went on talking = она́ продолжа́ла говори́ть
* (*to remain unchanged*) = продолжа́ться/продóлжиться
  life goes on = жизнь продолжа́ется
* (*to happen*) = происходи́ть/произойти́
  what's going on? = что происхóдит?

go out
* (*of a room etc.*) = выходи́ть/вы́йти
  he smiled and went out = он улыбну́лся и вы́шел
* (*to leave the house*)
  I want to go out tonight = я хочу́ пойти́ ку́да-нибудь сегóдня вéчером
  'is he at home?'—'no, he's gone out' = «он дóма?» — «нет, он ушёл»
* (*of a fire etc.*) = га́снуть/пога́снуть

go out of = выходи́ть/вы́йти из
  (+ *genitive*)
  he went out of the room = он вы́шел из
    ко́мнаты
go out with
  (*as boyfriend or girlfriend*) = встреча́ться
    (*imperfective*) с (+ *instrumental*)
go past ▶ **go by**
go round
• (*British English*) (*to call on*)
  (*on foot*) = заходи́ть/зайти́ (**to** + к
    + *dative*)
  he went round to his sister's = он зашёл
    к сестре́
  (*by transport*) = заезжа́ть/зае́хать (**to** + к
    + *dative*)
• (*to visit, walk round*) = ходи́ть/пойти́ по
    (+ *dative*)
  I like going round the shops = я люблю́
    ходи́ть по магази́нам
• (*to rotate*) = враща́ться (*imperfective*)
go up = поднима́ться/подня́ться (+ по
    + *dative*)
  he went up in the lift = он подня́лся на
    ли́фте

goal *noun*
• (*an aim*) = цель
• (*in sport—the area*) = воро́та (*plural*)
• (*in sport—a point*) = гол

God *noun*
  = Бог
for God's sake! = ра́ди Бо́га!✱
good God! = Бо́же мой!✱
thank God! = сла́ва Бо́гу!✱

gold
1 *noun*
  = зо́лото
2 *adjective*
  = золото́й

golf *noun*
  = гольф

good
1 *adjective*
• (*in most contexts*) = хоро́ший
  a good book = хоро́шая кни́га
  a good friend = хоро́ший друг
  a good man = хоро́ший челове́к
  we had a good time = мы хорошо́
    провели́ вре́мя
• (*when talking about food*) = вку́сный
  this meat's very good = э́то мя́со о́чень
    вку́сное
• (*in greetings*)
  good morning! = до́брое у́тро!
  good afternoon! = до́брый день!
2 *exclamation*
  = хорошо́!

goodbye *exclamation*
  = до свида́ния!

to say goodbye = проща́ться/прости́ться
  (**to** + с + *instrumental*)
goodnight *exclamation*
  = споко́йной но́чи!
goods *noun*
  = това́ры

got ▶ **have**

government *noun*
  = прави́тельство

grab *verb*
  = хвата́ть/схвати́ть
  she grabbed me by the hand = она́
    схвати́ла меня́ за́ руку

grade *noun*
• (*US English*) (*a class*) = класс
• (*a mark*) = отме́тка

gradually *adverb*
  = постепе́нно

gram *noun* (*also* **gramme**)
  = грамм
  two hundred grams of butter = две́сти
    гра́мм(ов) ма́сла

grammar *noun*
  = грамма́тика

grandchild *noun*
  = внук/вну́чка

granddaughter *noun*
  = вну́чка

grandfather *noun*
  = де́душка (*masculine*)

grandmother *noun*
  = ба́бушка

grandparents *noun*
  = ба́бушка и де́душка

grandson *noun*
  = внук

grape *noun*
• (*a single grape*) = виногра́дина
• (*collective; grapes*) = виногра́д
    (*collective; no plural*)

grapefruit *noun*
  = гре́йпфрут

grass *noun*
  = трава́

grateful *adjective*
  = благода́рный
  we're very grateful to you = мы вам о́чень
    благода́рны

grave *noun*
  = моги́ла

graveyard *noun*
  = кла́дбище

gray ▶ **grey**

great *adjective*
• (*eminent*) = вели́кий

✱ in informal situations

a **great composer** = вели́кий компози́тор
• (*large*) = большо́й
  a **great number** = большо́е коли́чество
• (*splendid*) = замеча́тельный
  it's a **great idea** = э́то замеча́тельная
  иде́я
  we had a **great time** = мы замеча́тельно
  провели́ вре́мя

Great Britain *noun*
= Великобрита́ния

Greece *noun*
= Гре́ция

greedy *adjective*
= жа́дный

Greek
1 *adjective*
= гре́ческий
2 *noun*
• (*a person*) = грек/греча́нка
• (*the language*) = гре́ческий язы́к

green *adjective*
= зелёный

greengrocer's (shop) *noun*
= овощно́й магази́н

grey (*British English*), **gray** (*US English*)
adjective
= се́рый

grill *verb*
= жа́рить/зажа́рить *or* изжа́рить

grocer's (shop) *noun*
= гастроно́м

ground *noun*
• (*the surface of the earth*) = земля́
  the **ground is hard** = земля́ твёрдая
  she **sat down on the ground** = она́ се́ла
  на зе́млю
• (*in sport*) = площа́дка *or* по́ле
  a **sports ground** = спорти́вная площа́дка
  a **football ground** = футбо́льное по́ле

ground floor *noun*
= пе́рвый эта́ж

grounds *noun*
• (*of a house*) = парк
• (*reasons*) = основа́ние (*singular*)

group *noun*
= гру́ппа
a **group of people** = гру́ппа люде́й

grow *verb*
• (*to get bigger*) = расти́ (*imperfective*)
  potatoes **grow well here** = здесь хорошо́
  растёт карто́фель
• (*to cultivate*) = выра́щивать/вы́растить
  he **grows vegetables** = он выра́щивает
  о́вощи
• (*to become*) = станови́ться/стать
  (+ *instrumental*)
  he **grew taller and taller** = он станови́лся
  всё бо́лее высо́ким

grow up = выраста́ть/вы́расти

guard
1 *verb*
= охраня́ть/охрани́ть
  soldiers were **guarding the palace** =
  солда́ты охраня́ли дворе́ц
2 *noun*
= сто́рож

guess *verb*
• (*to make a guess*) =
  дога́дываться/догада́ться
  guess who's here! = догада́йся, кто
  пришёл!
• (*to suppose*) = ду́мать (*imperfective*)

guest *noun*
= гость

guide *noun*
= экскурсово́д

guidebook *noun*
= путеводи́тель (*masculine*)

guilty *adjective*
• (*of a crime*) = вино́вный (of + в
  + *prepositional*)
  he was **found guilty of murder** = он был
  при́знан вино́вным в уби́йстве
• (*of wrongdoing*) = винова́тый (about, of
  + в + *prepositional*)
  I feel guilty about it = я чу́вствую себя́
  винова́тым в э́том

guitar *noun*
= гита́ра

gun *noun*
= ружьё

guy *noun*
• (*a young man*) = па́рень (*masculine*)
• (*an older man*) = мужи́к *

gymnasium *noun* (*also* **gym**)
= спорти́вный зал

gymnastics *noun* (*also* **gym**)
= гимна́стика

gypsy *noun*
= цыга́н/цыга́нка

G

Hh

habit noun
= привы́чка
a bad habit = плоха́я привы́чка
to get out of the habit of [watching TV |
reading …] = отвыка́ть/отвы́кнуть
[смотре́ть телеви́зор | чита́ть …]

hair noun
• (a single hair) = во́лос
• (the human hair) = во́лосы (plural)
she's got short hair = у неё коро́ткие
во́лосы
to have one's hair cut =
стри́чься/постри́чься
to wash one's hair = мыть/вы́мыть or
помы́ть го́лову
• (animal hair) = шерсть

hairbrush noun
= щётка для воло́с

haircut noun
= стри́жка
to have a haircut = стри́чься/постри́чься

hairdresser noun
= парикма́хер

hairdresser's noun
= парикма́херская (noun)

hairdryer noun
= фен

hairstyle noun
= причёска

half
1 noun
= полови́на
half (of) the pupils = полови́на ученико́в
half an hour = полчаса́ (masculine)
in half an hour = че́рез полчаса́
one and a half = полтора́ (+ genitive)
one and a half hours, an hour and a half =
полтора́ часа́
five and a half hours = пять с полови́ной
часо́в
in half = попола́м
he cut the onion in half = он разре́зал
лу́ковицу попола́м
• (quantities)
! Note that both words are in the genitive:
half a litre of milk = поллитра молока́
half a pound of butter = полфу́нта ма́сла
half a kilogram of tomatoes =
полкилогра́мма помидо́ров
• (when telling the time)
it's half past one = сейча́с полови́на
второ́го or полвторо́го
2 adverb
the bottle is half empty = буты́лка
наполови́ну пуста́я

the door was half closed = дверь была́
наполови́ну закры́та

half-hour noun
= полчаса́ (masculine)
every half hour = ка́ждые полчаса́

half term noun (British English)
(holiday) = кани́кулы (plural) в середи́не
че́тверти

hall noun
• (in a house or flat) = прихо́жая (noun)
• (for public events) = зал

ham noun
= ветчина́

hamburger noun
= га́мбургер

hammer noun
= молото́к

hand
1 noun
• (part of the body) = рука́
I hurt my right hand = я повреди́л пра́вую
ру́ку
they were holding hands = они́
держа́лись за́ руки
• (help)
do you want a hand? = тебе́ помо́чь?
on the one hand, … on the other hand
= с одно́й стороны́, … с друго́й
стороны́
2 verb
= передава́ть/переда́ть
he handed me the book = он переда́л мне
кни́гу
hand in = подава́ть/пода́ть
hand out = раздава́ть/разда́ть
hand over = передава́ть/переда́ть

handbag noun
= су́мочка

handicapped adjective
a handicapped person = инвали́д

handkerchief noun
= носово́й плато́к

handle
1 noun
= ру́чка
2 verb
• (to deal with, cope with) =
справля́ться/спра́виться с
(+ instrumental)
she handled the matter well = она́
хорошо́ спра́вилась с э́тим де́лом
• (to treat) = обраща́ться (imperfective) с
(+ instrumental)
I know how to handle children = я уме́ю
обраща́ться с детьми́

handsome *adjective*
= краси́вый
a handsome man = краси́вый мужчи́на

handwriting *noun*
= по́черк

hang *verb*
• (*to attach to a hook etc.*) =
ве́шать/пове́сить
he hung a picture on the wall = он
пове́сил карти́ну на сте́ну
• (*to be suspended*) = висе́ть (*imperfective*)
a picture hangs over the fireplace =
карти́на виси́т над ками́ном
• (*to kill*) = ве́шать/пове́сить
he was hanged = его́ пове́сили

hang on
• (*to wait*) = подожда́ть (*perfective*)
• (*not hang up when phoning*) = не ве́шать
(*imperfective*) тру́бку

hang on to = держа́ться (*imperfective*) за
(+ *accusative*)

hang out = выве́шивать/вы́весить
he hung out the washing = он вы́весил
бельё

hang up
• (*on a hook etc.*) = ве́шать/пове́сить
she hung up her coat = она́ пове́сила
пальто́
• (*to put the phone down*) =
ве́шать/пове́сить тру́бку

hanger *noun*
= ве́шалка

happen *verb*
• (*to occur*) = происходи́ть/произойти́ *or*
случа́ться/случи́ться
what's happening? = что происхо́дит? *or*
что случа́ется?
• (*to affect someone*) =
случа́ться/случи́ться
what happened to you? = что с тобо́й
случи́лось?
• (*by chance*)
there happens to be one ticket left =
случа́йно оста́лся оди́н биле́т
if you happen to see him, say hello from
me = е́сли случа́йно уви́дишь его́,
переда́й ему́ от меня́ приве́т

happiness *noun*
= сча́стье

happy *adjective*
• (*content*) = счастли́вый
a happy marriage = счастли́вый брак
a happy child = счастли́вый ребёнок
• (*pleased*) = счастли́вый *or* рад
I'm happy to see you = я сча́стлив (*or*
рад) уви́деть вас
• (*satisfied*) = дово́льный
are you happy with the school? = вы
дово́льны шко́лой?
• (*willing*) = гото́в
I'm happy to help = я гото́в помо́чь
• (*in greetings*) = с (+ *instrumental*)
Happy Birthday! = с днём рожде́ния!

Happy Christmas! = с Рождество́м!

hard
1 *adjective*
• (*firm*) = твёрдый
the ground is hard = земля́ твёрдая
• (*difficult*) = тру́дный
a hard decision = тру́дное реше́ние
I find it hard to explain = мне тру́дно э́то
объясни́ть
• (*burdensome*) = тяжёлый
a hard life = тяжёлая жизнь
it was hard work = э́то была́ тяжёлая
рабо́та
• (*severe*) = суро́вый
a hard winter = суро́вая зима́
2 *adverb*
she works hard = она́ мно́го рабо́тает
he hit the ball hard = он си́льно уда́рил
по мячу́
we tried hard = мы о́чень стара́лись

hard disk *noun*
= жёсткий диск

hardly *adverb*
= едва́ *or* едва́ ли
I hardly know them = я их едва́ (ли) зна́ю

hare *noun*
= за́яц

harvest
1 *noun*
• (*the action*) = сбор
• (*the crops*) = урожа́й
2 *verb*
• (*to harvest, harvest crops*) =
собира́ть/собра́ть урожа́й
he's harvesting = он собира́ет урожа́й
• (*to harvest particular crops*) =
убира́ть/убра́ть
they're harvesting the fruit = они́ убира́ют
фру́кты

hat *noun*
= ша́пка

hate *verb*
= ненави́деть (*imperfective*)
I hate carrots = я ненави́жу морко́вь
he hates working = он ненави́дит
рабо́тать

have

> **!** See the boxed note on ▶ **have p. 190** for
> detailed information and examples

1 *verb*
• (*to eat, drink, smoke*): translated by the
appropriate verb
we had breakfast = мы поза́втракали
we had some coffee = мы пи́ли ко́фе
he had a cigarette = он вы́курил
сигаре́ту
will you have some tea? = бу́дете пить
чай?
• (*to receive*) = получа́ть/получи́ть

H

have

As an ordinary verb

- When *have* or *have got* is used as a verb meaning *to possess*, it is usually translated by y + the genitive of the person who has + the verb to be (есть in the present, был etc. in the past, будет/будут in the future). The thing that is had is in the nominative case:

I have (got) two brothers	= у меня́ есть два бра́та
have you got a car?	= у вас есть маши́на?
he had a lot of time	= у него́ бы́ло мно́го вре́мени

The word есть is often left out in the present tense when the emphasis is on *what* is had, rather than the fact of having, e.g.

do you have a big family?	= у вас больша́я семья́?
— I have three brothers and two sisters	— у меня́ три бра́та и две сестры́

Sometimes, *have* meaning *to possess* is translated by the verb име́ть (*imperfective*):

I have no idea	= я не име́ю поня́тия
he had the chance to win	= он име́л возмо́жность вы́играть
he's got the opportunity to travel	= он име́ет возмо́жность путеше́ствовать

- When have is used with certain noun objects in English, its Russian equivalent consists of simply a verb:

to have breakfast	= за́втракать/поза́втракать
to have lunch	= обе́дать/пообе́дать
to have dinner	= у́жинать/поу́жинать
to have a bath/a swim	= купа́ться/вы́купаться
to have a walk	= гуля́ть/погуля́ть

As an auxiliary verb

- When used as an auxiliary verb to form a past tense in English, *have* is translated into Russian simply by the past tense of the verb in its appropriate aspect. The perfective is used for describing a single or completed action, and the imperfective for describing an incomplete action, a process, or an action that refers to a period of time in the past:

they have/had left	= они́ уе́хали
the train has/had left	= по́езд ушёл
have you finished?	= вы ко́нчили?
we haven't/hadn't seen him for many years	= мы не ви́дели его́ мно́го лет
have you seen this film?	= вы смотре́ли э́тот фильм?

- When referring to an action that is still continuing, the present tense is often used:

we've been living here/ we've lived here for two years	= мы живём здесь два го́да
they've been wanting to move to London for a long time	= они́ давно́ хотя́т (*or* хоте́ли) перее́хать в Ло́ндон

to have (got) to

- *to have (got) to* meaning *must* is translated by до́лжен (должна́/должно́/должны́), or на́до (*impersonal + dative*):

I have (got) to go home	= я до́лжен (*or* мне на́до) идти́ домо́й
we have (got) to do something	= мы должны́ (*or* нам на́до) что́-то де́лать

In negative sentences, *not to have to* is translated by мочь не (+ *infinitive*) where the lack of obligation is stressed, and by не ну́жно (*impersonal + dative*) where the lack of necessity is stressed:

you don't have to help me	= ты мо́жешь не помога́ть мне
they didn't have to wait long	= им не ну́жно бы́ло до́лго ждать

I had a letter from him = я получи́л от
него́ письмо́
- (to hold, organize)
we had a party = мы устро́или вечери́нку
they had a meeting = они́ устро́или
собра́ние
- (to be suffering from) = y + genitive of the
person who has (+ есть)
I had a cold = у меня́ была́ просту́да
he's got the flu = у него́ грипп
I've got a headache = у меня́ головна́я
боль or у меня́ боли́т голова́
- (to give birth to) = роди́ть (imperfective &
perfective)
she had a son = она́ роди́ла сы́на
- (to spend time) = проводи́ть/провести́
we had a day in London = мы провели́
день в Ло́ндоне
we had a nice time = мы хорошо́
провели́ вре́мя
- (to get something done)
you must have your shoes repaired = вы
должны́ почини́ть ту́фли

2 auxiliary verb
- (forming a past tense in English: rendered
in Russian by the past tense of the verb)
have you seen this film? = вы смотре́ли
э́тот фильм?
they had bought a new car = они́ купи́ли
но́вую маши́ну
- (in questions and short answers)
you've met her, haven't you? = вы
знако́мы с ней, не пра́вда ли?
he hasn't rung, has he? = он ведь не
звони́л?
'you haven't been to Russia'—'yes I
have!' = «вы не́ были в Росси́и»—
«нет, я был!»

3 to have to, to have got to
I have (got) to work = я до́лжен (or мне
на́до) рабо́тать
we have (got) to go now = мы должны́
(or нам на́до) уходи́ть тепе́рь

he pronoun
= он
he is a strange man = он стра́нный
челове́к
there he is! = вот он!

head noun
- (part of the body) = голова́
my head aches = у меня́ боли́т голова́
he hit his head on the tree = он уда́рился
голово́й о де́рево
- (British English) (a head teacher) =
дире́ктор (шко́лы)
- (a person in charge) = глава́
the head of the company = глава́ фи́рмы

headache noun
= головна́я боль

head master noun (also **head
mistress, head teacher**)

✗ in informal situations

= дире́ктор (шко́лы)

health noun
= здоро́вье

health centre (British English), **health
center** (US English) noun
= поликли́ника

healthy adjective
- (in good health) = здоро́вый
- (good for the health) = поле́зный

hear verb
- (with the ears) = слы́шать/услы́шать
I can't hear him = я его́ не слы́шу
I heard the bus coming = я слы́шал, как
подошёл авто́бус
- (to learn, discover) =
слы́шать/услы́шать
have you heard the news? = вы
слы́шали но́вость?
have you heard who won? = вы
слы́шали, кто вы́играл?
- (to listen to) = слу́шать/послу́шать
did you hear the news this morning? = вы
слу́шали но́вости сего́дня у́тром?

hear from = что́-нибудь
слы́шать/услы́шать от (+ genitive)
have you heard from John? = вы
что́-нибудь слы́шали от Джо́на?

hear of = слы́шать/услы́шать о
(+ prepositional)
have you heard of Chekhov? = вы
слы́шали о Че́хове?

heart noun
= се́рдце
by heart = наизу́сть

heart attack noun
= инфа́ркт

heat
1 noun
= жара́
I can't stand the heat = я не терплю́
жары́
2 verb (also **heat up**)
to heat some water = нагрева́ть/нагре́ть
во́ду
to heat a house = топи́ть (imperfective)
дом
the room is heating up = ко́мната
нагрева́ется

heating noun
= отопле́ние

heavily adverb
she drinks heavily = она́ си́льно пьёт
it's raining heavily = идёт си́льный
дождь
he sleeps heavily = он кре́пко спит

heavy adjective
- (in weight) = тяжёлый
a heavy case = тяжёлый чемода́н
- (in intensity or quantity)
heavy traffic = си́льное движе́ние
a heavy cold = си́льная просту́да

H

heavy rain = си́льный дождь
a heavy blow = си́льный уда́р
he's a heavy smoker = он мно́го ку́рит
heavy fighting = тяжёлые бои́

hedge noun
= жива́я и́згородь

heel noun
• (part of the foot) = пя́тка
• (on a shoe) = каблу́к
  to wear high-heeled shoes = носи́ть
  (imperfective) ту́фли на высо́ком
  каблуке́

helicopter noun
= вертолёт

hello exclamation
• (in most contexts) = здра́вствуйте! (вы
  form), здра́вствуй! (ты form), or
  приве́т! **✱**
• (when answering the telephone) = алло́!

help
1 verb
• (to be of assistance to) =
  помога́ть/помо́чь (+ dative)
  he helped me find a job = он мне помо́г
  найти́ рабо́ту
• (to serve) = брать/взять
  I'll help myself to potatoes = я возьму́
  себе́ карто́шку
  help yourselves! = бери́те, пожа́луйста!
• (to avoid)
  I can't help [thinking about it | noticing …] = я
  не могу́ не [ду́мать об э́том | заме́тить …]
2 exclamation
= на по́мощь!
3 noun
= по́мощь
  thanks for your help = спаси́бо за по́мощь
  the neighbours were a great help =
  сосе́ди о́чень помогли́

her
1 pronoun
• (in the accusative or genitive case) = её
  he loves her = он лю́бит её
  he did it for her = он э́то сде́лал для неё
• (in the dative or instrumental case) = ей
  he gave her a book = он дал ей кни́гу
  with her = с ней
• (in the prepositional case) = ней
  he was talking about her = он говори́л о
  ней
• (used colloquially for **she**) = она́
  it's her! = э́то она́!

  ! When preceded by a preposition, её
  and ей become неё and ней
2 determiner
= её
  her house = её дом
  her dog = её соба́ка

✱ in informal situations

! When 'her' refers back to the subject of
the clause, свой is used instead of её;
also, when referring to parts of the body,
её is not used:
she lost her bag = она́ потеря́ла свою́
су́мку
she fell on her back = она́ упа́ла на спи́ну

herb noun
= трава́

herd noun
= ста́до

here adverb
• (position) = здесь or тут
  I live here = я живу́ здесь
  we get off here = мы здесь выхо́дим
  he's not here = его́ нет
• (motion) = сюда́
  come here! = иди́ сюда́!
• (when drawing attention to something) =
  вот
  here she is! = вот она́!
  here they are! = вот они́!
  here comes the train! = вот идёт по́езд!
  here you are! (when giving something) =
  вот, пожа́луйста!
from here = отсю́да
  is the shop far from here? = магази́н
  далеко́ отсю́да?
near here = бли́зко отсю́да
  there's a park near here = парк бли́зко
  отсю́да

hers pronoun
= её
  the white car is hers = бе́лая маши́на —
  её
  my jacket is red but hers is green = моя́
  ку́ртка кра́сная, а её — зелёная
  he is a friend of hers = он её друг

  ! When 'hers' refers back to the subject
  of the clause, свой is used instead of её:
  she took his jumper because she had lost
  hers = она́ взяла́ его́ сви́тер, потому́
  что свой она́ потеря́ла

herself pronoun
• (when used as a reflexive pronoun) = себя́
  or expressed by a reflexive verb
  she bought herself a dress = она́ купи́ла
  себе́ пла́тье
  she washed herself = она́ умы́лась
• (when used for emphasis) = сама́
  she told him herself = она́ сказа́ла ему́
  об э́том сама́
(all) by herself
• (alone) = одна́
• (without help) = сама́

hi exclamation
= приве́т! **✱**

hide verb
• (to conceal) = пря́тать/спря́тать

they hid the documents = они спря́тали
докуме́нты
• (to conceal oneself) =
пря́таться/спря́таться
they hid in the garage = они спря́тались в
гараже́

high
1 adjective
= высо́кий
high mountains = высо́кие го́ры
the tower is 100 metres high = ба́шня в
сто ме́тров высото́й
how high is the ceiling? = како́й высоты́
потоло́к?
high prices = высо́кие це́ны
a high temperature = высо́кая
температу́ра
of a high quality = высо́кого ка́чества
a high note = высо́кая но́та
2 adverb
= высоко́
we climbed up high = мы зале́зли
высоко́

higher
1 adjective
• (attributive) = вы́сший
• (predicative) = вы́ше
2 adverb
= вы́ше

high school noun
= сре́дняя шко́ла

high street noun (British English)
= гла́вная у́лица

highway noun
= шоссе́ (neuter indeclinable)

hijack verb
= похища́ть/похи́тить

hike noun
= похо́д

hill noun
= холм

him pronoun
• (in the accusative or genitive case) = его́
she loves him = она́ его́ лю́бит
she did it for him = она́ э́то сде́лала для
него́
• (in the dative case) = ему́
she gave him a book = она́ дала́ ему́
кни́гу
• (in the instrumental case) = им
with him = с ним
• (in the prepositional case) = нём
she was talking about him = она́
говори́ла о нём
• (used colloquially for he) = он
it's him! = э́то он!

! When preceded by a preposition, его́,
ему́, and им become него́, нему́, and
ним

himself pronoun
• (when used as a reflexive pronoun) = себя́
or expressed by a reflexive verb
he bought himself a suit = он купи́л себе́
костю́м
he washed himself = он умы́лся
• (when used for emphasis) = сам
he told them himself = он сказа́л им об
э́том сам
(all) by himself
• (alone) = оди́н
• (without help) = сам

hip noun
= бедро́
she broke her hip = она́ слома́ла бедро́

hire verb
• (a car, equipment) = брать/взять
напрока́т
she hired a car = она́ взяла́ маши́ну
напрока́т
• (a place) = снима́ть/снять
we hired a room = мы сня́ли ко́мнату
• (workers) = нанима́ть/наня́ть
hire out
• (a car, equipment) = дава́ть/дать
напрока́т
• (a building) = сдава́ть/сдать

his
1 determiner
= его́
his son = его́ сын

! When 'his' refers back to the subject of
the clause, свой is used instead of его́;
also, when referring to parts of the body,
его́ is not used:
he lost his key = он потеря́л свой
ключ
he fell on his back = он упа́л на спи́ну
2 pronoun = его́
this pen is his = э́та ру́чка — его́
my jacket is red but his is green = моя́
ку́ртка кра́сная, а его́ — зелёная
she is a friend of his = она́ его́ подру́га

! When 'his' refers back to the subject of
the clause, свой
is used instead of его́:
he took my pencil because he had
forgotten his = он взял мой каранда́ш,
потому́ что он забы́л свой

history noun
= исто́рия
the history of Russia = исто́рия Росси́и
a history lesson = уро́к исто́рии

hit verb
• (to strike; of a person) = ударя́ть/уда́рить
(a person + accusative; an object + по
+ dative)
he hit me in the face = он уда́рил меня́ по
лицу́
he hit his head on the ceiling = он
уда́рился голово́й о потоло́к

H

she hit the ball = она́ уда́рила по мячу́
- (to strike; of a propelled object) =
попада́ть/попа́сть в (+ accusative)
the ball hit the window = мяч попа́л в
окно́
- (to collide with, knock down)
the car hit a tree = маши́на вре́залась в
де́рево
he was hit by a truck = его́ сбил грузови́к

hobby noun
= хо́бби (neuter indeclinable)
she has many hobbies = у неё мно́го
хо́бби

hockey noun
= хокке́й

hold
1 verb
= держа́ть (imperfective)
she was holding a book = она́ держа́ла
кни́гу
2 noun
to get hold of
- (to obtain) = достава́ть/доста́ть
- (to find a person) = застава́ть/заста́ть
to grab hold of = хвата́ть/схвати́ть
he grabbed hold of the rope = он схвати́л
верёвку
hold on
- (to wait) = ждать/подожда́ть
- (so as not to fall) = держа́ться
(imperfective)
hold on to the rope! = держи́сь за
верёвку!
- (to hold the line) = не ве́шать
(imperfective) тру́бку
hold up
- (to delay) = заде́рживать/задержа́ть
- (to raise) = поднима́ть/подня́ть

hole noun
- (in an object) = дыра́
- (in the ground) = я́ма

holiday noun
- (British English) (a vacation) = о́тпуск
he's gone on holiday = он уе́хал в о́тпуск
we're here on holiday = мы здесь в
о́тпуске
he took a week's holiday = он взял
о́тпуск на неде́лю
he took a day's holiday = он взял
выходно́й день
- (British English) (a break from school etc.)
= кани́кулы (plural)
in the holidays = на кани́кулах
- (a national or religious festival) = пра́здник
26 December is a (public) holiday =
два́дцать шесто́е декабря́ —
пра́здник

Holland noun
= Голла́ндия

home
1 noun
- (a place to live) = дом

he has no home = у него́ нет до́ма
they are far from home = они́ далеко́ от
до́ма
a home for the handicapped = дом
инвали́дов
an old people's home = дом
престаре́лых
- (a home country) = ро́дина
2 adverb
= домо́й
let's go home! = пойдём домо́й!
on the way home = по доро́ге домо́й
at home
= до́ма
is he at home? = он до́ма?
I work at home = я рабо́таю до́ма
I feel at home here = я чу́вствую себя́
здесь как до́ма

home-made adjective
= дома́шний

homesick adjective
to be homesick = скуча́ть (imperfective)
по до́му

home town noun
= родно́й го́род

homework noun
= дома́шние зада́ния (plural)

honest adjective
= че́стный
an honest man = че́стный челове́к
to be honest, I don't like him = че́стно
говоря́, я не люблю́ его́

honey noun
= мёд

honour (British English), **honor** (US
English) noun
= честь

hook noun
= крючо́к

hooligan noun
= хулига́н

Hoover noun (proprietary term)
1 noun
= пылесо́с
2 verb
= пылесо́сить/пропылесо́сить

hope
1 verb
= наде́яться/понаде́яться
I hope to arrive at about six = я
наде́юсь, что прие́ду о́коло шести́
I hope not = я наде́юсь, что нет
I hope so = я наде́юсь
2 noun
= наде́жда

hopefully adverb
= на́до наде́яться, что
hopefully, I won't see him = на́до
наде́яться, что я не уви́жу его́

horizon noun
= горизо́нт
there is a ship on the horizon = кора́бль
на горизо́нте

horn noun
(a French horn) = валто́рна

horrible adjective
= ужа́сный

horse noun
= конь/ло́шадь
I like horses = я люблю́ лошаде́й

> ! конь is a male horse; ло́шадь is a
> female horse and also the general word
> for **horse** in Russian

hospital noun
= больни́ца

hostel noun
(British English) (a lodging for students
etc.) = общежи́тие
youth hostel = молодёжная турба́за

hot adjective
• (of an object) = горя́чий
hot water = горя́чая вода́
• (of the weather) = жа́ркий
a hot day = жа́ркий день
I'm hot = мне жа́рко
it's too hot here = здесь сли́шком жа́рко
• (spicy) = о́стрый

hotel noun
= гости́ница

hour noun
= час
an hour ago = час наза́д
I earn five pounds an hour = я
зараба́тываю пять фу́нтов в час

house noun
= дом
a new house = но́вый дом
he's round at John's house = он у Джо́на

housewife noun
= домохозя́йка

how
1 adverb
• (in what way) = как
how did you do it? = как вы э́то
сде́лали?
to know how to do something = уме́ть
(imperfective)
I know how to swim = я уме́ю пла́вать
• (in polite questions)
how are you? = как дела́? or как ты/вы?
how is your sister? = как ва́ша сестра́?
how do you do! = приве́тствую вас!
• (followed by an adjective in questions)
how old are you? = ско́лько тебе́/вам
лет?
how far is London? = как далеко́
Ло́ндон?

how tall are you? = како́й у тебя́/вас
рост?
• (when suggesting something)
how about going to the cinema tonight? =
пойдём в кино́ сего́дня
ве́чером?
2 conjunction
I don't know how she did it = я не зна́ю,
как она́ э́то сде́лала

however adverb
• (nevertheless) = всё-таки or тем не
ме́нее
however, it does not solve the problem =
э́то, всё-таки, не разреши́т пробле́му
they can't, however, explain what
happened = тем не ме́нее, они́ не
мо́гут объясни́ть, что случи́лось
• (no matter how) = как бы ни (+ past
tense)
however hard I try = как бы я ни
стара́лась
however rich he is, he still wants to work
= как бы бога́т он ни был,
он хо́чет рабо́тать

how many
1 pronoun
= ско́лько
how many do you want? = ско́лько вам
ну́жно?
2 determiner
= ско́лько (+ genitive)
how many pupils are there in the class? =
ско́лько в кла́ссе ученико́в?

how much
1 pronoun
= ско́лько
how much do I owe you? = ско́лько я вам
должна́?
how much is the jacket? = ско́лько сто́ит
пиджа́к?
how much is that in dollars? = ско́лько
э́то в до́лларах?
2 determiner
= ско́лько (+ genitive)
how much work do you have? = ско́лько
у вас рабо́ты?

huge adjective
= огро́мный

human being noun
= челове́к

humour (British English), **humor**
(American English) noun
= ю́мор
she has a sense of humour = у неё есть
чу́вство ю́мора

hundred number
= сто
one hundred = сто
two hundred = две́сти
three hundred = три́ста
four hundred and fifty = четы́реста
пятьдеся́т

H

five hundred roubles = пятьсо́т рубле́й
five hundred and one roubles = пятьсо́т
оди́н рубль
there were about five hundred people
there = там бы́ло о́коло пятисо́т
челове́к

Hungary noun
= Ве́нгрия

hungry adjective
= голо́дный
I'm very hungry = я о́чень го́лоден

hurry
1 verb
= спеши́ть/поспеши́ть or
торопи́ться/поторопи́ться
you'll have to hurry to catch the train =
вам на́до спеши́ть, что́бы успе́ть на
по́езд
to hurry someone =
торопи́ть/поторопи́ть
don't hurry me! = не торопи́ меня́!
2 noun
to be in a hurry = спеши́ть/поспеши́ть
she was in a hurry to get to work = она́
спеши́ла на рабо́ту
there's no hurry = мо́жно не торопи́ться
he did it in a hurry = он э́то сде́лал спеша́
hurry up! = спеши́те!

hurt verb
• (to injure)
he hurt his leg = он повреди́л но́гу
she hurt herself = она́ пора́нилась
many people were hurt = мно́го люде́й
пострада́ло
• (to be painful) = боле́ть (imperfective)
my throat hurts = го́рло боли́т
• (to offend) = обижа́ть/оби́деть
he hurt me by his behaviour = он оби́дел
меня́ свои́м поведе́нием
she was hurt by the remark = замеча́ние
её оби́дело

husband noun
= муж

Ii

I pronoun
= я

ice noun
= лёд
with ice, please! = со льдо́м,
пожа́луйста!

ice cream noun
= моро́женое (noun)

ice rink noun
= като́к

ice-skate noun
= конёк

ice-skating noun
to go ice-skating = ката́ться/поката́ться
на конька́х

icon noun
= ико́на

idea noun
• (a plan, a thought) = иде́я
• (a notion) = поня́тие
I've no idea why = я не име́ю поня́тия,
почему́

if conjunction
= е́сли
if you like = е́сли вы хоти́те

> **!** In 'if' clauses, when referring to the
> future, English often uses the present
> tense while Russian uses the future:
> if you see him = е́сли ты уви́дишь его́
> if it rains, we won't go = е́сли бу́дет
> дождь, мы не пойдём

> **!** In sentences requiring the subjunctive,
> Russian uses бы + past tense:
> if I were rich, I would travel = е́сли бы я
> была́ бога́той, я бы путеше́ствовала
> if I were you, I'd refuse = на твоём ме́сте,
> я бы отказа́лся

ill adjective
= больно́й
he's ill = он бо́лен
to become, get ill = заболева́ть/заболе́ть

illegal adjective
= нелега́льный

illness noun
= боле́знь

immediately adverb
= сра́зу

impatient adjective
= нетерпели́вый

import
1 verb
= импорти́ровать (imperfective &
perfective) or ввози́ть/ввезти́
2 noun
= и́мпорт

important adjective
= ва́жный

impossible adjective
= невозмо́жный
it's impossible = э́то невозмо́жно

impression noun
= впечатле́ние

in preposition
- (position) = в (+ prepositional)
  in the house = в до́ме
  in England = в А́нглии

  ! на is used with some nouns:
  in the street = на у́лице
  in the sun = на со́лнце
  in the north = на се́вере
- (motion) = в (+ accusative)
  he went in(to) the room = он вошёл в
    ко́мнату
- (a language) = по- (+ the name of
  language in adverbial form) or на
  (+ prepositional)
  what's 'house' in Russian? = как
    по-ру́сски 'house'?
  say something in Russian! = скажи́те
    что-нибудь по-ру́сски!
  a book in English = кни́га на англи́йском
    языке́
  a film in French = фильм на
    францу́зском языке́

  ! As shown in the above examples, по- is
  used with words, expressions, or small
  units of language, while на is used with
  larger bodies of language
- (during)
  in March = в ма́рте
  in 1980 = в ты́сяча девятьсо́т
    восьмидеся́том году́
  in the winter = зимо́й
  in the evening = ве́чером
  in the evenings = по вечера́м
- (after) = че́рез (+ accusative)
  in five minutes = че́рез пять мину́т
- (within) = за (+ accusative)
  in an evening = за оди́н ве́чер

inch noun
= дюйм

incident noun
= слу́чай

include verb
= включа́ть/включи́ть (in + в
  + accusative)

including preposition
= включа́я (+ accusative)

inconvenient adjective
= неудо́бный

increase verb
- (to become greater or more) =
  увели́чиваться/увели́читься
  the number of inhabitants increased =
    коли́чество жи́телей увели́чилось
- (to make greater or more) =
  увели́чивать/увели́чить
  they increased his salary = они́
    увели́чили его́ зарпла́ту

incredible adjective
= невероя́тный

indeed adverb
  he's very angry indeed = он чрезвыча́йно
    серди́т
  thank you very much indeed = спаси́бо
    вам огро́мное

independent adjective
= незави́симый

India noun
= И́ндия

Indian
1 adjective
= инди́йский
2 noun
= инди́ец/индиа́нка

industrial adjective
= промы́шленный

industry noun
= промы́шленность

influence
1 noun
= влия́ние
2 verb
= влия́ть/повлия́ть на (+ accusative)
  he influenced my decision = он повлия́л
    на моё реше́ние

inform verb
= сообща́ть/сообщи́ть (+ dative)
  he informed me of what had happened =
    он сообщи́л мне о том, что случи́лось

information noun
= информа́ция

information office noun
= спра́вочное бюро́ (indeclinable)

inhabitant noun
= жи́тель (masculine)

injection noun
= уко́л
  she had an injection = ей сде́лали уко́л

injure verb
= ра́нить (imperfective & perfective)
  many were injured in the battle = мно́гие
    бы́ли ра́нены в бою́

  ! When talking about accidents, the verb
  страда́ть/пострада́ть is preferred:
  many were injured in the accident =
    мно́гие пострада́ли в ава́рии

ink noun
= черни́ла (plural)

insect noun
= насеко́мое (noun)

inside
1 adverb
- (place) = внутри́
  they're inside = они́ внутри́
- (motion) = внутрь
  let's go inside! = пойдём внутрь!

2 *preposition*
- (*place*) = внутри́ (+ *genitive*)
  inside the house = внутри́ до́ма
- (*motion*) = внутрь (+ *genitive*)
3 *noun*
= вну́тренняя часть
4 *adjective*
= вну́тренний

insist *verb*
= наста́ивать/настоя́ть (on + на
  + *prepositional*; that + что́бы + *past*)
she insisted that we stay to lunch = она́
  настоя́ла, что́бы мы оста́лись на
  обе́д

inspect *verb*
= осма́тривать/осмотре́ть

instead *adverb*
= вме́сто (+ *genitive*)
let's stay at home instead = оста́немся
  до́ма вме́сто э́того

> ! вме́сто *is a preposition and must always
> be followed by a word in the genitive*

instead of = вме́сто (+ *genitive*)
he went instead of me = он пошёл
  вме́сто меня́
she was watching television instead of
  working = она́ смотре́ла телеви́зор,
  вме́сто того́, что́бы занима́ться

instructions *noun*
- (*orders*) = указа́ния (*plural*)
- (*for using something*) = инстру́кция
  (*singular; used in both singular and
  plural*)

instrument *noun*
(*a tool; for music*) = инструме́нт

intelligent *adjective*
= у́мный

intend *verb*
- (*to plan*) = собира́ться/собра́ться
  he intends to leave his job = он
  собира́ется уйти́ с рабо́ты
- (*to design*) =
  предназнача́ть/предназна́чить
  this course is intended for children = э́тот
  курс предназна́чен для дете́й

interest
1 *noun*
= интере́с (in + к + *dative*)
2 *verb*
= интересова́ть (*imperfective*)
to be interested in = интересова́ться
  (*imperfective*) + *instrumental*
I'm interested in politics = я
  интересу́юсь поли́тикой

interesting *adjective*
= интере́сный

interfere *verb*
= вме́шиваться/вмеша́ться (in + в
  + *accusative*)

he's always interfering in my affairs = он
  всегда́ вме́шивается в мои́ дела́

intermission *noun* (*US English*)
(*during a performance*) = антра́кт

international *adjective*
= междунаро́дный

Internet *noun*
= Интерне́т
on the Internet = в Интерне́те

interpreter *noun*
= перево́дчик/перево́дчица

interrupt *verb*
= прерыва́ть/прерва́ть
she interrupted me = она́ прерва́ла меня́

interval *noun* (*British English*)
(*during a performance*) = антра́кт

interview *noun*
- (*in the media*) = интервью́ (*neuter
  indeclinable*)
- (*for a job*) = встре́ча
  an interview for a job = встре́ча насчёт
  но́вой рабо́ты

into *preposition*
- (*motion*) = в (+ *accusative*)
  she went into the garden = она́ пошла́ в
  сад

> ! на *is used with some nouns:*
> into the street = на у́лицу
- (*when talking about dividing, or
  translating*) = на (+ *accusative*)
  he cut up the cake into pieces = он
  разре́зал торт на куски́
  he translated the book into English = он
  перевёл кни́гу на англи́йский язы́к

introduce *verb*
- (*to present*) = представля́ть/предста́вить
  he introduced me to his mother = он
  предста́вил меня́ свое́й ма́ме
  allow me to introduce our guest! =
  разреши́те мне предста́вить на́шего
  го́стя!
- (*to make acquainted*) =
  знако́мить/познако́мить
  we haven't been introduced = нас не
  познако́мили
- (*to bring in*) = вводи́ть/ввести́
  they introduced a new system = они́
  ввели́ но́вую систе́му

introduction *noun*
- (*to a book etc.*) = введе́ние
- (*of something new*) = введе́ние

invitation *noun*
= приглаше́ние
an invitation to dinner = приглаше́ние на
  у́жин

invite *verb*
= приглаша́ть/пригласи́ть

she invited me to lunch = она
пригласи́ла меня́ на обе́д

Iraq *noun*
= Ира́к

Ireland *noun*
= Ирла́ндия

Irish
1 *adjective*
= ирла́ндский
2 *noun*
the Irish = ирла́ндцы

Irishman *noun*
= ирла́ндец

Irishwoman *noun*
= ирла́ндка

iron
1 *noun*
• (*the metal*) = желе́зо
• (*for clothes*) = утю́г
2 *verb*
= гла́дить/вы́гладить

island *noun*
= о́стров

Israel *noun*
= Изра́иль (*masculine*)

IT *abbreviation* (*of* **information
technology**)
= информа́тика

it *pronoun*
• (*in the nominative case*) = он/она́/оно́
'where's the book?' — 'it's on the table' =
«где кни́га?» — «она́ на столе́»
• (*in the accusative case*) = его́/её
that's my umbrella—give it to me! = э́то
мой зо́нтик—да́йте мне его́!
• (*in the dative case*) = ему́/ей
• (*in the instrumental case*) = им/ей
• (*in the prepositional case*) = нём/ней
• (*in certain demonstrative and impersonal
contexts*) = э́то
'what's this?' — 'it's my new hat' = «что
э́то?» — «э́то моя́ но́вая ша́пка»
it's me = э́то я
it's a nice house = э́то хоро́ший дом
is it true? = э́то пра́вда?
I've heard about it = я слы́шал об э́том
• (*in certain impersonal contexts*) *not
translated*
it's cold = хо́лодно
it's late = по́здно
it's difficult to say = тру́дно сказа́ть
it's Friday = сего́дня пя́тница
it's seven o'clock = сейча́с семь часо́в

Italian
1 *noun*
• (*a person*) = италья́нец/италья́нка
• (*the language*) = италья́нский язы́к
she speaks Italian = она́ говори́т
по-италья́нски

2 *adjective*
= италья́нский

Italy *noun*
= Ита́лия

its *determiner*
= его́/её
here's the jar, but I can't find its lid = вот
ба́нка, но я не могу́ найти́ её кры́шку

> **!** When 'its' refers back to the subject of
> the clause, свой *is used instead of* его́ *or*
> её; *when referring to parts of the body,*
> its *is not translated*:

the child broke its toy = ребёнок слома́л
свою́ игру́шку
the child burnt its hand = ребёнок обжёг
ру́ку

itself *pronoun*
• (*when used as a reflexive pronoun*) = себя́
or expressed by a reflexive verb
the school built itself a swimming pool =
шко́ла постро́ила себе́ бассе́йн
the child hurt itself = ребёнок пора́нился
• (*when used for emphasis*) =
сам/сама́/само́
the house itself is quite big = сам дом
дово́льно большо́й
(**all**) **by itself**
• (*alone*) = оди́н
the dog was left all by itself = соба́ка
оста́лась одна́
• (*with no help*) = сам
the child found the key all by itself =
ребёнок нашёл ключ сам

Jj

jacket *noun*
• (*tailored*) = пиджа́к
• (*casual*) = ку́ртка

jam *noun*
= джем *or* варе́нье

> **!** джем *has a thicker consistency, while*
> варе́нье *is usually runny and often
> contains whole berries*

January *noun*
= янва́рь (*masculine*)

Japan *noun*
= Япо́ния

Japanese
1 *adjective*
= япо́нский

2 *noun*
• (*a person*) = япо́нец/япо́нка
• (*the language*) = япо́нский язы́к
the Japanese = япо́нцы

jar *noun*
= ба́нка

jazz *noun*
= джаз

jeans *noun*
= джи́нсы

Jew *noun*
= евре́й/евре́йка

Jewish *adjective*
= евре́йский

job *noun*
• (*a post*) = рабо́та
he lost his job = он потеря́л рабо́ту
• (*a task*) = зада́ча

join *verb*
• (*to become a member of*) =
вступа́ть/вступи́ть в (+ *accusative*)
he joined the golf club = он вступи́л в
гольф-клуб
he joined the army = он пошёл в а́рмию
• (*to connect*) = соединя́ть/соедини́ть
he joined the two pipes together = он
соедини́л две тру́бки
• (*to accompany*) =
присоединя́ться/присоедини́ться к
(+ *dative*)
may I join you? = мо́жно к вам
присоедини́ться?
join in = принима́ть/приня́ть уча́стие в
(+ *prepositional*)
she joined in the game = она́ приняла́
уча́стие в игре́

joke
1 *noun*
= шу́тка
2 *verb*
= шути́ть/пошути́ть

journalist *noun*
= журнали́ст/журнали́стка

journey *noun*
= путеше́ствие

judge
1 *noun*
= судья́ (*masculine*)
2 *verb*
= суди́ть (*imperfective*)

juice *noun*
= сок

July *noun*
= ию́ль (*masculine*)

jump
1 *verb*
= пры́гать/пры́гнуть
the children were jumping on the bed =
де́ти пры́гали на крова́ти
2 *noun*
= прыжо́к
jump across ▶ **jump over**
jump out
he jumped out of bed = он вы́скочил из
посте́ли
he jumped out of the window = он
вы́прыгнул из окна́
jump over =
перепры́гивать/перепры́гнуть
(+ *accusative or* че́рез + *accusative*)
she jumped over the rope = она́
перепры́гнула (че́рез) верёвку
jump up = вска́кивать/вскочи́ть
she jumped up from her chair = она́
вскочи́ла со сту́ла

jumper *noun* (*British English*)
= джемпер *or* сви́тер

June *noun*
= ию́нь (*masculine*)

just *adverb*
• (*very recently*) = то́лько что
he's just arrived = он то́лько что
прие́хал
• (*exactly; barely*) = как раз
that's just what he needs = э́то как раз
то, что ему́ ну́жно
she came just in time = она́ пришла́ как
раз во́время
• (*shortly*)
just after six o'clock = сра́зу по́сле шести́
часо́в
just before midnight = незадо́лго до
полу́ночи
• (*only*) = то́лько
just two days ago = то́лько два дня
наза́д
• (*at this or that very moment*) = как раз
we were just about to leave = мы как раз
собира́лись уходи́ть
• (*simply*) = про́сто
he just wanted to ask your permission =
он про́сто хоте́л попроси́ть у вас
разреше́ния
just as
• (*equally*) = тако́й же (*adjective*); так же
(*adverb*)
he's just as clever as she is = он тако́й
же у́мный, как она́
he cooks just as well as her = он гото́вит
так же хорошо́, как она́
• (*at the same time*) = в тот моме́нт, когда́
he arrived just as she was leaving = он
пришёл в тот моме́нт, когда́ она́
уходи́ла

✶ *in informal situations*

Kk

Kazakhstan noun
= Казахста́н

keen adjective
he's a keen footballer = он стра́стный футболи́ст
she's a keen student = она́ хоро́шая студе́нтка
I'm not very keen on politics = я не о́чень люблю́ поли́тику
he's very keen for you to come = он о́чень хо́чет, что́бы вы пришли́　.

keep verb
• (to store; not throw away) = храни́ть (imperfective)
he keeps letters in a drawer = он храни́т пи́сьма в я́щике
she keeps all her letters = она́ храни́т все свои́ пи́сьма
• (to maintain)
they keep the house clean = они́ содержат дом в чистоте́
• (to retain)
they kept him in hospital – его́ держа́ли в больни́це
keep the change! = оста́вьте себе́ сда́чу!
• (not break) = сде́рживать/сдержа́ть
he kept his promise = он сдержа́л обеща́ние
• (to detain) = заде́рживать/задержа́ть
I won't keep you long = я не бу́ду вас до́лго заде́рживать
• (to continue) = продолжа́ть/продо́лжить (+ imperfective infinitive)
we kept walking = мы продолжа́ли идти́
• (to remain)
they kept calm = они́ продолжа́ли остава́ться споко́йными
he kept silent = он молча́л
• (of food) = не по́ртиться/испо́ртиться
potatoes keep for a long time = карто́шка до́лго не по́ртится
• (to prevent) = не дава́ть/дать (+ dative + infinitive)
the noise kept him from sleeping = шум не дава́л ему́ спать
• (a diary, accounts) = вести́ (imperfective)
she keeps a diary = она́ ведёт дневни́к
keep on = продолжа́ть/продо́лжить (+ imperfective infinitive)
he kept on talking = он продолжа́л говори́ть
keep up (not fall behind)
= не отстава́ть/отста́ть (with + от + genitive)
he couldn't keep up with them = он не мог не отста́ть от них

kettle noun
= ча́йник
she put the kettle on = она́ поста́вила ча́йник

key noun
= ключ

kick
1 verb
= ударя́ть/уда́рить ного́й
he kicked the ball = он уда́рил мяч ного́й
she kicked the table = она́ уда́рила стол ного́й
2 noun
= уда́р

Kiev noun
= Ки́ев

kill verb
= убива́ть/уби́ть
he killed the snake = он уби́л змею́
to be killed = погиба́ть/поги́бнуть
he was killed in an accident = он поги́б в ава́рии

kilo noun
= кило́ (neuter indeclinable) **✶**

kilogram noun
= килогра́мм
a kilogram of tomatoes = килогра́мм помидо́ров
half a kilogram of butter = полкилогра́мма ма́сла

kilometre (British English), **kilometer** (US English) noun
= киломе́тр
ten kilometres from here = в десяти́ киломе́трах отсю́да

kind
1 adjective
= до́брый
a kind woman = до́брая же́нщина
would you be so kind as to open the window? = бу́дьте добры́, откро́йте, пожа́луйста, окно́!
2 noun
= род or сорт
all kinds of people = лю́ди вся́кого ро́да
what kind of person is he = что он за челове́к?
what kind of car is it? = что э́то за маши́на?

king noun
= коро́ль (masculine)

Kirghizia noun
= Кирги́зия

kiss
1 verb
• (a person or thing) =
целова́ть/поцелова́ть

K

she kissed his cheek = она́ поцелова́ла
его́ в щёку
• (of two people etc.) =
целова́ться/поцелова́ться
they kissed (each other) = они́
поцелова́лись
2 noun
= поцелу́й

kitchen noun
= ку́хня

knee noun
= коле́но

knife noun
= нож

knit verb
= вяза́ть/связа́ть

knock
1 verb
= стуча́ть/постуча́ть (at + в
  + accusative)
she knocked at the door = она́ постуча́ла
  в дверь
2 noun
= стук
there was a knock at the door = в дверь
  постуча́ли
knock down
he was knocked down by a car = его́
  сби́ла маши́на
knock off
he knocked the cup off the table = он
  столкну́л ча́шку со стола́
knock over =
опроки́дывать/опроки́нуть
she knocked over a vase = она́
  опроки́нула ва́зу

know verb
= знать (imperfective)
do you know him? = вы его́ зна́ете?
I don't know = я не зна́ю
as you know = как вы зна́ете
I'll let you know = я вам дам знать
get to know =
знако́миться/познако́миться с
  (+ instrumental)
she got to know him when she was
  working in London = она́
  познако́милась с ним, когда́ она́
  рабо́тала в Ло́ндоне
know how (to have the skill) = уме́ть
  (imperfective)
he knows how to swim = он уме́ет
  пла́вать

Kremlin noun
= Кремль (masculine)

L l

ladder noun
= ле́стница

lady noun
= да́ма

lake noun
= о́зеро

lamb noun
(the meat) = бара́нина

lamp noun
= ла́мпа

land
1 noun
= земля́
2 verb
• (of an aeroplane) =
приземля́ться/приземли́ться
• (to fall) = попа́сть (perfective)

landlady noun
= хозя́йка

landlord noun
= хозя́ин

language noun
= язы́к
foreign languages = иностра́нные языки́

laptop noun
= портати́вный компью́тер

large adjective
= большо́й
a large garden = большо́й сад

last
1 adjective
• (final; most recent of a series) =
после́дний
the last bus = после́дний авто́бус
last time I saw her she was living in
  London = после́дний раз, когда́ я её
  ви́дел, она́ жила́ в Ло́ндоне
• (preceding: of time) = про́шлый
last year = в про́шлом году́
last week = на про́шлой неде́ле
he didn't sleep last night = он не спал
  про́шлой но́чью
last night he went to the theatre = вчера́
  ве́чером он ходи́л в теа́тр
2 pronoun
he was the last to leave = он ушёл
  после́дним (instrumental)
3 adverb
• (most recently) = в после́дний раз
she was last here in the spring = она́
  была́ здесь в после́дний раз весно́й
• (after the rest) = после́дний

Languages and nationalities

Languages

The names of languages in Russian are expressed by the adjective + язы́к. They are written with small letters, not capitals as in English:

English (or the English language)	= англи́йский язы́к
Russian (or the Russian language)	= ру́сский язы́к
French (or the French language)	= францу́зский язы́к
he is studying Russian	= он изуча́ет ру́сский язы́к
she likes German	= она́ лю́бит неме́цкий язы́к
he translated the article from Russian into English	= он перевёл статью́ с ру́сского языка́ на англи́йский язы́к

After the verbs 'to speak', 'to understand', 'to read', and 'to write', a different construction is used, consisting of по- + the adverbial form of the adjective:

she speaks Russian	– она́ гово́рит по-ру́сски
they speak English	= они́ говоря́т по-англи́йски
he understands French	= он понима́ет по-францу́зски
we read Russian	= мы чита́ем по-ру́сски

The construction по- + the adverbial form of the adjective is also used to say **in** a language:

she was talking in Russian	= она́ говори́ла по-ру́сски
what's 'house' in Russian?	= как по-ру́сски 'house'?
say something in Russian!	= скажи́те что́-нибудь по-ру́сски!

However, if a larger body of language is being referred to, the construction на + name of the language (in the prepositional case) is used:

a book in English	= кни́га на англи́йском языке́
a film in French	= фильм на францу́зском языке́

Nationalities

In English, the word for a person of a specific nationality can be the same as the adjective (e.g. Australian, German, Greek, Italian, Russian), or it can be a special word (e.g. Frenchman, Englishman, Spaniard).

In Russian, there is usually a special word, with a different feminine form. They are written with a small letter, not a capital:

Australian	= австрали́ец / австрали́йка
Englishman/Englishwoman	= англича́нин/англича́нка
Frenchman/Frenchwoman	= францу́з/францу́женка
German	= не́мец / не́мка

The notable exception is the word for a Russian which is the same as the adjective:

Russian	= ру́сский/ру́сская

When talking about people of a nationality in the plural, Russian uses the plural form of the masculine noun:

(the) Australians	= австрали́йцы
Englishmen/the English	= англича́не
Frenchmen/the French	= францу́зы
(the) Germans	= не́мцы
(the) Russians	= ру́сские

To say that a person is of a specific nationality, Russian uses the noun:

he's English	= он англича́нин
she's French	= она́ францу́женка
we're German	= мы не́мцы
they're Russian	= они́ ру́сские

he arrived last = он пришёл после́дним (*instrumental*)

4 *verb*
* (*to go on*) = продолжа́ться/продо́лжиться
  the film lasts three hours = ф ильм продолжа́ется три часа́
  how long does the journey last? = ско́лько вре́мени занима́ет пое́здка?
* (*to suffice*) = хвата́ть/хвати́ть (*impersonal*: + *genitive of subject* + *dative of object*; **for** + на + *accusative*)
  the bread will last us for a week = хле́ба нам хва́тит на неде́лю
at last = наконе́ц

late
1 *adverb*
= по́здно
they arrived late = они́ пришли́ по́здно
2 *adjective*
= по́здний
a late lunch = по́здний обе́д
to be late = опа́здывать/опозда́ть
I'm sorry I'm late = извини́те, что я опа́здываю
he was late for work = он опозда́л на рабо́ту
the train was two hours late = по́езд опозда́л на два часа́

lately *adverb*
= в после́днее вре́мя

later
1 *adverb*
= по́зже
I'll ring back later = я перезвоню́ по́зже
not later than six = не по́зже шести́ часо́в
a year later = год спустя́
see you later! = пока́!
2 *adjective*
= бо́лее по́здний
a later flight = бо́лее по́здний рейс

Latin *noun*
= лати́нский язы́к

Latvia *noun*
= Ла́твия

laugh *verb*
= смея́ться (*imperfective*) (**at** + над + *instrumental*)

laundry *noun*
* (*the place*) = пра́чечная (*noun*)
* (*articles*) = бельё

law *noun*
* (*a rule; the law*) = зако́н
* (*as a subject of study*) = пра́во

lawn *noun*
= газо́н

lawyer *noun*
= адвока́т

lay *verb*
(*to put; also* **lay down**) = класть/положи́ть
she laid the baby (down) on the bed = она́ положи́ла ребёнка на крова́ть
to lay the table = накрыва́ть/накры́ть (на) стол
he laid the table for dinner = он накры́л (на) стол к у́жину

lazy *adjective*
= лени́вый

lead *verb*
* (*to guide or escort*) = води́ть (*indeterminate*) | вести́ (*determinate*) | повести́ (*perfective*)
  she was leading him by the hand = она́ вела́ его́ за́ руку
  he led the soldiers into battle = он повёл солда́т в бой

  ! *In Russian, a compound verb is often used*:
  he led her into the garden = он ввёл её в сад
  she led him out of the room = она́ вы́вела его́ из ко́мнаты
* (*of a road*) = вести́ (*determinate*)
  this road leads to Moscow = э́та доро́га ведёт в Москву́
* (*a life*) = вести́ (*determinate*)
  she leads an interesting life = она́ ведёт интере́сную жизнь
* (*to be in charge of*) = руководи́ть (*imperfective*) (+ *instrumental*)
  he led the party = он руководи́л па́ртией
* (*to result in*) = приводи́ть/привести́
  it led to disaster = э́то привело́ к катастро́фе
* (*to be in the lead*) = быть впереди́
  the other team was leading = друга́я кома́нда была́ впереди́
lead away = уводи́ть/увести́

leader *noun*
= руководи́тель (*masculine*)

leaf *noun*
= лист

lean *verb*
* (*to rest an object*) = прислоня́ть/прислони́ть
  he leant his bicycle against the wall = он прислони́л велосипе́д к стене́
* (*to rest oneself*) = прислоня́ться/прислони́ться
  she was leaning against the table = она́ прислоня́лась к столу́

learn *verb*
* (*to study*) = учи́ть/вы́учить
  she's learning Russian at school = она́ у́чит ру́сский язы́к в шко́ле
  he learnt a poem = он вы́учил стихотворе́ние
* (*to learn to do something*) = учи́ться/научи́ться

he's learning to drive = он у́чится води́ть маши́ну

least

1 *determiner*
he has the least money = у него́ ме́ньше всего́ де́нег

2 *pronoun*
= ме́ньше всех
he did the least = он сде́лал ме́ньше всех

3 *adverb*
* (*forming the superlative*) = наиме́нее + *adjective*
the least interesting film = наиме́нее интере́сный ф ильм
* (*to the smallest extent*) = ме́ньше всего́
I like that dress the least = э́то пла́тье мне нра́вится ме́ньше всего́
at least = по кра́йней ме́ре
they could at least have phoned! = они́ могли́ бы по кра́йней ме́ре позвони́ть!
at least five hours = по кра́йней ме́ре пять часо́в
he's at least thirty = ему́ по кра́йней ме́ре три́дцать лет

leave

1 *verb*
* (*to depart without taking; let remain*) = оставля́ть/оста́вить
she left her keys on the table = она́ оста́вила ключи́ на столе́
he left her a note = он оста́вил ей запи́ску
they left him at home = они́ оста́вили его́ до́ма
he left the window open = он оста́вил окно́ откры́тым (*instrumental*)
* (*to set off; of a vehicle*) = отходи́ть/отойти́ *or* отправля́ться/отпра́виться
what time does the bus leave? = в кото́ром часу́ отхо́дит (*or* отправля́ется) авто́бус?
* (*to set off; of a person*) = отправля́ться/отпра́виться
we must leave early tomorrow = нам на́до отпра́виться за́втра ра́но у́тром
* (*of a person, to depart by transport*) = уезжа́ть/уе́хать (+ из *or* с + *genitive*)
he left the next day = он уе́хал на сле́дующий день
we left London after lunch = мы уе́хали из Ло́ндона по́сле обе́да
* (*of a person, to depart on foot; of a vehicle*) = уходи́ть/уйти́ (+ из *or* с + *genitive*)

! See the Note at **from** for lists of nouns that are used with из and those that are used with с

I have to leave now = мне на́до уйти́ тепе́рь
she left the school at three o'clock = она́ ушла́ из шко́лы в три часа́
she left work at four = она́ ушла́ с рабо́ты в четы́ре часа́

the train has left = по́езд ушёл
* (*to go out of*) = выходи́ть/вы́йти из (+ *genitive*)
he left the room = он вы́шел из ко́мнаты
* (*to forsake; to quit*) = бро́сить (*perfective*)
she left her husband = она́ бро́сила му́жа
he left his job = он бро́сил рабо́ту

2 *noun*
(*vacation*) = о́тпуск
he's on leave = он в о́тпуске
she took a week's leave = она́ взяла́ о́тпуск на неде́лю
leave behind = оставля́ть/оста́вить
leave out = пропуска́ть/пропусти́ть
he left a word out = он пропусти́л сло́во
to be left (**over**) = остава́ться/оста́ться
there was a lot of food left (over) = оста́лось мно́го еды́
how much time is left? = ско́лько вре́мени оста́лось?

lecture *noun*
= ле́кция

left

1 *adjective*
= ле́вый
his left hand = его́ ле́вая рука́

2 *noun*
keep to the left! = держи́тесь ле́вой стороны́! (*genitive*)
the first street on/to the left = пе́рвая у́лица нале́во
to (*or* on) the left you can see the palace = сле́ва вы ви́дите дворе́ц

3 *adverb*
turn left! = поверни́те нале́во!

leg *noun*
= нога́

legal *adjective*
= лега́льный

lemon *noun*
= лимо́н

lemonade *noun*
= лимона́д

lend *verb*
* (*money*) = дава́ть/дать взаймы́ *or* ода́лживать/одолжи́ть
he lent me five pounds = он дал мне пять фу́нтов взаймы́ *or* он одолжи́л мне пять фу́нтов
* (*to give temporarily*) = ода́лживать/одолжи́ть
she lent me a book = она́ одолжи́ла мне кни́гу

less

1 *determiner*
= ме́ньше (+ *genitive*)
I have less time than he does = у меня́ ме́ньше вре́мени, чем у него́

2 *pronoun*
= ме́ньше
it costs less = э́то сто́ит ме́ньше

he did less than her = он сделал
меньше, чем она

3 adverb
• (forming the comparative) = менее
+ adjective
this book is less interesting = эта книга
менее интересная
• (to a lesser extent) = меньше
we travel less in the winter = мы
путешествуем зимой меньше
less and less = всё менее (before
adjectives), всё меньше (with verbs)
she's less and less satisfied with her work
= она всё менее довольна своей
работой
they travel less and less = они
путешествуют всё меньше

lesson noun
= урок
a music lesson = урок музыки
a driving lesson = урок вождения

let verb
• (in suggestions referring to **us**)
Rendered in Russian by the 1st person
plural of the future form of the verb,
optionally preceded by the word давай
(ты form) or давайте (вы form)
let's go! = (давайте) пойдём!

> ! With the verb 'to go' another common
> alternative is use of the past tense:
> пошли!, or if going by transport
> поехали! This construction doesn't
> apply to other verbs:
> let's begin! = (давайте) начнём!
> let's take a taxi! = (давайте) возьмём
> такси!
> let's not talk about it! = (давайте) не
> будем говорить об этом!

• (in suggestions referring to **him, her**, or
them)
let him go if he wants to! = пусть он идёт,
если хочет!
let them think what they like! = пусть они
думают, что хотят!
• (to allow) = разрешать/разрешить
(+ dative)
they wouldn't let him help = они не
разрешили ему помочь
• (to rent out) = сдавать/сдать
let go (to release) = отпускать/отпустить
let in = впускать/впустить
let know = давать/дать знать (+ dative)
they let me know = они дали мне знать
let out = выпускать/выпустить
let through = пропускать/пропустить
please let me through! = пропустите,
пожалуйста!

letter noun
• (a written message) = письмо
• (of the alphabet) = буква

letter box noun (British English)
= почтовый ящик

lettuce noun
• (collective) = салат
please buy some potatoes and lettuce! =
купи, пожалуйста, картошку и салат!
• (a single lettuce) = головка салата
two lettuces = две головки салата

level
1 noun
= уровень (masculine)
2 adjective
= ровный

library noun
= библиотека

lid noun
= крышка

lie¹ verb
• (to be horizontal) = лежать (imperfective)
she was lying on the floor = она лежала
на полу
• (to be situated) = находиться
(imperfective)
lie down = ложиться/лечь
he lay down on the sofa = он лёг на
диван

lie²
1 verb
• (not tell the truth) = лгать/солгать
he lied to me = он мне солгал
2 noun
= ложь

life noun
= жизнь
throughout her life = всю жизнь
way of life = образ жизни

lift
1 verb
= поднимать/поднять
he lifted the box carefully = он
осторожно поднял ящик
2 noun
• (British English) (an elevator) = лифт
he went up in the lift = он поднялся на
лифте
• (conveyance in a car etc.)
he gave me a lift to the station = он
подвёз меня на вокзал

light
1 noun
= свет
he switched on the light = он включил
свет
2 adjective
• (not dark) = светлый
it was still light outside = было ещё
светло на улице
light brown trousers =
светло-коричневые брюки
• (not heavy) = лёгкий
a light breakfast = лёгкий завтрак

3 *verb*
= зажига́ть/заже́чь
she lit the fire = она́ зажгла́ ого́нь
he lit a cigarette = он зажёг сигаре́ту

lighter *noun*
= зажига́лка

lightning *noun*
= мо́лния

like
1 *verb*
= люби́ть (*imperfective*) *or*
нра́виться/понра́виться (*impersonal
construction* + *dative of the subject*)

! *When talking about a general liking,*
любить *tends to be used; when talking
about a less permanent state or a
particular attraction to something,*
нравиться *is used:*
do you like ice cream? = ты лю́бишь
моро́женое?
I like reading = я люблю́ чита́ть
she likes him = он ей нра́вится
did you like the play? = пье́са вам
понра́вилась?
I like your new house = мне нра́вится
ваш но́вый дом
• (*to wish*) = хоте́ть (*imperfective*)
I would like a coffee, please = я хоте́л бы
ко́фе
would you like some tea? = вы хоти́те
ча́ю?
if you like = е́сли вы хоти́те
2 *preposition*
= как
cities like London = города́, как Ло́ндон
he behaved like a fool = он вёл себя́ как
дура́к
what's he like? = что он за челове́к?
what does he look like? = как он
вы́глядит?
she looks like her mother = она́ похо́жа
на мать
3 *adjective*
he is very like his father = он о́чень
похо́ж на отца́

likely *adjective*
= вероя́тный
a likely occurrence = вероя́тный слу́чай
she's likely to be late = она́, вероя́тно,
опозда́ет
it's likely to rain = вероя́тно, бу́дет
дождь

limit
1 *noun*
= грани́ца
2 *verb*
= ограни́чивать/ограни́чить

line *noun*
• (*a long mark*) = ли́ния
• (*of writing*) = строка́
• (*US English*) (*a queue*) = о́чередь
• (*a row*) = ряд
• (*of a telephone, railway*) = ли́ния

lion *noun*
= лев

lip *noun*
= губа́

lipstick *noun*
= губна́я пома́да

list *noun*
= спи́сок

listen *verb*
= слу́шать/послу́шать (to + *accusative*)
he was listening to the radio = он слу́шал
ра́дио

liter ▶ **litre**

literature *noun*
= литерату́ра

Lithuania *noun*
= Литва́

litre (*British English*), **liter** (*US English*)
noun
= литр
a litre of milk = литр молока́

little
1 *adjective*
= ма́ленький *or* небольшо́й
a little village = ма́ленькая дере́вня
2 *determiner*
= ма́ло (+ *genitive*)
we have very little money = у нас о́чень
ма́ло де́нег
3 *pronoun*
= ма́ло
he did very little = он о́чень ма́ло сде́лал
she only ate a little = она́ съе́ла совсе́м
немно́го
4 *adverb*
= ма́ло
she reads very little = она́ о́чень ма́ло
чита́ет
a little = немно́го
I know a little about it = я зна́ю немно́го
об э́том
she was a little cross = она́ была́
немно́го серди́та
a little -er = по- *or* немно́го
(+ *comparative of adjective or adverb*)
a little smaller = поме́ньше *or* немно́го
ме́ньше

live *verb*
= жить (*imperfective*)
where do you live? = где вы живёте?

living room *noun*
= гости́ная (*noun*)

load *noun*
= груз

loaf *noun*
• (*of black bread*) = буха́нка
• (*of white bread*) = бу́лка *or* бато́н

local *adjective*
= ме́стный

L

lock
1 *verb* (*also* **lock up**)
= закрыва́ть/закры́ть (на замо́к)
she locked the door = она́ закры́ла дверь (на замо́к)
2 *noun*
= замо́к

London *noun*
= Ло́ндон

lonely *adjective*
= одино́кий
he felt lonely = он чу́вствовал себя́ одино́ким

long
1 *adjective*
• (*in space*) = дли́нный
a long dress = дли́нное пла́тье
the room is ten metres long = ко́мната длино́й в де́сять ме́тров
• (*in time*)
a long film = дли́нный ф ильм
a long life = до́лгая жизнь
2 *adverb*
how long will you be away? = как до́лго вы бу́дете отсу́тствовать?
I won't be long = я ненадо́лго
how long does the train take? = как до́лго идёт по́езд?
how long does the journey take? = ско́лько ну́жно вре́мени, что́бы прие́хать?
as long as
as long as it doesn't rain = е́сли то́лько не бу́дет дождя́
as long as you like = ско́лько хоти́те
as long as I'm living here = пока́ я живу́ здесь
(for) a long time *or* **while**
• (*when referring to the past or future*) = до́лго
he was away for a long time = он до́лго отсу́тствовал
I'll remember it for a long time = я до́лго бу́ду по́мнить об э́том
• (*when referring to a situation that still exists*) = давно́
we haven't seen each other for a long time = мы давно́ не ви́делись
they've lived here a long time = они́ давно́ здесь живу́т
long ago = давно́
not any longer/no longer = бо́льше не *or* уже́ не
they don't live here any longer = они́ здесь бо́льше не живу́т *or* они́ уже́ не живу́т здесь

look
1 *verb*
• (*to direct one's eyes*) = смотре́ть/посмотре́ть
he looked up = он посмотре́л вверх
• (*to appear*) = вы́глядеть (*imperfective*) (+ *instrumental*)
she looks tired = она́ вы́глядит уста́лой

2 *noun*
to have a look at = смотре́ть/посмотре́ть
may I have a look at that book? = мо́жно посмотре́ть э́ту кни́гу?
look after = уха́живать (*imperfective*) за (+ *instrumental*) *or* смотре́ть (*imperfective*) за (+ *instrumental*)
she looks after the garden = она́ уха́живает (*or* смо́трит) за са́диком
he was looking after the children = он уха́живал (*or* смотре́л) за детьми́
look around ▸ **look round**
look at
• (*to regard*) = смотре́ть/посмотре́ть на (+ *accusative*)
he was looking at the picture = он смотре́л на карти́ну
• (*to examine*) = смотре́ть/посмотре́ть
may I look at that hat? = мо́жно посмотре́ть ту ша́пку?
look for = иска́ть (*imperfective*) (+ *accusative* or *genitive*)

! *The genitive tends to be used if the object is indefinite or intangible*:
she is looking for a job = она́ и́щет рабо́ту (*accusative*)
he is looking for happiness = он и́щет сча́стья (*genitive*)
look forward to = предвкуша́ть/предвкуси́ть
look like
she looks like her sister = она́ похо́жа на сестру́
it looks like rain = похо́же, что пойдёт дождь
look out! = осторо́жно!
look out of
to look out of the window = смотре́ть/посмотре́ть в окно́ *or* (*if considered from outside*) из окна́
look round = осма́тривать/осмотре́ть
we looked round the town = мы осмотре́ли го́род
look up
• (*to raise one's eyes*) = поднима́ть/подня́ть глаза́
• (*in a dictionary etc.*) = иска́ть (*imperfective*)

lorry *noun* (*British English*)
= грузови́к

lose *verb*
• (*to misplace*) = теря́ть/потеря́ть
he lost his keys = он потеря́л свои́ ключи́
• (*not win*) = прои́грывать/проигра́ть
we lost the match = мы проигра́ли матч
to lose one's way = теря́ться/потеря́ться

lost *adjective*
to get lost = теря́ться/потеря́ться
they got lost in the forest = они́ потеря́лись в лесу́
we're lost = мы потеря́лись

lot
1 *noun*
a lot = мно́го
she eats a lot = она́ мно́го ест
I've got a lot to do = у меня́ мно́го дел
a lot of, lots of = мно́го + *genitive*
a lot of time = мно́го вре́мени
there's not a lot of time = у нас не так
мно́го вре́мени
there were lots of people there = там
бы́ло мно́го наро́ду
2 *adverb*
• (+ *comparative adjective*) = гора́здо
that's a lot better = э́то гора́здо лу́чше
• (*qualifying a verb*)
he reads a lot = он мно́го чита́ет
I don't go there a lot = я ре́дко там
быва́ю

loud *adjective*
= гро́мкий

love
1 *verb*
= люби́ть (*imperfective*)
she loves music = она́ лю́бит му́зыку
I love riding = я люблю́ ката́ться верхо́м
2 *noun*
= любо́вь

lovely *adjective*
= сла́вный
we had a lovely time = мы сла́вно
провели́ вре́мя

low *adjective*
= ни́зкий *or* невысо́кий

luck *noun*
= сча́стье
it brought him luck = э́то принесло́ ему́
сча́стье
good luck! = жела́ю вам сча́стья!
(*genitive*)
bad luck = несча́стье

lucky *adjective*
= счастли́вый
a lucky day = счастли́вый день
to be lucky = везти́/повезти́ (*impersonal*
+ *dative*)
he was lucky = ему́ повезло́
if I'm lucky = е́сли мне повезёт

luggage *noun*
= бага́ж

lunch *noun*
= обе́д
to have lunch = обе́дать/пообе́дать

Mm

machine *noun*
• (*in most contexts*) = маши́на
• (*a slot machine*) = автома́т

machinery *noun*
= обору́дование

mad *adjective*
= сумасше́дший
a mad idea = сумасше́дшая иде́я
are you mad? = ты сумасше́дший? *or* ты
с ума́ сошёл?
to go mad = сходи́ть/сойти́ с ума́

magazine *noun*
= журна́л

magnificent *adjective*
= великоле́пный

M

mail
1 *noun*
= по́чта
is there any mail for me? = для меня́ есть
по́чта?
has the mail come? = по́чта пришла́?
2 *verb*
• (*to send by post*) = посыла́ть/посла́ть по
по́чте
• (*to send off by post*) =
отправля́ть/отпра́вить по по́чте

mailbox *noun* (*US English*)
(*for sending or delivering mail*) =
почто́вый я́щик

mailman *noun* (*US English*)
= почтальо́н

main *adjective*
= гла́вный
the main problem is to find work =
гла́вная пробле́ма—найти́ рабо́ту

main course *noun*
(*of a meal*) = гла́вное блю́до

mainly *adverb*
= гла́вным о́бразом

main road *noun*
• (*in the country*) = гла́вная доро́га
• (*in a town or village*) = гла́вная у́лица

major *adjective*
• (*important*) = гла́вный
a major question = гла́вный вопро́с
to play a major role = игра́ть/сыгра́ть
гла́вную роль
• (*serious*) = серьёзный
a major operation = серьёзная опера́ция

majority *noun*
= большинство́

the majority of people speak English = большинство людей говорит по-английски

make

! *For translations of phrases not found here, e.g.* to make the bed, to make sure, *see the entries for* bed, sure, *etc.*

1 *verb*
* (*to construct, create*)= делать/сделать
  to make a table = делать/сделать стол
  made of stone = сделано из камня
  he made a mistake = он сделал ошибку
* (*to manufacture*) = производить/произвести
  this factory makes cars = этот завод производит машины
* (*to prepare food or drink*)
  he made breakfast = он приготовил завтрак
  we made coffee = мы сварили кофе
  she made the tea = она приготовила чай
* (*to compile*) = составлять/составить
  she made a list = она составила список
* (*to force, compel*) = заставлять/заставить
  we made them work = мы заставили их работать
* (*to cause a reaction in someone*)
  it made us happy = это обрадовало нас
  it made us angry = это рассердило нас

2 *noun*
  (*a brand*) = марка

be made up of = состоять (*imperfective*) из (+ *genitive*)

make do = обходиться/обойтись (with + *instrumental*; without + без + *genitive*)
  we'll have to make do with less money = мы должны будем обойтись меньшими деньгами
  we had to make do without him = мы должны были обойтись без него

make up
  (*to invent*) = выдумывать/выдумать
  she made up a story = она выдумала историю

make-up *noun*
* (*cosmetics*) = косметика
  to wear make-up, to put on make-up = краситься/накраситься
  she doesn't wear make-up = она не красится
  she's upstairs putting on her make-up = она красится наверху
* (*theatrical*) = грим

man *noun*
* (*an adult male*) = мужчина (*masculine*)
  a tall man = высокий мужчина
* (*a person*) = человек
  a good man = хороший человек
* (*mankind*) = человечество

manage *verb*
* (*an organization etc.*) = управлять (*imperfective* + *instrumental*)

he manages the business = он управляет предприятием
* (*a shop*) = заведовать (*imperfective* + *instrumental*)
* (*to be able*) = суметь (*perfective*)
  I managed to finish the work on time = я сумела кончить работу вовремя
* (*to succeed*) = удаваться/удаться
  I managed to buy tickets = мне удалось купить билеты
* (*to cope with*) = справляться/справиться (+ с + *instrumental*)
  I'll manage = я справлюсь
  to manage without = обходиться/обойтись без (+ *genitive*)

manager *noun*
* (*of an organization or business*) = управляющий (+ *instrumental*) or менеджер
  the manager of the factory = управляющий заводом
* (*of a shop*) = заведующий (+ *instrumental*)
  the manager of the shop = заведующий магазином
* (*of a hotel, restaurant, theatre, etc.*) = администратор

many
1 *determiner*
* (*a lot of*) = много (+ *genitive*)
  were there many people in town? = в городе было много людей?
  many tourists come to Moscow = в Москву приезжает много туристов
  we lived in London for many years = мы жили много лет в Лондоне
  there weren't many people at the concert = на концерте было мало людей
* (*when used with* how, too, so, as)
  how many = сколько (+ *genitive*)
  how many books have you got? = сколько у вас книг?
  too many = слишком много (+ *genitive*)
  there are too many cars = слишком много машин
  so many = столько (+ *genitive*)
  she's read so many books! = она прочитала столько книг!
  as many ... as = столько (+ *genitive*) ..., сколько
  I have as many books as you = у меня столько же книг, сколько и у тебя

2 *pronoun*
  = многие (*plural*)
  many live abroad = многие живут за границей
  many of these books = многие из этих книг

how many? = сколько?
as/so many = столько
  take as many as you need = возьми столько, сколько тебе нужно

map *noun*
* (*of a country or region*) = карта
* (*of a town or transport system*) = план

March noun
= март

margarine noun
= маргарин

mark
1 noun
• (a spot or stain) = пятно́
• (a scratch or trace) = след
• (a distinguishing mark) = ме́тка
• (a grade) = отме́тка
2 verb
• (to indicate; to celebrate) =
отмеча́ть/отме́тить
• (to correct) = проверя́ть/прове́рить
• (to stain) = па́чкать/запа́чкать
• (to scratch) = оставля́ть/оста́вить след
на (+ prepositional)

market noun
= ры́нок or база́р
at the market = на ры́нке

market day noun
= база́рный день

market place noun
= база́рная пло́щадь

marmalade noun
= апельси́новый джем

marriage noun
• (the institution) = брак
• (a wedding) = сва́дьба

married adjective
• (of a man) = жена́тый
he's married to Anna = он жена́т на А́нне
• (of a woman)
she's married = она́ заму́жняя or она́
за́мужем
she's married to John = она́ за́мужем за
Джо́ном
• (of two people) = жена́ты
not married ▶ **single**

marry verb
(also **get married**)
• (of a man) = жени́ться (imperfective &
perfective) (+ на + prepositional)
• (of a woman) = выходи́ть/вы́йти за́муж
(+ за + accusative)
• (of a couple) = пожени́ться (perfective)

marvellous (British English),
marvelous (US English) adjective
= чуде́сный

master verb
= овладева́ть/овладе́ть (+ instrumental)
he hasn't mastered Russian yet = он ещё
не овладе́л ру́сским языко́м

match noun
• (a game) = матч
• (a matchstick) = спи́чка
a box of matches = коро́бка спи́чек

material noun
• (substance for making something) =
материа́л
• (cloth) = ткань
• (information) = материа́л

math noun (US English)
= матема́тика

mathematics noun
= матема́тика

maths noun (British English)
= матема́тика

matter
1 noun
• (a situation, an event) = де́ло
it's a private matter = э́то ли́чное де́ло
• (a question) = вопро́с
a matter of life and death = вопро́с жи́зни
и сме́рти
it's simply a matter of time = э́то про́сто
вопро́с вре́мени
• (the problem)
what's the matter? = в чём де́ло? or что
случи́лось?
what's the matter with her? = что с ней?
2 verb
it doesn't matter = э́то не ва́жно
it matters a lot to me = для меня́ э́то
о́чень ва́жно

may verb
• (when talking about a possibility)
they may arrive late = возмо́жно, что они́
приду́т по́здно
she may not have seen him = она́, мо́жет
быть, не ви́дела его́
they may not have come because of the
snow = они́, мо́жет быть, не
пришли́ из-за сне́га
it may rain = возмо́жно, что пойдёт
дождь
• (to be allowed; in requests)
you may sit down = вы мо́жете сесть
may I have a look? = мо́жно мне
посмотре́ть?

May noun
= май

maybe adverb
= мо́жет быть
maybe she'll arrive tomorrow = она́,
мо́жет быть, прие́дет за́втра

me pronoun
• (in the accusative or genitive case) = меня́
he loves me = он лю́бит меня́
he did it for me = он э́то сде́лал для
меня́
• (in the the dative or prepositional case) =
мне
phone me tomorrow! = позвони́ мне
за́втра!
he approached me = он подошёл ко мне
he said it in front of me = он э́то сказа́л
при мне
• (in the instrumental case) = мной

M

come with me = пойди́ со мной
* (*used colloquially for* I) = я
it's me! = э́то я!

meadow *noun*
= луг

meal *noun*
= еда́
during the meal = во вре́мя еды́
yesterday we went out for a meal = вчера́
мы ходи́ли в рестора́н
to have two meals a day = есть
(*imperfective*) два ра́за в день

mean
1 *verb*
* (*to have in mind*) = име́ть (*imperfective*) в
виду́
what do you mean? = что вы име́ете в
виду́?
* (*to signify*) = зна́чить (*imperfective*)
what does this mean? = что э́то зна́чит?
* (*to have as a result*) = зна́чить
(*imperfective*)
it means giving up my job = э́то зна́чит
бро́сить рабо́ту
* (*to intend*) = хоте́ть/захоте́ть
she didn't mean to upset you = она́ не
хоте́ла тебя́ расстро́ить
* (*to be of importance or value to*) = мно́го
зна́чить для (+ *genitive*)
he means a lot to me = он мно́го для
меня́ зна́чит
money doesn't mean much to him =
де́ньги ма́ло для него́ зна́чат
2 *adjective*
* (*not generous*) = скупо́й
* (*nasty, unkind*) = злой

meaning *noun*
= значе́ние

means *noun*
(*a way*) = сре́дство
a means of transport = сре́дство
передвиже́ния
a means of earning money = сре́дство
зараба́тывать де́ньги

meant: to be meant to *verb*
= до́лжен
we're meant to be there at six = мы
должны́ быть там к шести́ часа́м
he was meant to be looking after his
sister = он до́лжен был смотре́ть за
сестро́й

meanwhile *adverb*
= ме́жду тем
meanwhile, he did the shopping = ме́жду
тем он сде́лал поку́пки

measure *verb*
* (*to take the measurement of*) =
измеря́ть/изме́рить
she measured the height of the wall = она́
изме́рила высоту́ стены́
* (*to have certain measurements*)

the window measures forty by sixty
centimetres = разме́ры окна́ — со́рок
на шестьдеся́т сантиме́тров

meat *noun*
= мя́со
I don't eat meat = я не ем мя́са

mechanic *noun*
= меха́ник

medal *noun*
= меда́ль

medical *adjective*
= медици́нский

medicine *noun*
* (*as a subject or profession*) = медици́на
* (*a substance*) = лека́рство

medium *adjective*
= сре́дний
of medium height = сре́днего ро́ста

medium-sized *adjective*
= сре́днего разме́ра

> ! сре́днего разме́ра *never changes and*
> *comes after the noun to which it refers:*
> a medium-sized house = дом сре́днего
> разме́ра

meet *verb*
* (*by accident or appointment*) =
встреча́ть/встре́тить
she met him in the street = она́
встре́тила его́ на у́лице
is someone meeting you at the station? =
кто́-то встре́тит вас на вокза́ле?
* (*each other*) = встреча́ться/встре́титься
they meet every Tuesday = они́ встреча́ю
тся ка́ждый вто́рник
he always meets his friends in a bar = он
всегда́ встреча́ется с друзья́ми в
ба́ре
* (*see each other*) = ви́деться/уви́деться
they never met again = они́ бо́льше
никогда́ не ви́делись
* (*to make the acquaintance of*) =
знако́миться/познако́миться с
(+ *instrumental*)
she met him at a wedding = она́
познако́милась с ним на сва́дьбе
pleased to meet you! = о́чень прия́тно с
ва́ми познако́миться!
have you met John? = вы знако́мы с
Джо́ном?

meeting *noun*
* (*of a committee etc.*) = собра́ние
* (*a political meeting*) = ми́тинг
* (*an encounter*) = встре́ча

melt *verb*
(*to turn to liquid*) = та́ять (*imperfective*)
the snow is melting = снег та́ет

member *noun*
= член
a member of parliament = член
парла́мента
a member of staff = сотру́дник

memory noun
* (the faculty) = па́мять
  I've got a terrible memory = у меня́
  ужа́сная па́мять
* (a recollection) = воспомина́ние

mend verb
= чини́ть/почини́ть
he mended the chair = он почини́л стул

mental adjective
* (ability, effort) = у́мственный
* (illness) = психи́ческий

mention verb
= упомина́ть/упомяну́ть о
(+ prepositional)
he didn't mention his work = он не
упомяну́л о свое́й рабо́те
don't mention it! (in reply to thanks) = не́
за что! or пожа́луйста!

menu noun
= меню́ (neuter indeclinable)

merry adjective
= весёлый
merry eyes = весёлые глаза́
Merry Christmas! = с Рождество́м!

mess noun
= беспоря́док
what a mess! = что за беспоря́док!
your room is in a mess = твоя́ ко́мната в
беспоря́дке
he made a mess in the kitchen = он
оста́вил беспоря́док на ку́хне

message noun
= сообще́ние
can I give him a message? = мо́жно ему́
переда́ть что́-то?

metal
1 noun
= мета́лл
2 adjective
= металли́ческий

meter noun
* (for gas, electricity, parking) = счётчик
* (US English) ▶ **metre**

method noun
= спо́соб

metre (British English), **meter** (US
English) noun
= метр

metro noun
= метро́ (neuter indeclinable)

metro station noun
= ста́нция метро́

microwave noun
= микроволно́вая печь

midday noun
= по́лдень (masculine)
at midday = в по́лдень

middle noun
= середи́на
in the middle of the room = в середи́не
ко́мнаты
in the middle of winter = в середи́не зимы́

> **!** Sometimes the preposition посереди́не
> (+ genitive) is used:
> in the middle of the road = посереди́не
> у́лицы

middle-aged adjective
= сре́дних лет

> **!** сре́дних лет never changes and
> comes after the noun to which it refers:
> a middle-aged man = мужчи́на сре́дних
> лет

middle class
1 noun
= сре́дний класс
2 adjective (**middle-class**)
= сре́днего кла́сса

> **!** сре́днего кла́сса never changes and
> comes after the noun to which it refers:
> a middle-class family = семья́ сре́днего
> кла́сса

midnight noun
= по́лночь
at midnight = в по́лночь

might verb
* (when talking about a possibility)
  she might be right = она́, мо́жет быть,
  права́
  they might have got lost = они́, мо́жет
  быть, потеря́лись
  'will you come?' 'I might' = «ты
  придёшь?» — «мо́жет быть»
  he said he might not come = он сказа́л,
  что он, мо́жет быть, не придёт
* (when implying that something did not
  happen) = мочь + бы
  he might have been killed! = он мог бы
  поги́бнуть!
  she might have warned us! = она́ могла́
  бы нас предупреди́ть!

mild adjective
= мя́гкий
a mild winter = мя́гкая зима́
the weather's mild (or it's mild) today =
сего́дня тепло́

mile noun
= ми́ля
London is fifty miles away = до Ло́ндона
пятьдеся́т миль
we walked for miles = мы прошли́
большо́е расстоя́ние

military adjective
= вое́нный

military service noun
= вое́нная слу́жба

M

to do one's military service = служить
(*imperfective*) в армии

milk *noun*
= молоко

milkman *noun*
= разносчик молока

million *number*
= миллион
three million dollars = три миллиона
долларов

millionaire *noun*
= миллионер

mince *noun* (*British English*)
= фарш

mind
1 *verb*
• (*when expressing an opinion*)
'what shall we do tonight?'—'I don't mind'
= «что мы будем делать сегодня
вечером?» — «мне всё равно»
she doesn't mind the cold = она не
боится холода
he doesn't mind the noise = он не
возражает против шума
I wouldn't mind a piece of cake = я с
удовольствием съел бы кусок
торта
• (*in polite questions or requests*)
do you mind if I open the window? = вы
не возражаете, если я открою окно?
would you mind closing the window? =
будьте добры, закройте окно!
• (*when telling someone to be careful*)
mind the step! = осторожно! ступенька!
mind you don't forget the book! = смотри,
не забудь книгу!
• (*to take care of*) = смотреть/посмотреть
за (+ *instrumental*)
he's minding the children = он смотрит
за детьми
• (*to worry*)
never mind! = ничего!
2 *noun*
= ум
he has something on his mind = у него
что-то на уме
he's going out of his mind = он сходит с
ума
she put my mind at rest = она успокоила
меня
I can't get it out of my mind = я не могу
забыть об этом
you must bear in mind that ... = надо
иметь в виду, что ...
to change one's mind =
передумывать/передумать
to make up one's mind =
решаться/решиться
she made up her mind to live in France =
она решилась жить во Франции

mine¹ *pronoun* = мой
the red car is mine = красная машина —
моя

her coat is brown but mine is green = её
пальто коричневое, а моё — зелёное
he is a friend of mine = он мой друг

> **!** When 'mine' refers back to the subject
> of the clause, свой is used instead of
> мой:
> may I borrow your car?: I've sold mine =
> можно взять вашу машину?: я продал
> свою

mine² *noun*
(*for coal*) = шахта

miner *noun*
= шахтёр

mineral water *noun*
= минеральная вода

minister *noun*
• (*in government*) = министр
the Minister for Education = министр
образования
• (*in religion*) = священник

minority *noun*
= меньшинство
a minority speak Russian = меньшинство
говорит по-русски

Minsk *noun*
= Минск

minus *preposition* (+ *accusative*)
= минус
six minus two is four = шесть минус
два—четыре
it's minus ten outside = на улице минус
десять

minute *noun*
= минута
it's five minutes from my house = это
пять минут от моего дома
it's five minutes past six = пять минут
седьмого
it's ten minutes to five = без десяти пять
wait a minute! = подождите минуту (*or*
минутку *or* минуточку)!

mirror *noun*
= зеркало

miserable *adjective*
(*unhappy*) = несчастный
he looked miserable = у него был
несчастный вид
he felt miserable = он чувствовал себя
несчастным

miss *verb*
• (*not catch a train etc.*) =
опаздывать/опоздать на
(+ *accusative*) *or*
пропускать/пропустить
she missed the bus = она опоздала на (*or*
пропустила) автобус
• (*not hit*) = не попадать /попасть в
(+ *accusative*)

he missed the target = он не попáл в цель
- (not hit or catch a ball etc.) = пропускáть/пропустить
he missed the ball = он пропустил мяч
- (to feel sad not to see) = скучáть (imperfective) по (+ dative)
I miss my friends = я скучáю по мойм друзьям
- (not attend) = пропускáть/пропустить
she missed the concert = онá пропустила концéрт
- (not see or hear) = пропускáть/пропустить
he missed my house = он пропустил мой дом
- (not take; to overlook) = упускáть/упустить
he missed the opportunity = он упустил возмóжность
- (not understand) = не понимáть/поня́ть
she missed the joke = онá не поняла шýтку

Miss noun
= мисс
Miss Smith = мисс Смит

> **!** The word мисс is only used as a title for English-speaking foreigners; when referring to a Russian woman, госпожá should be used; when addressing an unknown girl in the street, дéвушка is often used. See the boxed note on
> ▶ **Russian names and forms of address** p. **219** for more detailed information

missing adjective
to be missing = отсýтствовать (imperfective)
there's a book missing = книга отсýтствует
to go missing = пропадáть/пропáсть
he went missing for a day = он пропáл на день

mist noun
= тумáн

mistake noun
= ошибка
she made a mistake = онá сдéлала ошибку

misty adjective
= тумáнный

misunderstand verb
= непрáвильно понимáть/поня́ть

mix verb
- (to put together) = мешáть/смешáть
she mixed the butter and sugar = онá смешáла мáсло с сáхаром
- (to be sociable) = общáться (imperfective)
she doesn't mix with the other children = онá не общáется с другими детьми
mix up
(to confuse) = пýтать/спýтать (people) or перепýтать (objects)

I'm always mixing him up with his brother = я всегдá пýтаю егó с брáтом

mixture noun
= смесь

mobile phone noun
= портативный телефóн

modern adjective
= совремéнный

modest adjective
= скрóмный

Moldova noun
= Молдóва

moment noun
= момéнт or минýта
at any moment = в любóй момéнт
at that moment = в э́тот момéнт
at the moment = в настоя́щий момéнт
for the moment = покá
in a moment = чéрез минýту
just a moment! = однý минýту!

Monday noun
= понедéльник

money noun
= дéньги (plural)
I haven't any money = у меня́ нет дéнег

month noun
= мéсяц
he'll be back in two months = он вернётся чéрез два мéсяца

monument noun
= пáмятник

mood noun
= настроéние
I'm in a good mood = я в хорóшем настроéнии
I'm in the mood for watching television = у меня́ есть настроéние посмотрéть телевизор

moon noun
= лунá

more
1 determiner
- (a greater quantity of) = бóльше (+ genitive)
more [friends | time ...] = бóльше [друзéй | врéмени ...]
- (additional, some more) = ещё
do you want more tea? = хотите ещё чáю?
can we have some more water, please? = мóжно ещё вод́ы?
I have one more ticket = у меня́ есть ещё один билéт
there's no more bread = хлéба бóльше нет
2 pronoun
- (a greater quantity) = бóльше
it costs more = э́то стóит бóльше

М

he did more than you = он сделал
больше, чем ты
- (an additional amount) = ещё
would you like some more? = хотите
ещё?

3 adverb
- (forming the comparative)
  (attributive) = более + adjective
  a more beautiful picture = более
  красивая картина
  (predicative) = stem of adjective + -ee
  this book is more interesting = эта книга
  интереснее
- (to a greater extent) = больше
  I work more in the winter = я работаю
  больше зимой
no more, **not any more** = больше не
  he doesn't live here any more = он
  больше не живёт здесь
more and more = всё более (before
  adjectives), всё больше (with verbs)
  more and more expensive = всё более
  дорогой
  we travel more and more = мы
  путешествуем всё больше
more or less = более или менее

moreover adverb
= сверх того

morning noun
= утро
the whole morning = целое утро
good morning! = доброе утро!
in the morning = утром
tomorrow morning = завтра утром
3 o'clock in the morning = три часа ночи

Moscow noun
= Москва

most
1 determiner
- (the majority of) = большинство
  (+ genitive)
  most people like chocolate =
  большинство людей любит шоколад
  in most cases = в большинстве случаев
- (in superlatives)
  who has the most time? = у кого больше
  всего времени?
2 pronoun
- (the greatest quantity) = больше всех
  he did the most = он сделал больше всех
- (the majority) = большинство (with
  countable nouns), большая часть (with
  uncountable nouns)
  most of them = большинство из них
  most of the time = большая часть
  времени
3 adverb
- (forming the superlative) = самый
  + adjective
  the most beautiful city = самый красивый
  город
- (to the greatest extent) = больше всего

I most want a new car = я больше всего
хочу новую машину
- (very) = очень
  it was most interesting = это было очень
  интересно
at the most = самое большее
most of all = больше всего

mostly adverb
= главным образом

mother noun
= мать or мама

> **!** Although мама strictly corresponds to
> the English mum or mummy, it is often
> used in Russian where mother is used in
> English

motorbike noun
= мотоцикл

motorcycle noun
= мотоцикл

motorway noun (British English)
= автострада

mountain noun
= гора

mouse noun
(an animal; for a computer) = мышь

moustache (British English),
mustache (US English) noun
= усы (plural)

mouth noun
= рот

move verb
- (to make a movement) =
  двигаться/двинуться
  I can't move = я не могу двигаться
- (to put elsewhere) =
  передвигать/передвинуть
  she moved the car = она передвинула
  машину
- (to make a movement with) =
  двигать/двинуть (+ instrumental)
  I can't move my leg = я не могу двигать
  ногой
- (to move house) = переезжать/переехать
  we moved to London = мы переехали в
  Лондон
- (to touch) = трогать/тронуть
  we were moved by the film = мы были
  тронуты фильмом
move away
- (to live elsewhere) = уезжать/уехать
  (from + из + genitive)
- (to walk away) = отходить/отойти (from
  + от + genitive)
move back
  (to where one lived before)
  возвращаться/вернуться
move in = въезжать/въехать
  she moved into the flat = она въехала в
  квартиру
move out = съезжать/съехать

he moved out of the flat = он съе́хал с кварти́ры

movement noun
= движе́ние

movie noun (US English)
= ф ильм
the movies = кино́
we rarely go to the movies = мы ре́дко хо́дим в кино́

mow verb
= коси́ть/скоси́ть

MP abbreviation (of **Member of Parliament**)
= член парла́мента

Mr abbreviation
= ми́стер

> ! The word ми́стер is only used as a title for English-speaking foreigners; when referring to a Russian man, господи́н should be used. See the boxed note on
> ▶ **Russian names and forms of address p. 119** for more detailed information and examples

Mrs abbreviation
= ми́ссис (feminine indeclinable)

> ! The word ми́ссис is only used as a title for English-speaking foreigners; when referring to a Russian woman, госпожа́ should be used See the boxed note on
> ▶ **Russian names and forms of address p. 119** for more detailed information and examples

Ms noun

> ! Use the word for Miss or Mrs as appropriate

much
1 adverb
* (+ comparative adjective) = гора́здо
  his house is much smaller = его́ дом гора́здо ме́ньше
* (qualifying a verb)
  he doesn't read much = он ма́ло чита́ет
  thank you very much = спаси́бо большо́е
* (often) = ча́сто
  I don't see her very much = я ви́жу её не о́чень ча́сто
* (when used with very, too, or so)
  I love him very much = я его́ о́чень люблю́
  you talk too much = ты говори́шь сли́шком мно́го
  she loves him so much = она́ так его́ лю́бит
2 pronoun
* (in questions) = мно́го
  is there much to do? = мно́го ли на́до сде́лать?
* (in negative statements) = немно́го or ма́ло
  he didn't eat much = он ма́ло съел

3 determiner
* (a lot of) = мно́го (+ genitive)
  do you have much work? = у тебя́ мно́го рабо́ты?
  too much noise = сли́шком мно́го шу́ма
* (in negative statements) = немно́го or ма́ло (+ genitive)
  I don't have much money = у меня́ ма́ло де́нег
* (when used with how, so, or as)
  how much time have we left? = ско́лько у нас оста́лось вре́мени?
  I don't need so/as much bread = мне не ну́жно сто́лько хле́ба
  take as much bread as you need! = возьми́ сто́лько хле́ба, ско́лько тебе́ ну́жно!

mud noun
= грязь

mug noun
= кру́жка

multiply verb
= умножа́ть/умно́жить

mum noun (also **mummy**)
= ма́ма

murder
1 verb
= убива́ть/уби́ть
2 noun
= уби́йство

murderer noun
= уби́йца (masculine & feminine)

museum noun
= музе́й

mushroom noun
= гриб

music noun
* (the art) = му́зыка
* (sheet music) = но́ты (plural)

musical adjective
= музыка́льный

musical instrument noun
= музыка́льный инструме́нт

musician noun
= музыка́нт

must verb
* (expressing obligation or necessity) = до́лжен or на́до (impersonal + dative)
  I must go = я до́лжен уходи́ть or мне на́до уходи́ть
* (in the negative, expressing prohibition) = не до́лжен or нельзя́ (impersonal + dative) or не на́до (impersonal + dative)
  we mustn't be late = мы не должны́ опозда́ть or нам нельзя́ опозда́ть
  he mustn't be disturbed = его́ не на́до (or нельзя́) беспоко́ить
* (expressing probability) = должно́ быть

M

you must be John's sister = ты, должно́
быть, сестра́ Джо́на
he must be there by now = он до́лжен бы
быть уже́ там

mustache ▶ moustache

my *determiner*
= мой
my house = мой дом
my dog = моя́ соба́ка

> **!** *When 'my' refers back to the subject of
> the clause,* свой *is used instead of* мой;
> *also, when talking about parts of the
> body,* мой *is not used*:
> I've lost my bag = я потеря́ла свою́
> су́мку
> I fell on my back = я упа́ла на спи́ну

myself *pronoun*
• (*when used as a reflexive pronoun*) = себя́
  or expressed by a reflexive verb
  I bought myself a hat = я купи́ла себе́
  ша́пку
  I washed myself = я умы́лся
• (*when used for emphasis*) = сам
  I told him myself = я сказа́ла ему́ об
  э́том сама́
(**all**) **by myself**
• (*alone*) = оди́н/одна́
• (*without help*) = сам/сама́

Nn

nail *noun*
• (*of a finger or toe*) = но́готь (*masculine*)
• (*a metal spike*) = гвоздь (*masculine*)

naked *adjective*
= го́лый

name
1 *noun*
• (*of a person*) = и́мя
  my full name = моё по́лное и́мя
  what's your name? = как вас зову́т? (вы
  form), как тебя́ зову́т? (ты *form*)

> **!** *Note in the following examples how the
> person is in the accusative case and the
> name is in the nominative case*:
> [my | his …] name is Sasha = [меня́ | его́ …]
> зову́т Са́ша
> my teacher's name is Irina Ivanovna =
> мою́ учи́тельницу зову́т Ири́на
> Ива́новна

• (*of a book, film, etc.*) = назва́ние
  what's the name of the film? = как
  называ́ется фильм?

2 *verb*
= называ́ть/назва́ть
they named her Masha = они́ назва́ли её
Ма́шей (*instrumental*) or Ма́ша
(*nominative*)

napkin *noun*
= салфе́тка

narrow *adjective*
= у́зкий

nasty *adjective*
• (*malicious*) = злой
• (*unpleasant*) = неприя́тный

nation *noun*
• (*a people*) = наро́д
• (*a State*) = страна́

national *adjective*
= национа́льный

native *adjective*
= родно́й
native language = родно́й язы́к
native land = ро́дина

natural *adjective*
= есте́ственный
a natural reaction = есте́ственная
реа́кция

naturally *adverb*
= есте́ственно
naturally, he was angry = есте́ственно,
он рассерди́лся

nature *noun*
• (*the natural world*) = приро́да
• (*a person's character*) = хара́ктер

navy *noun*
= вое́нно-морско́й флот

navy-blue *adjective*
= тёмно-си́ний

near
1 *preposition*
= во́зле (+ *genitive*) or о́коло (+ *genitive*)
or бли́зко от (+ *genitive*) or недалеко́
от (+ *genitive*)
it's near the station = э́то во́зле вокза́ла
he was sitting near us = он сиде́л во́зле
нас
the school is near the station = шко́ла
недалеко́ от вокза́ла
2 *adverb* = бли́зко or недалеко́
they live quite near = они́ живу́т
дово́льно бли́зко
to draw near =
приближа́ться/прибли́зиться
3 *adjective* = бли́зкий
the end is very near = коне́ц о́чень
бли́зок

Russian names and forms of address

Russian Names

Russians have three names, a first name (**имя**), a middle name or patronymic (**отчество**), and a surname (**фамилия**). **Имя** is also the word for a person's name in general.

The first name corresponds to the English first name and typical examples are **Владимир**, **Александр**, and **Михаил** for boys, and **Ирина**, **Наталья**, and **Валентина** for girls.

Russians only ever have one first name but it can appear in several different diminutive or pet forms, each with different nuances. For example,

Алехсáндр *becomes* **Сáша, Сáшенька, Сáшка**
Михаил *becomes* **Миша, Мишенька, Мишка**
Ирина *becomes* **Йра, Ирочка, Йрка**
Наталья *becomes* **Натáша, Натáшенька, Натáшка**

The second name, or patronymic, is derived from a person's father's first name. For sons it ends in **-ович, -евич,** or **-ич,** and for daughters it ends in **-овна, -евна,** or **-(ин)ична**.

For example, the patronymic of a man whose father is called **Александр** is **Александрович**. His sister's patronymic will be **Александровна**.

If a man has the same first name as his father, his first two names will be, for example, **Александр Александрович** or **Николай Николаевич**.

The Russian surname corresponds to the English surname in that it is passed from one generation to the next. Women usually take on their husband's surname, and women's surnames usually have a feminine ending (either **-а** or **-ая**). This means that the wife of **Чéхов** is **Чéхова**, and the wife of **Толстóй** is **Толстáя**.

N

Addressing and referring to Russians

! See also the boxed note at ▶ **you p. 287.**

The polite formal way of addressing a Russian is by the first name and patronymic. This is how pupils address their teachers and colleagues address each other unless on friendly terms.

Friends use just the first name to address each other, usually in one of its diminutive forms.

Famous people, such as politicians and writers, are often referred to in Russian by just their surnames, e.g. **Толстóй, Чéхов, Éльцин, Лéнин,** but sometimes the first two names are added as well to give a greater sense of respect.

When writing a letter to a Russian, similar rules apply. The usual word for *Dear* is **Дорогóй/ Дорогáя/Дорогúе** and it is followed by either the first name or the first name and patronymic, according to how friendly one is with the other person. In very formal contexts, **Уважáемый/Уважáемая/Уважáемые** may be used instead of **Дорогóй**.

The Russian equivalents of *Mr* and *Mrs* are **господúн** and **госпожá**, placed in front of a person's surname. They were regarded until recently as somewhat archaic, but they are now gaining in popularity. They are most commonly used to refer to somebody in public, or at the beginning of a formal letter after **Уважáемый**.

When addressing an envelope to a Russian, the surname comes first (in the dative case), followed by the first two initials, e.g. **Чéхову А.П.** It comes after the address.

Addressing and referring to non-Russians

Addressing non-Russians

Since non-Russians do not have patronymics, addressing them in a polite or formal way is done by using the Russianized form of their foreign title (or **господúн/госпожá**) with their surname:

Mrs Thatcher	= **мúссис/госпожá Тэтчер**
Frau Schmidt	= **фрáу/госпожá Шмидт**
Monsieur Mitterand	= **месьé/господúн Митерáн**

Referring to non-Russians

Referring politely to foreigners is done in the same way as addressing them. Sometimes, a title may be added, as **премьéр-минúстр Джон Мéйджор,** or they may simply be referred to by their full name, e.g. **Джон Мéйджор**.

Foreign friends are addressed and referred to by just their first name.

! *The unchanging form* бли́зко *is used predicatively when near means close in distance rather than time*:
the school is very near = шко́ла о́чень бли́зко

nearby *adverb*
= ря́дом *or* бли́зко
it's handy that there's a chemist's shop nearby = удо́бно, что ря́дом есть апте́ка

nearer *adjective*
* (*attributive*) = бо́лее бли́зкий
* (*predicative*) = бли́же

nearest *adjective*
= ближа́йший
where's the nearest metro station? = где ближа́йшая ста́нция метро́?

nearly *adverb*
= почти́
we've nearly finished = мы почти́ ко́нчили
he's not nearly ready = он совсе́м не гото́в

neat *adjective*
= аккура́тный
neat handwriting = аккура́тный по́черк

necessary *adjective*
= необходи́мый *or* ну́жный
the necessary information = необходи́мые (*or* ну́жные) све́дения
if necessary = е́сли необходи́мо *or* ну́жно

neck *noun*
= ше́я

need
1 *verb*
* (*to have to*) = на́до *or* ну́жно (*impersonal + dative*)
you need to rest = вам на́до (*or* ну́жно) отдыха́ть
you don't need to pay straight away = вам не на́до (*or* ну́жно) плати́ть сра́зу
I needn't have come = мне не на́до (*or* ну́жно) бы́ло приходи́ть
* (*to want*) = ну́жен (*impersonal + dative*)
I need money = мне нужны́ де́ньги
everything you need = всё, что тебе́ ну́жно
2 *noun*
no need = не на́до *or* ну́жно
there's no need to worry = не на́до (*or* ну́жно) беспоко́иться
'I'll do it'—'there's no need, it's done' = «я э́то сде́лаю» — «не на́до (*or* ну́жно), э́то уже́ сде́лано»

neighbour (*British English*), **neighbor** (*US English*) *noun*
= сосе́д/сосе́дка

neither
1 *conjunction*
* (*in neither ... nor sentences*)

= ни ..., ни
she speaks neither Russian nor English = она́ не говори́т ни по-ру́сски, ни по-англи́йски
they drink neither tea nor coffee = они́ не пьют ни чай, ни ко́фе
* (*nor*)
'I can't sleep'—'neither can I' = «я не могу́ спать» — «я то́же не могу́»
2 *determiner*
= ни тот, ни друго́й
neither book is interesting = ни та, ни друга́я кни́га не интере́сны

! *Note that the adjective is in the plural*
3 *pronoun*
= ни тот, ни друго́й (*with plural verb*)
neither of them is coming = ни тот, ни друго́й не приду́т

nephew *noun*
= племя́нник

nervous *adjective*
= не́рвный
to be nervous = не́рвничать (*imperfective*)
he's always nervous before an exam = он всегда́ не́рвничает пе́ред экза́меном
he's nervous about driving at night = он бои́тся е́здить но́чью

net *noun*
* (*for fishing*) = сеть
* (*in tennis etc.*) = се́тка
* (*in football, hockey*) = воро́та (*plural*) *or* се́тка

never *adverb*
* (*not ever*) = никогда́
I'll never forget it = я э́того никогда́ не забу́ду
* (*not once*) = ни ра́зу
he never came to see me = он ни ра́зу не навести́л меня́
never again = никогда́ бо́льше
* (*when used for emphasis*)
I never knew that = я совсе́м не зна́ла э́того
she never even apologized = она́ да́же не извини́лась
never mind! = ничего́!

nevertheless *adverb*
= тем не ме́нее

new *adjective*
= но́вый

news *noun*
* (*a piece of news*) = но́вость *or* изве́стие
have you heard the news? = вы слы́шали но́вость?
that's good news = э́то хоро́шее изве́стие
* (*information*) = но́вости (*plural*) *or* изве́стия (*plural*)
have you any news of John? = у вас есть но́вости о Джо́не?

we haven't had any news from her for a
long time = мы давно́ не получа́ли
новосте́й от неё
* (on radio, TV) = но́вости (plural) or
изве́стия (plural)
I saw it on the news = я э́то уви́дел в
новостя́х

newsagent's noun (British English)
= газе́тный кио́ск

newspaper noun
= газе́та

New Year noun
= Но́вый год
Happy New Year! = с Но́вым го́дом!
to see in the New Year =
встреча́ть/встре́тить Но́вый год

New Year's Day (British English), **New
Year's** (US English) noun
= день Но́вого го́да or пе́рвое января́

New Year's Eve noun
= нового́дний ве́чер

New Zealand noun
= Но́вая Зела́ндия

next
1 adjective
* (coming next) = сле́дующий
the next train = сле́дующий по́езд
* (with periods of time) = сле́дующий or
бу́дущий
(the) next day = на сле́дующий день
(accusative)
next week = на сле́дующей (or бу́дущей)
неде́ле (prepositional)
next month = в сле́дующем (or бу́дущем)
ме́сяце (prepositional)
next year = в сле́дующем (or бу́дущем)
году́ (prepositional) or на сле́дующий
(or бу́дущий) год (accusative)
* (adjacent) = сосе́дний
in the next room = в сосе́дней ко́мнате
2 adverb
* (after that) = пото́м
what happened next? = что случи́лось
пото́м?
* (now) = тепе́рь
what shall we do next? = что мы тепе́рь
бу́дем де́лать?
* (again) = в сле́дующий раз
when I saw her next = когда́ я её уви́дел
в сле́дующий раз
when you're next in town = сле́дующий
раз, когда́ ты бу́дешь в го́роде
3 pronoun
she was next = она́ была́ сле́дующая
the week after next = че́рез неде́лю
next to = ря́дом с (+ instrumental)
we live next to the school = мы живём
ря́дом со шко́лой

next door adverb
(in the next house) = в сосе́днем до́ме
(in the next flat) = в сосе́дней кварти́ре

nice adjective
* (good) = хоро́ший
nice weather = хоро́шая пого́да
we had a nice time = мы хорошо́
провели́ вре́мя
it's nice to be able to [rest | read …] =
хорошо́ име́ть возмо́жность
[отдыха́ть | чита́ть …]
* (of a person) = прия́тный or ми́лый
he's very nice = он о́чень прия́тный
челове́к
it's very nice of you = э́то о́чень ми́ло с
ва́шей стороны́
he's very nice to me = он о́чень хорошо́
ко мне отно́сится
* (attractive) = краси́вый
a nice house = краси́вый дом
a nice dress = краси́вое пла́тье
to look nice = хорошо́ вы́глядеть
(imperfective)

niece noun
= племя́нница

night noun
* (as opposed to day) = ночь
all night = всю ночь
at night = но́чью
she didn't sleep last night = она́ не спала́
про́шлой но́чью
* (evening) = ве́чер
a night at the theatre = ве́чер в теа́тре
he arrived last night = он прие́хал вчера́
ве́чером

nightclub noun
= ночно́й клуб

nightdress noun
= ночна́я руба́шка

night-time noun
= ночно́е вре́мя or ночь

nil noun
= нуль or ноль

nine number
= де́вять

nineteen number
= девятна́дцать

nineteenth number
* (in a series) = девятна́дцатый
* (in dates)
the nineteenth of April = девятна́дцатое
апре́ля

ninety number
= девяно́сто

ninth number
* (in a series) = девя́тый
* (in dates)
the ninth of March = девя́тое ма́рта

no
1 particle
= нет
no, thanks! = нет, спаси́бо!

N

2 *determiner*
- (*not any*)
  we have no money = у нас нет де́нег
  there's no point arguing = не сто́ит
  спо́рить
  I've no idea = я не име́ю поня́тия
  no ... whatever = никако́й
  we have no chance whatever = у нас нет
  никако́й возмо́жности
- (*when refusing permission*)
  no smoking = кури́ть воспреща́ется
- (*when used for emphasis*)
  he is no fool = он совсе́м не дура́к
  it's no problem = э́то совсе́м не
  пробле́ма

3 *adverb*
  he no longer works here = он бо́льше не
  рабо́тает здесь
  you're no better = вы не лу́чше

nobody ► **no one**

noise *noun*
  = шум
  to make a noise = шуме́ть (*imperfective*)
  don't make too much noise! = не
  сли́шком шуми́те!

noisy *adjective*
  = шу́мный

none *pronoun*
- (*out of several persons*) = ни оди́н *or*
  никто́
  none of the girls went to the concert = ни
  одна́ из де́вушек не пошла́ (*or* никто́
  из де́вушек не пошёл) на конце́рт
  none of us can speak German = ни оди́н
  (*or* никто́) из нас не говори́т
  по-неме́цки
- (*out of several things*) = ни оди́н
  none of the wine was French = ни одно́
  из вин не́ было францу́зским
- (*not a bit*) = ничто́ (*plural* никаки́е)
  there's none left = ничего́ не оста́лось
  'have you got any tickets?'—'none at all' =
  «у вас есть биле́ты?» — «нет,
  никаки́х»

nonsense *noun*
  = ерунда́

noon *noun*
  = по́лдень (*masculine*)
  at noon = в по́лдень

no one *pronoun* (*also* **nobody**)
  = никто́
  no one saw him = никто́ не ви́дел его́
  there's no one in the office = в конто́ре
  никого́ нет
  you must speak to no one = вы ни с кем
  не должны́ говори́ть

nor *conjunction*

! *For use with* **neither**, *see the entry for*
neither
'I don't like him'—'nor do I' = «я не
люблю́ его́» — «я то́же»

---

normal *adjective*
  = норма́льный

normally *adverb*
- (*usually*) = обы́чно
- (*in a normal manner*) = норма́льно

north
1 *noun*
  = се́вер
  in the north of Russia = на се́вере Росси́и
2 *adverb*
- (*motion*) = на се́вер
  he was travelling north = он е́хал на
  се́вер
  north of = к се́веру от (+ *genitive*)
  he lives north of Moscow = он живёт к
  се́веру от Москвы́
3 *adjective*
  = се́верный
  a north wind = се́верный ве́тер

North America *noun*
  = Се́верная Аме́рика

northern *adjective*
  = се́верный

Northern Ireland *noun*
  = Се́верная Ирла́ндия

Norway *noun*
  = Норве́гия

nose *noun*
  = нос

not *adverb* (*also* **n't**)
- (*in most contexts*) = не
  it's my book, not yours = э́то моя́ кни́га,
  а не ва́ша
  he didn't phone me = он мне не
  позвони́л
  we don't need a car = нам не нужна́
  маши́на
  not everybody likes football = не ка́ждый
  лю́бит футбо́л
  she decided not to go to the concert = она́
  реши́ла не ходи́ть на конце́рт
  it's not very expensive = э́то не о́чень
  до́рого
- (*at the end of certain phrases*) = нет
  I hope not = я наде́юсь, что нет
  why not? = почему́ нет?
  we'll go whether it rains or not = мы
  пойдём, бу́дет дождь и́ли нет
- (*when saying that someone or something
  is absent*) = нет
  he's not here = его́ нет
  she's not at home = её нет до́ма
  these books aren't in the library = в
  библиоте́ке нет э́тих книг
- (*in question tags*) = не пра́вда ли *or* да
  they're living in Germany, aren't they? =
  они́ живу́т в Герма́нии, не пра́вда ли?
  (*or* да?)
  you like fish, don't you? = вы лю́бите
  ры́бу, не пра́вда ли? (*or* да?)
  you'll come too, won't you? = вы то́же
  придёте, не пра́вда ли? (*or* да?)

not at all
he's not at all worried about it = он
совсём не беспокóится об этом
'thank you!'—'not at all!' = «спасúбо!» —
«нé за что!»

note
1 *noun*
• (*a short letter*) = запúска
• (*as a record*) = зáпись
• (*in music*) = нóта
2 *verb*
(*to observe*) = замечáть/замéтить
note down = запúсывать/записáть

notebook *noun*
= записнáя кнúжка

nothing
1 *pronoun*
= ничтó
nothing can help me = ничтó не мóжет
мне помóчь
he does nothing = он ничегó не дéлает
nothing has changed = ничегó не
изменúлось
she can do nothing more = онá ничегó
бóльше не мóжет сдéлать
(*before an infinitive*) = нéчего
there's nothing to do *and* there's nothing
to be done = дéлать нéчего
he has nothing to say = емý нéчего
сказáть
there's nothing to talk about = не о чём
разговáривать
2 *adverb*
= совсéм не
it's nothing like as difficult = это совсéм
не так трýдно
nothing but = тóлько
they do nothing but complain = онú
тóлько жáлуются

notice
1 *verb*
= замечáть/замéтить
we noticed that it was raining = мы
замéтили, что идёт дождь
2 *noun*
• (*a written sign*) = объявлéние
• (*advance warning*) = предупреждéние
without notice *or* at short notice = без
предупреждéния
to hand in one's notice =
подавáть/подáть заявлéние об ухóде с
рабóты
she received a month's notice = её
предупредúли, что онá бýдет
увóлена чéрез мéсяц
• (*attention*) = внимáние
to take notice = обращáть/обратúть
внимáние (**of** + на + *accusative*)

noticeable *adjective*
= замéтный

novel *noun*
= ромáн

November *noun*
= ноя́брь (*masculine*)

now *adverb*
• (*at the present time*) = тепéрь *or* сейчáс
we now live in Moscow = мы тепéрь (*or*
сейчáс) живём в Москвé
• (*immediately, right now*) = сейчáс *or*
сейчáс же
I'll phone her now = я ей сейчáс (же)
позвоню́
before now = до этого
by now = ужé
for now = покá
just now = тóлько что
(**every**) **now and then/again** = врéмя от
врéмени
now that … = тепéрь, когдá …
until now = до сих пóр

nowadays *adverb*
= в нáше врéмя

nowhere *adverb*
• (*place*) = нигдé
'where does he work?'—'nowhere' = «где
он рабóтает?» — «нигдé»
(*before an infinitive*) = нéгде
there's nowhere to sit = нéгде сесть
• (*motion*) = никудá
'where are you going?'—'nowhere' =
«кудá ты идёшь?» — «никудá»
(*before an infinitive*) = нéкуда
I have nowhere to go = мне нéкуда идтú

number *noun*
• (*of a house, bus, telephone, etc.*) = нóмер
give me your telephone number! = дай
мне свой нóмер телефóна!
number ten bus = деся́тый автóбус
from platform number one = с пéрвой
платфóрмы
• (*a numeral*) = числó
• (*when talking about quantities*) = числó *or*
колúчество
a large number of people = большóе
числó (*or* колúчество) людéй
• (*an indefinite quantity*)
in a number of cases = в ря́де слýчаев
for a number of reasons = по
нéскольким причúнам

nurse
1 *noun*
= медсестрá
2 *verb*
(*to look after*) = ухáживать (*imperfective*)
за (+ *instrumental*)

nursery *noun*
(*a day nursery*) = я́сли (*plural*)

nursery school *noun*
= дéтский сад

nut *noun*
(*for eating*) = орéх

N

Oo

oak noun
(the tree and the wood) = дуб

obedient adjective
= послушный

obey verb
= слушаться/послушаться
you should obey your mother = ты
должен слушаться маму

object
1 noun
* (a thing) = предмет
* (an aim) = цель
2 verb
= возражать/возразить (to + против
+ genitive)
he objected to our plans = он возражал
против наших планов
I don't object = я не возражаю

observe verb
* (to watch) = наблюдать (imperfective)
* (to notice) = замечать/заметить

obstacle noun
= препятствие

obstinate adjective
= упрямый

obtain verb
* (to receive) = получать/получить
I obtained permission = я получила
разрешение
* (to get hold of) = доставать/достать
it's difficult to obtain tickets = трудно
достать билеты

obvious adjective
= очевидный
an obvious problem = очевидная
проблема

obviously adverb
= очевидно
obviously, he wasn't pleased with the
decision = он, очевидно, был
недоволен решением

occasion noun
= событие
a special occasion = особенное событие
on an number of occasions = несколько
раз

occasionally adverb
= иногда or время от времени

occupy verb
= занимать/занять
are these houses occupied? = эти дома
заняты?

this seat is occupied = это место занято
I occupy myself with my work = я
занимаюсь своей работой
he's occupied = он занят

occur verb
(to take place) = случаться/случиться
certain changes occured = случились
определённые изменения
occur to = приходить/прийти в голову
(+ dative)
it never occurred to me = мне это совсем
не пришло в голову

ocean noun
= океан

o'clock adverb
it is five o'clock = сейчас пять часов
at one o'clock = в час

! See also the boxed note on ▶ **The clock**
p. 151

October noun
= октябрь (masculine)

odd adjective
(strange) = странный

of preposition
* (expressing belonging) + genitive
the names of the pupils = имена
учеников
the sound of the engine = шум мотора
in the centre of Moscow = в центре
Москвы
the works of Pushkin = сочинения
Пушкина
* (when talking about quantities) + genitive
a pound of potatoes = фунт картошки
a bottle of beer = бутылка пива
a piece of cake = кусок торта
there are a lot of them = их много
* (about) = о (+ prepositional)
she talked of freedom = она говорила о
свободе
I've never heard of it = я никогда не
слышал об этом
* (expressing cause) = от (+ genitive)
he died of hunger = он умер от голода
one of = один из (+ genitive)
one of them = один из них
some of = некоторые (+ из + genitive)
some of the students = некоторые
студенты
some of us = некоторые из нас

off

! For translations of **off** in combination
with verbs, e.g. get off, take off, see the
entries for **get**, **take**, etc.
1 adverb
* (leaving)
I'm off! = я пошёл!
it's time we were off (on foot) = нам пора
уходить
they're off to Italy tomorrow = они завтра
уезжают в Италию
* (away)

the town is a long way off = город далеко
we could see them from a long way off =
мы их видели издалека
the town is thirty kilometres off = город в
тридцати километрах отсюда
* (holiday from work)
I'd like a week off = я хочу взять отпуск
на неделю
he took Monday off = он взял выходной
в понедельник
today's her day off = сегодня её
выходной день
* (switched off; not working)
the lights are all off = весь свет
выключен
the water's off = воды нет

2 preposition
* (from the surface of) = с (+ genitive)
he took the book off the shelf – он снял
книгу с полки
* (distant from) = от (+ genitive)
three kilometres off the coast = в трёх
километрах от берега

offence (British English), **offense** (US
English) noun
  (a crime) = преступление
she committed an offence = она
совершила преступление
to take offence = обижаться/обидеться
(at + на + accusative)
he took offence at the remark = он
обиделся на замечание

offend verb
= обижать/обидеть

offer
1 verb = предлагать/предложить
she offered me a job = она предложила
мне работу
he offered to water the plants = он
предложил полить растения
2 noun
= предложение

office noun
* (a place of work) = контора
* (a private room) = кабинет

official adjective
= официальный

often adverb
= часто
how often? = как часто?

oh exclamation
= о! or ах! or ой!

OK
1 exclamation
= хорошо! or ладно!
'come at seven!'—'OK!' = «приходите в
семь часов!» — «хорошо!»
2 adjective
* (not bad)
'how are you?'—'OK!' = «как дела?» —
«ничего!»
the film was OK = ф ильм был неплохой

is the tea OK? = как чай, ничего?
* (in order; as it should be)
is everything OK? = всё в порядке?
* (feeling well)
to feel OK = чувствовать себя
нормально
are you OK? = вы чувствуете себя
нормально? or вам нехорошо?
I'm OK now = сейчас у меня всё хорошо
* (permissible; doesn't matter) = ничего
is it OK if I [go out | come a bit later | smoke |
phone you at work …]? = ничего, если
я [выйду | приду попозже | покурю | позвоню
тебе на работу …]?
it's OK to talk about it = об этом можно
говорить
'I've got no money'—'it's OK, I've got
some' = «у меня нет денег» — «ничего,
у меня есть»

old adjective
* (not new; not young) = старый
old houses = старые дома
he's very old = он очень старый
* (when talking about a person's age)

> **!** Note the use of the dative case of the
> pronoun:

how old are you? = сколько тебе лет (ты
form), сколько вам лет? (вы form)
I'm twenty years old = мне двадцать лет
he's old enough to understand that – он
достаточно взрослый, чтобы это
понимать
she's not old enough to vote = она
недостаточно взрослая, чтобы
голосовать

> **!** See also the boxed note on ▶ Age p. 130

* (former) = старый
my old address = мой старый адрес
old man = старик
old woman = старуха

older adjective
* (attributive) = старший
her older sister = её старшая сестра
* (predicative) = старше
she's eight years older than her brother =
она на восемь лет старше брата

old-fashioned adjective
= старомодный

Olympics noun
= Олимпийские игры

omelette noun
= омлёт

on

> **!** For translations of on in combination
> with verbs, e.g. get on, keep on, put on,
> see the entries for get, keep, put, etc.

1 preposition
* (position) = на (+ prepositional)
on the table = на столе

O

there were many pictures on the wall = на
стене было много картин
* (*motion*) = на (+ *accusative*)
put the book on the table! = положите
книгу на стол!
she fell on the floor = она упала на пол
* (*when talking about transport*) = на
(+ *prepositional*)
he went to London on the coach = он
ездил в Лондон на автобусе
I like going on the train = я люблю
ездить на поезде
* (*about*) = о/об (+ *prepositional*)
a book on Africa = книга об Африке
I'm looking for information on the town = я
ищу информацию о городе
* (*when talking about time*)
on the 6th of December = шестого
декабря (*genitive*)
on Saturday = в субботу (*accusative*)
on Mondays = по понедельникам
(*dative*)
on my birthday = в мой день рождения
(*accusative*)
* (*when talking about the media*)
on television = по телевизору
I saw it on the news = я это увидел в
новостях
2 *adverb*
* (*when talking about dress*)
she had a suit on = она была в костюме

! See also **wear**

* (*switched on; working*)
the oven isn't on = духовка не включена
* (*showing*)
is there anything good on? (*on TV*) = есть
что-нибудь хорошее по телевизору?
the news is on = сейчас идут новости
what's on at the cinema? = что идёт в
кино?
* (*in progress*)
while the meeting's on = пока идёт
собрание
* (*when talking about time*)
from Tuesday on, he'll be out of the office
= со вторника его не будет на работе
from then on = с того времени
a little later on = попозже

once
1 *adverb*
* (*one time*) = раз
once a day = раз в день
once more = ещё раз
* (*formerly*) = когда-то
there was a castle here once = когда-то
здесь был замок
2 *conjunction* = как только
I feel better once I'm sitting down = я
чувствую себя лучше, как
только я сажусь

at once
* (*immediately*) = сразу
* (*simultaneously*) = одновременно

one
1 *number*

= один
one of my colleagues = один из моих
коллег
one hundred = сто
2 *determiner*
* (*the only*) = единственный
it's the one day I work in London = это
единственный день, когда я
работаю в Лондоне
she's the one person who can persuade
him = только она может его
уговорить
* (*the same*) = один
I took three exams in one day = у меня
было три экзамена в один день
* (*with expressions of time*)
one day = однажды (*in the past*);
когда-нибудь (*in the future*)
one [morning | evening …] = однажды
[утром | вечером …]
3 *pronoun*

! Ususally not translated:
I need a cigarette—have you got one? =
мне нужна сигарета—у тебя есть?
take my umbrella—I have another one =
возьми мой зонтик—у меня есть
другой
he's the one who asked me to come = это
он попросил меня прийти
which one? = какой? *or* который?
this one = этот
that one = тот
(*impersonal pronoun*)
one never knows = никогда не знаешь
what does one do in such a situation? =
что делать в такой ситуации?
one by one = один за другим

one another *pronoun* ▸ **each other**

oneself *pronoun*
* (*when used as a reflexive pronoun*) = себя
or -ся (*suffixed to verb*)
to buy oneself a hat = покупать/купить
себе шапку
to wash oneself = умываться/умыться
* (*when used for emphasis*) = самому
it's better to do it oneself = это лучше
сделать самому
(all) by oneself
* (*alone*) = один
* (*without help*) = сам

one-way ticket *noun*
= билет в один конец

onion *noun*
* (*a single onion*) = луковица
* (*collective; onions*) = лук (*collective; no
plural*)
sausages with onions = сосиски с луком

online
1 *adjective*
- (*connected to the Internet*) = подключённый к Интернéту
- (*of an activity or service*) = онлáйновый

2 *adverb*
(*while connected to a computer*) = в режи́ме он-лáйн

only
1 *adverb*
= тóлько
it's only a game = э́то тóлько игрá

2 *adjective*
= еди́нственный
our only neighbours = нáши еди́нственные сосéди
the only problem is that I can't drive = еди́нственная проблéма в тóм, чтó я не вожу́ маши́ну
she's the only one who speaks Russian = тóлько онá говори́т по-рýсски

3 *conjunction*
= но
I'd go to the concert, only my car's not working = я поéхал бы на концéрт, но маши́на не хóдит

only just
- (*very recently*) = тóлько что
she's only just arrived = онá тóлько что приéхала
- (*by a narrow margin*) = éле
we only just caught the train = мы éле успéли на пóезд

onto *preposition*
= на (+ *accusative*)
he walked onto the stage = он вы́шел на сцéну

open
1 *verb*
- (*to make open*) = открывáть/откры́ть
she opened the door = онá откры́ла дверь
what time do you open? = во скóлько вы открывáете?
- (*to become open*) = открывáться/откры́ться
the shop opens at nine = магази́н открывáется в дéвять

2 *adjective*
= откры́тый
an open door = откры́тая дверь
the pool isn't open = бассéйн закры́т
in the open air = на откры́том вóздухе

opera *noun*
= óпера
she likes going to the opera = онá лю́бит ходи́ть в óперу

operate *verb*
- (*to run*)
the buses don't operate after 8 o'clock = автóбусы не хóдят пóсле восьми́

the machine isn't operating = маши́на не рабóтает
- (*to make something work*) = управля́ть (*imperfective*) (+ *instrumental*)
I can't operate the computer = я не умéю управля́ть компью́тером
- (*to carry out an operation*) = опери́ровать (*imperfective & perfective*)
they operated on her = они́ опери́ровали её
they operated on my leg = мне опери́ровали нóгу

operation *noun*
= операция
you need an operation = вам нужнá опéрация
he had an operation = егó опери́ровали

operator *noun*
= телефони́ст/телефони́стка

opinion *noun*
= мнéние
I'd like your opinion = я хотéл бы знать вáше мнéние
in my opinion = по-мóему
in his/her opinion = по егó/её мнéнию
in our opinion = по-нáшему

opponent *noun*
= проти́вник

opportunity *noun*
= возмóжность
to have the opportunity [to go abroad | to work in London ...] = имéть возмóжность [поéхать за грани́цу | рабóтать в Лóндоне ...]

opposite
1 *preposition*
= напрóтив (+ *genitive*)
it's opposite the park = э́то напрóтив пáрка

2 *adjective*
= противополóжный
he was walking in the opposite direction = он шёл в противополóжном направлéнии

3 *adverb*
= напрóтив
who lives opposite? = кто живёт напрóтив?

4 *noun*
- (*after* do, say, *etc.*) = противополóжное
I ask him to do something and he always does the opposite = я прошу́ егó сдéлать чтó-то, а он всегдá дéлает противополóжное
- (*in other contexts*) = противополóжность
she's the opposite of her sister = онá противополóжность своéй сестрé (*dative*)

optician *noun*
= óптик

or *conjunction*
- (*in positive statements*) = и́ли

wine or beer? = вино́ и́ли пи́во?
* (in negative sentences) = ни ... ни
I can't come today or tomorrow = я не
могу́ прийти́ ни сего́дня, ни за́втра
* (otherwise) = ина́че
careful, or you'll break the cups =
осторо́жно, ина́че ты разобьёшь
ча́шки

orange
1 noun
= апельси́н
2 adjective
(colour) = ора́нжевый

orange juice noun
= апельси́новый сок

orchard noun
= фрукто́вый сад

orchestra noun
= орке́стр
I play in an orchestra = я игра́ю в
орке́стре

order
1 verb
* (to ask for; to book) =
зака́зывать/заказа́ть
we ordered dinner = мы заказа́ли обе́д
she ordered a taxi for seven o'clock = она́
заказа́ла такси́ на семь часо́в
* (to call immediately) = вызыва́ть/вы́звать
please order me a taxi! = вы́зовите мне
такси́, пожа́луйста!
* (to instruct) = прика́зывать/приказа́ть
(+ dative)
he was ordered to leave = ему́ приказа́ли
уйти́
2 noun
* (an instruction) = прика́з
he gave an order = он дал прика́з
* (for goods etc.) = зака́з
to place an order = де́лать/сде́лать зака́з
(for + на + accusative)
* (the way something is arranged) =
поря́док
in the right order = в пра́вильном
поря́дке
law and order = зако́н и поря́док
in order to = что́бы (+ infinitive)
I phoned them in order to change the date
= я позвони́л им, что́бы поменя́ть
да́ту

ordinary adjective
= обыкнове́нный
an ordinary family = обыкнове́нная
семья́

organization noun
= организа́ция

organize verb
= организова́ть (imperfective &
perfective)
we organized a party = мы организова́ли
вечери́нку

original adjective
* (first) = пе́рвый
the original owner = пе́рвый владе́лец
* (new, creative) = оригина́льный

originally adverb
(at first) = снача́ла

other
1 adjective
* (remaining; different) = друго́й
they've sold the other car = они́ про́дали
другу́ю маши́ну
he annoys the other pupils = он
раздража́ет други́х ученико́в
in other towns = в други́х города́х
* (additional)
I have only one other jumper = у меня́
есть ещё то́лько оди́н сви́тер
how many other books do you have =
ско́лько у вас ещё книг?
* (in set phrases)
every other = ка́ждый второ́й
every other Saturday = ка́ждая втора́я
суббо́та
every other day = че́рез день
the other day = на дня́х
the other way round = наоборо́т
2 pronoun
= друго́й
do they have any others? = у них есть
други́е?
some like tea, others coffee = одни́
лю́бят чай, други́е — ко́фе
the others = остальны́е
all the others went home = все
остальны́е пошли́ домо́й
other than = кро́ме (+ genitive)
no one knows about it other than you =
никто́ не зна́ет об э́том, кро́ме тебя́

otherwise
1 conjunction
= ина́че
it's not dangerous, otherwise I wouldn't
go = э́то не опа́сно, ина́че я бы не
пошёл
2 adverb
(apart from that) = в друго́м отноше́нии
everything's going well otherwise = всё
идёт хорошо́ в друго́м отноше́нии

ought verb
* (expressing duty) = до́лжен
we ought to go to him at once = мы
должны́ неме́дленно пойти́ к нему́
they ought to have been more careful =
они́ должны́ бы́ли быть бо́лее
осторо́жными
* (expressing desirability) = до́лжен бы
we ought to fix the radiator = мы должны́
бы почини́ть батаре́ю
you ought not to say such things = вы не
должны́ бы говори́ть таки́х веще́й
* (expressing probability)
they ought to arrive tomorrow = они́
должны́ прие́хать за́втра

we ought to win = мы должны́
вы́играть

our *determiner*
= наш
our house = наш дом

> **!** *When 'our' refers back to the subject of
> the clause,* свой *is used instead of* наш;
> *also, when talking about parts of the
> body,* наш *is not used*:
> we sold our house = мы про́дали свой
> дом
> we put up our hands = мы по́дняли ру́ки

ours *pronoun*
= наш
the grey car is ours = се́рая маши́на —
на́ша
which case is ours? = како́й чемода́н
наш?
he's a friend of ours = он оди́н из на́ших
друзе́й
their garden is bigger than ours = их сад
бо́льше, чем наш

> **!** *When 'ours' refers back to the subject
> of the clause,* свой *is used instead of*
> наш:
> we like his house but prefer ours = нам
> нра́вится его́ дом, но мы
> предпочита́ем свой

ourselves *pronoun*
* *(when used as a reflexive pronoun)* = себя́
or expressed by a reflexive verb
we bought ourselves a computer = мы
купи́ли себе́ компью́тер
we dressed ourselves = мы оде́лись
* *(when used for emphasis)* = са́ми
we organized everything ourselves = мы
всё организова́ли са́ми
(all) by ourselves
* *(alone)* = одни́
* *(without help)* = са́ми

out *adverb*

> **!** *For translations of* **out** *in combination
> with verbs, e.g.* **come out, find out, give
> out,** *see the entries for* **come, find, give,**
> *etc.*

* *(outside)* = на у́лице
it's very cold out today = сего́дня на
у́лице о́чень хо́лодно

> **!** *Out is often not translated in this sense*:
> she's out in the garden = она́ в саду́
to go out = выходи́ть/вы́йти
the way out = вы́ход
* *(absent)*
she's out at the moment = её сейча́с нет
someone rang when you were out =
кто́-то звони́л, когда́ тебя́ не́ было
* *(be published)* = выходи́ть/вы́йти
the book will be out soon = кни́га ско́ро
вы́йдет
* *(not on)* = вы́ключен
all the lights were out = весь свет был
вы́ключен

out of = из (+ *genitive*)
he walked out of the building = он вышел
из зда́ния
she took a knife out of the drawer = она́
вы́нула нож из я́щика
out of work ▶ work

outdoor *adjective*
an outdoor concert = конце́рт на
откры́том во́здухе
an outdoor pool = откры́тый бассе́йн

outdoors *adverb*
= на откры́том во́здухе *or* на у́лице

outer *adjective*
= нару́жный *or* вне́шний
outer layer = нару́жный слой
outer door = вне́шняя дверь
outer space = ко́смос

outside
1 *adverb*
= на у́лице *(place)*, на у́лицу *(motion)*
they're sitting outside = они́ сидя́т на
у́лице
let's go outside = пойдём на у́лицу
2 *preposition*
* *(in front of)* = y (+ *genitive*)
outside the school = у шко́лы
* *(beyond)* = за (+ *prepositional*)
outside the window = за окно́м
outside the door = за две́рью
3 *noun*
= нару́жная сторона́
the outside of the building = нару́жная
сторона́ зда́ния
from the outside = снару́жи
4 *adjective*
= нару́жный *or* вне́шний
outside wall = нару́жная стена́

oven *noun*
= духо́вка

over

> **!** *For translations of* **over** *in combination
> with verbs, e.g.* **hand over, knock over,**
> *see the entries for* **hand, knock,** *etc.*

1 *preposition*
* *(above)* = над (+ *instrumental*)
the picture over the fireplace = карти́на
над ками́ном
* *(on top of)* = пове́рх (+ *genitive*)
he always wore a sweater over his shirt =
он всегда́ носи́л сви́тер пове́рх
руба́шки
* *(more than)* = бо́льше (+ *genitive*)
over a hundred people = бо́льше ста
челове́к
* *(more than a certain age)* = за
(+ *accusative*)
people over eighteen = те, кому́ за
восемна́дцать
* *(across)* = че́рез (+ *accusative*)
a bridge over the river = мост че́рез ре́ку
he climbed over the wall = он зале́з че́рез
сте́ну

- (*during*) = в тече́ние (+ *genitive*)
  I saw them over the summer = я их ви́дел
  в тече́ние ле́та
  over the next six months = в тече́ние
  сле́дующих шести́ ме́сяцев
- (*everywhere*) = по (+ *dative*)
  I looked over the whole house for my
  watch = я иска́л часы́ по всему́ до́му
- (*using*) = по (+ *dative*)
  over the phone = по телефо́ну
  over the radio = по ра́дио
2 *adverb*
- (*finished*)
  the concert is over = конце́рт око́нчен
  the war was over = война́ ко́нчилась
- (*when something is repeated*)
  to start all over again = начина́ть с
  нача́ла
  I've told them over and over again = я им
  э́то говори́л мно́го раз
over there = там
over here = здесь

overcast *adjective*
= о́блачный

overcoat *noun*
= пальто́ (*neuter indeclinable*)

overcome *verb*
= преодолева́ть/преодоле́ть
we overcame many difficulties = мы
преодоле́ли мно́го тру́дностей

oversleep *verb*
= просыпа́ть/проспа́ть
he overslept and was late to work = он
проспа́л и опозда́л на рабо́ту

overtake *verb*
= обгоня́ть/обогна́ть

owe *verb*
= (быть) до́лжен (+ *dative*)
she owes me a hundred roubles = она́
должна́ мне сто рубле́й
they owed him ten dollars = они́ бы́ли
ему́ должны́ де́сять до́лларов
how much do I owe you? = ско́лько я вам
до́лжен? *or* (*in a shop*) ско́лько с меня́?

owing to *preposition*
= из-за (+ *genitive*)
owing to the bad weather = из-за плохо́й
пого́ды

own
1 *adjective*
= свой *or* со́бственный *or* свой
со́бственный
I'd like my own car = я хоте́л бы име́ть
свою́ со́бственную маши́ну
2 *pronoun*
= свой *or* со́бственный *or* свой
со́бственный
I didn't take his pencil: I've got my own = я
не брал его́ карандаша́: у меня́ есть
свой
3 *verb*
= владе́ть (+ *instrumental*)

he owns a shop = он владе́ет магази́ном
who owns that dog? = кому́
принадлежи́т э́та соба́ка? *or* чья э́та
соба́ка?
on one's own
- (*alone*) = оди́н
  she lives on her own = она́ живёт одна́
- (*without help*) = сам
  he did it on his own = он сде́лал э́то сам

owner *noun*
= владе́лец

P p

Pacific *noun*
the Pacific (ocean) = Ти́хий океа́н

pack *verb*
= упако́вывать/упакова́ть
he packed his case = он упакова́л
чемода́н
we must pack = нам на́до упакова́ть
чемода́ны
pack up
= упако́вывать/упакова́ть
she packed up her belongings = она́
упакова́ла свои́ ве́щи

package *noun*
= паке́т

packet *noun*
a packet of cigarettes = па́чка сигаре́т
a packet of biscuits = па́чка пече́нья
a packet of crisps = паке́т хрустя́щего
карто́феля

page *noun*
= страни́ца
on page five = на пя́той страни́це

pain *noun*
= боль
I have a pain in my leg = я чу́вствую
боль в ноге́ *or* у меня́ боли́т нога́
to be in pain = страда́ть (*imperfective*) от
бо́ли

paint
1 *noun*
= кра́ска
2 *verb*
- (*a wall etc.*) = кра́сить/покра́сить
- (*a picture etc.*) = писа́ть/написа́ть
  кра́сками

painter *noun*
(*an artist*) = худо́жник/худо́жница

painting *noun*
(*a picture*) = карти́на

pair *noun*
= па́ра
a pair of trousers = па́ра брюк
a pair of shoes = па́ра ту́фель
two pairs of pants = две па́ры трусо́в
a pair of pyjamas = пижа́ма
a pair of scissors = но́жницы (*plural*)

pajamas *noun* (*US English*)
= пижа́ма (*singular*)

Pakistan *noun*
= Пакиста́н

palace *noun*
= дворе́ц

pale *adjective*
= бле́дный

pancake *noun*
= блин

panic *verb*
= теря́ть/потеря́ть го́лову

pants *noun*
• (*British English*) (*underwear*) = трусы́
• (*US English*) (*trousers*) = брю́ки

paper *noun*
• (*for writing on*) = бума́га
a piece of paper = лист бума́ги
• (*a newspaper*) = газе́та

parcel *noun*
= посы́лка

pardon *exclamation* (*also* **pardon me**)
(*what did you say?*) = извини́те? (вы
form), извини́ (ты form), *or* прошу́
проще́ния

parent *noun*
= роди́тель (*masculine*)
my parents live here = мои́ роди́тели
живу́т здесь

park
1 *noun*
= парк
2 *verb*
= ста́вить/поста́вить маши́ну
she parked outside the shop = она́
поста́вила маши́ну у магази́на

parking lot *noun* (*US English*)
= стоя́нка

parking meter *noun*
= счётчик на стоя́нке

parliament *noun*
= парла́мент

part *noun*
• (*a section*) = часть
• (*a role*) = роль
to take part = принима́ть/приня́ть
уча́стие (in + в + *prepositional*)

particular *adjective*
(*special*) = осо́бый

partner *noun*
• (*a boyfriend*|*girlfriend*) = друг|подру́га
• (*in business, dancing, a game*) =
партнёр

part-time
1 *adverb*
= на полста́вки
he works part-time in a restaurant = он
рабо́тает на полста́вки в рестора́не
2 *adjective*
= на полста́вки
a part-time teacher =
учи́тель/учи́тельница на полста́вки

party *noun*
• (*an informal social event*) = вечери́нка
• (*a formal social event*) = ве́чер
I'm organizing a birthday party for him = я
устра́иваю ему́ день рожде́ния
• (*a political organization*) = па́ртия

pass *verb*
• (*to go past on foot*) = проходи́ть/пройти́
ми́мо (+ *genitive*)
she passed (by) the school = она́ прошла́
ми́мо шко́лы
I passed him on the street = я прошла́
ми́мо него́ на у́лице
• (*to go past by transport*) =
проезжа́ть/прое́хать ми́мо
(+ *genitive*)
we passed (by) the hospital = мы
прое́хали ми́мо больни́цы
• (*to overtake by transport*) =
обгоня́ть/обогна́ть
we passed several lorries = мы обогна́ли
не́сколько грузовико́в
• (*of time*) = проходи́ть/пройти́
many years passed = прошло́ мно́го лет
• (*to give*) = передава́ть/переда́ть
please pass the salt! = переда́йте,
пожа́луйста, соль!
• (*to spend time*) = проводи́ть/провести́
• (*an exam*) = сдать (*perfective*)
pass on = передава́ть/переда́ть
please pass on the warning! = переда́йте,
пожа́луйста, предупрежде́ние!
pass out (*to faint*) = теря́ть/потеря́ть
созна́ние
pass round = передава́ть/переда́ть
please pass the biscuits round! =
переда́йте, пожа́луйста, пече́нье!

passage *noun*
• (*a corridor*) = коридо́р
• (*a way or path*) = доро́га

passenger *noun*
= пассажи́р/пассажи́рка

passport *noun*
= па́спорт

past
1 *preposition*
• (*by*) = ми́мо (+ *genitive*)

we're now going past Red Square =
сейчас мы проезжаем мимо Красной
площади
* (*beyond*) = за (+ *instrumental*)
the hospital is past the station =
больница находится за вокзалом
* (*later than*) = после (+ *genitive*)
it's past 6 o'clock = уже седьмой час
* (*in telling the time*)
five past four = пять минут пятого
half past twelve = полпервого
2 *adverb*
to go past
* (*on foot; of a vehicle*) =
проходить/пройти (мимо)

! *The word* мимо *is often optional*:
he went past = он прошёл (мимо)
many buses went past = (мимо) прошло
много автобусов
* (*by transport*) = проезжать/проехать
(мимо)
as they went past they shouted to us =
они крикнули нам, когда проезжали
(мимо)
3 *noun*
the past = прошлое (*noun*)
in the past = в прошлом
4 *adjective*
= последний
the past few days have been difficult =
последние несколько дней были
трудными
over the past week = в течение
последней недели

pasta *noun*
= макароны (*plural*)

path *noun*
= тропинка

patience *noun*
= терпение
she lost her patience = она потеряла
терпение

patient
1 *noun*
= пациент/пациентка
2 *adjective*
= терпеливый

patronymic *noun*
= отчество

pattern *noun*
(*a design*) = узор

pavement *noun* (*British English*)
= тротуар

pay
1 *verb*
* (*to hand over money*) =
платить/заплатить (a person + *dative*;
for + за + *accusative*)
they haven't paid me = мне не заплатили
I paid for the meal = я заплатил за еду

* (*to settle a bill etc.*) =
оплачивать/оплатить
I can't pay the bill = я не могу оплатить
счёт
* (*to give*)
to pay attention = обращать/обратить
внимание (to + на + *accusative*)
2 *noun*
(*a salary*) = зарплата
pay back
* (*money*) = возвращать/вернуть
* (*a person*) = возвращать/вернуть долг
(+ *dative*)
there's no need to pay me back = не надо
возвращать мне долг

payphone *noun*
= телефон-автомат

PC *abbreviation* (*of* **personal computer**)
= персональный компьютер, ПК

PE *abbreviation* (*of* **physical education**)
= физкультура

pea *noun*
* (*a single pea*) = горошина
* (*collective; peas*) = горошек (*collective;
no plural*)
fish with peas = рыба с горошком

peace *noun*
* (*not war*) = мир
* (*peacefulness*) = покой

peaceful *adjective*
= мирный

peach *noun*
= персик

pear *noun*
= груша

peel *verb*
= чистить/очистить

pen *noun*
= ручка

penalty *noun*
* (*a punishment*) = наказание
* (*a fine*) = штраф
* (*a penalty kick*) = штрафной удар

pencil *noun*
= карандаш

penfriend (*British English*), **pen pal** (*US
English*) *noun*
= друг/подруга по переписке

pension *noun*
= пенсия

pensioner *noun*
= пенсионер/пенсионерка

people *noun*
* (*in general*) = люди (*plural*)
most people like reading = большинство
людей любит читать
* (*in counting*) = человек

✕ in informal situations

two people = два человека
five people = пять человек
a hundred people = сто человек
several people = несколько человек
• (*after* мало, много) = народ *or* люди
 there were a lot of people at the party = на
  вечере было много народу *or* много
  людей
• (*a nation*) = народ
 the Russian people = русский народ

pepper *noun*
 (*the spice and the vegetable*) = перец

per *preposition*
 per person = на человека
 per hour = в час
 two roubles per kilogram = два рубля
  килограмм

per cent (*British English*), **percent** (*US English*) *noun*
 = процент
 five per cent = пять процентов

perfect *adjective*
 (*excellent*) = отличный
 the weather was perfect = погода была
  отличная
 it's a perfect building for concerts = это
  отличное здание для концертов
 he speaks perfect Russian – он отлично
  говорит по-русски

performance *noun*
 = представление

perfume *noun*
 = духи (*plural*)

perhaps *adverb*
 = может быть

period *noun*
• (*in time*) = период
• (*in history*) = эпоха
• (*menstrual period*) = месячные (*plural*)
 I've got my period = у меня месячные

permanent *adjective*
 = постоянный

permission *noun*
 = разрешение

person *noun*
 = человек

personal *adjective*
 = личный

persuade *verb*
 = уговаривать/уговорить
 she persuaded me to give up smoking =
  она уговорила меня бросить курить

pet *noun*
 = домашнее животное (*noun*)

petrol *noun* (*British English*)
 = бензин

petrol station *noun* (*British English*)
 = бензозаправочная станция

philosophy *noun*
 = философия

phone
1 *noun*
 = телефон
 the phone's ringing = телефон звонит
 to answer the phone =
  подходить/подойти к телефону
 he's on the phone = он говорит по
  телефону
2 *verb* (*also* **phone up**)
 = звонить/позвонить (a person
  + *dative*)
phone back =
  перезванивать/перезвонить

phone book *noun*
 = телефонная книга

phone booth *noun* (*also* **phone box** *British English*)
 = телефон-автомат *or* телефонная
  будка

phone call *noun*
 = телефонный звонок

phone number *noun*
 = номер телефона *or* телефон **✱**
 what's your phone number? = какой у вас
  номер телефона *or* какой у вас
  телефон? **✱**

photo *noun*
 = фото (*neuter indeclinable*) **✱**

photocopy
1 *noun*
 = фотокопия
2 *verb*
 = делать/сделать фотокопию
  (+ *genitive*)
 she photocopied the letter = она сделала
  фотокопию письма

photograph *noun*
 = фотография
 to take a photograph of =
  фотографировать/сфотографировать

photographer *noun*
 = фотограф

photography *noun*
 = фотография

physical *adjective*
 = физический

physics *noun*
 = физика

piano *noun*
• (*in general*) = фортепьяно (*neuter indeclinable*)
• (*upright*) = пианино (*neuter indeclinable*)
• (*grand*) = рояль (*masculine*)

pick *verb*
• (*to choose*) = выбирать/выбрать
• (*to gather fruit or flowers*) =
  собирать/собрать

P

pick up
- (*to lift*) = поднима́ть/подня́ть
  she picked up the book = она́ подняла́
  кни́гу
- (*to fetch, on foot*) = заходи́ть/зайти́ за
  (+ *instrumental*)
  she picked up the parcel at the post office
  = она́ зашла́ за посы́лкой на по́чту
- (*to fetch, by transport*) =
  заезжа́ть/зае́хать за (+ *instrumental*)
  I'll pick you up at 6 o'clock = я зае́ду за
  ва́ми в шесть часо́в

picture *noun*
- (*drawn*) = карти́на
- (*a photograph*) = фотогра́фия
  to take a picture of =
  фотографи́ровать/сфотографи́ровать
the pictures (*British English*) = кино́

pie *noun*
= пиро́г

piece *noun*
- (*a portion*) = кусо́к
  a piece of cake = кусо́к то́рта
  a piece of bread = кусо́к хле́ба
  a piece of string = кусо́к верёвки
  a piece of paper = лист бума́ги
- (*other uses*)
  a piece of advice = сове́т
  a piece of information = све́дение
  a piece of news = но́вость

pig *noun*
= свинья́

pile *noun*
= ку́ча
a pile of clothes = ку́ча оде́жды

pill *noun*
= табле́тка

pillow *noun*
= поду́шка

pilot *noun*
= лётчик

PIN *abbreviation* (*of **personal**
identification number*)
= персона́льный код

pine tree *noun*
= сосна́

pink *adjective*
= ро́зовый

pint *noun*
= пи́нта
a pint of milk = пи́нта молока́

pipe *noun*
- (*for water, gas*) = труба́
- (*for smoking*) = тру́бка

pitch *noun* (*British English*)
= по́ле
a football pitch = футбо́льное по́ле

pity
1 *noun*
  it's a pity that ... = жаль *or* жа́лко,
  что...
  what a pity! = как жаль! *or* как жа́лко!
2 *verb*
  = жале́ть/пожале́ть
  I pity him = я жале́ю его́

pizza *noun*
= пи́цца

place *noun*
- (*in most contexts*) = ме́сто
  a beautiful place = краси́вое ме́сто
  a place at the table = ме́сто за столо́м
  London is an interesting place =
  Ло́ндон—интере́сный го́род
- (*a home*)
  at John's place = у Джо́на
  at my place = у меня́
to take place = состоя́ться (*imperfective*)

plain *adjective*
- (*simple*) = просто́й
- (*unattractive*) = некраси́вый

plan
1 *noun*
  = план
  what are your plans? = каки́е у вас
  пла́ны?
2 *verb*
  = плани́ровать/заплани́ровать
  I'm planning a big dinner = я плани́рую
  большо́й у́жин
  we are planning a trip to France = мы
  плани́руем пое́здку во Фра́нцию
  we're planning to move to London = мы
  плани́руем перее́хать в Ло́ндон

plane *noun*
= самолёт

plant
1 *noun*
  = расте́ние
2 *verb*
  = сажа́ть/посади́ть
  she planted some lettuces = она́
  посади́ла сала́т

plaster *noun*
  (*for a cut*) = пла́стырь (*masculine*)

plastic
1 *noun*
  = пластма́сса
2 *adjective*
  = пластма́ссовый

plate *noun*
= таре́лка

platform *noun*
= платфо́рма
  the train leaves from platform five = по́езд
  отправля́ется с пя́той платфо́рмы

play
1 *verb*
- (*in most contexts*) = играть/сыграть
  he's playing in the garden = он играет в саду
  she played the part of the queen = она играла роль королевы
- (*a sport or cards*) = играть/сыграть в (+ *accusative*)
  she's playing tennis = она играет в теннис
- (*a musical instrument*) = играть/сыграть на (+ *prepositional*)
  he plays the flute = он играет на ф лейте
- (*to put on a record or tape*) = ставить/поставить *or* проигрывать/проиграть
  she played a CD = она поставила (*or* проиграла) компакт-диск
  I want to play you a tape = я хочу поставить (*or* проиграть) тебе кассету
- (*to listen to a record, tape, or music etc.*) = слушать/послушать
  I always play tapes in the car = я всегда слушаю кассеты в машине
  they were playing records all evening = они слушали пластинки весь вечер
2 *noun*
  (*for the theatre*) = пьеса

player *noun*
- (*of a sport*) = игрок
- (*of an instrument*) = музыкант
  there are many good players in the orchestra = в оркестре много хороших музыкантов

playground *noun*
= площадка

pleasant *adjective*
= приятный

please *exclamation*
= пожалуйста
  please come in! = войдите, пожалуйста!

> **!** Note that пожалчйста *meaning* **please** *is generally used only with an imperative and is therefore not used in many contexts where* **please** *is used in English, e.g.*
> I'd like a coffee, please = я хотел бы кофе
> yes, please! = да, спасибо! *or* да, пожалуйста!

> **!** да, спасибо! *is used in general trivial contexts, while* да, пожалуйста! *is used if something is accepted with enormous gratitude, as a thing one really needs*

pleased *adjective*
= довольный
  he was very pleased with the present = он был очень доволен подарком
  pleased to meet you! = очень приятно!

pleasure *noun*
= удовольствие

plenty *noun*
= много (+ *genitive*)
  plenty of time = много времени

plug *noun*
- (*an electric plug*) = вилка
- (*in a sink or bath*) = пробка
plug in = включать/включить

plum *noun*
= слива

plus *preposition* (+ *accusative*)
= плюс
  three plus four is seven = три плюс четыре — семь

p.m. *abbreviation*
- (*in the afternoon*) = дня
  3.00 p.m. = три часа дня
- (*in the evening*) = вечера
  8.00 p.m. = восемь часов вечера
- (*at night*) = вечера *or* ночи
  11.00 p.m. = одиннадцать часов вечера *or* ночи

pocket *noun*
= карман

pocketbook *noun* (*US English*)
= сумка

pocket money *noun*
= карманные деньги (*plural*)

poem *noun*
- (*short*) = стихотворение
- (*long*) = поэма

poet *noun*
= поэт

poetry *noun*
= поэзия

point
1 *noun*
- (*an item*) = пункт
  an important point = важный пункт
- (*the main idea*) = суть
  he missed the point = он не понял суть
  that's not the point = не в этом дело
  the point is = дело в том, что
- (*the use*) = смысл
  there's no point in arguing = нет смысла спорить
  what's the point of it? = какой смысл в этом?
- (*time*) = момент
  at that point he left the room = в этот момент он вышел из комнаты
  to be on the point of doing something = собираться/собраться (+ *infinitive*)
- (*in scoring*) = очко
2 *verb*
  (*to indicate*) = указывать/указать (на + *accusative*)
  she pointed to the building = она указала на здание
  he pointed out my mistakes = он указал на мои ошибки

P

point of view noun
= то́чка зре́ния

Poland noun
= По́льша

pole noun
= столб

police noun
the police
* (in Russia) = мили́ция
* (in other countries) = поли́ция

policeman noun
* (in Russia) = милиционе́р
* (in other countries) = полице́йский (noun)

police station noun
* (in Russia) = отделе́ние мили́ции
* (in other countries) = полице́йский
  уча́сток

policewoman noun
* (in Russia) = же́нщина-милиционе́р
* (in other countries) =
  же́нщина-полице́йский (noun)

policy noun
= поли́тика

polite adjective
= ве́жливый

political adjective
= полити́ческий

politician noun
= поли́тик

politics noun
= поли́тика

pond noun
= пруд

pool noun
(a swimming pool) = бассе́йн

poor adjective
* (not rich) = бе́дный
* (expressing sympathy) = бе́дный
  poor boy! = бе́дный ма́льчик!
* (bad) = плохо́й
  poor work = плоха́я рабо́та

pop music noun
= поп-му́зыка

popular adjective
= популя́рный

population noun
= населе́ние

pork noun
= свини́на

porridge noun
= овся́ная ка́ша

port noun
(a harbour) = порт

Portugal noun
= Португа́лия

position noun
= положе́ние or пози́ция

positive adjective
(certain) = уве́ренный

possibility noun
= возмо́жность

possible adjective
= возмо́жный
a possible solution = возмо́жное
реше́ние
as ... as possible = как мо́жно
+ comparative
as soon as possible = как мо́жно скоре́е
if possible = е́сли возмо́жно
that's not possible = э́то невозмо́жно

post (British English)
1 noun
= по́чта
is there any post for me = для меня́ есть
по́чта?
has the post come? = по́чта пришла́?
2 verb
* (to send by post) = посыла́ть/посла́ть по
  по́чте
* (to send off by post) =
  отправля́ть/отпра́вить по по́чте
* (to put in a postbox) = опуска́ть/опусти́ть
  в почто́вый я́щик

postbox noun (British English)
(for sending or delivering mail) =
почто́вый я́щик

postcard noun
= откры́тка

postcode noun (British English)
= почто́вый и́ндекс

poster noun
* (advertising something) = афи́ша
* (political) = плака́т

postman noun
= почтальо́н

post office noun
= по́чта

postpone verb
= откла́дывать/отложи́ть (until + на
+ accusative)
they postponed the meeting until the next
day = они́ отложи́ли собра́ние на
сле́дующий день

pot noun
* (for cooking; a flowerpot) = горшо́к
* (a jar) = ба́нка
* (a teapot) = ча́йник

potato noun
* (a single potato) = карто́фелина
* (collective; potatoes) = карто́шка (no
  plural) or карто́фель (masculine; no
  plural)
meat and potato(es) = мя́со с карто́шкой

pound noun
(money and weight) = фунт

pour verb
• (a liquid) = наливáть/налúть
  he poured the water into the cup = он
  налúл вóду в чáшку
  he poured himself a cup of tea = он налúл
  себé чáшку чáю
• (for several people) = разливáть/разлúть
  he poured (out) the wine = он разлúл
  винó
• (a dry substance) = насыпáть/насыпать
  she poured the sugar into a cup = онá
  насыпала сáхар в чáшку
• (to flow) = лúться (imperfective)
  water poured out of the tap = водá лилáсь
  из крáна
• (of rain)
  it's pouring = дождь льёт как из ведрá

powder noun
• (fine particles) = порошóк
• (cosmetic) = пýдра

power noun
• (control) = власть
  to be in power = быть у влáсти
• (ability) = спосóбность
• (electricity) = электрúчество

practical adjective
• (of help, advice, activities, etc.) =
  практúческий
• (of a person or object) = практúчный
  she's very practical = онá óчень
  практúчная

practically adverb
• (virtually) = практúчески
  it's practically impossible = это
  практúчески невозмóжно
• (almost) = почтú
  practically all day = почтú весь день

practise (British English), **practice** (US
English) verb
• (a musical instrument) =
  занимáться/заняться на
  (+ prepositional)
  he was practising the trumpet all morning
  = он занимáлся на трубé всё ýтро
• (to train at a sport) =
  тренировáться/натренировáться

praise verb
= хвалúть/похвалúть

pray verb
= молúться/помолúться
  they prayed for rain = онú молúлись о
  дождé

precise adjective
= тóчный

prefer verb
= предпочитáть/предпочéсть or
  любúть (imperfective) бóльше
  I prefer reading = я предпочитáю читáть

he prefers chemistry to physics = он
  лýбит хúмию бóльше, чем фúзику

pregnant adjective
= берéменная
  a pregnant woman = берéменная
  жéнщина
  she's pregnant = онá берéменна

prejudice
1 noun
= предубеждéние
2 verb
to be prejudiced against = имéть
  (imperfective) предубеждéние прóтив
  (+ genitive)

prepare verb
• (to get a thing or person ready) =
  готóвить/приготóвить
  he prepared a speech = он приготóвил
  речь
• (to get oneself ready) =
  готóвиться/приготóвиться
  they're preparing for a concert = онú
  готóвятся к концéрту

prepared adjective
= готóвый
  we're prepared for the exam = мы готóвы
  к экзáмену
  he's prepared to help = он готóв помóчь

prescription noun
= рецéпт

present
1 noun
• (a gift) = подáрок
• (now)
  the present = настоящее (noun)
  for the present = покá
2 adjective
to be present = присýтствовать
  (imperfective) (at + на + prepositional)

president noun
= президéнт

press
1 verb
  (to push) = нажимáть/нажáть
2 noun
  the press = печáть

pretend verb
= дéлать/сдéлать вид
  he pretended not to know = он сдéлал
  вид, что не знал

pretty
1 adjective
= хорóшенький
2 adverb
= довóльно
  the film was pretty good = фильм был
  довóльно хорóшим

prevent verb
• (to stop an occurrence) =
  предупреждáть/предупредúть

P

they couldn't prevent the accident = они
не могли предупредить аварию
- (to stop a person doing something) =
мешать/помешать (+ dative
+ infinitive)
she prevented me from coming = она
помешала мне прийти

previous adjective
= предыдущий

price noun
= цена

priest noun
= священник

primary school noun
= начальная школа

prime minister noun
= премьер-министр

prince noun
= принц

princess noun
= принцесса

print verb
= печатать/напечатать

printer noun
(for a computer) = принтер

prison noun
= тюрьма
to put in prison = сажать/посадить в
тюрьму

prisoner noun
= заключённый (noun)

private adjective
- (personal) = личный
- (not of the State) = частный

prize noun
= приз

probably adverb
= вероятно

problem noun
= проблема

process noun
= процесс

produce verb
- (to manufacture) =
производить/произвести
- (a play or film) = ставить/поставить

product noun
= продукт

profession noun
= профессия
what is your profession? = кто вы по
специальности?

professional adjective
= профессиональный

professor noun
= профессор

profit noun
= прибыль
to make a profit = получать/получить
прибыль

program noun
- (for a computer) = программа
- (US English) ▶ **programme**

programme (British English), **program**
(US English) noun
- (on radio, TV) = передача or программа
- (for a play, a concert) = программа

progress noun
= прогресс
to make progress = делать/сделать
успехи (in + в + prepositional)

project noun
- (a scheme) = проект
- (at school) = работа

promise
1 verb
= обещать (imperfective & perfective)
she promised me a new dress = она
обещала мне новое платье
2 noun
= обещание
he broke his promise = он нарушил
обещание

pronounce verb
= произносить/произнести

proper adjective
= правильный

properly adverb
= как следует

property noun
= собственность

proposal noun
= предложение

propose verb
= предлагать/предложить

protect verb
= защищать/защитить

protection noun
= защита

protest
1 verb
= протестовать (imperfective)
2 noun
= протест

proud adjective
= гордый
to be proud = гордиться (imperfective)
(of + instrumental)

prove verb
= доказывать/доказать

provide verb
(to supply a person etc. with something) =
снабжáть/снабди́ть (with + instrumental)
   she provided us with money = онá
   снабди́ла нас деньгáми

provided conjunction (also **provided
that**)
= при усло́вии, что

psychology noun
= психоло́гия

pub noun (British English)
= пивнáя (noun)

public
1 adjective
= общéственный
2 noun
   the public = пýблика

public transport noun
= общéственный трáнспорт

publish verb
= издавáть/издáть

pudding noun (British English)
(dessert) = слáдкое (noun)

pull verb
• (to drag) = таскáть (indeterminate) |
   тащи́ть (determinate) | потащи́ть
   (perfective)
   the horse was pulling the cart = ло́шадь
   тащи́ла телéгу
• (using a long slow movement) =
   тянýть/потянýть
   she was pulling (on) the rope = онá тянýла
   верёвку
• (using a sharp movement; to tug) =
   дёргать/дёрнуть
   he pulled the rope (sharply) = он дёрнул
   верёвку
pull down
   (to knock down) = сноси́ть/снести́
pull in
   (to drag in) = втáскивать/втащи́ть
   she pulled me into the room = онá
   втащи́ла меня́ в ко́мнату
pull out
   (to drag out, take out) =
   вытáскивать/вы́тащить
   he pulled the boat out of the water = он
   вы́тащил ло́дку из воды́
pull up
   (to stop) =
   останáвливаться/останови́ться

pullover noun
= пуло́вер

punch verb
= ударя́ть/удáрить кулако́м
   he punched me in the face = он удáрил
   меня́ кулако́м в лицо́

punctually adverb
= пунктуáльно

puncture noun
= проко́л

punish verb
= накáзывать/наказáть

pupil noun
= учени́к/учени́ца

pure adjective
= чи́стый

purpose noun
= цель
on purpose = наро́чно
   you did it on purpose! = вы э́то сдéлали
   наро́чно!

purse noun
• (for money) = кошелёк
• (US English) (a handbag) = сýмочка

push verb
• (to shove) = толкáть/толкнýть
   they were pushing the car along the street
   = они́ толкáли маши́ну по ýлице
• (to press) = нажимáть/нажáть
   push the button! = нажми́те кно́пку!

put verb
• (horizontally) = клась/положи́ть
   she put the book on the table = онá
   положи́ла кни́гу на стол
• (upright) = стáвить/постáвить
   he put the bottle on the shelf = он
   постáвил буты́лку на по́лку
put away = убирáть/убрáть
put back
   (to replace) = класть/положи́ть на мéсто
   (horizontally); стáвить/постáвить на
   мéсто (upright)
put down
   = класть/положи́ть
put off
   (to postpone) = отклáдывать/отложи́ть
put on
• (when dressing) = надевáть/надéть
• (a kettle, a record, a play) =
   стáвить/постáвить
• (to switch on) = включáть/включи́ть
• (weight)
   to put on weight = толстéть/потолстéть
put out
• (to extinguish) = туши́ть/потуши́ть
• (to switch off) = выключáть/вы́ключить
• (to take out rubbish etc.) =
   выноси́ть/вы́нести
put up
• (to hang up) = вéшать/повéсить
• (to increase) = повышáть/повы́сить
• (to raise, lift) = поднимáть/подня́ть
• (to build) = стро́ить/постро́ить
   he put up some shelves = он постро́ил
   по́лки
• (to give someone a place to stay) =
   давáть/дать ночлéг (+ dative)
put up with = терпéть (imperfective)

pyjamas noun (British English)
= пижáма (singular)

P

Qq

qualification noun
= квалификация

quality noun
= качество

quantity noun
= количество

quarrel
1 noun
= ссора
2 verb
= ссориться/поссориться

quarter noun
= четверть
a quarter of the population = четверть
населения
divide the cake into quarters! =
разделите пирог на четыре части!
a quarter of an hour = четверть часа
an hour and a quarter = час с четвертью
it's a quarter past six = сейчас четверть
седьмого
it's a quarter to six = сейчас без четверти
шесть

queen noun
= королева

question noun
= вопрос
to ask (a person) a question =
задавать/задать (+ dative) вопрос
he asked me a question = он задал мне
вопрос
it's a question of time = это вопрос
времени

queue (British English)
1 noun
= очередь
2 verb
= стоять (imperfective) в очереди

quick adjective
= быстрый
a quick answer = быстрый ответ
it's quicker to go by train = быстрее
ездить поездом

quickly adverb
= быстро

quiet
1 adjective
• (not noisy) = тихий
to be quiet or to keep quiet = молчать
(imperfective)
be quiet! = тихо!
• (calm, peaceful) = спокойный
2 noun
= тишина

quietly adverb
= тихо

quit verb
• (to resign from one's job) = уходить/уйти
с работы
• (US English) (to give up) =
бросать/бросить
he quit smoking = он бросил курить

quite adverb
• (rather) = довольно
it's quite cold = довольно холодно
quite a lot or quite a few = довольно
много (+ genitive)
• (completely)
you're quite right = вы совершенно
правы
he's not quite sure = он не совсем
уверен

Rr

rabbit noun
= кролик

race
1 noun
• (on foot) = бег
• (of cars, boats, etc.) = гонки (plural)
• (an ethnic group) = раса
2 verb
• (to run against somebody) = бежать
(imperfective) наперегонки с
(+ instrumental)
• (to rush) = бросаться/броситься

racket noun (also **racquet**)
= ракетка

radiator noun
= батарея

radio noun
• (a radio set) = радиоприёмник
• (the medium) = радио (neuter
indeclinable)
on the radio = по радио

rage noun
= ярость
to fly into a rage = приходить/прийти в
ярость

railway (British English), **railroad** (US
English) noun
= железная дорога

railway station (British English),
railroad station (US English) noun
• (large) = железнодорожный вокзал
• (small) = железнодорожная станция

rain
1 noun
= дождь (masculine)
2 verb
it's raining = идёт дождь
it rained all night = всю ночь шёл дождь

raincoat noun
= плащ

raise verb
• (to lift) = поднимать/поднять
she raised her hand = она подняла руку
• (to increase; to make louder) =
повышать/повысить
they raised prices = они повысили цены
he raised his voice = он повысил голос
• (to bring up children) =
воспитывать/воспитать
• (to bring up a subject) =
поднимать/поднять
she raised the question of
accommodation = она подняла вопрос
жилья

rare adjective
= редкий

rarely adverb
= редко

raspberry noun
= малина (usually collective; no plural)
we collected raspberries = мы собрали
малину

rather adverb
• (quite) = довольно
it's rather cold = довольно холодно
• (indicating preference)
we would rather stay here = мы
предпочли бы остаться здесь

raw adjective
= сырой

razor noun
= бритва

razor blade noun
= лезвие

reach verb
• (to arrive at)
they reached the shop (on foot) in five
minutes = они дошли до магазина за
пять минут
they quickly reached the town centre (by
transport) = они быстро доехали до
центра города
they reached the town (by transport) at
midnight = они приехали в город в
полночь
the train reaches Moscow at two = поезд
прибывает в Москву в два часа
they reached the summit = они достигли
вершины горы
• (to come to)
we reached a decision = мы пришли к
решению
• (by stretching)

I can't reach the book = я не могу
достать книгу
I can't reach the top shelf = я не могу
достать до верхней полки
• (to contact) = связываться/связаться с
(+ instrumental)
she can be reached at this number = с
ней можно связаться по этому
номеру

react verb
= реагировать/отреагировать or
прореагировать (to + на
+ accusative)
how did she react to the news? = как она
отреагировала на эту новость?

reaction noun
= реакция

read verb
= читать/прочитать
he was reading to the children = он читал
детям

reading noun
(as an activity or subject) = чтение
I like reading = я люблю читать

ready adjective
= готовый
are you ready? = вы готовы?
I'm ready to help = я готов помочь
to get (oneself) ready =
готовиться/приготовиться (for + к
+ dative)
she got ready for the party = она
приготовилась к вечеринке
to get something ready =
готовить/приготовить
she got the dinner ready = она
приготовила ужин

real adjective
= настоящий

realize verb
(to understand) = понимать/понять
we realized that it would be difficult = мы
поняли, что это будет трудно
he realized his mistake = он понял свою
ошибку

really adverb
• (indeed) = действительно
do you really want to know? = вы
действительно хотите знать?
• (actually) = на самом деле
what really happened? = что произошло
на самом деле?
• (very) = очень
it's really hot in Greece = в Греции очень
жарко
really?
• (indicating surprise) = неужели?
• (indicating interest) = правда?

reason noun
• (a cause) причина

is there any reason why you shouldn't drive? = есть ли причи́на, почему́ вы не мо́жете води́ть маши́ну?
tell me the reason why! = объясни́те мне, почему́!
• (a justification) = основа́ние
there's no reason to get annoyed = нет основа́ния раздража́ться

receipt noun
• (a written acknowledgement) = квита́нция
• (a till receipt) = чек

receive verb
= получа́ть/получи́ть
she received a letter = она́ получи́ла письмо́

recently adverb
= неда́вно

reception noun
• (in a hotel) = регистра́ция
• (a formal event) = приём

recipe noun
= реце́пт

recognize verb
= узнава́ть/узна́ть
he didn't recognize her = он не узна́л её

recommend verb
= рекомендова́ть (imperfective & perfective; perfective also порекомендова́ть)
can you recommend me a good hotel? = вы мо́жете порекомендова́ть мне хоро́шую гости́ницу?

record
1 noun
• (a written account) = за́пись
• (of recorded music) = пласти́нка
• (in sport) = реко́рд
he holds the world record for running = ему́ принадлежи́т мирово́й реко́рд по бе́гу
2 verb
(in writing or on tape) = запи́сывать/записа́ть

record player noun
= прои́грыватель (masculine)

recover verb
(after an illness) = поправля́ться/попра́виться
he's recovered from the flu = он попра́вился по́сле гри́ппа

red adjective
= кра́сный

reduce verb
(prices, speed, etc.) = снижа́ть/сни́зить

redundant adjective (British English)
to make redundant = увольня́ть/уво́лить
he was made redundant = его́ уво́лили

referee noun
= судья́ (masculine)

reflect verb
= отража́ть/отрази́ть
the article reflects his opinion = статья́ отража́ет его́ мне́ние

reflection noun
= отраже́ние

refrigerator noun
= холоди́льник

refuse verb
• (to decline to do something) = отка́зываться/отказа́ться
he refused to go = он отказа́лся пойти́
• (to decline to accept something) = отка́зываться/отказа́ться от (+ genitive)
she refused the invitation = она́ отказа́лась от приглаше́ния
• (to deny somebody something) = отка́зывать/отказа́ть + dative (a person), + в + prepositional (a thing)
he refused me help = он отказа́л мне в по́мощи

regards noun
(greetings) = приве́т (singular)
give her my regards! = переда́й ей приве́т!

region noun
= райо́н

register verb
(to check in) = регистри́роваться/зарегистри́роваться

regret verb
= сожале́ть (imperfective) (a thing + о + prepositional)
I regret the mistake = сожале́ю об оши́бке
I regret that I can't come = к сожале́нию, я не смогу́ прийти́

regular adjective
= регуля́рный
regular visits = регуля́рные посеще́ния

regularly adverb
= регуля́рно

rehearsal noun
= репети́ция

rehearse verb
= репети́ровать/отрепети́ровать or прорепети́ровать
they are rehearsing a play = они́ репети́руют пье́су

relation noun
• (a relative) = ро́дственник/ро́дственница
• (a connection) = отноше́ние
• (in the plural: a relationship) = отноше́ния (plural)
international relations = междунаро́дные отноше́ния

relationship noun
(between people) = отноше́ния (plural)

they have a good relationship = у них
хорóшие отношéния

relative noun
= рóдственник/рóдственница

release verb
(to set free) = освобождáть/освободи́ть

reliable adjective
= надёжный

religion noun
= рели́гия

religious adjective
= религиóзный

rely verb
= полагáться/положи́ться (on + на
+ accusative)
I'm relying on you = я на вас полагáюсь

remain verb
= оставáться/остáться
she remained at home with the baby =
онá остáлась дóма с ребёнком
we remained friends = мы остáлись
друзья́ми (instrumental)
unemployment remained high =
безрабóтица остáлась высóкой
(instrumental)
many seats remained empty = остáлось
мнóго свобóдных мест

remark noun
= замечáние

remarkable adjective
= замечáтельный

remember verb
• (to have in one's mind) = пóмнить
(imperfective)
do you remember her? = вы пóмните её?
I don't remember where she lives = я не
пóмню, где онá живёт
she remembers giving him the book = онá
пóмнит, что далá ему́ кни́гу
• (to recall) = вспоминáть/вспóмнить
I can't remember her name = я не могу́
вспóмнить её и́мя
• (not forget to do something) = не
забывáть/забы́ть
remember to put out the light! = не
забýдь вы́ключить свет!

remind verb
= напоминáть/напóмнить (a person
+ dative; of a person + accusative)
remind me to buy some milk! = напóмни
мне купи́ть молокó!
she reminds me of my sister = онá
напоминáет мне мою́ сестрý

remove verb
(to take away) = убирáть/убрáть
she removed the books from the table =
онá убралá кни́ги со столá

rent
1 verb
• (a car, equipment) = брать/взять
напрокáт
she rented a car = онá взялá маши́ну
напрокáт
• (a place) = снимáть/снять
we rented a room = мы сня́ли кóмнату
2 noun
• (for a home) = квартплáта
• (for other things) = плáта

rent out
• (a car, equipment) = давáть/дать
напрокáт
• (a building) = сдавáть/сдать

repair verb
• (a building, shoes) =
ремонти́ровать/отремонти́ровать
• (clothes, shoes, a road, a car, a device) =
чини́ть/почини́ть

repair man noun
= слéсарь (masculine)

repeat verb
= повторя́ть/повтори́ть

replace verb
• (to find a substitute for; to swap for
something else) = заменя́ть/замени́ть
(with + instrumental)
the furniture needs replacing = ну́жно
замени́ть мéбель
they replaced the fence with a wall = они́
замени́ли забóр стенóй (instrumental)
• (to put back) ▶ **put**

reply
1 verb
= отвечáть/отвéтить (to + на
+ accusative)
he replied to the letter = он отвéтил на
письмó
2 noun
= отвéт

report
1 noun
• (in the media) = репортáж
• (an official account) = доклáд
2 verb
• (to give news or an account) =
сообщáть/сообщи́ть
she reported the accident = онá сообщи́ла
об авáрии
• (as a reporter) = дéлать/сдéлать
репортáж
he reported about the war = он сдéлал
репортáж о войнé
• (to give information) =
доклáдывать/доложи́ть
he reported on the meeting = он доложи́л
о результáтах собрáния

reporter noun
= корреспондéнт/корреспондéнтка

R

represent *verb*
- (*to be a representative of; to symbolize*) = представля́ть/предста́вить
  she represents France = она́ представля́ет Фра́нцию
- (*to constitute, be*) = представля́ть/предста́вить собо́й
  this represents a danger = э́то представля́ет собо́й опа́сность

request
1 *noun*
  = про́сьба
2 *verb*
  = проси́ть/попроси́ть

require *verb*
- (*to demand*) = тре́бовать/потре́бовать
  the project requires more time = прое́кт тре́бует бо́льше вре́мени
- (*to need*)
  I require a car = мне нужна́ маши́на

rescue *verb*
  = спаса́ть/спасти́
  she rescued the cat from the burning house = она́ спасла́ ко́шку из горя́щего до́ма

research
1 *noun*
  = иссле́дование
2 *verb*
  (*also* **research into**) = иссле́довать (*imperfective & perfective*)

reserve *verb*
- (*to book a ticket, a table*) = зака́зывать/заказа́ть
  I'd like to reserve a ticket for tomorrow = я хоте́л бы заказа́ть биле́т на за́втра
- (*to book a hotel room*) = брони́ровать/заброни́ровать
- (*to intend for*) = предназнача́ть/предназна́чить (+ для + *genitive*)
  these seats are reserved for children = э́ти места́ предназна́чены для дете́й

resign *verb*
  (*from one's job*) = уходи́ть/уйти́ с рабо́ты

respect
1 *verb*
  = уважа́ть (*imperfective*)
2 *noun*
- (*esteem*) = уваже́ние
- (*relation*) = отноше́ние
  in this respect = в э́том отноше́нии

responsibility *noun*
  = отве́тственность

responsible *adjective*
  = отве́тственный
  a responsible person = отве́тственный челове́к
  she's responsible for organizing the trip = она́ отве́тственна за организа́цию пое́здки

rest
1 *verb*
  (*relax*) = отдыха́ть/отдохну́ть
2 *noun*
- (*relaxation*) = о́тдых
  let's have a little rest! = дава́йте немно́го отдохнём!
- (*what is left*) = оста́ток
  the rest of the day = оста́ток дня
- (*the others*) = остальны́е (*plural*)
  the rest stayed at home = остальны́е оста́лись до́ма

restaurant *noun*
  = рестора́н

restaurant car *noun*
  = ваго́н-рестора́н

rest room *noun* (*US English*)
  = туале́т

result *noun*
  = результа́т

retire *verb*
  = уходи́ть/уйти́ на пе́нсию

return
1 *verb*
- (*to go back*) = возвраща́ться/верну́ться
  we returned home = мы верну́лись домо́й
- (*to give back*) = возвраща́ть/верну́ть
  he returned the book = он верну́л кни́гу
2 *noun*
- (*going back*) = возвраще́ние
- (*British English*) (*a return ticket*) = обра́тный биле́т
  a return to Moscow = обра́тный биле́т в Москву́

revolution *noun*
  = револю́ция

rib *noun*
  = ребро́

ribbon *noun*
  = ле́нта

rice *noun*
  = рис

rich *adjective*
  = бога́тый

rid: to get rid of *verb*
  = избавля́ться/изба́виться от (+ *genitive*)

ride
1 *verb*
- (*a horse*) = е́здить (*indeterminate*) | е́хать (*determinate*) | пое́хать (*perfective*) верхо́м *or* ката́ться/поката́ться верхо́м
  I'm learning to ride = я учу́сь е́здить верхо́м
  she rode into the forest = она́ пое́хала верхо́м в лес

tomorrow I'm going riding = за́втра я
бу́ду ката́ться верхо́м
- (a bike) = е́здить (indeterminate) | е́хать
(determinate) | пое́хать (perfective) на
велосипе́де or ката́ться/поката́ться на
велосипе́де
he rode his bike into town = он пое́хал в
го́род на велосипе́де
he loves riding his bike = он лю́бит
ката́ться на велосипе́де

> ! As shown in the above examples, the
> verb ката́ться/поката́ться is used when
> the emphasis is on riding a horse or
> bicycle for pleasure

2 noun
yesterday she went for a ride (on a horse)
= вчера́ она́ ката́лась верхо́м
they've gone for a ride (in a car) = они́
пое́хали поката́ться

right
1 adjective
- (not left) = пра́вый
her right hand = её пра́вая рука́
- (correct) = пра́вильный
the right answer = пра́вильный отве́т
to do the right thing = пра́вильно
поступа́ть/поступи́ть
that's right! = пра́вильно!
what's the right time, please? = скажи́те,
пожа́луйста, то́чное вре́мя!
- (of a person) = прав
you're right! = вы пра́вы!
- (the one intended) = тот
she got on the right train = она́ се́ла на
тот по́езд

2 noun
- (the direction)
keep to the right! = держи́тесь пра́вой
стороны́! (genitive)
the first street on (or to) the right = пе́рвая
у́лица напра́во
to (or on) the right you can see the
Kremlin = спра́ва вы мо́жете ви́деть
Кремль
- (what one is entitled to) = пра́во

3 adverb
turn right! = поверни́те напра́во!
you did it right = вы сде́лали э́то
пра́вильно
right away, right now = сейча́с

ring
1 verb
- (also **ring up**) (British English) (to phone)
= звони́ть/позвони́ть (a person
+ dative)
I'll ring you tomorrow = я позвоню́ тебе́
за́втра
- (to make a sound) = звони́ть/позвони́ть
the phone's ringing = телефо́н звони́т
the bells are ringing = колокола́ звоня́т
- (to cause to make a sound) =
звони́ть/позвони́ть в (+ accusative)
they're ringing the bells = они́ звоня́т в
колокола́

she rang the (door)bell = она́ позвони́ла
в дверь

2 noun
- (a piece of jewellery) = кольцо́
- (a circle) = круг
ring back (British English) =
перезва́нивать/перезвони́ть

rise verb
- (of prices, temperature, smoke, a plane) =
поднима́ться/подня́ться
- (of the sun or moon) = всходи́ть/взойти́
- (to stand up) = поднима́ться/подня́ться

risk
1 noun
= риск
to take a risk = рискова́ть/рискну́ть
2 verb
= рискова́ть/рискну́ть (imperfective)
(+ infinitive or instrumental)
she risks losing her job = она́ рискует
потеря́ть рабо́ту
he risked his life = он рискова́л жи́знью

river noun
= река́

road noun
- (in most contexts) = доро́га
the road to London = доро́га в Ло́ндон
- (a street) = у́лица

roast
1 verb
= жа́рить/зажа́рить or изжа́рить
2 adjective
= жа́реный
3 noun
a roast = жарко́е (noun)

roast beef noun
= ро́стбиф

rob verb
= гра́бить/огра́бить
the bank was robbed = банк огра́били

rock noun
- (a large stone) = большо́й ка́мень or
скала́
- (the substance) = скала́
- (type of music) = рок

rocket noun
= раке́та

role noun
= роль

roll
1 verb
= ката́ться (indeterminate) | кати́ться |
(determinate) | покати́ться (perfective)
the ball rolled under a car = мяч
покати́лся под маши́ну
2 noun
(of bread) = бу́лочка
roll over (of a person) =
перевора́чиваться/переверну́ться
roll up = свора́чивать/сверну́ть

R

Romania noun
= Румы́ния

romantic adjective
= романти́чный

roof noun
= кры́ша

room noun
* (in a house) = ко́мната
* (in a hotel) = но́мер
* (space) = ме́сто
  there's not enough room = ме́ста не хвата́ет

root noun
= ко́рень (masculine)

rope noun
= верёвка

rose noun
= ро́за

rouble noun
= рубль (masculine)

rough adjective
* (of a surface) = неро́вный
* (of skin, a sport, manners) = гру́бый
* (dangerous, e.g. of an area) = опа́сный
* (of the sea) = бу́рный
* (not exact, approximate) = приблизи́тельный

round

> ! For translations of **round** in combination with verbs, e.g. **turn round**, see the entries for **turn** etc.

1 adjective
= кру́глый
a round face = кру́глое лицо́
2 preposition
* (in a circle round) = вокру́г (+ genitive)
  we sat round the table = мы сиде́ли вокру́г стола́
  round the world = вокру́г све́та
* (about) = по (+ dative)
  they were walking round the town = они́ ходи́ли по го́роду
3 adverb
  to go round (to rotate) = враща́ться (imperfective)
  he went round to John's = он зашёл к Джо́ну
  he's round at John's = он у Джо́на

round-trip ticket noun (US English)
= обра́тный биле́т

route noun
* (a way) = путь (masculine)
  the best route into town = лу́чший путь в го́род
* (an itinerary) = маршру́т
  a bus route = маршру́т авто́буса

row ¹ noun
  (a line) = ряд
  a row of houses = ряд домо́в
  he sat in the front row = он сиде́л в пере́днем ряду́
in a row (in succession) = подря́д
  five days in a row = пять дней подря́д

row ² noun
  (a quarrel) = ссо́ра
  they had a row = они́ поссо́рились

rubber noun
  (British English) (an eraser) = рези́нка

rubbish noun (British English)
* (refuse) = му́сор
* (nonsense) = чепуха́

rubbish bin noun (British English)
* (in the kitchen) = му́сорное ведро́
* (in another room, office) = му́сорная корзи́на

rucksack noun
= рюкза́к

rude adjective
= гру́бый
she was rude to me = она́ была́ груба́ со мной
a rude word = гру́бое сло́во

rug noun
= ко́врик

rugby noun
= ре́гби (neuter indeclinable)

ruin verb
* (to destroy plans, hopes, health, a city) = разруша́ть/разру́шить
* (to destroy one's health, reputation, life, crops) = губи́ть/погуби́ть
* (to spoil a garment, a meal) = по́ртить/испо́ртить

rule
1 noun
= пра́вило
2 verb
= пра́вить (imperfective) (a country + instrumental)

rumour (British English), **rumor** (US English) noun
= слух

run
1 verb
* (to move with quick steps) = бе́гать (indeterminate) | бежа́ть (determinate) | побежа́ть (perfective)
  she runs well = она́ хорошо́ бе́гает
  he ran after me = он побежа́л за мной
* (to manage) = управля́ть (imperfective) (+ instrumental)
  she runs a company = она́ управля́ет компа́нией
* (to organize) = организова́ть (imperfective & perfective)
  they ran a course for adults = они́ организова́ли курс для взро́слых
* (to work, to operate) = рабо́тать (imperfective)

the system is running well = систе́ма
рабо́тает хорошо́
- (*of transport: to operate*) = ходи́ть
(*imperfective*)
trains run every five minutes = поезда́
хо́дят ка́ждые пять мину́т
how often do buses run from London to
Oxford? = как ча́сто хо́дит автобус из
Ло́ндона в Оксфорд?
- (*to flow*) = течь (*imperfective*)
water was running down the walls = вода́
текла́ по стена́м
- (*of a play or film*) = идти́ (*imperfective*)
the play ran for two months = пье́са шла
два ме́сяца
2 *noun*
= пробе́жка
today he went for a run before breakfast =
сего́дня он сде́лал пробе́жку пе́ред
за́втраком
run about = бе́гать (*imperfective*)
run across
- (*to cross running*) =
перебега́ть/перебежа́ть (+ *accusative*
or че́рез + *accusative*)
she ran across the street = она́
перебежа́ла (че́рез) у́лицу
- (*to meet by chance*) = случа́йно
встреча́ть/встре́тить
we ran across them in town = мы
случа́йно встре́тили их в го́роде
run away = убега́ть/убежа́ть
run in = вбега́ть/вбежа́ть
run into
- (*to enter running*) = вбега́ть/вбежа́ть (+ в
+ *accusative*)
he ran into the room = он вбежа́л в
ко́мнату
- (*to collide with*) = вреза́ться/вре́заться в
(+ *accusative*)
a bus ran into us = в нас вре́зался
автобус
- (*to meet by chance*) ▶ **run across**
run out
- (*to exit running*) = выбега́ть/вы́бежать (of
+ из + *genitive*)
he ran out of the building = он вы́бежал
из зда́ния
- (*to come to an end*) =
конча́ться/ко́нчиться
the money is running out = де́ньги
конча́ются
we're running out of money = у нас
конча́ются де́ньги
run over = дави́ть/задави́ть *or*
раздави́ть
he was run over by a bus = его́ задави́л
автобус
run up = подбега́ть/подбежа́ть (to + к
+ *dative*)
she ran up to me = она́ подбежа́ла ко
мне

rush
1 *verb*
- (*to dash*) = броса́ться/бро́ситься

she rushed into the room = она́
бро́силась в ко́мнату
- (*to hurry*) = торопи́ться/поторопи́ться
there's no need to rush = не на́до
торопи́ться
- (*to try to make hurry*) =
торопи́ть/поторопи́ть
don't rush me! = не торопи́ меня́!
- (*to send quickly*) = сро́чно
отправля́ть/отпра́вить
he was rushed to hospital = его́ сро́чно
отпра́вили в больни́цу
2 *noun*
to be in a rush = торопи́ться
(*imperfective*)

rush hour *noun*
= час пик
I don't like travelling at rush hour = я не
люблю́ е́здить в час пик

Russia *noun*
= Росси́я

Russian
1 *noun*
- (*a person*) = ру́сский (*noun*) | ру́сская
(*noun*)
Russians are very friendly = ру́сские
о́чень приве́тливые
- (*the language*) = ру́сский язы́к
I'm learning Russian = я изуча́ю ру́сский
язы́к
he speaks Russian = он говори́т
по-ру́сски
she understands Russian = она́
понима́ет по-ру́сски
he is a Russian teacher = он учи́тель
ру́сского языка́
2 *adjective*
- (*of Russian nationality or culture*) =
ру́сский
Russian literature = ру́сская литерату́ра
- (*of the Russian Federation*) = росси́йский
Russian power = росси́йская власть

Russian doll *noun*
= матрёшка

sack
1 *noun*
- (*a bag*) = мешо́к
- (*dismissal*)
she got the sack = её уво́лили
2 *verb*
(*to dismiss*) = увольня́ть/уво́лить

sad *adjective*
= гру́стный

safe *adjective*
- (*not dangerous; secure*) = безопа́сный
  a safe place = безопа́сное ме́сто
- (*out of danger*) = в безопа́сности
  she felt safe = она́ чу́вствовала себя́ в
  безопа́сности

safety *noun*
= безопа́сность

sail
1 *noun*
= па́рус
2 *verb*
- (*to go in a boat*) = пла́вать (*indeterminate*)
  | плыть (*determinate*) | поплы́ть
  (*perfective*)
  they sailed round the world = они́ плы́ли
  вокру́г све́та
- (*to set sail*) = отправля́ться/отпра́виться
  the boat sails at midday = кора́бль
  отправля́ется в по́лдень

sailing *noun*
= па́русный спорт
he loves sailing = он лю́бит па́русный
спорт
to go sailing = ката́ться/поката́ться на
я́хте
they go sailing every Saturday = они́
ката́ются на я́хте ка́ждую суббо́ту

sailor *noun*
= моря́к

saint *noun*
= свято́й (*noun*)

St Petersburg *noun*
= Санкт-Петербу́рг

salad *noun*
= сала́т

salami *noun*
= колбаса́

salary *noun*
= зарпла́та

sales assistant (*British English*),
sales clerk (*US English*) *noun*
= продаве́ц/продавщи́ца

salt *noun*
= соль

same *adjective*
- (*one and the same*) = тот же са́мый
  I live in the same town as him = я живу́ в
  том же са́мом го́роде, что и он
  on the same day = в тот же са́мый день
- (*identical*) = одина́ковый
  they're wearing the same hat = они́ но́сят
  одина́ковые ша́пки
all the same
- (*nevertheless*) = всё же
  all the same, he should apologize = всё
  же, он до́лжен извини́ться
- (*expressing indifference*)
  it's all the same to me = мне всё равно́

samovar *noun*
= самова́р

sand *noun*
= песо́к

sandwich *noun*
= бутербро́д
a cheese sandwich = бутербро́д с сы́ром

! *A Russian* бутербро́д *consists of just
one piece of bread with a topping*

Santa Claus *noun*
= Дед-Моро́з

satisfied *adjective*
= дово́льный
he's satisfied with the results = он
дово́лен результа́тами
a satisfied smile = дово́льная улы́бка

Saturday *noun*
= суббо́та

sauce *noun*
= со́ус

saucepan *noun*
= кастрю́ля

saucer *noun*
= блю́дце

sausage *noun*
- (*for cooking*) = соси́ска
- (*salami type*) = колбаса́

save *verb*
- (*to rescue*) = спаса́ть/спасти́
- (*money*) = копи́ть/накопи́ть
- (*to put aside, keep*) = бере́чь
  (*imperfective*)
save up = копи́ть/накопи́ть де́ньги
he's saving up for a bike = он ко́пит
де́ньги на велосипе́д

saxophone *noun*
= саксофо́н

say *verb*
= говори́ть/сказа́ть
what did he say about it? = что он сказа́л
об э́том?

scared *adjective*
= испу́ганный
she was scared = она́ была́ испу́гана

scarf *noun*
- (*long*) = шарф
- (*square or triangular*) = плато́к

scenery *noun*
= пейза́ж

school *noun*
= шко́ла

schoolboy *noun*
= шко́льник

schoolchildren *noun*
= шко́льники

schoolgirl *noun*
= шко́льница

science *noun*
(*the natural sciences*) = есте́ственные
нау́ки

scientist *noun*
= учёный (*noun*)
my mother's a famous scientist = моя́
мать — изве́стный учёный

scissors *noun*
= но́жницы

score
1 *noun*
= счёт
what's the score? = како́й счёт?
2 *verb*
he scored a goal = он заби́л гол
she scored a point = она́ получи́ла очко́

Scot *noun*
= шотла́ндец/шотла́ндка

Scotland *noun*
= Шотла́ндия

Scottish *adjective*
= шотла́ндский

scratch *verb*
• (*to hurt or damage*) =
цара́пать/поцара́пать
he scratched his leg = он поцара́пал
но́гу
• (*when itchy*) = чеса́ть/почеса́ть
he scratched his arm = он почеса́л ру́ку

scream
1 *verb*
= крича́ть/кри́кнуть
2 *noun*
= крик

sea *noun*
= мо́ре
by the sea = у мо́ря

search *verb*
• (*to look for*) = иска́ть (*imperfective*)
they searched for him everywhere = они́
иска́ли его́ везде́
• (*to examine a place*) =
обы́скивать/обыска́ть
they searched the house = они́ обыска́ли
дом

seaside *noun*
= мо́ре
we went to the seaside = мы пое́хали на
мо́ре
they stayed at the seaside all summer =
они́ жи́ли на мо́ре всё ле́то

season *noun*
= вре́мя го́да

seat *noun*
• (*a place*) = ме́сто
a free seat = свобо́дное ме́сто

she booked a seat = она́ заказа́ла ме́сто
• (*of a chair; in a car etc.*) = сиде́нье
put it on the back seat! = положи́те э́то
на за́днее сиде́нье!

second
1 *adjective*
= второ́й
2 *noun*
• (*in dates*)
the second of May = второ́е ма́я
• (*of time*) = секу́нда
just a second! = одну́ секу́нду!

secondary school *noun*
= сре́дняя шко́ла
I'm at secondary school = я учу́сь в
сре́дней шко́ле

secret
1 *noun*
= секре́т *or* та́йна
2 *adjective*
= секре́тный *or* та́йный

> **!** секре́т *and* секре́тный *are used when
> the matter is more serious, while* та́йна
> *and* та́йный *are used for more trivial
> secrets*

secretary *noun*
= секрета́рь (*masculine*)/секрета́рша

see *verb*
• (*perceive with the eyes*) = ви́деть/уви́деть
can you see me? = ты ви́дишь меня́?
he saw her running towards him = он
ви́дел, что она́ бежи́т к нему́
• (*to watch, to have a look at*) =
смотре́ть/посмотре́ть
have you seen the play? = вы
посмотре́ли пье́су?
may I see that hat? = мо́жно посмотре́ть
э́ту ша́пку?
• (*to understand*) = понима́ть/поня́ть
I see! = я понима́ю!
• (*to accompany*) = провожа́ть/проводи́ть
he saw me to the door = он проводи́л
меня́ до две́ри
see off = провожа́ть/проводи́ть
they saw me off at the airport = они́
пое́хали в аэропо́рт проводи́ть меня́
see to = забо́титься/позабо́титься о
(+ *prepositional*)
I'll see to the tickets = я позабо́чусь о
биле́тах

seed *noun*
= се́мя (*neuter*)

seem *verb*
= каза́ться/показа́ться (+ *instrumental*)
he seems to be angry = он ка́жется
серди́тым
I seem to have lost the key = я, ка́жется,
потеря́л ключ
there seem to be a lot of problems =
ка́жется, есть мно́го пробле́м

seize *verb*
= хвата́ть/схвати́ть

S

seldom adverb
= ре́дко

selfish adjective
= эгоисти́чный

sell verb
= продава́ть/прода́ть (a thing
    + accusative, to a person + dative)
he sold me his car = он про́дал мне свою́
    маши́ну

send verb
• (in most contexts) = посыла́ть/посла́ть (a
    thing or person + accusative, to a
    person + dative)
he sent me a letter = он посла́л мне
    письмо́
I was sent home = меня́ посла́ли домо́й
she sent for the doctor = она́ посла́ла за
    врачо́м (instrumental)
he sent the book back = он посла́л кни́гу
    обра́тно
• (to send off) = отправля́ть/отпра́вить
the letter must be sent (off) today =
    письмо́ до́лжен быть отпра́влено
    сего́дня

sense
1 noun
• (a feeling; a faculty) = чу́вство
a sense of humour = чу́вство ю́мора
• (common sense) = здра́вый смысл
he had the sense to go home = у него́
    хвати́ло здра́вого смы́сла пойти́
    домо́й
• (the point; meaning) = смысл
there's no sense in arguing = нет смы́сла
    ссо́риться
it doesn't make sense = э́то не име́ет
    никако́го смы́сла
2 verb
= чу́вствовать (imperfective)

sensible adjective
= благоразу́мный

separate
1 adjective
= отде́льный
2 verb
• (to set apart) = отделя́ть/отдели́ть
they separated the old books from the
    new ones = они́ отдели́ли ста́рые
    кни́ги от но́вых
• (to split up) = расходи́ться/разойти́сь
my parents are separated = мои́
    роди́тели разошли́сь

separately adverb
= отде́льно

September noun
= сентя́брь (masculine)

serious adjective
= серьёзный

serve verb
• (to work) = служи́ть/послужи́ть
he served in the army = он служи́л в
    а́рмии
• (a customer) = обслу́живать/обслужи́ть
are you being served? = вас
    обслу́живают?
• (food; a ball) = подава́ть/пода́ть

service noun
• (in a shop, a restaurant) = обслу́живание
• (a religious ceremony; in the army) =
    слу́жба

service station noun
= бензозапра́вочная ста́нция

set verb
• (of the sun) = заходи́ть/зайти́
• (to put upright) = ста́вить/поста́вить
• (to put horizontally) = класть/положи́ть
• (an alarm clock) = ста́вить/поста́вить
• (a table) = накрыва́ть/накры́ть
• (to fix a time) = назнача́ть/назна́чить
set about (to begin) = начина́ть/нача́ть
set aside (to reserve) =
    откла́дывать/отложи́ть
set off, **set out** (on a journey) =
    отправля́ться/отпра́виться
we set off early = мы отпра́вились ра́но
set up (a business etc.) =
    осно́вывать/основа́ть

settee noun
= дива́н or тахта́

settle verb
• (to decide, resolve) = реша́ть/реши́ть
the problem is settled = пробле́ма
    решена́
• (to pay) = опла́чивать/оплати́ть
we settled the bill = мы оплати́ли счёт
• (to make one's home) =
    поселя́ться/посели́ться
they settled in Israel = они́ посели́лись в
    Изра́иле

seven number
= семь

seventeen number
= семна́дцать

seventeenth number
• (in a series) = семна́дцатый
• (in dates)
the seventeenth of May = семна́дцатое
    ма́я

seventh number
• (in a series) = седьмо́й
• (in dates)
the seventh of July = седьмо́е ию́ля

seventieth number
= семидеся́тый

seventy number
= се́мьдесят

several determiner
= не́сколько (+ genitive plural)

I spent several days there = я провела́
там не́сколько дней

! In the genitive, dative, instrumental,
and prepositional cases, не́сколько is
also declined and the following noun is in
the same case: **for several reasons** = по
не́скольким причи́нам

sew verb
= шить/сшить

sex noun
• (gender) = пол
• (sexual activity) = секс

shade noun
= тень
she was sitting in the shade = она́ сиде́ла
в тени́

shadow noun
= тень

shake verb
• (hands) = пожима́ть/пожа́ть
he shook my hand = он пожа́л мне ру́ку
• (with cold, fear) = дрожа́ть (imperfective)
(with + от + genitive)
she was shaking with fear = она́ дрожа́ла
от стра́ха

shall verb
• (forming the future tense)

! To form the imperfective future, Russian
uses the verb быть in the present
tense + the imperfective infinitive; to
form the perfective future, Russian
uses the present tense of the perfective
infinitive, e.g.
I shall be working all day = я бу́ду
рабо́тать весь день
I shall see you tomorrow = я уви́жу вас
за́втра
• (when making suggestions)
shall I lay the table? = накры́ть стол?
shall I help you? = вам помо́чь?
shall we go to the cinema? = пойдём в
кино́?

! See also **will**

shampoo noun
= шампу́нь (masculine)

shape noun
(a form) = фо́рма
what shape is the garden? = како́й
фо́рмы сад?

share verb
• (to divide between people)
= дели́ться/полели́ться (+ instrumental)
he shared his sandwiches with me = он
поделился со мно́й свои́ми
бутербро́дами
• (to use together) = дели́ть/полели́ть
I share a room with her = я делю́ ко́мнату
с ней

sharp adjective
• (not blunt; acute) = о́стрый

a sharp knife = о́стрый нож
a sharp pain = о́страя боль
• (sudden; harsh; loud) = ре́зкий
there was a sharp drop in temperature =
температу́ра ре́зко упа́ла
a sharp voice = ре́зкий го́лос
a sharp knock = ре́зкий стук
• (of a bend) = круто́й

shave verb
• (to shave oneself) = бри́ться/побри́ться
• (to shave another person or part of the
body) = брить/побри́ть

shawl noun
= плато́к

she pronoun
= она́
she is a teacher = она́ учи́тельница
there she is! = вот она́!

shed noun
= сара́й

sheep noun
= овца́

sheet noun
• (for a bed) = простыня́
• (of paper, glass) = лист

shelf noun
= по́лка

shell noun
• (of a mollusc) = ра́ковина
• (seashell) = раку́шка

shelter
1 noun
= убе́жище
2 verb
• (to take shelter) = укрыва́ться/укры́ться
• (to give shelter to) = укрыва́ть/укры́ть

shine verb
• (of the sun) = свети́ть (imperfective)
• (to glitter, gleam) = блесте́ть
(imperfective)
• (to point) = свети́ть/посвети́ть
(+ instrumental)
he shone the torch into the room = он
посвети́л фонарём в ко́мнату

ship noun
= кора́бль (masculine)

shirt noun
= руба́шка

shit exclamation
= чёрт возьми́!✱

shiver verb
= дрожа́ть (imperfective) (with + от
+ genitive)
she shivered with cold = она́ дрожа́ла от
хо́лода

shock
1 noun
= потрясе́ние

S

his death was a great shock = его смерть
была большим потрясе́нием
2 *verb*
* (*to upset*) = потряса́ть/потрясти́
she was shocked by the news = она́ была́
потрясена́ э́той но́востью
* (*to scandalize*) = шоки́ровать
(*imperfective & perfective*)
his behaviour shocked us = его́
поведе́ние шоки́ровало нас

shoe *noun*
= ту́фля

shoe shop *noun*
= обувно́й магази́н

shoot *verb*
* (*in general*) = стреля́ть (*imperfective*),
вы́стрелить (*perfective*)
she shoots well = она́ стреля́ет хорошо́
he shot into the air = он вы́стрелил в
во́здух
* (*to fire at game*) = стреля́ть (*imperfective*)
they were shooting rabbits = они́
стреля́ли кро́ликов
* (*to kill by shooting*) = застрели́ть
(*perfective*)
he was shot = его́ застрели́ли
* (*to wound by shooting*) = вы́стрелить
(*perfective*) (+ *dative*)
he was shot in the leg = ему́ вы́стрелили
в но́гу
shoot at = стреля́ть (*imperfective*),
вы́стрелить (*perfective*) в
(+ *accusative*)
he was shooting at me = он стреля́л в
меня́
he shot at the tiger = он вы́стрелил в
ти́гра

shop *noun*
= магази́н

shop assistant *noun* (*British English*)
= продаве́ц/продавщи́ца

shopkeeper *noun*
= владе́лец магази́на

shopping *noun*
(*things bought*) = поку́пки (*plural*)
to do the shopping = де́лать/сде́лать
поку́пки
to go shopping = ходи́ть (*indeterminate*)|
идти́ (*determinate*) | пойти́ (*perfective*)
по магази́нам

shopping centre (*British English*),
shopping center, shopping mall (*US
English*) *noun*
= торго́вый центр

shop window *noun*
= витри́на

shore *noun*
= бе́рег

short *adjective*
* (*not tall*) = невысо́кий
* (*not long*) = коро́ткий

to be short of = не хвата́ть (*impersonal:
+ dative of subject + genitive of
object*)
we're short of money = нам не хвата́ет
де́нег

shorts *noun*
= шо́рты

shot *noun*
* (*from a gun*) = вы́стрел
* (*a kick or hit*) = уда́р
* (*an attempt*) = попы́тка

should *verb*
* (*expressing duty*) = до́лжен
you should know that = вы должны́ э́то
знать
she shouldn't have said that = она́ не
должна́ была́ говори́ть э́того
* (*expressing desirability*) = до́лжен бы
you should see a doctor = вы должны́
бы пойти́ к врачу́
* (*expressing probability*) = до́лжен
she should arrive tomorrow = она́ должна́
прие́хать за́втра
the letter should have arrived yesterday =
письмо́ должно́ бы́ло прийти́ вчера́
* (*when asking advice*)
what should I do? = что мне де́лать?
* (*in real conditional phrases relating to the
future*) = *future tense*
if you should see her, give her my regards =
е́сли вы её уви́дите, переда́йте ей от
меня́ приве́т
* (*in hypothetical conditional phrases*) =
е́сли бы + past tense
if I had known that, I shouldn't have come
= е́сли бы я знал э́то, я бы не пришёл

shoulder *noun*
= плечо́

shout
1 *verb*
= крича́ть/кри́кнуть
he shouted to me = он кри́кнул мне
he was shouting at me = он крича́л на
меня́
2 *noun*
= крик

shovel *noun*
= лопа́та

show
1 *verb*
= пока́зывать/показа́ть
show me that book! = покажи́те мне ту
кни́гу!
2 *noun*
* (*entertainment*) = спекта́кль (*masculine*)
* (*an exhibition*) = вы́ставка
show up (*to turn up*) =
появля́ться/появи́ться

shower *noun*
(*for washing*) = душ
to take a shower = принима́ть/приня́ть
душ

shut
1 *verb*
- (*to close something*) = закрывать/
  закрыть
  she shut the window = она закрыла окно
- (*to become closed*) =
  закрываться/закрыться
  the door won't shut = дверь не
  закрывается
  the shop shuts at six = магазин
  закрывается в шесть часов
2 *adjective*
  = закрытый
  the shop's shut = магазин закрыт
shut down
- (*of a business etc.*) =
  закрываться/закрыться
  the factory shut down in May = фабрика
  закрылась в мае
- (*to close a business etc. down*) =
  закрывать/закрыть
  they shut down the swimming pool =
  закрыли бассейн

shy *adjective*
  = застенчивый

sick *adjective*
- (*ill*) = больной
  a sick child = больной ребёнок
  she's off sick today = она сегодня больна
  to be sick (*to vomit*) = рвать/вырвать
  (*impersonal + accusative*)
  he was sick = его вырвало
to feel sick = тошнить (*impersonal
  + accusative*)
  I feel sick = меня тошнит
- (*fed up*) = тошнить (*impersonal
  + accusative*) (*of + от + genitive*)
  I'm sick of work = меня тошнит от
  работы

side *noun*
- (*in most contexts*) = сторона
  she lives on the other side of the road =
  она живёт на другой стороне улицы
- (*of the body*) = бок
  he was lying on his side = он лежал на
  боку

sideboard *noun*
  = сервант

sidewalk *noun* (*US English*)
  = тротуар

sigh *verb*
  = вздыхать/вздохнуть

sight *noun*
- (*the ability to see*) = зрение
  his sight is good = у него хорошее
  зрение
  to catch sight of = увидеть (*perfective*)
  to lose sight of = терять/потерять из
  виду
- (*a spectacle*) = картина
  an unpleasant sight = неприятная
  картина

- (*noteworthy place*) =
  достопримечательность
  the sights of Moscow =
  достопримечательности Москвы

sightseeing *noun*
to go sightseeing = осматривать/
  осмотреть достопримечательности

sign
1 *noun*
- (*a mark; a signal; a symbol*) = знак
  a bad sign = плохой знак
  a sign of respect = знак уважения
- (*an indication; evidence*) = признак
  signs of life = признаки жизни
- (*a notice*) = объявление
  there was a sign hanging on the door – на
  двери висело объявление
- (*a road sign*) = дорожный знак
2 *verb*
- (*to sign one's name*) =
  расписываться/расписаться
- (*to write one's signature on*) =
  подписывать/подписать
  she signed the document = она
  подписала документ

signal
1 *noun*
  = сигнал
2 *verb*
  (*when driving*) = подавать/подать сигнал

signature *noun*
  = подпись

signpost *noun*
  = указательный столб

silent *adjective*
  to be silent = молчать (*imperfective*)

silly *adjective*
  = глупый

silver
1 *noun*
  = серебро
2 *adjective*
  = серебряный

SIM card *noun*
  = SIM-карта, сим-карта

similar *adjective*
  = подобный (*to + dative*)

simple *adjective*
  = простой

since
1 *preposition*
- = с (*+ genitive*)
  we haven't seen him since Monday = мы
  не видели его с понедельника
2 *conjunction*
- (*from the time when*) = с тех пор, как

S

we haven't seen him since he left England
= мы не ви́дели его́ с тех пор, как он
уе́хал из А́нглии
• (because) = так как
he couldn't go since he was ill = он не
мог пойти́, так как он был бо́лен
3 adverb
= с тех пор
we haven't seen him since = с тех пор
мы не ви́дели его́

sincere adjective
= и́скренний

sincerely adverb
= и́скренне
Yours sincerely (British English),
Sincerely yours (US English) = и́скренне
Ваш

sing verb
= петь/спеть
he sings in a choir = он поёт в хо́ре

singer noun
= певе́ц/певи́ца

single
1 adjective
• (one) = оди́н
he didn't say a single word = он не сказа́л
ни одного́ сло́ва
• (unmarried)
he's single = он хо́лост
single men = холосты́е мужчи́ны
she's single = она́ не за́мужем or
незаму́жняя
single women = незаму́жние же́нщины
2 noun (also **single ticket**) (British
English)
= биле́т в оди́н коне́ц
a single to Minsk = биле́т в Минск, в
оди́н коне́ц

single bed noun
= односпа́льная крова́ть

single room noun
• (in a house) = ко́мната на одного́
• (in a hotel) = одноме́стный но́мер

sink
1 noun
= ра́ковина
2 verb
= тону́ть/потону́ть
the ship sank = кора́бль потону́л

sister noun
= сестра́

sit verb
• (to be sitting) = сиде́ть (imperfective)
he was sitting on the floor = он сиде́л на
полу́
• (to sit down) = сади́ться/сесть
please sit (down)! = сади́тесь,
пожа́луйста!

sitting room noun
= гости́ная (noun)

situated adjective
be situated = находи́ться (imperfective)
the school is situated in the middle of the
town = шко́ла нахо́дится в це́нтре
го́рода

situation noun
= положе́ние or ситуа́ция
a complicated situation = сло́жная
ситуа́ция

six number
= шесть

sixteen number
= шестна́дцать

sixteenth number
• (in a series) = шестна́дцатый
• (in dates)
the sixteenth of August = шестна́дцатое
а́вгуста

sixth number
• (in a series) = шесто́й
• (in dates)
the sixth of June = шесто́е ию́ня

sixtieth number
= шестидеся́тый

sixty number
= шестьдеся́т

size noun
= разме́р

skate
1 noun
= конёк
2 verb
= ката́ться/поката́ться на конька́х
yesterday we went skating = вчера́ мы
пошли́ ката́ться на конька́х or вчера́
мы ката́лись на конька́х

skating rink noun
= като́к

ski
1 noun
= лы́жа
2 verb
= ката́ться/поката́ться на лы́жах
she loves skiing = она́ лю́бит ката́ться
на лы́жах
every year we go skiing in Austria =
ка́ждый год мы е́здим ката́ться на
лы́жах в А́встрию

skin noun
= ко́жа

skirt noun
= ю́бка

sky noun
= не́бо

slam verb
= хло́пать/хло́пнуть (+ instrumental)

sledge noun
= са́нки (plural)

sleep
1 *verb*
= спать (*imperfective*)
did you sleep well? = вы хорошо спали?
2 *noun*
= сон
to go to sleep = засыпать/заснуть

sleeping bag *noun*
= спальный мешок

sleeve *noun*
= рукав

slice
1 *noun*
= кусок
2 *verb*
= нарезать/нарезать

slight *adjective*
= небольшой

slightly *adverb*
= немного

slim
1 *adjective*
= тонкий
2 *verb* (*also* **slim down**)
= худеть/похудеть

slip *verb*
(*to fall over*) = поскользнуться
(*perfective*)
she slipped on the ice = она
поскользнулась на льду

slipper *noun*
= тапка *or* тапочка

slippery *adjective*
= скользкий

slow *adjective*
(*not fast*) = медленный
to be slow (*of a clock*) =
отставать/отстать
my watch is ten minutes slow = мои часы
отстают на десять минут

slowly *adverb*
= медленно

small *adjective*
• (*in most contexts*) = маленький *or*
небольшой
• (*number or quantity*) = небольшой
a small quantity = небольшое
количество

smaller *adjective*
• (*attributive*) = меньший
• (*predicative*) = меньше

smart *adjective*
• (*British English*) (*elegant*) = элегантный
• (*clever*) = умный

smash *verb*
• (*to break*) = разбивать/разбить
he smashed a window = он разбил окно
• (*to get broken*) = разбиваться/разбиться

smell
1 *noun*
(*an odour*) = запах
2 *verb*
• (*to have a smell*) = пахнуть (*imperfective*)
(*of* + *instrumental*)
that smells good = это хорошо пахнет
that smells of fish = это пахнет рыбой
• (*to sense a certain smell*) =
чувствовать/почувствовать запах
(+ *genitive*)
I can smell onions = я чувствую запах
лука

smile
1 *verb*
= улыбаться/улыбнуться (**at a person**
+ *dative*)
2 *noun*
= улыбка

smoke
1 *noun*
= дым
2 *verb*
(*of a person*) = курить/покурить *or*
выкурить
I don't smoke = я не курю
he smokes a lot = он много курит

> **!** *The perfective form* покурить *means*
> '*to have a little smoke*', *while the form*
> выкурить *means* '*to smoke completely*':
> давайте покурим! = **let's have a smoke!**
> он выкурил сигарету = **he smoked a**
> **cigarette**

smooth *adjective*
= гладкий

snack *noun*
= закуска
to have a snack =
перекусывать/перекусить

snack bar *noun*
= буфет

snake *noun*
= змея

sneaker *noun* (*US English*)
(*a sports shoe*) = кроссовка

sneeze *verb*
= чихать/чихнуть

snow
1 *noun*
= снег
2 *verb*
it's snowing = идёт снег
it snowed all day = весь день шёл снег

snowboarding *noun*
= сноубординг

snowy *adjective*
= снежный

S

so
1 *adverb*
= так
it was so cold = бы́ло так хо́лодно
2 *conjunction*
= так что
it was late, so we went home = бы́ло по́здно, так что мы пошли́ домо́й
not so ... **as** = не так ... как
it's not so cold today as yesterday = сего́дня не так хо́лодно, как вчера́
she's not so busy as him = она́ не так занята́, как он
so much, **so many** = так мно́го (+ *genitive*)
I have so much to do! = у меня́ так мно́го дел!
he has so many books! = у него́ так мно́го книг!
so that = что́бы
he came early so that he could help me = он пришёл ра́но, что́бы он мог мне помо́чь

soak *verb*
to get soaked = промока́ть/промо́кнуть

soap *noun*
= мы́ло

soccer *noun*
= футбо́л

soccer player *noun*
= футболи́ст

social *adjective*
= обще́ственный *or* социа́льный

society *noun*
= о́бщество

sock *noun*
= носо́к

sofa *noun*
= дива́н *or* тахта́

soft *adjective*
• (*not hard; not bright*) = мя́гкий
• (*not loud*) = ти́хий

soil *noun*
= по́чва

soldier *noun*
= солда́т

solicitor *noun*
= адвока́т

solid *adjective*
• (*firm, strong*) = про́чный
• (*not liquid*) = твёрдый

solution *noun*
(*to a problem*) = реше́ние

solve *verb*
= реша́ть/реши́ть
she solved the problem = она́ реши́ла пробле́му

some
1 *determiner*
• (*an amount of*) *usually not translated; the noun is often in the partitive genitive case*
would you like some [tea | beer | bread | cake ...]? = вы хоти́те [ча́ю | пи́ва | хле́ба | то́рта ...]?
she bought some [milk | cheese ...] = она́ купи́ла [молоко́ | сыр ...]
• (*a number of, several*) = не́сколько (+ *genitive*)
we visited some beautiful towns = мы посети́ли не́сколько краси́вых городо́в
• (*certain*) = не́которые
some people don't like flying = не́которые лю́ди не лю́бят лета́ть
• (*unspecified*) = како́й-то
some woman phoned you = кака́я-то же́нщина позвони́ла тебе́
some more ▶ **more**
2 *pronoun*
• (*an amount or number of things*) *often not translated*
I've got some, thanks! = у меня́ есть, спаси́бо!
please have some more! = возьми́те ещё, пожа́луйста!
I know where you can find some = я зна́ю, где э́то мо́жно найти́
• (*certain people or things*) = не́которые
some of my friends = не́которые мои́ друзья́ *or* не́которые из мои́х друзе́й
• (*certain people or things in contrast with others*) = одни́ ... други́е
some went by bus, others by train = одни́ пое́хали авто́бусом, други́е по́ездом

somebody ▶ **someone**

somehow *adverb*
• (*in a specific way*) = ка́к-то
we were able to find the time somehow = мы ка́к-то смогли́ найти́ вре́мя
• (*somehow or other*) = ка́к-нибудь
we'll get there somehow = мы ка́к-нибудь доберёмся туда́

someone *pronoun* (*also* **somebody**)
• (*a specific person*) = кто́-то
someone's in the house = в до́ме кто́-то есть
• (*an unspecified person*) = кто́-нибудь
someone must help me = кто́-нибудь до́лжен мне помо́чь

something *pronoun*
• (*a specific thing*) = что́-то
something's bothering him = что́-то беспоко́ит его́
• (*an unspecified thing*) = что́-нибудь
give me something to eat! = да́йте мне что́-нибудь пое́сть!

sometime *adverb*
• (*in the past*) = ка́к-то

I saw him sometime last year = я уви́дел
его́ ка́к-то в про́шлом году́
* (in the future) = когда́-нибудь
I hope to go to Russia sometime = я
наде́юсь пое́хать в Росси́ю
когда́-нибудь

sometimes adverb
= иногда́

somewhere adverb
* (a specific place) = где́-то
he lives somewhere in London = он
живёт где́-то в Ло́ндоне
* (an unspecified place) = где́-нибудь
we must find a hotel somewhere = мы
должны́ где́-нибудь найти́
гости́ницу
* (to a specific place) = куда́-то
he's gone away somewhere = он куда́-то
уе́хал
* (to an unspecified place) = куда́-нибудь
she wants to go somewhere in Greece =
она́ хо́чет пое́хать куда́-нибудь в
Гре́цию

son noun
= сын

song noun
= пе́сня

soon adverb
* (in a short time) = ско́ро
we'll soon be there = мы ско́ро прие́дем
* (early) = ра́но
we arrived too soon = мы пришли́
сли́шком ра́но
the sooner the better = чем ра́ньше, тем
лу́чше
as soon as possible = как мо́жно скоре́е
he came as soon as he could = он
пришёл, как то́лько смог
* (not long) = вско́ре
he arrived soon afterwards = вско́ре он
прие́хал

sore adjective
I've got a sore throat = у меня́ боли́т
го́рло

sorry
1 exclamation
* (when apologizing) = извини́! (ты form),
извини́те! (вы form)
* (when asking someone to repeat) =
извини́? (ты form), извини́те? (вы form)
2 adjective
* (when apologizing)
I'm sorry I'm late = извини́те, что я
опозда́л
I'm sorry about the mess = извини́те за
беспоря́док
* (when expressing regret) = сожале́ть
(imperfective)
I'm sorry you can't come = сожале́ю, что
вы не мо́жете прийти́
I'm sorry about that = я сожале́ю об
э́том
* (to feel pity for)

I feel sorry for him = мне жаль его́ or мне
жа́лко его́

sort
1 noun
= род or сорт
all sorts of people = лю́ди вся́кого ро́да
different sorts of sweets = конфе́ты
ра́зных сорто́в
what sort of person is he? = что он за
челове́к?
2 verb (also **sort out**)
= сортирова́ть/рассортирова́ть
he sorted (out) the books = он
рассортирова́л кни́ги
sort out
* (to solve) = разреша́ть/разреши́ть
she sorted out the problem = она́
разреши́ла пробле́му
* (to deal with) = справля́ться/спра́виться с
(+ instrumental)
I'll sort it out = я спра́влюсь с э́тим

soul noun
= душа́

sound
1 noun
(a noise) = звук
the sound of voices = звук голосо́в
2 verb
(to have a sound) = звуча́ть/прозвуча́ть
her voice sounds strange = её го́лос
звучи́т стра́нно
it sounds like a piano = э́то звучи́т как
пиани́но
it sounds like a good idea = э́то, ка́жется,
хоро́шая иде́я

soup noun
= суп

sour adjective
= ки́слый

south
1 noun
= юг
in the south of England = на ю́ге А́нглии
2 adverb
(motion) = на юг
she was travelling south = она́ е́хала
на юг
south of = к ю́гу от (+ genitive)
he lives south of Kiev = он живёт к ю́гу
от Ки́ева
3 adjective
= ю́жный
the south coast = ю́жный бе́рег

South Africa noun
= Ю́жная А́фрика

southern adjective
= ю́жный

souvenir noun
= сувени́р

S

Soviet Union *noun*
= Сове́тский Сою́з

space *noun*
• (*room*) = ме́сто
  we need more space = нам ну́жно
  бо́льше ме́ста
• (*outer space*) = ко́смос

spade *noun*
= лопа́та

Spain *noun*
= Испа́ния

Spaniard *noun*
= испа́нец/испа́нка

Spanish
1 *noun*
  (*the language*) = испа́нский язы́к
  we're learning Spanish = мы изуча́ем
  испа́нский язы́к
  do you speak Spanish? = вы говори́те
  по-испа́нски?
2 *adjective*
  = испа́нский
the Spanish = испа́нцы

spare *adjective*
• (*extra*) = ли́шний
  a spare ticket = ли́шний биле́т
• (*of time, a room*) = свобо́дный
  what do you do in your spare time? = что
  вы де́лаете в свобо́дное вре́мя?

spare part *noun*
= запасна́я часть

speak *verb*
• (*to utter words; to converse in a language*)
  = говори́ть (*imperfective*)
  you speak too quickly = вы говори́те
  сли́шком бы́стро
  she speaks German = она́ говори́т
  по-неме́цки
• (*to converse*) = говори́ть/поговори́ть (**to**
  + **с** + *instrumental*)
  I want to speak to you = я хочу́ с ва́ми
  поговори́ть
• (*to say*) = говори́ть/сказа́ть
  she spoke the truth = она́ сказа́ла пра́вду

special *adjective*
= осо́бенный *or* осо́бый
  he came for a special reason = он
  пришёл по осо́бенной причи́не
  he didn't say anything special = он не
  сказа́л ничего́ осо́бенного
  today is a special day =
  сего́дня—осо́бый день

  ! *In many contexts* осо́бенный *and*
  осо́бый *are interchangeable, but*
  осо́бый *is more elevated in style*

specially *adverb*
= осо́бенно

spectator *noun*
= зри́тель (*masculine*)

speech *noun*
= речь
  to give a speech =
  произноси́ть/произнести́ речь

speed
1 *noun*
  = ско́рость
2 *verb*
speed up
• (*to go faster*) = увели́чивать/увели́чить
  ско́рость
  the train was speeding up = по́езд
  увели́чивал ско́рость
• (*to become faster*) =
  ускоря́ться/уско́риться
  the process is speeding up = проце́сс
  ускоря́ется
• (*to make become faster*) =
  ускоря́ть/уско́рить

spell *verb*
  how do you spell your name? = как
  пи́шется ва́ше и́мя?

spend *verb*
• (*to use up money or time*) =
  тра́тить/истра́тить
  he spent ten pounds on a shirt = он
  истра́тил де́сять фу́нтов на руба́шку
• (*to pass time*) = проводи́ть/провести́
  we spent a day in London = мы провели́
  день в Ло́ндоне
  to spend the night =
  ночева́ть/переночева́ть

spill *verb*
  (*from a container*) = пролива́ть/проли́ть
  he spilt water on the floor = он проли́л
  во́ду на́ пол

spirit *noun*
= дух

spite: in spite of *preposition*
= несмотря́ на (+ *accusative*)
  **we went to the park inspite of the bad
  weather** = мы пошли́ в парк, несмотря́
  на плоху́ю пого́ду

splendid *adjective*
= великоле́пный

spoil *verb*
• (*to damage, ruin*) = по́ртить/испо́ртить
  he spoilt the evening = он испо́ртил
  ве́чер
  she spoilt her shoes = она́ испо́ртила
  ту́фли
• (*to be damaged or ruined*) =
  по́ртиться/испо́ртиться
  the roast spoiled = жарко́е испо́ртилось
• (*as a parent*) = балова́ть/избалова́ть

spoon *noun*
= ло́жка

sport *noun*
• (*sports collectively*) = спорт
• (*an individual sport*) = вид спо́рта

what's your favourite sport? = какóй ваш любимый вид спóрта?

sports ground *noun*
= спортивная площáдка

spot
1 *noun*
• (*a mark*) = пятнó
• (*a place*) = мéсто
2 *verb*
= замечáть/замéтить

spring
1 *noun*
= веснá
in the spring = веснóй
2 *adjective*
= весéнний

square *noun*
(*in a town*) = плóщадь

stadium *noun*
= стадиóн

staff *noun*
(*of a company or school*) = штат

stage *noun*
• (*in a process*) = стáдия
• (*in the theatre*) = сцéна

stain
1 *noun*
= пятнó
2 *adjective*
= пáчкать/запáчкать

stairs *noun*
= лéстница (*singular*)

stamp *noun*
(*a postage stamp*) = мáрка *or* почтóвая мáрка

stand *verb*
• (*to be standing*) = стоять (*imperfective*)
she was standing in a queue = онá стоáла в óчереди
• (*to put*) = стáвить/постáвить
she stood the vase on the table = онá постáвила вáзу на стол
• (*to bear*) = терпéть (*imperfective*)
I can't stand him = я его терпéть не могу́
stand up = вставáть/встать

star *noun*
= звездá

start *verb*
• (*to begin doing something*) = начинáть/начáть (+ *imperfective infinitive*)
he started to speak = он нáчал говорить
they started work = они нáчали рабóту

> **!** *In Russian, the beginning of an action is often indicated by the prefix on the verb (usually* по- *or* за-*); in such cases 'start to' is not translated:*
> he started to run = он побежáл

• (*to commence*) = начинáться/начáться

the concert starts early = концéрт начинáется рáно
• (*to set up*) = оснóвывать/основáть
he started a company = он основáл фирму
• (*to put into action*) = заводить/завести
she started the engine = онá завелá мотóр
• (*to begin working*) = заводиться/завестись
the car won't start = машина не заводится
start out = отправляться/отправиться
start over (*US English*) = начинáть/начáть снóва

starter *noun* (*British English*)
(*of a meal*) = закýска

state *noun*
• (*a condition*) = состояние
in a bad state = в плохóм состоянии
• (*a nation, a government*) = госудáрство
• (*part of a republic*) = штат

statement *noun*
= заявлéние

station *noun*
• (*a large railway station*) = вокзáл
• (*a small railway station, a metro station*) = стáнция
• (*a bus station*) = автóбусная стáнция
• (*a radio or TV channel*) = стáнция

statue *noun*
= стáтуя

stay *verb*
• (*to remain*) = оставáться/остáться
he stayed at home all day = он оставáлся дóма весь день
she stayed to lunch = онá остáлась обéдать
• (*to have accommodation*) = останáвливаться/остановиться *or* жить (*imperfective*)
we stayed in a hotel = мы остановились (*or* жили) в гостинице
she's staying with friends = онá останáвливается (*or* живёт) у друзéй
• (*to be in a place for a certain time*) = пробыть (*perfective*)
I'll be staying here a month = я пробýду здесь мéсяц
she stayed with us three weeks = онá пробылá у нас три недéли
stay up = не ложиться (*imperfective*) спать
he stayed up all night = он всю ночь не ложился спать

steady *adjective*
• (*stable*) = устóйчивый
• (*of progress*) = непрерывный
• (*of speed; of a boyfriend or girlfriend*) = постоянный

steak *noun*
= бифштéкс

steal *verb*
= красть/укра́сть
she stole her brother's money = она́ укра́ла у бра́та де́ньги
her bag was stolen = у неё укра́ли су́мку

steel *noun*
= сталь

steep *adjective*
= круто́й

steering wheel *noun*
= руль (*masculine*)

step
1 *noun*
* (*in stairs, at a door*) = ступе́нь
* (*a pace; a degree of progress; an action*) = шаг
  a step backwards = шаг наза́д
2 *verb*
= ступа́ть/ступи́ть
he stepped into the water = он ступи́л в во́ду

stepfather *noun*
= о́тчим

stepmother *noun*
= ма́чеха

stereo *noun*
(*a stereo system*) = стереосисте́ма

sterling *noun*
= сте́рлинг
one pound sterling = фунт сте́рлингов
five pounds sterling = пять фу́нтов сте́рлингов

stewardess *noun*
= стюарде́сса

stick
1 *noun*
= па́лка
2 *verb*
(*using glue or tape*) = прикле́ивать/прикле́ить
she stuck the stamp on the envelope = она́ прикле́ила ма́рку на конве́рт

still[1] *adverb*
* (*up to this time*) = ещё
  is he still here? = он ещё здесь?
* (*even, yet*) = ещё
  she arrived still later = она́ пришла́ ещё по́зже
  I still have two exams to do = у меня́ оста́лось ещё два экза́мена
* (*nevertheless*) = тем не ме́нее
  I still think he's wrong = тем не ме́нее, я ду́маю, что он непра́в

still[2] *adjective*
= ти́хий
the night was still = ночь была́ тиха́

stir *verb*
(*to mix*) = меша́ть/помеша́ть

stock *noun*
(*a supply*) = запа́с

stocking *noun*
= чуло́к

stomach *noun*
* (*inside the body*) = желу́док
* (*outside the body*) = живо́т

stone *noun*
= ка́мень (*masculine*)

stop
1 *verb*
* (*to cease moving*) = остана́вливаться/останови́ться
  the train stopped = по́езд останови́лся
* (*to make cease moving*) = остана́вливать/останови́ть
  she stopped the car = она́ останови́ла маши́ну
* (*to cease doing something*) = перестава́ть/переста́ть (+ *imperfective infinitive*)
  she stopped worrying = она́ переста́ла волнова́ться
* (*to prevent*) = меша́ть/помеша́ть
  she stopped him from making a mistake = она́ помеша́ла ему́ сде́лать оши́бку
* (*to discontinue*) = прекраща́ться/прекрати́ться
  the noise stopped = шум прекрати́лся
* (*to discontinue something*) = прекраща́ть/прекрати́ть
  the match was stopped = матч прекрати́ли
2 *noun*
a (**bus**) stop = (автобусная) остано́вка
at the next stop = на сле́дующей остано́вке

store
1 *noun*
* (*a shop*) = магази́н
* (*a supply*) = запа́с
2 *verb*
= храни́ть (*imperfective*)

storey (*British English*), **story** (*US English*) *noun*
= эта́ж

storm *noun*
* (*in general*) = бу́ря
* (*with thunder*) = гроза́

story *noun*
* (*a tale*) = расска́з *or* по́весть
* (*in a newspaper*) = статья́
* (*an account*) = исто́рия
* (*US English*) ▶ **storey**

straight
1 *adjective*
= прямо́й
a straight road = пряма́я доро́га
2 *adverb*
= пря́мо
go straight on! = иди́те пря́мо!

she went straight home = она пошла
прямо домой
straight away = сразу

strange adjective
• (odd) = странный
  a strange feeling = странное чувство
• (unfamiliar) = незнакомый
  a strange face = незнакомое лицо
• (foreign) = чужой
  a strange country = чужая страна

stranger noun
= незнакомый человек

strap noun
= ремень (masculine)

strawberry noun
= клубника (collective) no plural)
strawberries and cream = клубника со
сливками

stream noun
= ручей

street noun
= улица

streetlamp noun
= уличный фонарь

strength noun
= сила

stress
1 verb
= подчёркивать/подчеркнуть
2 noun
= стресс

strict adjective
= строгий

string noun
• (twine) = верёвка
  a piece of string = кусок верёвки
• (of a musical instrument) = струна

stroke verb
= гладить/погладить

strong adjective
• (of a person, character, the wind, a taste, a
  smell, an accent) = сильный
• (of tea, coffee, cigarettes) = крепкий
• (of an object) = крепкий or прочный

stubborn adjective
= упрямый

student noun
• (at university) = студент/студентка
• (at school) = ученик/ученица

study
1 verb
• (to learn a certain subject) =
  изучать/изучить
  he studies history = он изучает историю
• (to be a student) = учиться (imperfective)

she studied at Moscow university = она
училась в Московском университете
• (to do one's studies) = заниматься
  (imperfective)
2 noun
  (a room) = кабинет

stupid adjective
= глупый

style noun
• (a manner) = стиль (masculine)
  he has his own style = у него свой
  собственный стиль
• (a fashion) = стиль (masculine) or мода
  a new style of furniture = мебель нового
  стиля
  in the latest style = по последней моде
• (a type) = тип
  a new style of house = дом нового типа
• (a hairstyle) = причёска

subject noun
• (being studied) = предмет
  my favourite subject = мой любимый
  предмет
• (a topic) = тема
  a subject for discussion = тема для
  обсуждения

substitute verb
= заменять/заменить (+ instrumental,
for + accusative)
I had to substitute water for milk = мне
нужно было заменить молоко водой

suburb noun
= пригород

subway noun (US English)
= метро (neuter indeclinable)

subway station noun (US English)
= станция метро

succeed verb
• (to be successful) = удаваться/удаться
  the plan succeeded = план удался
• (to manage to do something) =
  удаваться/удаться (impersonal
  + dative + infinitive)
  he succeeded in finding a job = ему
  удалось найти работу

success noun
= успех
to be a success = иметь (imperfective)
успех

successful adjective
= успешный
a successful attempt = успешная
попытка
she was successful in selling her house =
ей удалось продать свой дом

such
1 determiner
= такой
such people = такие люди

S

2 *adverb*
it's such an interesting city! = э́то тако́й интере́сный го́род!
they have such a lot of books! = у них так мно́го книг!

suddenly *adverb*
= внеза́пно *or* вдруг

suffer *verb*
= страда́ть/пострада́ть
she suffers from headaches = она́ страда́ет от головны́х бо́лей

sugar *noun*
= са́хар

suggest *verb*
= предлага́ть/предложи́ть
he suggested that we should wait = он предложи́л нам подожда́ть

suggestion *noun*
= предложе́ние

suit
1 *noun*
= костю́м
2 *verb*
• (*to be convenient*) = устра́ивать/устро́ить
does Friday suit you? = пя́тница вас устра́ивает?
• (*look attractive on*) = идти́ (*imperfective*) (+ *dative*)
the hat suits you = ша́пка вам идёт

suitable *adjective*
= подходя́щий

suitcase *noun*
= чемода́н

sum *noun*
= су́мма
a large sum of money = больша́я су́мма де́нег

summer
1 *noun*
= ле́то
in the summer = ле́том
2 *adjective*
= ле́тний

sun *noun*
= со́лнце
to [sit | lie ...] in the sun = [сиде́ть | лежа́ть (*imperfectives*) ...] на со́лнце

sunbathe *verb*
= загора́ть (*imperfective*)

Sunday *noun*
= воскресе́нье

sunglasses *noun*
= очки́ от со́лнца

sunny *adjective*
= со́лнечный

sunrise *noun*
= восхо́д со́лнца

sunset *noun*
= зака́т

suntan *noun*
= зага́р

suntan lotion *noun*
= лосьо́н для зага́ра

supermarket *noun*
= универса́м

supper *noun*
= у́жин
to have supper = у́жинать/поу́жинать

supply
1 *verb*
(*to provide a person etc. with something*) = снабжа́ть/снабди́ть (with + *instrumental*)
he supplies the shop with vegetables = он снабжа́ет магази́н овоща́ми
2 *noun*
= запа́с

support *verb*
• (*to agree with; to help; to hold up*) = подде́рживать/поддержа́ть
she supported the suggestion = она́ поддержа́ла предложе́ние
• (*to keep*) = содержа́ть (*imperfective*)
he supports his parents = он соде́ржит роди́телей

supporter *noun*
(*of a team*) = боле́льщик

suppose *verb*
= полага́ть (*imperfective*)
I suppose so = полага́ю, что да
I don't suppose you want to eat yet? = я полага́ю, что вы ещё не хоти́те есть?
let's suppose ... = допу́стим, ...
to be supposed to
• (*ought*) = до́лжен
he's supposed to be helping his father today = он до́лжен помога́ть отцу́ сего́дня
• (*to be regarded*) = счита́ться (*imperfective*)
he's supposed to be a brilliant scientist = он счита́ется блестя́щим учёным

sure *adjective*
• (*certain*) = уве́рен
she's not quite sure = она́ не совсе́м уве́рена
he's sure that he can come = он уве́рен, что он смо́жет прийти́
to make sure = проверя́ть/прове́рить
• (*bound*) = несомне́нно (+ *future*)
she's sure to forget = она́ несомне́нно забу́дет

surface *noun*
= пове́рхность

surgeon *noun*
= хиру́рг

surgery *noun*
(British English) (a doctor's office) =
кабине́т врача́

surname *noun*
= фами́лия
what's your surname? = как ва́ша
фами́лия?

surprise
1 *noun*
* (amazement) = удивле́ние
to my surprise = к моему́ удивле́нию
* (an event, a gift) = сюрпри́з
what a surprise! = како́й сюрпри́з!
2 *verb*
= удивля́ть/удиви́ть
the news surprised me = но́вость
удиви́ла меня́

surprised *adjective*
= удивлённый
a surprised face = удивлённое лицо́
he was very surprised = он был о́чень
удивлён *or* он о́чень удиви́лся
I am not surprised = я не удивля́юсь

surrender *verb*
= сдава́ться/сда́ться

surround *verb*
= окружа́ть/окружи́ть
the house is surrounded by trees = дом
окружён дере́вьями

surroundings *noun*
= ме́стность (singular)
in beautiful surroundings = в краси́вой
ме́стности

survive *verb*
* (to remain alive after) =
пережива́ть/пережи́ть
he survived the war = он пережи́л войну́
* (to remain alive) = выжива́ть/вы́жить
the doctor didn't think he would survive =
врач не ду́мал, что он вы́живет

swan *noun*
= ле́бедь (masculine)

swap *verb*
* (to exchange for something else) =
меня́ть/поменя́ть *or* обменя́ть (for
+ на + accusative)
he swapped his car for a motorbike = он
поменя́л маши́ну на мотоци́кл
* (to exchange with someone else) =
меня́ться/поменя́ться *or* обменя́ться
(something + instrumental, with
someone + c + instrumental)
he swapped bicycles with his brother = он
поменя́лся велосипе́дами с бра́том

swear *verb*
* (to curse) = руга́ться/вы́ругаться
he swore and left the room = он
вы́ругался и вы́шел из ко́мнаты
* (to vow) = кля́сться/покля́сться
he swore he would return = он покля́лся,
что вернётся

swear at = руга́ть/обруга́ть
she swore at him = она́ обруга́ла его́

sweater *noun*
= сви́тер

sweatshirt *noun*
= толсто́вка

Swede *noun*
= швед/шве́дка

Sweden *noun*
= Шве́ция

Swedish *adjective*
= шве́дский

sweep *verb* (also **sweep up**)
= подмета́ть/подмести́

sweet
1 *adjective*
= сла́дкий
2 *noun* (British English)
* (a piece of confectionery) = конфе́та
* (a dessert) = сла́дкое (noun)

swim
1 *verb*
= пла́вать (indeterminate) | плыть
(determinate) | поплы́ть (perfective)
he likes swimming = он лю́бит пла́вать
she was swimming towards the bank =
она́ плыла́ к бе́регу
swim across = переплыва́ть/переплы́ть
(+ accusative or че́рез + accusative)
she swam across the river = она́
переплыла́ (че́рез) ре́ку
2 *noun*
to go for a swim = пла́вать (imperfective)
or ходи́ть (indeterminate) | идти́
(determinate) | пойти́ (perfective)
пла́вать
he goes for a swim every morning = он
пла́вает ка́ждое у́тро *or* он хо́дит
пла́вать ка́ждое у́тро
I'm going for a swim = я иду́ пла́вать

! The verb купа́ться/вы́купаться *also*
means to swim, but is more restricted to
the sense of swimming for pleasure
rather than for exercise

swimming *noun*
= пла́вание

swimming costume *noun* (British
English)
= купа́льник

swimming pool *noun*
= пла́вательный бассе́йн

swimming trunks *noun*
= пла́вки

swimsuit *noun*
= купа́льник

Swiss
1 *adjective*
= швейца́рский

S

2 *noun*
(*a Swiss person*) =
швейца́рец/швейца́рка
the Swiss = швейца́рцы

switch
1 *noun*
(*an electrical switch*) = выключа́тель
(*masculine*)
2 *verb*
switch off = выключа́ть/вы́ключить
switch on = включа́ть/включи́ть

Switzerland *noun*
= Швейца́рия

sympathize *verb*
= сочу́вствовать (*imperfective*) (**with**
+ *dative*)
I sympathize with you = я вам
сочу́вствую

sympathy *noun*
= сочу́вствие

system *noun*
= систе́ма

Tt

table *noun*
= стол

tablecloth *noun*
= ска́терть

tablet *noun*
(*a pill*) = табле́тка

table tennis *noun*
= насто́льный те́ннис

tail *noun*
= хвост

Tajikistan *noun*
= Таджикиста́н

take *verb*
* (*to grasp, take possession of*) =
бра́ть/взять
he took a book off the shelf = он взял
кни́гу с по́лки
did you take my pen? = вы взя́ли мою́
ру́чку?
* (*to travel with*) = бра́ть/взять
I'll take an umbrella = я возьму́ зо́нтик
* (*to carry*) = носи́ть (*indeterminate*) | нести́
(*determinate* | понести́ (*perfective*)
**he was taking the letters round the
houses** = он носи́л пи́сьма по дома́м

where are you taking the books? = куда́
вы несёте кни́ги?
* (*to carry to the required place*) =
относи́ть/отнести́
she took the parcel to the post office =
она́ отнесла́ посы́лку на по́чту
* (*to transport*) = вози́ть (*indeterminate*) |
везти́ (*determinate*) | повезти́
(*perfective*)
she takes them to school every day =
ка́ждый день она́ во́зит их в шко́лу
sometimes he would take me with him =
иногда́ он вози́л меня́ с собо́й
we were taken round the town in a bus =
нас вози́ли по́ го́роду на авто́бусе
* (*to transport to the required place*) =
отвози́ть/отвезти́
he took me to the station = он отвёз меня́
на вокза́л
* (*to lead, accompany*) = води́ть
(*indeterminate*) | вести́ (*determinate*) |
повести́ (*perfective*)
he takes tourists round the town = он
во́дит тури́стов по го́роду
he's taken her to the doctor = он повёл её
к врачу́
**tomorrow she's taking them to the
museum** = за́втра она́ поведёт их в
музе́й
* (*to lead to the required place*) =
отводи́ть/отвести́
**the policeman took him to the police
station** = милиционе́р отвёл его́ в
отделе́ние мили́ции
* (*to go by a means of public transport*) =
е́здить (*indeterminate*) | е́хать
(*determinate*) | пое́хать *perfective*
(+ *instrumental, or* + на
+ *prepositional*)
we took the bus = мы пое́хали туда́
авто́бусом *or* на авто́бусе
* (*to accept*) = бра́ть/взять
he doesn't take bribes = он не берёт
взя́ток
* (*time*) = занима́ть/заня́ть
the work took two hours = рабо́та заняла́
два часа́
how long does it take? = ско́лько на э́то
ну́жно вре́мени?
* (*a turning*) = де́лать/сде́лать
take the first turning on the right =
сде́лайте пе́рвый поворо́т напра́во
* (*an exam*) = сдава́ть (*imperfective*)
* (*medicine; a bath, a shower*) =
принима́ть/приня́ть
* (*a photograph*) = де́лать/сде́лать
* (*temperature*) = измеря́ть/изме́рить
take away
* (*to remove*) = убира́ть/убра́ть
* (*to carry off*) = уноси́ть/унести́
* (*to lead away*) = уводи́ть/увести́
* (*to transport away*) = увози́ть/увезти́
* (*from a person*) ▶ **take from**
take back
* (*to return*) = возвраща́ть/верну́ть
* (*to retrieve*) = бра́ть/взять наза́д

take down
- (*to remove*) = снима́ть/снять
- (*in writing*) = запи́сывать/записа́ть

take from (*a person*) = отнима́ть/отня́ть
(**from** + y + *genitive*)

take in
- (*to carry in*) = вноси́ть/внести́
- (*to lead in*) = вводи́ть/ввести́
- (*to transport in*) = ввози́ть/ввезти́

take notice = обраща́ть/обрати́ть
внима́ние (**of** + на + *accusative*)

take off
- (*clothes*) = снима́ть/снять
- (*of a plane*) = взлета́ть/взлете́ть

take out
- (*to carry out*) = выноси́ть/вы́нести
  he took the plates out to the kitchen = он
  вы́нес таре́лки на ку́хню
- (*to lead out*) = выводи́ть/вы́вести
- (*to transport out*) = вывози́ть/вы́везти
- (*to pull out*) = вынима́ть/вы́нуть
  she took out a handkerchief = она́
  вы́нула носово́й плато́к

take part = принима́ть/приня́ть уча́стие
(**in** + в + *prepositional*)

take place = состоя́ться (*imperfective*)

take up
- (*to occupy time, space*) =
  занима́ть/заня́ть
- (*to interest oneself in*) =
  занима́ться/заня́ться

take-off *noun*
(*of a plane*) = взлёт

talented *adjective*
= тала́нтливый

talk
1 *verb*
- (*to speak*) = говори́ть/поговори́ть
  he talks a lot = он мно́го говори́т
  I want to talk to him = я хочу́ с ним
  поговори́ть
- (*to converse, chat*) = разгова́ривать
  (*imperfective*)
  he was talking to his friend = он
  разгова́ривал с дру́гом
2 *noun*
- (*a conversation*) = разгово́р
- (*a chat; a lecture*) = бесе́да

tall *adjective*
= высо́кий
she is tall = она́ высо́кая
how tall are you = како́й у тебя́ рост? (ты
form), како́й у вас рост? (вы *form*)
I am six feet tall = мой рост — шесть
фу́тов
she's five foot three (tall) = её рост —
пять фу́тов и три дю́йма
he's one metre eighty (tall) = его́ рост —
метр во́семьдесят

tangerine *noun*
= мандари́н

tank *noun*
(*a container*) = бак

tap *noun*
= кран

tape
1 *noun*
- (*adhesive tape*) = ли́пкая ле́нта
- (*a cassette*) = кассе́та
2 *verb*
(*to record*) = запи́сывать/записа́ть на
ле́нту *or* плёнку

tape recorder *noun*
= магнитофо́н

target *noun*
= цель

task *noun*
= зада́ча

taste
1 *noun*
= вкус
2 *verb*
- (*to sample*) = про́бовать/попро́бовать
  taste this cheese! = попро́буйте э́тот
  сыр!
- (*to have a certain taste*) = име́ть
  (*imperfective*) вкус (+ *genitive*)
  it tastes of onions = э́то име́ет вкус лу́ка
  the food tastes good = пи́ща вку́сная

tasty *adjective*
= вку́сный

tax *noun*
= нало́г

taxi *noun*
= такси́ (*neuter indeclinable*)

taxi driver *noun*
= води́тель (*masculine*) такси́

taxi rank (*British English*), **taxi stand**
(*US English*) *noun*
= стоя́нка такси́

tea *noun*
- (*for drinking*) = чай
  a cup of tea = ча́шка ча́ю
  two teas please = две ча́шки ча́я,
  пожа́луйста
  to have (**afternoon**) **tea** = пить/вы́пить
  чай
- (*an evening meal*) = у́жин
  to have (**high**) **tea** =
  у́жинать/поу́жинать

tea bag *noun*
= паке́тик с ча́ем

teach *verb*
- (*to teach a person to do something*) =
  учи́ть/научи́ть
  she taught me to read = она́ научи́ла
  меня́ чита́ть
- (*to teach a person a thing*) =
  учи́ть/научи́ть (+ *accusative* (**person**);
  + *dative* (**thing**))

T

she teaches me Russian = она́ у́чит меня́ ру́сскому языку́
• (to be a teacher of a subject) = преподава́ть (imperfective)
she teaches Russian = она́ преподаёт ру́сский язы́к

teacher noun
= учи́тель (masculine)/учи́тельница or преподава́тель (masculine)/ преподава́тельница

teacher training college noun
= педагоги́ческий институ́т

team noun
= кома́нда

teapot noun
= ча́йник

tear [1] verb
• (to rip) = разрыва́ть/разорва́ть
he tore his trousers on a nail = он разорва́л брю́ки о гвоздь
• (to be ripped) = разрыва́ться/разорва́ться
his shirt tore = его́ руба́шка разорвала́сь
tear up = разрыва́ть/разорва́ть
he tore up the letter = он разорва́л письмо́

tear [2] noun
= слеза́
she was in tears = она́ была́ в слеза́х

teaspoon noun
= ча́йная ло́жка

tea towel noun (British English)
= полоте́нце для посу́ды

technical adjective
= техни́ческий

technician noun
= те́хник

technology noun
= техноло́гия

teenager noun
= подро́сток

telegram noun
= телегра́мма

telephone (see also **phone**)
1 noun
= телефо́н
is there a telephone here? = тут есть телефо́н?
2 verb
= звони́ть/позвони́ть (a person + dative)

telephone booth noun (also
telephone box British English)
= телефо́н-автома́т or телефо́нная бу́дка

telephone call noun
= телефо́нный звоно́к

telephone directory noun
= телефо́нная кни́га

telephone number noun
= но́мер телефо́на

television noun
• (a television set) = телеви́зор
he was watching television = он смотре́л телеви́зор
• (the medium) = телеви́дение

tell verb
• (to inform) = говори́ть/сказа́ть
she told me about it = она́ сказа́ла мне об э́том
I told him that I couldn't come = я сказа́ла ему́, что я не смогу́ прийти́
• (to relate) = расска́зывать/рассказа́ть
she told him about her holiday = она́ рассказа́ла ему́ об о́тпуске
• (to request) = проси́ть/попроси́ть (+ accusative + infinitive)
he was told to wait = его́ попроси́ли подожда́ть
• (to order) = прика́зывать/приказа́ть (a person + dative)
they told him to be quiet = ему́ приказа́ли замолча́ть

temperature noun
= температу́ра

temporary adjective
= вре́менный

ten number
= де́сять

tennis noun
= те́ннис

tennis court noun
= те́ннисный корт

tent noun
= пала́тка

tenth number
• (in a series) = деся́тый
• (in dates)
the tenth of May = деся́тое ма́я

term noun
• (in school) = че́тверть
• (in university) = семе́стр

terminal noun
(at an airport) = аэровокза́л

terrible adjective
= ужа́сный

terribly adverb
= ужа́сно

terrified adjective
= в у́жасе
she was terrified = она́ была́ в у́жасе

terror noun
= у́жас

terrorist noun
= террори́ст

test
1 *noun*
- (*at school*) = контро́льная рабо́та
- (*a trial*) = испыта́ние
2 *verb*
- (*to examine*) = проверя́ть/прове́рить
- (*to try out*) = испы́тывать/испыта́ть

text
1 *noun*
- (*written material*) = текст
- (*text message*) = SMS-сообще́ние
2 *verb*
= посыла́ть/посла́ть SMS-сообще́ние
(**person texted**+ *dative*)

textbook *noun*
= уче́бник

than *conjunction*
= чем
you know more about it than I do = вы
бо́льше зна́ете об э́том, чем я

> **!** *Often, after adjectives,* than *is
> translated by the genitive rather than
> by* чем:
> he is taller than his dad = он вы́ше па́пы

thank *verb*
= благодари́ть/поблагодари́ть (for + за
+ *accusative*)
he thanked me for my letter = он
поблагодари́л меня́ за моё письмо́
thank you! = спаси́бо! *or* благодарю́ вас!
thank you very much! = большо́е
спаси́бо!
no, thank you! = нет, спаси́бо!
thank God! = сла́ва Бо́гу!

thanks *exclamation*
= спаси́бо!
thanks very much! = большо́е спаси́бо!
no, thanks! = нет, спаси́бо!

that
1 *determiner* (*plural* **those**)
= тот
he lives in that house = он живёт в том
до́ме
give me those books = да́йте мне те
кни́ги
2 *pronoun* (*plural* **those**)
= э́то
that is my house = э́то мой дом
that's all = э́то всё
3 *relative pronoun*
= кото́рый
here is the book that I was telling you
about = вот кни́га, о кото́рой я вам
говори́л
4 *conjunction*
= что
I think that you're wrong = я ду́маю, что
вы непра́вы
she said that she would be there = она́
сказа́ла, что бу́дет там
5 *adverb*
= так

I can't do that much = я не могу́ так
мно́го де́лать

the
1 *determiner*

> **!** the *is not translated in Russian*
> the book is on the table = кни́га на столе́

2 *adverb*
the ... the = чем ..., тем
the earlier the better = чем ра́ньше, тем
лу́чше

theatre (*British English*), **theater** (*US
English*) *noun*
= теа́тр

their *determiner*
= их
their car = их маши́на

> **!** *When 'their' refers back to the subject
> of the clause,* свой *is used instead
> of* их; *also, when talking about parts of
> the body,* их *is not used:*
> they lost their money = они́ потеря́ли
> свои́ де́ньги
> they were lying on their sides = они́
> лежа́ли на боку́

theirs *pronoun*
= их
those books are theirs = э́ти кни́ги — их
I know a friend of theirs = я зна́ю одного́
из их друзе́й

> **!** *When 'theirs' refers back to the subject
> of the clause,* свой *is used instead:*
> they took my book as they'd lost theirs =
> они́ взя́ли мою́ кни́гу, потому́ что
> потеря́ли свою́

them *pronoun*
- (*in the accusative or genitive case*) = их
he found them = он нашёл их
he did it for them = он э́то сде́лал для
них
- (*in the the dative case*) = им
I'll phone them tomorrow = я позвоню́ им
за́втра
he approached them = он подошёл к
ним
- (*in the instrumental case*) = и́ми
I'll go with them = я пойду́ с ни́ми
- (*in the prepositional case*) = них
he said it in front of them = он э́то сказа́л
при них
- (*used colloquially for* **they**) = они́
it's them! = э́то они́!

> **!** *When preceded by a preposition,* их
> *becomes* них

themselves *pronoun*
- (*when used as a reflexive pronoun*) = себя́
or expressed by a reflexive verb
they bought themselves a car = они́
купи́ли себе́ маши́ну
they washed themselves = они́ умы́лись

* (when used for emphasis) = сами
  they told him themselves = они сказали
  ему об этом сами
(all) by themselves
* (alone) = одни
* (without help) = сами

then adverb
* (after that) = потом
  we had dinner; then we went to bed = мы
  поужинали; потом мы легли спать
* (at that time in the past) = тогда
  we were happy then = мы были
  счастливы тогда
* (at that time in the future) = в это время
  I won't be there then = в это время меня
  там не будет
now and then = время от времени

there adverb
* (referring to a place, not involving motion)
  = там
  he'll be there = он будет там
  we sat there all evening = мы сидели там
  весь вечер
* (involving direction or motion to a place) =
  туда
  I'm going there now = я иду туда сейчас
* (in exclamations) = вот
  there she is! = вот она!
there is / there are
  = есть (or not translated in the present
  tense)
  there is only one cup on the table = на
  столе только одна чашка
  is there a shop in the village? = в деревне
  есть магазин?
  there was only one cup on the table = на
  столе была только одна чашка
  there will be rain tomorrow = завтра
  будет дождь

therefore adverb
  = поэтому
  he lost his ticket and therefore had to buy
  another one = он потерял билет,
  поэтому ему пришлось купить
  другой

thermometer noun
  = градусник

these ▶ **this**

they pronoun
  = они
  they live here = они живут здесь

thick adjective
* (in shape) = толстый
  a thick book = толстая книга
* (in density) = густой
  thick fog = густой туман

thief noun
  = вор

thin adjective
* (not fat) = худой

  thin legs = худые ноги
* (not thick) = тонкий
  a thin book = тонкая книга
* (watery) = жидкий
* (not dense) = редкий
  thin hair = редкие волосы

thing noun
* (an object) = вещь
  she left her things at my house = она
  оставила свои вещи у меня
* (a matter) = дело
  how are things? = как дела?
  it's an interesting thing = это интересное
  дело
  the thing is ... = дело в том, что ...

think verb
  = думать/подумать
  he was thinking about his holiday = он
  думал об отпуске
  I think he's coming = я думаю, что он
  придёт
think over = обдумывать/обдумать
think up = придумывать/придумать

third number
* (in a series) = третий
* (in dates)
  the third of August = третье августа

thirsty adjective
  to be thirsty = хотеть (imperfective) пить
  I'm very thirsty = я очень хочу пить

thirteen number
  = тринадцать

thirteenth number
* (in a series) = тринадцатый
* (in dates)
  the thirteenth of November =
  тринадцатое ноября

thirtieth number
* (in a series) = тридцатый
* (in dates)
  the thirtieth of May = тридцатое мая

thirty number
  = тридцать

this (plural **these**)
1 determiner
  = этот
  he lives in this house = он живёт в этом
  доме
  these books are very interesting = эти
  книги очень интересные
  this morning = сегодня утром
2 pronoun
  = это
  these are my children = это—мои дети

those ▶ **that**

though
1 conjunction
  = хотя
  though it was late, she didn't hurry = хотя
  было поздно, она не торопилась

2 *adverb*
= всё-таки
I think you should ask him, though =
всё-таки, я думаю, что вы должны
спросить его

thought *noun*
= мысль
that's an interesting thought = это
интересная мысль

thousand *number*
= тысяча
ten thousand people = десять тысяч
человек

thread *noun*
= нитка

threaten *verb*
= угрожать (*imperfective*) (a person
+ *dative*, with a thing + *instrumental*)
he threatened to resign = он угрожал
уйти с работы
she threatened him with a knife = она
угрожала ему ножом
he threatened to sack her = он угрожал
уволить её

three *number*
= три

throat *noun*
= горло
I've got a sore throat = у меня болит
горло

through *preposition*
• (*across, via*) = через (+ *accusative*)
we were walking through the forest = мы
шли через лес
the train goes through Minsk = поезд
идёт через Минск
• (*with* door, window) = в (+ *accusative*)
she came through the door = она вошла в
дверь
• (*with* air, water, streets, a country) = по
(+ *dative*)
they were driving through France = они
ездили по Франции
• (*because of*) = из-за (+ *genitive*)
through stupidity = из-за глупости

throw *verb*
= бросать/бросить
she threw the ball to me = она бросила
мне мяч
throw away = выбрасывать/выбросить
throw out (*rubbish*; *a person*) =
выбрасывать/выбросить

thumb *noun*
= большой палец

thunder *noun*
= гром

thunderstorm *noun*
= гроза

Thursday *noun*
= четверг

ticket *noun*
= билет
a ticket to Moscow = билет в Москву

ticket office *noun*
= билетная касса

tidy
1 *adjective*
• (*of a person*) = аккуратный
• (*of a room*) = убранный
a tidy bedroom = убранная спальня
2 *verb* (*also* **tidy up**)
• (*with an object*) = убирать/убрать
he tidied (up) the room = он убрал
комнату
• (*with no object*) = наводить/навести
порядок
we must tidy up = нам нужно навести
порядок

tie
1 *noun*
= галстук
2 *verb*
= завязывать/завязать
he tied [his tie | a knot…] = он завязал
[галстук | узел…]
tie on = привязывать/привязать
tie to = привязывать/привязать к
(+ *dative*)
she tied the dog to a tree = она привязала
собаку к дереву
tie up
• (*a parcel*) = перевязывать/перевязать
• (*a prisoner*) = связывать/связать
• (*to attach to something else*) =
привязывать/привязать (to = к
+ *dative*)

tiger *noun*
= тигр

tight
1 *adjective*
• (*of clothes*) = узкий
• (*of a knot*) = крепко завязанный
2 *adverb*
= крепко
she tied the rope tight = она крепко
завязала верёвку
hold tight! = держитесь крепко!

tights *noun*
= колготки

till¹
1 *preposition*
= до (+ *genitive*)
till five o'clock = до пяти часов
not till = только
he won't be here till Friday = он будет
здесь только в пятницу
2 *conjunction*
= пока … не
wait till he comes! = подождите, пока он
не придёт! (*future*)
he waited till she had gone = он
подождал, пока она не ушла

T

not till = то́лько когда́
he didn't answer till she had gone = он
отве́тил, то́лько когда́ она́ ушла́

till² *noun*
= ка́сса

time *noun*
• *(in general)* = вре́мя
I haven't got much time = у меня́ ма́ло
вре́мени
hard times = тяжёлые времена́
• *(an occasion)* = раз
many times = мно́го раз
for the first time = в пе́рвый раз
• *(o'clock)*
what's the time? = кото́рый час? *or*
ско́лько вре́мени?
at what time? = в кото́ром часу́? *or* во
ско́лько?
at any time = в любо́е вре́мя

! See also the boxed note on ▶ **The clock
p. 151**

(for) a long time ▶ **long**
on time = во́время
have a good time = хорошо́
проводи́ть/провести́ вре́мя

timetable *noun*
= расписа́ние

tin *noun*
(British English) *(a container)* = ба́нка

tin opener *noun* *(British English)*
= консе́рвный нож

tip *noun*
(money) = чаевы́е *(plural)*
she gave the taxi driver a tip = она́ дала́
води́телю такси́ чаевы́е

tired *adjective*
= уста́лый
he's tired = он уста́л

title *noun*
(of a book, film) = назва́ние

to *preposition*

! See the boxed note on ▶ **to p. 271**;
where **to** is used idiomatically with a verb
or adjective, e.g. **belong to, rude to**,
translations will be found at the entries for
belong, rude, etc.

toast *noun*
• *(toasted bread)* = поджа́ренный хлеб
a piece of toast = тост
• *(a drink)* = тост

today *adverb*
= сего́дня

toe *noun*
= па́лец ноги́

together *adverb*
= вме́сте
let's go together! = пойдёмте вме́сте!

toilet *noun*
(the place and the installation) = туале́т
I want to go to the toilet = я хочу́ пойти́ в
туале́т
the toilet's out of action = туале́т не
рабо́тает

toilet paper *noun*
= туале́тная бума́га

token *noun*
= жето́н

tomato *noun*
= помидо́р

tomorrow *adverb*
= за́втра
tomorrow [morning | afternoon | evening |
night …] = за́втра [у́тром | днём | ве́чером |
но́чью …]
the day after tomorrow = послеза́втра

tongue *noun*
= язы́к

tonight *adverb*
• *(in the evening)* = сего́дня ве́чером
• *(in the night)* = сего́дня но́чью

too *adverb*
• *(excessively)* = сли́шком
too many people = сли́шком мно́го
люде́й
• *(also)* = то́же *or* та́кже
he's going too = он то́же пойдёт

tool *noun*
= инструме́нт

tooth *noun*
= зуб

toothache *noun*
= зубна́я боль

toothbrush *noun*
= зубна́я щётка

toothpaste *noun*
= зубна́я па́ста

top
1 *noun*
• *(of an object)* = верх
• *(of a hill, mountain)* = верши́на
• *(the upper part)* = ве́рхняя часть
2 *adjective*
= ве́рхний
the top floor = ве́рхний эта́ж

torch *noun* *(British English)*
= фона́рик

total
1 *noun*
= о́бщая су́мма
2 *adjective*
• *(overall)* = о́бщий
• *(complete)* = по́лный

to

! For the use of *to* in telling the time (e.g. *ten to six*), see the boxed note on ▶ **The clock p. 151**.

As a preposition

● When *to* is used as a preposition with verbs of movement (*go, walk, travel*, etc.), it is usually translated by **в** or **на**.

Some nouns are used with **в** (e.g. апте́ка, аэропо́рт, бассе́йн, больни́ца, гости́ница, кварти́ра, магази́н, музе́й, о́пера, парк, теа́тр, университе́т, шко́ла, and names of most countries and towns); others are used with **на** (e.g. вокза́л, заво́д, конце́рт, мо́ре, по́чта, рабо́та, ры́нок, ста́нция, фа́брика):

to the airport	= в аэропо́рт	*to Moscow*	= в Москву́
to school	= в шко́лу	*to the station*	= на вокза́л
to Russia	= в Росси́ю	*to work*	= на рабо́ту

● When there is an idea of reaching somewhere, **до** (+ *genitive*) is often used:

does this bus go to the library?	= э́тот авто́бус идёт до библиоте́ки?
how can I get to the the post office?	= как мне добра́ться до по́чты?
she walked to the end of the street	= она́ пошла́ до конца́ у́лицы

● When *to* means *towards* or *up to*, **к** (+ *dative*) is used:

she went to the window	= она́ пошла́ к окну́
come to me!	= иди́ ко мне!
to the south	= к ю́гу

● When *to* means *until*, **до** (+ *genitive*) is used:

from two to three (o'clock)	= с двух до трёх часо́в

● When *to* is used as a preposition to indicate the indirect object with verbs such as *give, say, show*, it is not translated, but the following noun or pronoun is in the dative case:

she gave the book to me	= она́ дала́ кни́гу мне
she said it to my father	= она́ сказа́ла э́то моему́ отцу́
we showed it to the teacher	= мы показа́ли э́то учи́телю

! Note that *speak* is different:

I want to speak to you	= я хочу́ с ва́ми поговори́ть

As part of an infinitive

● When *to* forms the simple infinitive of a verb, it needs no translation:

to buy	= покупа́ть/купи́ть
to live	= жить

It also needs no translation when used after certain adjectives and verbs:

it's easy to get lost	= легко́ потеря́ться
he helped me to find the book	= он мне помо́г найти́ кни́гу
he was ordered to leave	= ему́ приказа́ли уйти́

However, when *to* is used as part of an infinitive giving the meaning *in order to*, it is translated by **что́бы**:

yesterday he went to town to buy a shirt	= вчера́ он пое́хал в го́род, что́бы купи́ть руба́шку

After some Russian verbs, **что́бы** + the past tense is used to translate *to*:

I want you to come at six	= я хочу́, что́бы вы пришли́ в шесть часо́в
he warned her not to be late	= он предупреди́л её, что́бы она́ не опозда́ла

T

---

totally *adverb*
= соверше́нно

touch *verb*
- (*with one's hand*) = каса́ться/косну́ться (+ *genitive*)
  she touched his hand = она́ косну́лась его́ руки́
- (*in negative contexts*) = тро́гать/тро́нуть

don't touch! = не тро́гай!
- (*emotionally*) = тро́гать/тро́нуть
  she was touched by his words = его́ слова́ тро́нули её

tough *adjective*
- (*chewy; severe*) = жёсткий
- (*strong, hardy*) = кре́пкий
- (*difficult*) = тру́дный

tour
1 *noun*
* (*a journey*) = поездка
* (*an excursion*) = экскурсия
2 *verb*
= путешествовать (*imperfective*) по
(+ *dative*)
they toured Russia = они
путешествовали по России

tourism *noun*
= туризм

tourist *noun*
= турист/туристка

tourist information office *noun*
= туристическое бюро

toward(s) *preposition*
= к (+ *dative*)
she was walking towards the door = она
шла к двери
towards evening = к вечеру

towel *noun*
= полотенце

tower *noun*
= башня

town *noun*
= город

toy *noun*
= игрушка

tractor *noun*
= трактор

trade
1 *noun*
= торговля
2 *verb*
= торговать (*imperfective*) (in
+ *instrumental*)

trade union *noun*
= профсоюз

tradition *noun*
= традиция

traditional *adjective*
= традиционный

traffic *noun*
= движение
a lot of traffic = большое движение

traffic jam *noun*
= пробка

traffic lights *noun*
= светофор (*singular*)

tragedy *noun*
= трагедия

train
1 *noun*
= поезд
2 *verb*
* (*to prepare a person for a career*) =
готовить (*imperfective*)

they train good scientists here = здесь
готовят хороших учёных
* (*to learn a skill*) = готовиться
(*imperfective*)
he's training to be a teacher = он
готовится стать учителем
* (*to instruct a sportsperson*) =
тренировать/натренировать
* (*of a sportsperson*) =
тренироваться/натренироваться

trainer *noun*
* (*a coach*) = тренер
* (*British English*) (*a sports shoe*) =
кроссовка *or* (*trainers*) кеды (*no
singular*)

training *noun*
= тренировка

tram *noun*
= трамвай

translate *verb*
= переводить/перевести
she translated the story from English into
Russian = она перевела рассказ с
английского языка на русский

translation *noun*
= перевод

translator *noun*
= переводчик/переводчица

transport
1 *noun*
= транспорт
2 *verb*
= перевозить/перевезти

travel *verb*
= путешествовать (*imperfective*)
she loves travelling in Europe = она
любит путешествовать по Европе

travel agency *noun*
= туристическое бюро

traveller (*British English*), **traveler** (*US
English*) *noun*
= путешественник

traveller's cheque (*British English*),
traveler's check (*US English*) *noun*
= дорожный чек

treat *verb*
* (*to behave towards*) = обращаться
(*imperfective*) с (+ *instrumental*)
he treats his friends badly = он плохо
обращается с друзьями
* (*to give*) = угощать/угостить (to
+ *instrumental*)
he treated me to lunch = он угостил меня
обедом

tree *noun*
= дерево

tremble *verb*
= дрожать (*imperfective*) (with + от
+ *instrumental*)

she was trembling with cold = она́
дрожа́ла от хо́лода

trial *noun*
- (*in law*) = суд
- (*a test*) = испыта́ние

trip *noun*
- (*a journey*) = пое́здка
- (*an excursion*) = экску́рсия

trolleybus *noun*
= тролле́йбус

trouble
1 *noun*
- (*worry*) = беспоко́йство
  he causes me a lot of trouble = он
  причиня́ет мне мно́го беспоко́йства
- (*a problem or difficulty*) = беда́
  to get into trouble = попада́ть/попа́сть в
  беду́
  the trouble is ... = беда́ в том, что ...
- (*unpleasantness*) = неприя́тности (*plural*)
  he's had a lot of trouble(s) = у него́ бы́ли
  больши́е неприя́тности
2 *verb*
- (*to worry*) = беспоко́ить (*imperfective*)
- (*to ask to do something*) =
  проси́ть/попроси́ть
  may I trouble you to to help me? = мо́жно
  попроси́ть вас мне помо́чь?
  may I trouble you for a glass of water? =
  мо́жно попроси́ть у вас стака́н
  воды́?

trousers *noun*
= брю́ки *or* штаны́

truck *noun*
= грузови́к

true *adjective*
- (*correct*) = ве́рный
  it's *or* that's true = э́то ве́рно *or* э́то
  пра́вда
  it's *or* that's not true = э́то неве́рно *or* э́то
  непра́вда
  is it true that ...? = э́то ве́рно, что ...? *or*
  пра́вда ли, что ...?

  ! As shown in the examples, the nouns
  пра́вда and непра́вда are often used
  when translating the English word true; it
  is more tactful to say э́то неве́рно since
  э́то непра́вда may imply that the other
  person is lying
- (*of a story*) = правди́вый
- (*real, genuine*) = настоя́щий

trumpet *noun*
= труба́

trunk *noun*
(*US English*) (*of a car*) = бага́жник

trunks *noun*
(*swimming trunks*) = пла́вки

trust *verb*
= доверя́ть (*imperfective*) (+ *dative*)
I don't trust him = я не доверя́ю ему́

truth *noun*
= пра́вда

try
1 *verb*
- (*to endeavour*) = стара́ться/постара́ться
  I'll try to come = я постара́юсь прийти́
- (*to taste*) = про́бовать/попро́бовать
  she tried the sauce = она́ попро́бовала
  со́ус
- (*to test*) = испы́тывать/испыта́ть
2 *noun*
= попы́тка
try on = примеря́ть/приме́рить
try out = про́бовать/попро́бовать

tsar *noun*
= царь (*masculine*)

T-shirt *noun*
= футбо́лка

tube *noun*
(*British English*) (*the underground*) =
метро́ (*neuter indeclinable*)

Tuesday *noun*
= вто́рник

tune *noun*
= мело́дия

tunnel *noun*
= тунне́ль (*masculine*)

turkey *noun*
(*the meat*) = инде́йка

Turkey *noun*
= Ту́рция

Turkmenistan *noun*
= Туркмениста́н

turn
1 *verb*
- (*to turn round*) =
  повора́чиваться/поверну́ться
  she turned and went out = она́
  поверну́лась и вы́шла
  he turned to me = он поверну́лся ко мне́
- (*to change direction*) =
  повора́чивать/поверну́ть
  he turned left = он поверну́л нале́во
- (*to branch off*) = свора́чивать/сверну́ть
  he turned onto the main road = он
  сверну́л на большу́ю доро́гу
- (*a key, a handle, one's head*) =
  повора́чивать/поверну́ть
- (*to rotate*) = враща́ться (*imperfective*)
- (*a page*) = перевора́чивать/переверну́ть
- (*to become*) = станови́ться/стать
  it's turned colder = ста́ло холодне́е
2 *noun*
- (*a bend or turning*) = поворо́т
- (*one's turn to do something*) = о́чередь
turn around ▶ turn round
turn away (*to turn one's back*) =
отвора́чиваться/отверну́ться
turn back = повора́чивать/поверну́ть
наза́д

it was late, so we turned back = бы́ло
по́здно, так что мы поверну́ли наза́д
turn off
- (a light, the TV) = выключа́ть/
выключить
- (a tap) = закрыва́ть/закры́ть
- (to branch off) = свора́чивать/сверну́ть
we turn off here = мы свора́чиваем здесь
turn on
- (a light, the TV) = включа́ть/включи́ть
- (a tap) = открыва́ть/откры́ть
turn out
- (a light) = выключа́ть/вы́ключить
- (to prove to be) = ока́зываться/оказа́ться
(+ instrumental)
she turned out to be my old teacher = она́
оказа́лась мое́й ста́рой учи́тельницей
- (to end up) = конча́ться/ко́нчиться
everything turned out well = всё
ко́нчилось хорошо́
turn over
- (in bed etc.) =
перевора́чиваться/переверну́ться
he turned over and went to sleep = он
переверну́лся и засну́л
- (an object, a page) =
перевора́чивать/переверну́ть
turn round (also **turn around**)
- (of a person) =
повора́чиваться/поверну́ться
he turned round and went out = он
поверну́лся и вы́шел
- (in a car) =
развора́чиваться/разверну́ться
he turned round and drove home = он
разверну́лся и пое́хал домо́й
- (an object) = повора́чивать/поверну́ть
he turned the table round = он поверну́л
стол
- (a car) = развора́чивать/разверну́ть
she turned the car round = она́
разверну́ла маши́ну
turn to = обраща́ться/обрати́ться к
(+ dative)
who can I turn to for advice = к кому́ мне
обрати́ться за сове́том?
turn up
(to appear) = появля́ться/появи́ться

turning noun
= поворо́т
take the second turning on the right! =
сде́лайте второ́й поворо́т напра́во!

twelfth number
- (in a series) = двена́дцатый
- (in dates)
the twelfth of April = двена́дцатое апре́ля

twelve number
= двена́дцать

twentieth number
- (in a series) = двадца́тый
- (in dates)
the twentieth of May = двадца́тое ма́я

twenty number
= два́дцать

twice adverb
= два́жды
twice as = в два ра́за (+ comparative)
twice as good = в два ра́за лу́чше

two number
= два

type
1 noun
= тип
two types of car = два ти́па маши́н
(plural)
what type of holiday do you want? =
како́го ти́па о́тпуск вы хоти́те?
2 verb
= писа́ть/написа́ть на маши́нке
he typed a letter = он написа́л письмо́ на
маши́нке

typewriter noun
= пи́шущая маши́нка

typical adjective
= типи́чный

typist noun
= машини́стка

Uu

ugly adjective
= некраси́вый

UK ▶ **United Kingdom**

Ukraine noun
= Украи́на

umbrella noun
= зо́нтик

unable adjective
to be unable
- (not be in a position to) = не мочь/смочь
I'm unable to come = я не могу́ прийти́
- (to lack the skill) = не уме́ть/суме́ть
he's unable to swim = он не уме́ет
пла́вать

uncertain adjective
he's uncertain as to whether he can come
= он не уве́рен, смо́жет ли он прийти́
she's uncertain what to do = она́ то́чно не
зна́ет, что де́лать

uncle noun
= дя́дя (masculine)

uncomfortable adjective
= неудо́бный

unconscious adjective
(predicative) = без созна́ния

he was unconscious = он был без
сознáния

under preposition
- (below, denoting position) = под
  (+ instrumental)
  the book is under the bed = кнúга под
  кровáтью
- (below, denoting movement) = под
  (+ accusative)
  the book fell under the table = кнúга
  упáла под стол
- (less than) = мéньше (+ genitive)
  under five pounds = мéньше пятú
  фýнтов
from under = из-под (+ genitive)

underground noun (British English)
= метрó (neuter indeclinable)
she went there on the underground = онá
поéхала тудá на метрó

underground station noun (British
English)
= стáнция метрó

underline verb
= подчёркивать/подчеркнýть
he underlined his surname = он
подчеркнýл свою фамúлию

underneath preposition
- (denoting position) = под (+ instrumental)
  the cat was sitting underneath the table =
  кóшка сидéла под столóм
- (denoting movement) = под
  (+ accusative)
  the cat crawled underneath the bed =
  кóшка залéзла под кровáть

underpants noun
= трусы́

undershirt noun (US English)
= мáйка

understand verb
= понимáть/понять
I don't understand = я не понимáю
she understands Russian = онá
понимáет по-рýсски

underwear noun
= нúжнее бельё

undo verb
- (to untie) = развязывать/развязáть
- (to unfasten) =
  расстёгивать/расстегнýть

undress verb
- (oneself) = раздевáться/раздéться
- (another person) = раздевáть/раздéть

unemployed
1 adjective
= безрабóтный
2 noun
the unemployed = безрабóтные

unemployment noun
= безрабóтица

unexpectedly adverb
= неожúданно

unfair adjective
= несправедлúвый

unfortunately adverb
= к сожалéнию

unhappy adjective
- (miserable) = несчáстный
  she's feeling unhappy = онá чýвствует
  себя несчáстной
- (dissatisfied) = недовóльный
  he's unhappy with my work = он
  недовóлен моéй рабóтой

unhealthy adjective
- (in bad health) = нездорóвый
- (bad for the health) = врéдный

uniform noun
= фóрма

United Kingdom noun
= Соединённое Королéвство

United States (of America) noun
= Соединённые Штáты (Амéрики)

university noun
= университéт

unkind adjective
= злой

unknown adjective
= неизвéстный

unless conjunction
= éсли ... не
I won't come unless I'm invited = я не
придý, éсли меня не приглася́т

unlucky adjective
- (of a person) = неудáчный
- (of a number etc.) = несчастлúвый

unnecessary adjective
= ненýжный

unpack verb
= распакóвывать/распаковáть

unpleasant adjective
= неприя́тный

unsuccessful adjective
= безуспéшный

untie verb
= развязывать/развязáть

until
1 preposition
= до (+ genitive)
until three o'clock = до трёх часóв
not ... until = тóлько
he won't be here until Tuesday = он
бýдет здесь тóлько во втóрник
2 conjunction
= покá ... не
wait until they've arrived! = подождúте,
покá онú не придýт! (future)

U

not ... until = то́лько когда́
don't start until they arrive! = начина́йте
то́лько когда́ они́ приду́т! (*future*)

unusual *adjective*
= необы́чный *or* необыкнове́нный
an unusual colour = необы́чный цвет
an unusual hobby = необы́чное хо́бби
unusual beauty = необыкнове́нная
красота́
unusual strength = необыкнове́нная
си́ла

> **!** As shown in the above examples,
> необы́чный is used in less dramatic
> contexts, while необыкнове́нный
> conveys a sense of exceptional qualities

unwrap *verb*
= развора́чивать/разверну́ть

up

> **!** For translations of **up** in combination
> with verbs, e.g. **pack up**, **wake up**, see
> the entries for **pack**, **wake**, etc.

1 *preposition*
• (*upwards*) = вверх по (+ *dative*)
up the river = вверх по реке́
up the stairs = вверх по ле́стнице
• (*along*) = по (+ *dative*)
she walked up the street = она́ пошла́ по
у́лице
2 *adverb*
• (*motion*) = вверх
she threw the ball up = она́ бро́сила мяч
вверх
• (*upstairs*) = наве́рх
he went up to the bedroom = он пошёл
наве́рх в спа́льню
• (*position*) = наверху́
the book is up on the shelf = кни́га
наверху́ на по́лке
up to = к (+ *dative*)
he walked up to me = он подошёл ко
мне́
up to now = до сих по́р

upper *adjective*
= ве́рхний

upset
1 *adjective*
= расстро́енный
he's very upset = он о́чень расстро́ен
2 *verb*
(*to distress*) = расстра́ивать/расстро́ить

upstairs *adverb*
• (*motion*) = наве́рх
she went upstairs = она́ пошла́ наве́рх
• (*position*) = наверху́
he's upstairs = он наверху́

urgent *adjective*
= сро́чный

---

us *pronoun*
• (*in the accusative, genitive, or
prepositional case*) = нас
he saw us = он уви́дел нас
he did it in front of us = он э́то сде́лал
при нас
• (*in the dative case*) = нам
they helped us = они́ помогли́ нам
• (*in the instrumental case*) = на́ми
have lunch with us! = пообе́дайте с
на́ми!
• (*used colloquially for* **we**) = мы
it's us! = э́то мы!

US(A) *abbreviation*
= США

use *verb*
• (*to make use of*) =
по́льзоваться/воспо́льзоваться
(+ *instrumental*)
he used a knife = он воспо́льзовался
ножо́м
may I use your phone? = мо́жно
воспо́льзоваться ва́шим телефо́ном?
• (*to use up, consume*) = испо́льзовать
(*imperfective & perfective*)
we've used (up) all our food = мы
испо́льзовали всю еду́

used
1 *verb*

> **!** The phrase **used to** (+ *verb*) is usually
> translated into Russian by the past
> imperfective form of the verb, sometimes
> with ра́ньше:
> I used to read a lot = ра́ньше я мно́го
> чита́л
> we used to meet here every day = мы
> (ра́ньше) встреча́лись здесь ка́ждый
> день
> they used to live in Moscow = ра́ньше
> они́ жи́ли в Москве́

2 *adjective*
to get used to, **be used to** =
привыка́ть/привы́кнуть к (+ *dative*)
you'll soon get used to it = ты ско́ро
привы́кнешь к э́тому
she couldn't get used to the noise = она́
не могла́ привы́кнуть к шу́му
he's used to living alone = он привы́к
жить оди́н

useful *adjective*
= поле́зный

useless *adjective*
= бесполе́зный

usual *adjective*
= обы́чный
she got up at the usual time = она́ вста́ла
в обы́чное вре́мя
she got up later than usual = она́ вста́ла
по́зже, чем обы́чно
as usual = как обы́чно

usually *adverb*
= обы́чно

✗ in informal situations

Uzbekistan noun
= Узбекиста́н

vacancy noun
• (in a hotel) = свобо́дный но́мер
  have you any vacancies? = у вас есть
    свобо́дные номера́?
• (a job) = вака́нсия

vacant adjective
(unoccupied) = свобо́дный

vacation noun
• (US English) (from work) = о́тпуск
  she's gone on vacation = она́ уе́хала в
    о́тпуск
• (from university etc.) = кани́кулы (plural)
  the summer vacation = ле́тние кани́кулы

vacuum verb
= пылесо́сить/пропылесо́сить

vacuum cleaner noun
= пылесо́с

vague adjective
= неопределённый

valley noun
= доли́на

valuable adjective
= це́нный

various adjective
= разли́чный or ра́зный

vase noun
= ва́за

VAT noun
= нало́г на доба́вленную
  сто́имость, НДС

vegetable noun
• (in most contexts) = о́вощ
  she boiled the vegetables = она́ свари́ла
    о́вощи
• (with a meal) = гарни́р
  what vegetable(s) would you like? = что
    вы хоти́те на гарни́р?

vegetable garden noun
= огоро́д

vegetarian noun
= вегетариа́нец/вегетариа́нка

vehicle noun
= маши́на

versus preposition
= про́тив (+ genitive)

very
1 adverb
= о́чень
very much = о́чень
2 adjective
= са́мый
to the very end = до са́мого конца́

vest noun
• (British English) = ма́йка
• (US English) = жиле́т

via preposition
= че́рез (+ accusative)

victory noun
= побе́да

video
1 noun
  (a video recorder, film, cassette)
    = ви́део✱ (neuter indeclinable)
2 verb
= запи́сывать/записа́ть на ви́део
  she videoed the programme = она́
    записа́ла переда́чу на ви́део

video camera noun
= видеока́мера

video cassette noun
= видеокассе́та

video recorder noun
= видеомагнитофо́н

view noun
• (a scene) = вид
  a view onto the sea = вид на мо́ре
• (an opinion) = взгляд

village noun
= дере́вня

violent adjective
• (of a person) = жесто́кий or опа́сный
• (of a storm, blow, headache) = си́льный
  a violent film = фильм с жесто́костями

violin noun
= скри́пка

visa noun
= ви́за

visit
1 verb
• (a person) = навеща́ть/навести́ть
• (a place) = посеща́ть/посети́ть
2 noun
  (to a person or place) = посеще́ние

visitor noun
• (a guest) = гость (masculine)
• (to a public place) = посети́тель
    (masculine)

vodka noun
= во́дка

V

voice noun
= го́лос

voicemail noun
= голосова́я по́чта

volleyball noun
= волейбо́л

vote
1 verb
= голосова́ть/проголосова́ть (for + за
+ accusative)
she voted for the plan = она́
проголосова́ла за план
2 noun
= го́лос

Ww

wage noun (also **wages**)
= зарпла́та

waist noun
= та́лия

waistcoat noun (British English)
= жиле́т

wait verb
= ждать/подожда́ть
she waited three hours = она́ ждала́ три
часа́
she asked him to wait = она́ попроси́ла
его́ подожда́ть
wait a minute! = подожди́те мину́ту!
wait for = ждать/подожда́ть (+ genitive
or accusative)

! The genitive tends to be used if the
object is indefinite or intangible:
she was waiting for her sister = она́
ждала́ сестру́ (accusative)
we were waiting for a train = мы жда́ли
по́езда (genitive)
I'll wait for you in the car = я вас подожду́
в маши́не

waiter noun
= официа́нт

waitress noun
= официа́нтка

wake verb (also **wake up**)
• (to become awake) =
просыпа́ться/просну́ться
she woke (up) at seven o'clock = она́
просну́лась в семь часо́в
• (to rouse a person) = буди́ть/разбуди́ть
wake me (up) at six o'clock! = разбуди́те
меня́ в шесть часо́в!

Wales noun
= Уэ́льс

walk
1 verb
• (to go) = ходи́ть (indeterminate) | идти́
(determinate) | пойти́ (perfective)
she walks slowly = она́ хо́дит ме́дленно
we were walking along the street = мы
шли по у́лице
on Saturday they walked round the shops
= в суббо́ту они́ пошли́ по магази́нам
• (to go on foot) = ходи́ть (indeterminate) |
идти́ (determinate) | пойти́ (perfective)
пешко́м
shall we walk or go by bus? = мы пойдём
пешко́м и́ли пое́дем авто́бусом?
• (to go for a stroll) = гуля́ть/погуля́ть
she was walking in the park = она́ гуля́ла
в па́рке
2 noun
= прогу́лка
to go for a walk = идти́/пойти́ гуля́ть
walk away = уходи́ть/уйти́ (from + от
+ genitive)
walk in = входи́ть/войти́
walk into (to enter) = входи́ть/войти́ в
(+ accusative)
walk off = уходи́ть/уйти́
walk out = выходи́ть/вы́йти (of + из
+ genitive)
walk up = подходи́ть/подойти́ (to + к
+ dative)

Walkman noun (proprietary term)
= во́кмен or пле́ер

wall noun
= стена́

wallet noun
= бума́жник

wallpaper noun
= обо́и (plural)

wander verb
= броди́ть (imperfective)
they wandered about the town = они́
броди́ли по го́роду

want verb
= хоте́ть/захоте́ть (+ genitive or
accusative)

! The genitive tends to be used if the
object is indefinite or intangible:
he wants a new car = он хо́чет но́вую
маши́ну (accusative)
they want peace = они́ хотя́т ми́ра
(genitive)
I want to go home = я хочу́ пойти́ домо́й
to want somebody to do something =
хоте́ть, что́бы + past tense
I want you to come at six = я хочу́, что́бы
вы пришли́ в шесть часо́в

war noun
= война́

wardrobe *noun*
= платяно́й шкаф

warm
1 *adjective*
= тёплый
2 *verb*
• (*to become warm*) = гре́ться (*imperfective*)
the soup's warming = суп гре́ется
• (*to make warm*) = греть (*imperfective*)
she warmed her hands in front of the fire
= она́ гре́ла ру́ки у огня́

warm up
• (*to become warm*) = согрева́ться/согре́ться
the water's warmed up = вода́ согре́лась
• (*to heat something up*) = подогрева́ть/подогре́ть
he warmed up the soup = он подогре́л суп

warn *verb*
= предупрежда́ть/предупреди́ть
she warned me about the weather = она́ предупреди́ла меня́ о пого́де
to warn somebody not to do something = предупрежда́ть/предупреди́ть, чтобы не + *past tense*
he warned her not to be late = он предупреди́л её, что́бы она́ не опозда́ла

warning *noun*
= предупрежде́ние

wash
1 *verb*
• (*to wash an object*) = мыть/вы́мыть *or* помы́ть
she washed the dishes = она́ вы́мыла посу́ду
he washed his hair = он вы́мыл го́лову
• (*to wash oneself*) = умыва́ться/умы́ться
he washed and dressed = он умы́лся и оде́лся
• (*to wash clothes*) = стира́ть/вы́стирать
2 *noun*
to have a wash = умыва́ться/умы́ться
wash up (*British English*) = мыть/вы́мыть *or* помы́ть посу́ду

washbasin *noun*
= умыва́льник

washing *noun*
(*laundry*) = бельё
she did the washing = она́ вы́стирала бельё
we must do some washing = мы должны́ постира́ть

washing machine *noun*
= стира́льная маши́на

washing-up *noun* (*British English*)
• (*the activity*)
we did the washing-up = мы вы́мыли посу́ду
• (*dirty dishes*) = гря́зная посу́да

waste
1 *verb*
= тра́тить/истра́тить
we wasted a lot of money on it = мы истра́тили на э́то мно́го де́нег
2 *noun*
= тра́та
it's a waste of [time | money ...] = э́то то́лько тра́та [вре́мени | де́нег ...]

watch
1 *noun*
= часы́ (*plural*)
a new watch = но́вые часы́
2 *verb*
• (*television, a film, a match*) = смотре́ть/посмотре́ть
I watch television every night = я смотрю́ телеви́зор ка́ждый ве́чер
we watched the children playing = мы смотре́ли, как де́ти игра́ют
• (*to observe closely*) = наблюда́ть (*imperfective*)
we watched what they were doing = мы наблюда́ли, что они́ де́лают
• (*to keep an eye on*) = следи́ть (*imperfective*) за (+ *instrumental*)
please watch the children! = пожа́луйста, следи́те за детьми́!
he has to watch his weight = ему́ на́до следи́ть за ве́сом
watch out = смотре́ть/посмотре́ть
watch out that you're not late! = смотри́те, что́бы вы не опозда́ли!
watch out! = осторо́жно!

water
1 *noun*
= вода́
2 *verb*
(*plants*) = полива́ть/поли́ть

wave
1 *noun*
= волна́
high waves = высо́кие во́лны
2 *verb*
= маха́ть/махну́ть (+ *instrumental*)
she waved at me = она́ махну́ла мне
they were waving their handkerchiefs = они́ маха́ли платка́ми

way *noun*
• (*to get somewhere*) = доро́га
she asked the way to the station = она́ спроси́ла, как добра́ться до вокза́ла
on the way to the station = по доро́ге на вокза́л
a long way from home = далеко́ от до́ма
• (*method*) = спо́соб
he did it the old way = он сде́лал э́то ста́рым спо́собом
by the way = ме́жду про́чим

W

this way
- (in this direction) = сюда
- (in this manner) = таким образом

we pronoun
= мы

weak adjective
= слабый

wear verb
- (to have on) = носить (imperfective) or быть в (+ prepositional)
  he wears glasses = он носит очки
  he was wearing a suit = он был в костюме
  he used to wear a suit = он раньше носил костюм

> ! носить is used when referring to a habit of wearing something; быть в is used when referring to a particular occasion

- (to put on) = надеть (perfective)
  what should I wear? = что мне надеть?

weather noun
= погода
  what was the weather like? = какая была погода?

weather forecast noun
= прогноз погоды

website noun
= сайт, веб-сайт

wedding noun
= свадьба

Wednesday noun
= среда

week noun
= неделя
  last week = на прошлой неделе
  once a week = раз в неделю

weekend noun
= суббота и воскресенье or выходные (дни)
  we spent the weekend in London = мы провели субботу и воскресенье (or выходные) в Лондоне

weigh verb
- (a certain amount) = весить (imperfective)
  she weighs sixty kilos = она весит шестьдесят килограммов
  what do you weigh? = сколько вы весите? or какой у вас вес?
- (to measure the weight of) = взвешивать/взвесить
  he weighed the apples = он взвесил яблоки

weight noun
= вес
  to lose weight = худеть/похудеть

welcome
1 adjective
  welcome! = добро пожаловать!

you're welcome! (having been thanked) = пожалуйста! or не за что!
2 verb
= приветствовать (imperfective & perfective)
  they welcomed the guests = они приветствовали гостей

well
1 adverb
= хорошо
  she sings well = она поёт хорошо
2 adjective
  (healthy) = здоровый
  are you well? = вы здоровы?
  I don't feel well = я плохо себя чувствую
3 exclamation
= ну!
as well
= также
  I want to buy some books as well = я также хочу купить книги
as well as = как ... так и
  children, as well as adults, may take part = как дети, так и взрослые могут принимать участие

well-known adjective
= известный

Welsh
1 adjective
= уэльский
2 noun
the Welsh = валлийцы

Welshman noun
= валлиец

Welshwoman noun
= валлийка

west
1 noun
= запад
  in the west of Ireland = на западе Ирландии
2 adverb
  (motion) = на запад
  he was travelling west = он ехал на запад
west of = к западу от (+ genitive)
  he lives west of London = он живёт к западу от Лондона
3 adjective
= западный

western adjective
= западный

wet adjective
= мокрый

what

> ! See the boxed note on ▶ what p. 281 for more information and examples

1 pronoun
- (in questions)
  what do you think? = что ты думаешь?

what

As a pronoun

In questions

When *what* is used as a pronoun in questions, it is usually translated by что which has the forms чего, чему, чем, чём for the different cases:

what's happening?	= что происхо́дит?
what are we going to do?	= что мы бу́дем де́лать?
what's the table made of?	= из чего́ сде́лан стол?
what's it similar to?	= чему́ э́то подо́бно?
what's in the pasties?	= с чем пирожки́?
what are you thinking about?	= о чём вы ду́маете?

In some common phrases, another construction is used:

what's the time?	= кото́рый час?
what's your name?	= как вас зову́т?
what did it cost?	= ско́лько э́то сто́ило?

In relative clauses

When *what* is used to introduce a clause, it is usually translated by что which has the forms чего, чему, чем, чём for the different cases:

I want to know what's happening	= я хочу́ знать, что происхо́дит
we saw what you did	= мы ви́дели, что вы сде́лали
she knows what it's for	= она́ зна́ет, для чего́ э́то
I don't know what they're talking about	= я не зна́ю, о чём они́ говоря́т

When *what* means more specifically 'the thing which', it is translated by то, что, and in this case the word то declines while что remains unchanged:

what he says is true	= то, что он говори́т — пра́вда
he didn't believe what she said	= он не пове́рил тому́, что она́ сказа́ла
she's sorry about what she did	= он сожале́ет о том, что она́ сде́лала

As a determiner

When *what* is used as a determiner in questions and exclamations, it is usually translated by како́й which declines like an adjective and changes according to number, gender, and case:

what books do you like?	= каки́е кни́ги вы лю́бите?
what train did you get on?	= на како́й по́езд вы се́ли?
what colour is your car?	= како́го цве́та ва́ша маши́на?
what department does he run?	= каки́м отде́лом он руково́дит?
what nice people!	= каки́е прия́тные лю́ди!

Note that when talking about time кото́рый is used:

what time is it?	= кото́рый час?
at what time?	= в кото́ром часу́?

W

---

what do you want? = что вы хоти́те?
what's your name? = как вас зову́т?
what's the time? = кото́рый час?
• (*in relative clauses*) = что or то, что
I saw what you did = я ви́дел, что вы сде́лали
what he says is true = то, что он говори́т, пра́вда
2 *determiner*
= како́й
what good books have you read? = каки́е хоро́шие кни́ги вы прочита́ли?
what colour is your car? = како́го цве́та ва́ша маши́на?
what nice people! = каки́е прия́тные лю́ди!
at what time? = в кото́ром часу́?

what if = что, е́сли (+ *future*)
what if we don't get there on time? = что, е́сли мы не успе́ем?

whatever

1 *pronoun*
• (*no matter what*) = что бы ни (+ *past tense*)
whatever you think = что бы вы ни ду́мали
• (*anything*) = всё, что
say whatever you like = говори́те всё, что хоти́те
2 *determiner*
= како́й бы ни (+ *past tense*)
whatever books he read(s) = каки́е бы кни́ги он ни прочита́л

wheel *noun*
= колесо́

when
1 *adverb*
= когда́
when will he arrive? = когда́ он придёт?
2 *conjunction*
= когда́
I don't know when he'll arrive = я не зна́ю, когда́ он придёт

whenever
1 *adverb*
= когда́ же
whenever will I see you? = когда́ же я вас уви́жу?
2 *conjunction*
• (*at any time*) = когда́
come whenever you like = приходи́те, когда́ хоти́те
• (*every time*) = ка́ждый раз, когда́
he's drunk whenever I see him = он пьян ка́ждый раз, когда́ я его́ ви́жу

where
1 *adverb*
• (*place*) = где
where do you live? = где вы живёте?
• (*motion*) = куда́
where are you going? = куда́ вы идёте?
where are you from? = отку́да вы?
2 *conjunction*
• (*place*) = где
this is where I live = вот где я живу́
• (*motion*) = куда́
the place where you're going = ме́сто, куда́ вы идёте

wherever *conjunction*
• (*every place; no motion*) = где бы ни (+ *past tense*)
he's dissatisfied wherever he lives = он недово́лен, где бы он ни жил
• (*any place; no motion*) = где
you can live wherever you like = вы мо́жете жить, где хоти́те
• (*every place; motion*) = куда́ бы ни (+ *past tense*)
he's dissatisfied wherever he goes = он недово́лен, куда́ бы он ни пошёл
• (*any place; motion*) = куда́
you can go wherever you like = вы мо́жете пойти́, куда́ вы хоти́те

whether *conjunction*
= ли (*placed after the verb, followed by the subject*)
I don't know whether he'll come = я не зна́ю, придёт ли он
whether he comes or not = придёт ли он и́ли нет

which

> ! See the boxed note on ▶ **which p. 283** for more information and examples

1 *determiner*
= како́й

which book do you want? = каку́ю кни́гу вы хоти́те?
2 *pronoun*
• (*in relative clauses*) = кото́рый
the film which we saw is still running = фильм, кото́рый мы посмотре́ли, ещё идёт
the house I was talking about = дом, о кото́ром я говори́л
• (*in questions*) = како́й (*object or person*); кто (*person*)
which of them are yours? = каки́е из них ва́ши?
which of you is an engineer? = кто из вас инжене́р?

whichever *determiner & pronoun*
• (*no matter which*) = како́й бы ни (+ *past tense*)
whichever person you ask = како́го бы челове́ка вы ни спроси́ли
• (*any*) = любо́й
take whichever book you like! = возьми́те любу́ю кни́гу, каку́ю захоти́те!

while
1 *conjunction*
• (*as long as*) = пока́
while it's still warm outside = пока́ ещё тепло́ на у́лице
• (*at the same time as*) = пока́ *or* в то вре́мя, как
they arrived while I was at work = они́ прие́хали, пока́ (*or* в то вре́мя, как) я была́ на рабо́те
• (*whereas*) = а
she likes travelling abroad, while he likes to stay at home = она́ лю́бит е́здить за грани́цу, а он лю́бит остава́ться до́ма
2 *noun*
= не́которое вре́мя
we waited a while = мы жда́ли не́которое вре́мя
(for) a little while = недо́лго
(for) a long while ▶ long

white *adjective*
= бе́лый
a white coffee = ко́фе с молоко́м

who *pronoun*
• (*in questions*) = кто
who wants an ice cream? = кто хо́чет моро́женое?
I don't know who he's talking about = я не зна́ю, о ком он говори́т
• (*in relative clauses*) = кото́рый
the man who spoke to you is my father = челове́к, кото́рый говори́л с ва́ми, мой оте́ц
the man to whom I gave the money = челове́к, кото́рому я дал де́ньги

whoever *pronoun*
• (*no matter who*) = кто бы ни (+ *past tense*)
whoever you may be = кто бы вы ни бы́ли
• (*everybody*) = вся́кий, кто

which

As a determiner

When which is used as a determiner in questions, it is translated by какой which declines like an adjective and changes according number, gender, and case:

which boy did that?	= какой мальчик сделал это?
which car is yours?	= какая машина ваша?
which dress did you buy	= какое платье вы купили?
which books do you like?	= какие книги вы любите?
he's helping the girls — which girls?	= он помогает девушкам — каким девушкам?

As a pronoun

In relative clauses

When used as a pronoun in relative clauses, *which* is translated by который which is declined like an adjective and has different endings according to number, gender, and case:

the book which is on the table	= книга, которая лежит на столе
the book which she is reading	= книга, которую она читает
the book which we were talking about	= книга, о которой мы говорили
the books which I gave you	= книги, которые я вам дал

Relating back to the whole statement

When the word *which* relates back to the whole statement, it is translated by что:

she took my new dress, which I didn't like	= она взяла моё новое платье, что мне не понравилось

In questions

When used as a pronoun in questions, *which* is translated by какой, or often кто if referring to a person. Какой is declined like an adjective and has different endings according to number, gender, and case, and кто has the forms кого, кому, кем, ком for the different cases.

here are three books; which (one) do you want?	= вот три книги; какую вы хотите?
there were many interesting people there; which (ones) did you speak to?	= там было много интересных людей; с какими из них вы говорили? (*or* с кем вы говорили?)
which of you want to go?	= кто из вас хочет пойти?

---

he offends whoever he speaks to = он обижает всякого, с кем он говорит
- (*anybody*) = кто
invite whoever you want! = пригласите кого хотите!

whole *adjective*
= целый *or* весь
the whole day = целый день *or* весь день
the whole world = весь мир
two whole weeks = целых две недели

whom ▶ **who**

whose
1 *pronoun*
- (*in relative clauses*) = которого (*masculine & neuter*) | которой (*feminine*) | которых (*plural*)
a man whose name I can't remember phoned up = позвонил человек, фамилию которого я не помню
- (*in questions*) = чьей
those are my books, but whose are these? = это мои книги, а чьи эти?

2 *determiner*
= чей
whose book is this? = чья эта книга?

why *adverb*
= почему
why do you ask? = почему вы спрашиваете?

wide *adjective*
= широкий

wife *noun*
= жена

wild *adjective*
- (*of an animal, plant*) = дикий
- (*stormy; of weather, applause*) = бурный

will
1 *verb*
- (*forming the future tense*)

> **!** *To form the imperfective future, Russian uses the verb* быть *in the present tense + the imperfective infinitive; to form the perfective future, Russian uses the present tense of the perfective infinitive, e.g.*

W

she will be working all day = она́ бу́дет
рабо́тать весь день
he will help you tomorrow = он помо́жет
вам за́втра
- (in invitations and requests)
will you stay for dinner? = вы оста́нетесь
на у́жин?
will you open the window, please? =
откро́йте, пожа́луйста, окно́!
- (in the negative, expressing ability) not
translated
the computer won't work = компью́тер не
рабо́тает
- (in the negative, expressing willingness) =
хоте́ть (imperfective)
she won't help me = она́ не хо́чет мне
помо́чь
- (in question tags) = не пра́вда ли
we'll be late, won't we? = мы опозда́ем,
не пра́вда ли?
- (in denials) = наоборо́т (+ verb)
'he won't come'—'yes he will!' = «он не
придёт» — «наоборо́т, придёт»
2 noun
= во́ля
he did it against his will = он сде́лал э́то
про́тив свое́й во́ли

win verb
= выи́грывать/вы́играть
they won the match = они́ вы́играли
матч
she won a car = она́ вы́играла маши́ну

wind noun
= ве́тер

window noun
- (of a house etc.) = окно́
- (of a shop) = витри́на

windy adjective
= ве́треный
it's windy today = сего́дня ве́тер or
сего́дня ве́трено

wine noun
= вино́
a bottle of wine = буты́лка вина́

wineglass noun
= рю́мка

wine list noun
= ка́рта вин

wing noun
= крыло́

winner noun
= победи́тель (masculine)

winter
1 noun
= зима́
in the winter = зимо́й
2 adjective
= зи́мний

wipe verb
= вытира́ть/вы́тереть

she wiped [the table | her hands | the
dishes…] = она́ вы́терла [стол | ру́ки |
посу́ду…]
wipe away, **wipe off** = стира́ть/стере́ть

wish
1 verb
- (would like) = хоте́ться бы (impersonal
+ dative)
I wish I could play the piano = мне
хоте́лось бы уме́ть игра́ть на
пиани́но
- (to want) = хоте́ть/захоте́ть
I wish to go to the party = я хочу́ пойти́
на вечери́нку
I wish you to forget about this = я хочу́,
что́бы вы забы́ли об э́том
- (expressing hope) = жела́ть (imperfective)
(+ genitive)
I wish you success = жела́ю вам успе́ха
2 noun
(a desire) = жела́ние
wishes = пожела́ния
with best wishes = с наилу́чшими
пожела́ниями
wish for = жела́ть (imperfective)
(+ genitive)

with preposition
- (together with) = с (+ instrumental)
tea with milk = чай с молоко́м
she lives with her father = она́ живёт с
отцо́м
with difficulty = с трудо́м
the house with a red door = дом с
кра́сной две́рью
- (by means of) = + instrumental
she opened the jar with a knife = она́
откры́ла ба́нку ножо́м
- (as a result of) = от (+ genitive)
she was shaking with cold = она́ дрожа́ла
от хо́лода
- (in the keeping of; at the house of) = у
(+ genitive)
I left the book with my brother = я
оста́вила кни́гу у бра́та

without preposition
= без (+ genitive)
she went without him = она́ пошла́ без
него́

wolf noun
= волк

woman noun
= же́нщина

wonder verb
- (expressing curiosity)
I wonder who will come = интере́сно, кто
придёт
- (expressing a request)
I wonder if you could help me = не
мо́жете ли вы мне помо́чь?
no wonder = неудиви́тельно
no wonder she got ill! = неудиви́тельно,
что она́ заболе́ла!

wonderful *adjective*
= чудéсный

won't ▶ will

wood *noun*
• (*the material*) = дéрево
• (*a forest*) = лес
• (*firewood*) = дровá (*plural*)

wooden *adjective*
= деревя́нный

wool *noun*
= шерсть

wool(l)en *adjective*
= шерстянóй

word *noun*
= слóво
she didn't say a word = онá не сказáла ни слóва
I want to have a word with him = я хочý поговори́ть с ним

word processor *noun*
= тéкстовый процéссор

work
1 *noun*
(*in most contexts*) = рабóта
I have a lot of work = у меня́ мнóго рабóты
she's at work = онá на рабóте
he's out of work = он без рабóты
• (*a work of art or literature*) = произведéние
2 *verb*
• (*to labour*) = рабóтать (*imperfective*)
he's working on a new book = он рабóтает над нóвой кни́гой
• (*to function*) = рабóтать (*imperfective*)
the television's not working = телеви́зор не рабóтает
• (*to study*) = занимáться/заня́ться
he's working in his bedroom = он занимáется в спáльне

world *noun*
= мир

worry *verb*
• (*also* **to be worried**) = беспокóиться (*imperfective*)
don't worry! = не беспокóйтесь!
she's worried about her husband = онá беспокóится о мýже
• (*to trouble somebody*) = беспокóить (*imperfective*)
his behaviour worries me = егó поведéние беспокóит меня́

worse
1 *adjective*
• (*attributive*) = хýдший
in a worse condition = в хýдшем состоя́нии
• (*predicative*) = хýже
the weather is getting worse = погóда станóвится хýже
I feel worse today = я чýвствую себя́ хýже сегóдня

2 *adverb*
= хýже
she plays worse than you = онá игрáет хýже тебя́

worst
1 *adjective*
• (*attributive*) = сáмый плохóй *or* хýдший *or* наихýдший
this was the worst situation he'd been in = э́то бы́ло сáмое плохóе положéние, в котóром он когдá-либо был
• (*predicative*) = хýже всегó *or* хýже всех
the weather is worst in the north = погóда хýже всегó на сéвере
this film is the worst = э́тот фильм хýже всех
2 *adverb*
= хýже всегó *or* хýже всех
he played worst on Friday = он игрáл хýже всегó в пя́тницу
she played worst of all of them = онá игрáла хýже их всех

worth *adjective*
to be worth = стóить (*imperfective*)
what's your house worth? = скóлько стóит ваш дом?
is the film worth seeing? = стóит посмотрéть э́тот фильм?

would *verb*
• (*in hypothetical conditional phrases*) = бы + *past tense*
if I had more time, I would help you = éсли бы у меня́ бы́ло бóльше врéмени, я бы вам помóг
he would be angry if he found out = он бы рассерди́лся, éсли бы узнáл
• (*in indirect speech about the future*) = *future tense*
he said he would come = он сказáл, что придёт
I thought you would forget the map = я дýмала, что ты забýдешь кáрту
• (*in invitations and requests*)
would you like a cup of tea = вы хоти́те чáшку чáю?
would you open the window, please? = открóйте, пожáлуйста, окнó!
• (*in the negative, expressing ability*) *not translated*
the window wouldn't open = окнó не открывáлось
• (*in the negative, expressing willingness*) = хотéть (*imperfective*)
she wouldn't listen to me = онá не хотéла слýшать меня́
• (*expressing wishes*) = *past tense* + бы
she would like to know = онá хотéла бы знать
I would prefer to stay here = я предпочёл бы остáться здесь

wound *verb*
= рáнить (*imperfective & perfective*)
he was wounded in the war = он был рáнен на войнé

W

wrap verb
(also **wrap up**) =
заворáчивать/заверну́ть
he wrapped the present = он заверну́л
подáрок

write verb
= писáть/написáть
she wrote a letter = онá написáла письмó
he wrote to me = он написáл мне
write down = запи́сывать/записáть

writer noun
= писáтель (*masculine*)
she is a famous writer = онá изве́стный
писáтель

wrong
1 adjective
• (*incorrect*) = непрáвильный
the wrong answer = непрáвильный
отве́т
to do the wrong thing = непрáвильно
поступáть/поступи́ть
you're wrong! = вы непрáвы!
that's wrong! = э́то не так!
to be wrong (*mistaken*) =
ошибáться/ошиби́ться
you're wrong if you think he did it = вы
ошибáетесь, е́сли ду́маете, что он
э́то сдéлал
• (*not the one intended*) = не тот
I got on the wrong bus = я сел не на тот
автóбус
he bought the wrong book = он купи́л не
ту кни́гу
• (*amiss*)
what's wrong? = что случи́лось?
there's something wrong with the
television = чтó-то случи́лось с
телеви́зором
what's wrong with him? = что с ним?
2 adverb
= непрáвильно
this word is spelt wrong = э́то слóво
непрáвильно напи́сано

X-ray
1 noun
= рентге́н
2 verb
= дéлать/сдéлать рентге́н (+ *genitive*)
they x-rayed his chest = ему́ сдéлали
рентге́н груди́

yacht noun
= я́хта

yard noun
• (*a piece of ground*) = двор
• (*US English*) (*a garden*) = сáдик
• (*the measurement*) = ярд

yawn verb
= зевáть/зевну́ть

year noun
• (*calendar year*) = год
this year = в э́том году́
she's five years old = ей пять лет
• (*at school*) = класс
he's in the first year = он в пéрвом
клáссе
• (*at university*) = курс
she's in the second year = онá на вторóм
ку́рсе

yellow adjective
= жёлтый

yes particle
= да
yes, please! = да, спаси́бо! *or* да,
пожáлуйста!

! See the Note at **please**

yesterday adverb
= вчерá
yesterday morning = вчерá у́тром
the day before yesterday = позавчерá

yet adverb
• (*until now; still*) = ещё
he's not ready yet = он ещё не готóв
they haven't come yet = они́ ещё не
пришли́
he became yet angrier = он стал ещё
серди́тее
• (*in questions*) = уже́
have you finished the work yet? = вы уже́
кóнчили рабóту?

you pronoun

! See the boxed note on ▶ **you p. 287** for
detailed information and examples
• (*familiar singular*) = ты
do you want a sweet? = ты хóчешь
конфéту?
• (*familiar plural; polite singular and plural*) =
вы
what do you want to do? = что вы хоти́те
дéлать?
I didn't recognize you = я вас не узнáла
• (*one*) not translated; the ты form of the
verb is used
you never know = никогдá не знáешь

you

In English, *you* is used to address everybody, whereas Russian has two equivalent pronouns, ты and вы. They both have different forms according to the case they are in.

When speaking to someone you do not know very well, the word to use is вы; it is sometimes called the polite form:

would you like some coffee?	= вы хоти́те ко́фе?
can I help you?	= вам помо́чь?
we were talking about you	= мы говори́ли о вас

The more informal pronoun ты is used between close friends and family members, within groups of children and young people, by adults when talking to children, and when talking to animals; it is sometimes called the familiar form:

would you like some coffee?	= ты хо́чешь ко́фе?
can I help you?	= тебе́ помо́чь?
we were talking about you	= мы говори́ли о тебе́

As a general rule, when talking to Russians, use вы, wait to see how they address you, and follow suit. Even if you are on friendly terms, it is safer to wait for the Russian to suggest using ты.

Note that ты is only a singular pronoun; when addressing several people, even if they are all close friends, вы must be used:

what do you (all) want to eat?	= что вы хоти́те есть?

When *you* is used impersonally as the more informal form of *one*, various constructions are used:

you never know	= никогда́ не зна́ешь
you could easily get lost	= легко́ потеря́ться
you can do as you like here	– здесь мо́жно де́лать всё, что хоти́те
you can't smoke in the theatre	= в теа́тре нельзя́ кури́ть
these mushrooms can make you ill	= от э́тих грибо́в мо́жно заболе́ть

---

young *adjective*
= молодо́й
  a young man = молодо́й челове́к
young people = молодёжь

younger *adjective*
• (*attributive*) = мла́дший
  his younger brother = его́ мла́дший брат
• (*predicative*) = мла́дше *or* моло́же
  he's two years younger than me = он на два го́да мла́дше меня́

your *determiner*
• (*familiar singular*) = твой
  your car = твоя́ маши́на
• (*familiar plural; polite singular and plural*) = ваш
  your children = ва́ши де́ти

> ! When 'your' refers back to the subject of the clause, свой is used instead of твой *or* ваш; also, when talking about parts of the body, твой and ваш are not used:
> **you lost your bag** = ты потеря́ла свою́ су́мку
> **put up your hands!** = подними́те ру́ки!

yours *pronoun*
• (*familiar singular*) = твой
  the red hat is yours = кра́сная ша́пка — твоя́

which case is yours? = како́й чемода́н твой?
• (*familiar plural; polite singular and plural*) = ваш
  the white car is yours = бе́лая маши́на—ва́ша
  he's a friend of yours = он ваш друг
  their garden is bigger than yours = их сад бо́льше, чем ваш

> ! When 'yours' refers back to the subject of the clause, свой is used instead of твой *or* ваш:
> **you took my pen because you had lost yours** = вы взя́ли мою́ ру́чку, потому́ что вы потеря́ли свою́

yourself *pronoun*
• (*when used as a reflexive pronoun*) = себя́ *or expressed by a reflexive verb*
  you bought yourself a new bike = ты купи́ла себе́ но́вый велосипе́д
  you washed yourself = вы умы́лись
• (*when used for emphasis*) = сам/сама́/са́ми
  you did everything yourself = вы сде́лали всё са́ми

(all) by yourself
• (*alone*) = оди́н/одна́/одни́
• (*without help*) = сам/сама́/са́ми

X
Y

yourselves *pronoun*
* *(when used as a reflexive pronoun)* = себя́
  or expressed by a reflexive verb
  look at yourselves! = смотри́те на себя́!
  dress yourselves quickly! = одева́йтесь
  бы́стро!
* *(when used for emphasis)* = са́ми
  can you do it yourselves? = вы мо́жете
  э́то сде́лать са́ми?

(all) by yourselves
* *(alone)* = одни́
* *(without help)* = са́ми

youth *noun*
* *(young age)* = мо́лодость
  in my youth = в мо́лодости
* *(a young man)* = ю́ноша *(masculine)*
* *(the youth, young people)* = молодёжь

youth club *noun*
  = молодёжный клуб

youth hostel *noun*
  = молодёжная турба́за

Yugoslavia *noun*
  = Югосла́вия

Zz

zero *number*
  = нуль *or* ноль
  ten degrees below zero = де́сять
  гра́дусов ни́же нуля́

zip *(British English)*, **zipper** *(US English)*
noun
  = мо́лния
zip up = застёгивать/застегну́ть

zip code *noun* *(US English)*
  = почто́вый и́ндекс

zoo *noun*
  = зоопа́рк
  let's go to the zoo tomorrow! = пойдём
  за́втра в зоопа́рк!

Learning and lifestyle kit

Glossary of grammatical terms

abbreviation a shortened form of a word or phrase, e.g. *USA* = США

accusative the case of a direct object; also, the case used after certain prepositions, e.g. через, сквозь

active in active sentences, the subject of the verb performs the action, e.g. *he built a house* = он построил дом (as opposed to the passive construction 'the house was built by him'); *compare* **passive**

adjective a word that describes a noun, e.g. a *beautiful* day = прекрасный день; *Russian* literature = русская литература

adverb a word that describes a verb; in English most end in *-ly*, in Russian most end in -o, e.g. she sings *beautifully* = она поёт прекрасно

article *see* **determiner**

aspect the manner of considering the action expressed by a verb; verbs of incomplete, regular, or habitual action are called verbs of *imperfective* aspect or *imperfective* verbs; verbs of completed action are called verbs of *perfective* aspect or *perfective* verbs

attributive adjective an adjective that precedes the word it describes, e.g. *big* in *the big house*; *compare* **predicative adjective**

auxiliary verb a verb, e.g. *be, do, have,* used to form a particular tense of another verb, or to form a question or negative or imperative, e.g. he *is* reading; *do* you like fish?; we *didn't* go; *don't* be late!; they *have* gone

case the form of a noun, pronoun, determiner, or adjective that shows the part it plays in the sentence. In Russian there are six cases: *nominative, accusative, genitive, dative, instrumental,* and *prepositional*

clause a self-contained section of a sentence that contains a subject and a verb

collective (of a noun in the singular) denoting several individuals; in Russian, лук means 'onions' and морковь 'carrots'

comparative the form of an adjective or adverb that makes it 'more' or 'less', e.g. *more beautiful* = более красивый; *smaller* = меньший; *compare* **superlative**

compound noun a noun formed from two or more separate words, e.g. *bus station* = автобусная станция

conditional the form of a verb that expresses what might happen if something else occurred, e.g. I *would have gone* = я бы пошёл

conjugation the variation of a verb, by which its tense, subject, gender, or number is indicated

conjunction a word used to join clauses or sentences together, e.g. *and* = и; *because* = потому что, *although* = хотя

consonant a letter representing a sound that can only be used together with a vowel, e.g. *b, c, d* in English, б, в, г in Russian; *compare* **vowel**

continuous (of a verb tense) expressing an action that is still continuing, e.g. I *am running* (present continuous); I *was running* (past continuous)

dative the case of an indirect object; also, the case used after certain prepositions, e.g. к, по, and after certain verbs, e.g. помогать/помочь, мешать/помешать, принадлежать

declension the variation of a noun, pronoun, adjective, or determiner, by which its grammatical case, number, or gender is identified

definite article *see* **determiner**

demonstrative pronoun *see* **pronoun**

determinate one of the two imperfective forms of some verbs of motion; used to describe motion in one direction only, e.g. *she goes home on the bus* = она едет домой на автобусе, or the immediate future, e.g. *tomorrow we're going to a concert* = завтра мы идём на концерт; *compare* **indeterminate**

determiner a word that starts a noun phrase, determining its role in relation to the rest of the text in which it occurs; the most common determiners are *the* (also called the *definite article*) and *a* or *an* (also called the *indefinite article*). Other determiners are *this, that, these, those; my, your, his, her, its, our, their; all, any, each, every, whatever*

direct object the noun or pronoun directly affected by the verb, e.g. she bought *a book; compare* **indirect object**

ending the letters added to the stem of nouns, pronouns, adjectives, determiners, and verbs according to case, gender, person, tense, etc.

exclamation an isolated sound, word, or remark expressing a strong feeling, a greeting, etc.; it is usually followed by an exclamation mark, e.g. *oh! =* ax!; *good morning! =* до́брое у́тро!

feminine one of the three noun genders; examples of feminine nouns in Russian are де́вушка, газе́та, неде́ля, ста́нция, ночь

future tense the tense of a verb used to express what will happen in the future, e.g. *he will help you tomorrow =* он помо́жет вам за́втра

gender a classification of nouns into three groups in Russian, masculine, feminine, and neuter

genitive the case used to express possession; also, the case used after certain prepositions, e.g. без, до, из, кро́ме, от, по́сле, у, after certain determiners, e.g. мно́го, немно́го, ма́ло, не́сколько, after certain verbs, e.g. боя́ться, достига́ть/дости́гнуть, for the direct object of a negative verb, e.g. *I don't have a car =* у меня́ нет маши́ны; the accusative form of singular masculine animate nouns, and of all plural animate nouns coincides with the genitive form, e.g. *I love my brother =* я люблю́ бра́та; *I love my parents =* я люблю́ роди́телей

imperative the form of a verb that is used to express an order, e.g. *come here! =* иди́ сюда́!

imperfective the aspect of a verb that is used to express incomplete, regular, or habitual actions; *compare* **perfective**

impersonal pronoun a pronoun that does not identify a specific person or object, e.g. *one*

indeclinable not changing its endings when used in different cases etc., e.g. the Russian nouns такси́, кафе́, ко́фе

indefinite article *see* **determiner**

indeterminate one of the two imperfective forms of some verbs of motion; used to describe motion in two directions or in no particular direction, e.g. *did you go to the concert? =* вы ходи́ли на конце́рт?; *compare* **determinate**

indirect object the noun or pronoun indirectly affected by the verb, at which the direct object is aimed, e.g. she gave *him* the book; *compare* **direct object**

infinitive the basic form of a verb, e.g. *to play =* игра́ть (*imperfective infinitive*), сыгра́ть (*perfective infinitive*)

inflect to undergo a change of form to express number, gender, case, tense, etc; in Russian most nouns, verbs, adjectives, determiners, and pronouns inflect

instrumental the case used to express the means by which something is done, e.g. *she cut the bread with a knife =* она́ ре́зала хлеб ножо́м; also, the case used after certain prepositions, e.g. за, над, ме́жду, пе́ред, под, с, after certain verbs, e.g. занима́ться/заня́ться, интересова́ться, станови́ться/стать, and in certain phrases, e.g. *in the autumn =* о́сенью; *in the morning =* у́тром

interjection = exclamation

interrogative pronoun *see* **pronoun**

intonation the pattern of sounds made by the rise and fall of a speaker's voice

locative the name given to the prepositional singular of nouns when they take an irregular ending after the prepositions в ('in'), and на ('on'). It mainly applies to masculine nouns taking -у́ or -ю́, e.g. в лесу́, в саду́, в углу́, в шкафу́; на берегу́, на мосту́, на полу́; на краю́; it also applies to feminine nouns ending in -ь whose stress moves to the end of the word after в and на but not after о, e.g. в крови́, as opposed to о кро́ви, в двери́ as opposed to о две́ри

masculine one of the three noun genders; examples of masculine nouns in Russian are автóбус, май, дождь

neuter one of the three noun genders; examples of neuter nouns in Russian are молокó, сóлнце, здáние, врéмя

noun a word that names a person or thing, e.g. *Boris* = Борúс, *book* = кнúга, *Moscow* = Москвá; *happiness* = счáстье

number the state of being either singular or plural

object the noun or pronoun affected by the action of the verb; there are two kinds of object, **direct object** and **indirect object**

particle a minor part of speech, especially a short indeclinable one; examples in Russian are вот, же, ли

partitive genitive the genitive case used to denote part of a collective group or quantity; used especially to express 'some' with uncountable nouns, e.g. *I want some water* = я хочý водьí

part of speech any of the classes into which words are divided according to their function; the main ones are: *noun, verb, adjective, adverb, determiner, pronoun, preposition, conjunction,* and *exclamation* (or *interjection*)

passive in passive sentences, the subject of a verb experiences the action rather than performs it; in English the passive is expressed by the verb 'to be' + the past passive participle; in Russian it is also expressed by the verb 'to be' (быть) + short forms of the past passive participle, e.g. *the house was built last year* = дом был пострóен в прóшлом годý; an active construction is often used in Russian where a passive construction is used in English, e.g. *he was helped by his brother* = емý помóг брат; *compare* **active**

past passive participle the form of a verb used with the verb 'to be' to form the passive; examples are *built, eaten, given, hidden*

past tense the tense of a verb used to express something that happened in the past, e.g. *we bought tickets* = мы купúли билéты

perfective the aspect of a verb that is used to express a single complete action; *compare* **imperfective**

person each of the three categories used for pronouns and verbs; the first person = I (singular), we (plural), the second person = you (singular and plural), the third person = he/she/it (singular), they (plural)

personal pronoun *see* **pronoun**

phrasal verb a verb combined with a preposition or adverb and having a particular meaning, e.g. *to run away* (meaning 'to flee'), *to run into* (meaning 'to collide with')

phrase a self-contained section of a sentence that does not contain a full verb, e.g. *a red car; along the road*

plural (of nouns, pronouns, etc.) referring to more than one, e.g. *the books* = кнúги; *we* = мы

possessive pronoun *see* **pronoun**

predicate what is said about the subject of a sentence or clause; in Russian, the use of impersonal statements is very frequent and their only essential element is the predicate; a predicate often has the form of an adverb ending in -о, e.g. *it is hot* = жáрко; or it may be unclassifiable as a part of speech, e.g. нельзя́, нáдо

predicative adjective an adjective that forms or is contained in the predicate, e.g. *big* in *the house is big; compare* **attributive adjective**

prefix a syllable or word added to the beginning of another word; in Russian, prefixes are most commonly found on verbs, often used to modify their meaning, e.g. *to go in* = входúть/войтú; *to go across* = переходúть/перейтú; prefixes are also used to form the perfective from the imperfective form of some verbs, e.g. *to build* = стро́ить/постро́ить, *to write* = писа́ть/ написа́ть, *to prepare* = гото́вить/пригото́вить

preposition a word used in front of a noun or pronoun and relating it to another word or phrase; it often describes the position or direction of movement of something (e.g. *on, in, into, towards, under*) or the time at which something happens (e.g. *at, during, after*); in Russian prepositions are followed by particular cases, e.g. *under the chair* = под сту́лом (*instrumental*), *after lunch* = по́сле обе́да (*genitive*); *at six o'clock* = в шесть часо́в (*accusative*)

prepositional the case used after certain prepositions, e.g. в, на, о, при

present tense the tense of a verb used to express something that is happening now, or that is habitual, or that will happen in the immediate future, e.g. *I am reading* = я чита́ю; *I work in London* = я рабо́таю в Ло́ндоне; *the holidays begin tomorrow* = кани́кулы начина́ются за́втра

pronoun a word that is used instead of a noun already mentioned or known; there are *personal pronouns* (I, you, he, she, it, we, they); *possessive pronouns* (mine, yours, his, hers, its, ours, theirs); *interrogative pronouns*, used in questions (who, which, what); *demonstrative pronouns* (this, that, these, those); *relative pronouns* (who, which, whose); and *reflexive pronouns* (myself, yourself, himself, herself, itself, ourselves, yourselves, themselves)

pronunciation the way in which words are pronounced or spoken

reflexive pronoun *see* pronoun

reflexive verb a verb whose object is the same as its subject, e.g. *to wash oneself*; in Russian reflexive verbs are formed by adding -ся or -сь to the verb form; -ся is used after a consonant and -сь after a vowel, e.g. *he is washing himself* = он умыва́ется; *she washed herself* = она́

умы́лась; many reflexive verbs in Russian have English equivalents that are not reflexive, e.g. *to begin* = начина́ться/нача́ться

relative pronoun *see* pronoun

sentence a sequence of words, with a subject and a verb, that can stand alone to make a statement, ask a question, or give a command

singular (of nouns, pronouns, etc.) referring to just one, e.g. *the book* = кни́га; *I* = я

stem the part of a noun, pronoun, adjective, determiner, or verb to which endings are added, e.g. станци- is the stem of ста́нция; говор- is the stem of говори́ть

subject the subject of a sentence or clause is the noun or pronoun that carries out the action of the verb, e.g. *she* threw the ball = она́ бро́сила мяч; in passive constructions, the subject is the person or thing to which the action is done, e.g. *the house* was built by me = дом был постро́ен мной

subjunctive a verb form that is used to express doubt or unlikelihood, e.g. *she could have become a doctor* = она́ могла́ бы стать врачо́м

superlative the form of an adjective or adverb that makes it 'most', or 'least' e.g. *most beautiful* = са́мый краси́вый; *smallest* = са́мый ма́ленький; *compare* **comparative**

syllable part of a word that forms a spoken unit, usually a vowel sound with consonants before or after, e.g. *fac-to-ry* = фа-бри-ка

tense the form of a verb that tells when the action takes place: present, past, or future

verb a word that expresses an action or state of affairs, e.g. John *ran* home; John *reads* a lot; John *is* tall

vowel a letter representing a sound that can be spoken by itself; the English vowels are *a, e, i, o, u*; the Russian vowels are а, е, ё, и, о, у, ы, э, ю, я; *compare* **consonant**

Grammar guide

Spelling rules

The following Spelling Rules are important because they affect the endings of many nouns, adjectives, and verbs.

1. Unstressed o does not follow ж, ц, ч, ш, or щ; instead, e is used, e.g. с му́жем, шесть ме́сяцев, с касси́ршей, хоро́шее пальто́.

2. ю and я do not follow г, к, ж, х, ц, ч, ш, or щ; they become у and а, e.g. держа́ть: я держу́, они́ де́ржат; слы́шать: я слы́шу, они́ слы́шат.

3. ы does not follow г, к, ж, х, ч, ш, or щ; it becomes и е g две кни́ги, больши́е дома́.

Nouns

Nouns in Russian are either masculine, feminine, or neuter. Unless they are indeclinable, they change their endings according to the case they are in and according to whether they are in the singular or plural. The different declension patterns for nouns are set out in tables 1–17 in the next section.

Masculine nouns usually end in a hard consonant, e.g. авто́бус. They may also end in -й (e.g. трамва́й), a soft sign (e.g. апре́ль, слова́рь), or sometimes in -а or -я (e.g. па́па, дя́дя).

Feminine nouns usually end in -а or -я, e.g. газе́та, неде́ля, ста́нция. They may also end in a soft sign (e.g. пло́щадь, посте́ль)

Neuter nouns usually end in -о or -е, e.g. ме́сто, со́лнце, зда́ние, воскресе́нье. They may also end in -мя (e.g. вре́мя, и́мя).

Notes on the declension of nouns

The accusative ending for masculine singular animate and all plural animate nouns (those denoting living beings) coincides with the genitive ending, e.g.

> **он уви́дел большо́го чёрного во́лка** (*he saw a big black wolf*)
>
> **мы попроси́ли свои́х друзе́й помо́чь** (*we asked our friends to help*)

Some masculine nouns take the ending -у́ or -ю́ in the prepositional singular after в and на, e.g. в лесу́, на мосту́; some feminine nouns ending in -ь take -и́, e.g. в тени́. They are said to be in the locative case. Where this happens it is shown at the dictionary entry.

Some masculine nouns have the ending -а in the nominative plural, e.g. па́спорт, бе́рег. Others have the ending -ья, e.g. брат, стул. Where this happens it is shown at the dictionary entry.

Some nouns are indeclinable. They usually end in a vowel, are neuter, and have been borrowed into Russian from another language. Examples are кафе́, ра́дио, такси́.

Many nouns change their stress in declension. This is shown in the individual dictionary entries.

Adjectival nouns

Some nouns are declined like adjectives. They may be masculine (e.g. полице́йский), feminine (e.g. бу́лочная, ва́нная, столо́вая), neuter (e.g. бу́дущее, живо́тное, насеко́мое, настоя́щее), or both masculine and feminine if applying to people (e.g. дежу́рный, дежу́рная) or plural (e.g. чаевы́е, родны́е).

Adjectives

Like nouns, adjectives decline, agreeing with the noun they describe in number, gender, and case. The basic declension pattern is shown in Table 24(a) in the next section.

Soft adjectives, those ending in -ний, must have soft endings:

> си́ний, си́няя, си́нее (see Table 24(b)).

Adjectives can have two forms, long and short. Nearly all adjectives have a long form and many also have a short form.

The Long Form

The form given as the headword in the dictionary is the long form of the nominative masculine singular. It ends in -ый, -ой, or -ий.

The Short Form

The short form of an adjective is formed by deleting the ending of the long form (the last two letters) and adding the appropriate ending:

> краси́вый (long form) → short forms краси́в (masculine), краси́ва (feminine), краси́во (neuter), краси́вы (plural).

Some masculine short forms insert a vowel (e/ё) between the last two consonants to aid pronunciation:

> прия́тный → прия́тен, прия́тна, прия́тно, прия́тны.

The short forms occur only in the nominative case.

Long or short form?

The long form of the adjective is always used when the adjective is used attributively, i.e. in front of the noun:

> у него́ краси́вый дом (he has a beautiful house)
> она́ — у́мная же́нщина (she is an intelligent woman)

When the adjective is used predicatively, i.e. after the noun, either the long or the short form may be found and the rules for using each are somewhat complicated. Generally, the long form is used when the quality referred to is a permanent inherent characteristic of the thing described, and the short form generally when talking about a temporary state, e.g.

> э́то мя́со вку́сное (long form) (this meat is tasty)
> он был серди́т (short form) (he was angry)

Certain adjectives are nearly always found in the short form when used predicatively because they denote a non-permanent characteristic, e.g. больно́й (ill), ви́дный (visible), голо́дный (hungry), гото́вый (ready), дово́льный (satisfied), закры́тый (shut), откры́тый (open), слы́шный (audible):

> она́ сего́дня больна́ (she's ill today)
> це́рковь была́ видна́ (the church was visible)
> она́ голодна́ (she's hungry)
> они́ ещё не гото́вы (they're not ready yet)
> он дово́лен свое́й рабо́той (he's satisfied with his job)
> магази́н закры́т/откры́т (the shop is closed/open)
> му́зыка была́ слышна́ (music was audible)

The adjective рад (*glad*) is used only in its short form.

Sometimes long and short forms have different meanings, e.g.

он бо́лен (*he's ill*) (*short form: a temporary state*)
он больно́й (*he's a sick man*) (*long form: a permanent characteristic*)
она́ жива́ (*she's alive*) (*short form: a temporary state*)
она жива́я (*she's lively*) (*long form: a permanent characteristic*)

In some cases, a short form is required even when the characteristic is permanent. This is so

(*a*) when there is a complement which restricts the meaning of the adjective, e.g.

страна́ бога́та зо́лотом (*the country is rich in gold*)
го́род всегда́ по́лон наро́ду (*the town always is full of people*)

(*b*) when the subject is preceded by a word such as ка́ждый, любо́й, or тако́й which has a generalizing effect, e.g.

таки́е кни́ги неинтере́сны (*such books are uninteresting*)

(*c*) when the statement is of a general philosophical nature, e.g.

жизнь трудна́ (*life is hard*)

Comparative and superlative of adjectives

Comparative (*more*)

(i) In *attributive* position (before the noun) the word бо́лее + adjective is used:

a more difficult question = **бо́лее тру́дный вопро́с**
a more beautiful picture = **бо́лее краси́вая карти́на**

A few adjectives have single-word attributive forms:

бо́льший (*bigger*)
ме́ньший (*smaller*)
лу́чший (*better*)
ху́дший (*worse*)
ста́рший (*older, elder*)
мла́дший (*younger*)

a bigger house = **бо́льший дом**
a better film = **лу́чший фильм**

(ii) In *predicative* position (after the noun) the stem of the adjective + -ee is used:

this question is more difficult = **э́тот вопро́с трудне́е**
this picture is more beautiful = **э́та карти́на краси́вее**

Sometimes, the attributive comparative is used predicatively:

э́тот вопро́с бо́лее тру́дный
э́та карти́на бо́лее краси́вая

If the stem of an adjective ends in г, д, к, т, х, the predicative comparative is formed by softening the last consonant of the stem and adding -e, e.g.

молодо́й ▶ моло́же (*younger*)
гро́мкий ▶ гро́мче (*louder*)

Some adjectives have an irregular predicative form, e.g.

далёкий ▶ да́льше (*further*)
широ́кий ▶ ши́ре (*wider*)
хоро́ший ▶ лу́чше (*better*)

Superlative (*most*)

In both *attributive* and *predicative* positions, са́мый (*or* наибо́лее) + adjective is used:

> *the most difficult question* = са́мый (*or* наибо́лее) тру́дный вопро́с
> *this question is the most difficult* = э́тот вопро́с — са́мый (*or* наибо́лее) тру́дный

The predicative 'most' can also be expressed by the comparative + всех:

> *this question is the most difficult* = э́тот вопро́с трудне́е всех

Adverbs

The formation of adverbs in Russian causes little difficulty. In most cases, an -o (or, in the case of soft adjectives, -e) is added to the stem of the corresponding adjective, e.g.

> краси́вый (*beautiful*; *adjective*) → краси́во (*beautifully*; *adverb*)
> кре́пкий (*strong, firm*; *adjective*) → кре́пко (*strongly, firmly*; *adverb*)
> и́скренний (*sincere*; *adjective*) → и́скренне (*sincerely*; *adverb*)

Adjectives ending in -ский or -цкий form the corresponding adverb by simply removing the -й, e.g. полити́ческий (*political*; *adjective*) → полити́чески (*politically*; *adverb*)

Verbs

Present Tense

Russian verbs change their endings in the present tense according to the subject of the verb (I, you, he/she/it; we, you, they). The basic conjugation patterns are set out in tables 18–23 in the next section.

Past tense

The past tense in Russian is formed by removing the infinitive ending (-ть) and adding -л, -ла, -ло, or -ли to form masculine, feminine, neuter, and plural forms respectively. Unlike with the present tense, it is the gender and number of the subject, not whether it is first, second, or third person, that determines the ending, e.g.

> я купи́л хлеб / ты купи́л хлеб / он купи́л хлеб are all correct if the subject is masculine.

Similarly, мы купи́ли хлеб / вы купи́ли хлеб / они́ купи́ли хлеб are all correct because the subjects are all plural.

Future tense

The imperfective future is formed from the present tense of the verb быть + the imperfective infinitive, e.g.

> я бу́ду рабо́тать (*I shall work* or *I shall be working*)
> он бу́дет чита́ть (*he will read* or *he will be reading*)

The perfective future is formed from the present tense of the perfective infinitive:

> он напи́шет письмо́ (*he will write a letter*)
> мы ку́пим мя́со (*we shall buy some meat*)

Aspects

Most Russian verbs have two infinitive forms, the *imperfective* and the *perfective*. They are used to form the imperfective and perfective aspects of the verb respectively.

The imperfective aspect is used for an incomplete, habitual, or regular action. The perfective aspect is used for a single, complete action.

The **present tense** in English is translated by using the imperfective form of the verb in the present tense:

> *he's working in the garden* = **он рабо́тает в саду́** (*incomplete action*)
> *he works in London* = **он рабо́тает в Ло́ндоне** (*habitual action*)

When English uses the present tense for the immediate future, Russian does the same:

> *the exhibition opens tomorrow* = **вы́ставка открыва́ется за́втра**

The **past tense** in English is translated by using the past tense of either the imperfective or the perfective verb.

The imperfective is used

(i) for a past action that is incomplete :

> *he was writing a letter* = **он писа́л письмо́**

(ii) for a past action that was habitual or frequent:

> *he used to work in London* = **он рабо́тал в Ло́ндоне**

(iii) in phrases such as 'have you ever read ..', 'I have read ...', 'I have not/never read' which imply 'some time in the past':

> *have you seen this film?* = **вы смотре́ли э́тот фильм?**
> *he's read a lot* = **он мно́го чита́л**

The perfective is used for a single completed action in the past:

> *she wrote a letter* = **она́ написа́ла письмо́**
> *he bought a shirt* = **он купи́л руба́шку**

The **future tense** in English is translated by either the future imperfective or the future perfective in Russian.

The imperfective is used when the completion of the action is not stressed:

> *what will you be doing today?* = **что вы бу́дете де́лать сего́дня?**
> *they'll be working all day* = **они́ бу́дут рабо́тать весь день**

The perfective is used for an action that will be completed:

> *I'll do it (and complete it) immediately* = **я э́то сде́лаю сра́зу**
> *tomorrow he'll buy a shirt* = **за́втра он ку́пит руба́шку**
> *she'll write him a letter* = **она́ напи́шет ему́ письмо́**

Verbs of motion having two imperfective forms

Many verbs of motion have two imperfective forms, called *indeterminate* and *determinate,* as well as the perfective form, e.g. ходи́ть (*indeterminate*), идти́ (*determinate*), пойти́ (*perfective*). The use of these different forms is explained in the dictionary text at the boxed note for **go,** p. 184.

The rules for using the indeterminate/determinate/perfective forms of the verb ходи́ть/идти́/пойти́ also apply in general to other verbs in the dictionary which have these three forms, i.e.

> **бе́гать/бежа́ть/побежа́ть** (*to run*)
> **води́ть/вести́/повести́** (*to lead, take*)
> **вози́ть/везти́/повезти́** (*to transport, take*)
> **гоня́ться/гна́ться/погна́ться** (*to chase*)
> **ката́ться/кати́ться/покати́ться** (*to roll*)
> **лета́ть/лете́ть/полете́ть** (*to fly*)
> **носи́ть/нести́/понести́** (*to carry, take*)

пла́вать/плыть/поплы́ть (to swim, sail)
по́лзать/ползти́/поползти́ (to crawl)
таска́ть/тащи́ть/потащи́ть (to drag, pull)

Numbers

When the number is in its basic nominative form

The number 'one' and numbers ending in 'one' are followed by the nominative singular:

one book = одна́ кни́га
twenty-one books = два́дцать одна́ кни́га
five hundred and twenty-one books = пятьсо́т два́дцать одна́ кни́га

The numbers 'two', 'three', 'four', and numbers ending in them are followed by the genitive singular:

four boys = четы́ре ма́льчика
forty-two boys = со́рок два ма́льчика
three hundred and two books = три́ста две кни́ги

Other numbers are followed by the genitive plural:

seven books = семь книг
two hundred and twelve books = две́сти двена́дцать книг
five and a half hours = пять с полови́ной часо́в

Adjectives coming between a number and a noun are in the genitive plural, except after 'one':

two large houses = два больши́х дома́

When the number is not in its nominative form:

In such cases, the following adjective and noun agree with the number:

he found one interesting book = он нашёл одну́ интере́сную кни́гу
they gave a prize to the ten best pupils = они́ да́ли приз десяти́ лу́чшим ученика́м
I went to the theatre with two good friends = я ходи́л в теа́тр с двумя́ хоро́шими друзья́ми

The Russian alphabet

Capital letters	Lower-case letters	Letter names	Capital letters	Lower-case letters	Letter names	Capital letters	Lower-case letters	Letter names
А	а	а	Л	л	эль	Ч	ч	че
Б	б	бэ	М	м	эм	Ш	ш	ша
В	в	вэ	Н	н	эн	Щ	щ	ща
Г	г	гэ	О	о	о	Ъ	ъ	твёрдый знак
Д	д	дэ	П	п	пэ			знак
Е	е	е	Р	р	эр	Ы	ы	ы
Ё	ё	ё	С	с	эс	Ь	ь	мя́гкий знак
Ж	ж	жэ	Т	т	тэ			знак
З	з	зэ	У	у	у	Э	э	э
И	и	и	Ф	ф	эф	Ю	ю	ю
Й	й	и кра́ткое	Х	х	ха	Я	я	я
К	к	ка	Ц	ц	цэ			

Russian declensions and conjugations

The numbers placed after headwords in the Russian–English half of the dictionary refer the user to the following tables.

The vertical line | shows the division between the stem and the ending of a word.

When using these tables, the reader should bear in mind the Spelling Rules (see p. 295), e.g. the nominative plural of книга noun 7 is книги, and the Notes on the declension of nouns (also p. 295).

Nouns

Masculine nouns

TABLE		Singular	Plural
1	Nominative	автóбус	автóбус|ы
	Accusative	автóбус	автóбус|ы
	Genitive	автóбус|а	автóбус|ов
	Dative	автóбус|у	автóбус|ам
	Instrumental	автóбус|ом	автóбус|ами
	Prepositional	автóбус|е	автóбус|ах

This declension, comprising nouns ending in a hard consonant, is the most common declension for masculine nouns in Russian.

TABLE		Singular	Plural
2	Nominative	трамвá|й	трамвá|и
	Accusative	трамвá|й	трамвá|и
	Genitive	трамвá|я	трамвá|ев
	Dative	трамвá|ю	трамвá|ям
	Instrumental	трамвá|ем	трамвá|ями
	Prepositional	трамвá|е	трамвá|ях

This declension consists of nouns ending in -ай, -ей, -ой, or -уй.

Other common Russian words belonging to this declension are май, сарáй, слýчай, урожáй, чай; клей, ручéй, хоккéй, юбилéй; бой, герóй; поцелýй.

TABLE		Singular	Plural
3	Nominative	репортáж	репортáж|и
	Accusative	репортáж	репортáж|и
	Genitive	репортáж|а	репортáж|ей
	Dative	репортáж|у	репортáж|ам
	Instrumental	репортáж|ем	репортáж|ами
	Prepositional	репортáж|е	репортáж|ах

This declension consists of nouns ending in -ж, -ш, or -щ, which are not stressed on the last syllable in declension in the singular.

Other nouns of this declension are пейзáж, пляж, фарш, óвощ, and товáрищ.

TABLE		Singular	Plural
4	Nominative	этáж	этаж|и́
	Accusative	этáж	этаж|и́
	Genitive	этаж|á	этаж|éй
	Dative	этаж|ý	этаж|áм
	Instrumental	этаж|óм	этаж|áми
	Prepositional	этаж|é	этаж|áх

These nouns differ from those in Table 3 by being stressed on the last syllable in all cases; in the instrumental singular they end in -ом instead of -ем.
Other such nouns are багáж, борщ, карандáш, нож, and плащ.

TABLE		Singular	Plural
5	Nominative	сцена́ри|й	сцена́ри|и
	Accusative	сцена́ри|й	сцена́ри|и
	Genitive	сцена́ри|я	сцена́ри|ев
	Dative	сцена́ри|ю	сцена́ри|ям
	Instrumental	сцена́ри|ем	сцена́ри|ями
	Prepositional	сцена́ри|и	сцена́ри|ях

Nouns belonging to this declension tend to be obscure or technical terms. One fairly common word is ге́ний, meaning 'genius'.

TABLE		Singular	Plural
6	Nominative	спекта́кл|ь	спекта́кл|и
	Accusative	спекта́кл|ь	спекта́кл|и
	Genitive	спекта́кл|я	спекта́кл|ей
	Dative	спекта́кл|ю	спекта́кл|ям
	Instrumental	спекта́кл|ем	спекта́кл|ями
	Prepositional	спекта́кл|е	спекта́кл|ях

Masculine nouns ending in a soft sign belong to this declension. Other common words belonging to this group are автомоби́ль, апре́ль (and other names of months), Кремль, портфе́ль, рубль, and слова́рь.

Feminine nouns

TABLE		Singular	Plural
7	Nominative	газе́т|а	газе́т|ы
	Accusative	газе́т|у	газе́т|ы
	Genitive	газе́т|ы	газе́т
	Dative	газе́т|е	газе́т|ам
	Instrumental	газе́т|ой	газе́т|ами
	Prepositional	газе́т|е	газе́т|ах

This is the most common declension for feminine nouns in Russian. A few masculine nouns, e.g. де́душка, мужчи́на, and па́па, also belong to this declension.

Remember the Spelling Rules, whereby ы and unstressed o do not follow certain letters (see Grammar Guide p. 295), e.g. кни́ги (*books*), афи́ши (*posters*), с учени́цей (*with the pupil*).

TABLE		Singular	Plural
8	Nominative	неде́л|я	неде́л|и
	Accusative	неде́л|ю	неде́л|и
	Genitive	неде́л|и	неде́л|ь
	Dative	неде́л|е	неде́л|ям
	Instrumental	неде́л|ей	неде́л|ями
	Prepositional	неде́л|е	неде́л|ях

This declension is for feminine nouns ending in a consonant + -я. A few masculine nouns also belong to this declension, e.g. дя́дя, судья́. Other feminine nouns of this declension are ба́шня, дере́вня, пе́сня, спа́льня, and ту́фля. Some nouns of this declension have a genitive plural form ending in -ей, e.g. дя́дя, семья́, and тётя. This is indicated at the dictionary entries.

TABLE		Singular	Plural
9	Nominative	ста́нци|я	ста́нци|и
	Accusative	ста́нци|ю	ста́нци|и
	Genitive	ста́нци|и	ста́нци|й
	Dative	ста́нци|и	ста́нци|ям
	Instrumental	ста́нци|ей	ста́нци|ями
	Prepositional	ста́нци|и	ста́нци|ях

This declension consists of feminine nouns ending in -ия. Other nouns of this declension are а́рмия, исто́рия, ли́ния, организа́ция, фами́лия, and the names of most countries.

TABLE		Singular	Plural
10	Nominative	галере́|я	галере́|и
	Accusative	галере́|ю	галере́|и
	Genitive	галере́|и	галере́|й
	Dative	галере́|е	галере́|ям
	Instrumental	галере́|ей	галере́|ями
	Prepositional	галере́|е	галере́|ях

This declension consists of feminine nouns ending in -ея or –уя. Other such nouns are аллéя, батарéя, идéя, шéя, and стáтуя.

TABLE		Singular	Plural
11	Nominative	бол|ь	бóл|и
	Accusative	бол|ь	бóл|и
	Genitive	бóл|и	бóл|ей
	Dative	бóл|и	бóл|ям
	Instrumental	бóл|ью	бóл|ями
	Prepositional	бóл|и	бóл|ях

This declension is for feminine nouns ending in -ь. Other such nouns are жизнь, кровáть, мéбель, плóщадь, постéль, тетрáдь, and the numbers ending in -ь.

Neuter nouns

TABLE		Singular	Plural
12	Nominative	чýвств|о	чýвств|а
	Accusative	чýвств|о	чýвств|а
	Genitive	чýвств|а	чувств
	Dative	чýвств|у	чýвств|ам
	Instrumental	чýвств|ом	чýвств|ами
	Prepositional	чýвств|е	чýвств|ах

This declension is for neuter nouns ending in -о. Other such nouns are блю́до, мáсло, молокó, пи́во, and слóво.

TABLE		Singular	Plural
13	Nominative	учи́лищ|е	учи́лищ|а
	Accusative	учи́лищ|е	учи́лищ|а
	Genitive	учи́лищ|а	учи́лищ
	Dative	учи́лищ|у	учи́лищ|ам
	Instrumental	учи́лищ|ем	учи́лищ|ами
	Prepositional	учи́лищ|е	учи́лищ|ах

This declension is for neuter nouns ending in -ще or -це. Other nouns of this declension are клáдбище, полотéнце, and сóлнце.

TABLE		Singular	Plural
14	Nominative	здáни|е	здáни|я
	Accusative	здáни|е	здáни|я
	Genitive	здáни|я	здáни|й
	Dative	здáни|ю	здáни|ям
	Instrumental	здáни|ем	здáни|ями
	Prepositional	здáни|и	здáни|ях

This declension is for neuter nouns ending in -ие. Other such nouns are внимáние, путешéствие, and удивлéние.

TABLE		Singular	Plural
15	Nominative	воскресéнь|е	воскресéнь|я
	Accusative	воскресéнь|е	воскресéнь|я
	Genitive	воскресéнь|я	воскресéн|ий
	Dative	воскресéнь|ю	воскресéнь|ям
	Instrumental	воскресéнь|ем	воскресéнь|ями
	Prepositional	воскресéнь|е	воскресéнь|ях

This declension is for neuter nouns ending in -ье or -ьё. Other such nouns are варéнье, сидéнье, and счáстье.

TABLE		Singular	Plural
16	Nominative	мо́р|е	мор|я́
	Accusative	мо́р|е	мор|я́
	Genitive	мо́р|я	мор|е́й
	Dative	мо́р|ю	мор|я́м
	Instrumental	мо́р|ем	мор|я́ми
	Prepositional	мо́р|е	мор|я́х

This declension is for neuter nouns ending in a consonant + -е, but not -ще or -це. In practice, the only other two nouns of this declension are го́ре and по́ле.

TABLE		Singular	Plural
17	Nominative	вре́м|я	врем|ена́
	Accusative	вре́м|я	врем|ена́
	Genitive	вре́м|ени	врем|ён
	Dative	вре́м|ени	врем|ена́м
	Instrumental	вре́м|енем	врем|ена́ми
	Prepositional	вре́м|ени	врем|ена́х

This declension is for a small number of neuter nouns ending in -мя. Others belonging to this group are и́мя, пла́мя, and се́мя.

Verbs
The -e- conjugation
чита́\|ть:

TABLE		Singular	Plural
18	1st person	чита́|ю	чита́|ем
	2nd person	чита́|ешь	чита́|ете
	3rd person	чита́|ет	чита́|ют

сия́\|ть:

TABLE		Singular	Plural
19	1st person	сия́|ю	сия́|ем
	2nd person	сия́|ешь	сия́|ете
	3rd person	сия́|ет	сия́|ют

Verbs of this type differ from those belonging to Table 18 only by having a я at the end of the stem, instead of an a.

про́б\|овать:

TABLE		Singular	Plural
20	1st person	про́б|ую	про́б|уем
	2nd person	про́б|уешь	про́б|уете
	3rd person	про́б|ует	про́б|уют

The verbs of this conjugation are not stressed on the suffix -овать.

рис\|ова́ть:

TABLE		Singular	Plural
21	1st person	рис|у́ю	рис|у́ем
	2nd person	рис|у́ешь	рис|у́ете
	3rd person	рис|у́ет	рис|у́ют

Verbs of this conjugation differ from those belonging to Table 20 only in having the stress on the suffix rather than on the stem.

Note:
The conjugation of other -e- conjugation verbs (those ending in -ать, -еть, -нуть, and -ять) is given in the dictionary entries.

The -i- conjugation

говор|и́ть:

TABLE		Singular	Plural
22	1st person	говор|ю́	говор|и́м
	2nd person	говор|и́шь	говор|и́те
	3rd person	говор|и́т	говор|я́т

стро́|ить:

TABLE		Singular	Plural
23	1st person	стро́|ю	стро́|им
	2nd person	стро́|ишь	стро́|ите
	3rd person	стро́|ит	стро́|ят

Verbs of this conjugation differ from those belonging to Table 22 by ending in a vowel + -ить. Other examples are кле́ить, сто́ить.

Note:
The conjugation of other -i- conjugation verbs (those ending in -ать, -еть, and -ять) is given in the dictionary entries.

   In addition, where the stem of a verb ends in б, п, м, в, or ф, and an л is inserted before the ending of the first person singular, this is shown in the dictionary entries (e.g. люби́ть: я люблю́; спать: я сплю).

   Also, where the consonant at the end of the stem changes in the first person singular, this is shown in the dictionary entries (e.g. ви́деть: я ви́жу; плати́ть: я плачу́; спроси́ть: я спрошу́).

Adjectives

TABLE		Singular			Plural
		Masculine	**Feminine**	**Neuter**	
24a	Nominative	краси́в|ый	краси́в|ая	краси́в|ое	краси́в|ые
	Accusative	краси́в|ый	краси́в|ую	краси́в|ое	краси́в|ые
	Genitive	краси́в|ого	краси́в|ой	краси́в|ого	краси́в|ых
	Dative	краси́в|ому	краси́в|ой	краси́в|ому	краси́в|ым
	Instrumental	краси́в|ым	краси́в|ой	краси́в|ым	краси́в|ыми
	Prepositional	краси́в|ом	краси́в|ой	краси́в|ом	краси́в|ых

Note:
The words кото́рый and како́й decline like краси́вый, as do the ordinal numbers пе́рвый, второ́й, etc. Note that тре́тий has 'soft' endings and inserts a soft sign (-тья, -тье, -тьи).

Soft Adjectives

TABLE		Singular			Plural
		Masculine	**Feminine**	**Neuter**	
24b	Nominative	си́н|ий	си́н|яя	си́н|ее	си́н|ие
	Accusative	си́н|ий	си́н|юю	си́н|ее	си́н|ие
	Genitive	си́н|его	си́н|ей	си́н|его	си́н|их
	Dative	си́н|ему	си́н|ей	си́н|ему	си́н|им
	Instrumental	си́н|им	си́н|ей	си́н|им	си́н|ими
	Prepositional	си́н|ем	си́н|ей	си́н|ем	си́н|их

Determiners/Pronouns

мой (and similarly **твой**, **свой**):

TABLE 25	Singular			Plural
	Masculine	Feminine	Neuter	
Nominative	мой	моя	моё	мои
Accusative	мой	мою	моё	мои
Genitive	моего́	мое́й	моего́	мои́х
Dative	моему́	мое́й	моему́	мои́м
Instrumental	мои́м	мое́й	мои́м	мои́ми
Prepositional	моём	мое́й	моём	мои́х

наш (and similarly **ваш**):

	Singular			Plural
	Masculine	Feminine	Neuter	
Nominative	наш	на́ша	на́ше	на́ши
Accusative	наш	на́шу	на́ше	на́ши
Genitive	на́шего	на́шей	на́шего	на́ших
Dative	на́шему	на́шей	на́шему	на́шим
Instrumental	на́шим	на́шей	на́шим	на́шими
Prepositional	на́шем	на́шей	на́шем	на́ших

The other possessive determiners, его́, её, and их, are indeclinable.

э́тот:

TABLE 26	Singular			Plural
	Masculine	Feminine	Neuter	
Nominative	э́тот	э́та	э́то	э́ти
Accusative	э́тот	э́ту	э́то	э́ти
Genitive	э́того	э́той	э́того	э́тих
Dative	э́тому	э́той	э́тому	э́тим
Instrumental	э́тим	э́той	э́тим	э́тими
Prepositional	э́том	э́той	э́том	э́тих

сам, the emphatic pronoun, declines like **э́тот** and is stressed on the final syllable.

тот:

	Singular			Plural
	Masculine	Feminine	Neuter	
Nominative	тот	та	то	те
Accusative	тот	ту	то	те
Genitive	того́	той	того́	тех
Dative	тому́	той	тому́	тем
Instrumental	тем	той	тем	те́ми
Prepositional	том	той	том	тех

весь:

TABLE 27	Singular			Plural
	Masculine	Feminine	Neuter	
Nominative	весь	вся	всё	все
Accusative	весь	всю	всё	все
Genitive	всего́	всей	всего́	всех
Dative	всему́	всей	всему́	всем
Instrumental	всем	всей	всем	все́ми
Prepositional	всём	всей	всём	всех

Numbers

TABLE 28

Cardinal numbers		Ordinal numbers	
one	один/одна/одно	first	первый
two	два/две	second	второй
three	три	third	третий
four	четыре	fourth	четвёртый
five	пять	fifth	пятый
six	шесть	sixth	шестой
seven	семь	seventh	седьмой
eight	восемь	eighth	восьмой
nine	девять	ninth	девятый
ten	десять	tenth	десятый
eleven	одиннадцать	eleventh	одиннадцатый
twelve	двенадцать	twelfth	двенадцатый
thirteen	тринадцать	thirteenth	тринадцатый
fourteen	четырнадцать	fourteenth	четырнадцатый
fifteen	пятнадцать	fifteenth	пятнадцатый
sixteen	шестнадцать	sixteenth	шестнадцатый
seventeen	семнадцать	seventeenth	семнадцатый
eighteen	восемнадцать	eighteenth	восемнадцатый
nineteen	девятнадцать	nineteenth	девятнадцатый
twenty	двадцать	twentieth	двадцатый
twenty-one	двадцать один/одна/одно	twenty-first	двадцать первый
twenty-two	двадцать два/две	twenty-second	двадцать второй
twenty-three	двадцать три	twenty-third	двадцать третий
thirty	тридцать	thirtieth	тридцатый
forty	сорок	fortieth	сороковой
fifty	пятьдесят	fiftieth	пятидесятый
sixty	шестьдесят	sixtieth	шестидесятый
seventy	семьдесят	seventieth	семидесятый
eighty	восемьдесят	eightieth	восьмидесятый
ninety	девяносто	nintieth	девяностый
hundred	сто	hundredth	сотый
hundred and one	сто один/одна/одно	hundred-and-first	сто первый
two hundred	двести	two-hundredth	двухсотый
three hundred	триста	three-hundredth	трёхсотый
four hundred	четыреста	four-hundredth	четырёхсотый
five hundred	пятьсот	five-hundredth	пятисотый
six hundred	шестьсот	six-hundredth	шестисотый
thousand	тысяча	thousandth	тысячный
million	миллион	millionth	миллионный

один:

TABLE 29

	Singular			Plural
	Masculine	Feminine	Neuter	
Nominative	один	одна	одно	одни
Accusative	один	одну	одно	одни
Genitive	одного	одной	одного	одних
Dative	одному	одной	одному	одним
Instrumental	одним	одной	одним	одними
Prepositional	одном	одной	одном	одних

For the declension of other numbers, see the dictionary entries.

Pronunciation guide

Russian letter	Approximate English sound and phonetic transcription	
а	like the English a in calm, but slightly shorter, as in French la or German Mann, e.g. **ра́дио**, **мать**; transcribed /a/	! See Note 5 below
б	like an English b, but with the expulsion of less breath, e.g. **ба́бушка**, **буты́лка**; transcribed /b/	! See Note 4 below
в	like an English v, e.g. **вино́**, **вот**; transcribed /v/	! See Note 4 below
г	like the English g in go, but with the expulsion of less breath, e.g. **газе́та**, **гара́ж**; transcribed /g/	! See Notes 4, 6 below
д	like an English d, but with the expulsion of less breath, e.g. **да**, **дом**; transcribed /d/	! See Note 4 below
е	like the English ye in yes, e.g. **е́сли**, **обе́д**; transcribed /je/	! See Notes 2, 3, below
ё	like the English yo in yonder, e.g. **её**, **ёлка**; transcribed /jo/	! See Note 2 below
ж	like the English s in measure, e.g. **ждать**, **жена́**; transcribed /zh/	! See Notes 3, 4 below
з	like an English z, e.g. **за́пад**, **зо́нтик**; transcribed /z/	! See Note 4 below
и	like the English ee in see, e.g. **игра́ть**, **и́ли**; transcribed /i/	! See Notes 2, 3 below
й	like the English y in boy, e.g. **мой**, **трамва́й**; transcribed /j/	
к	like an English k, but with the expulsion of less breath, e.g. **кто**, **ма́рка**; transcribed /k/	! See Note 4 below
л	like an English l, but harder, pronounced with the tongue behind the front teeth, e.g. **ла́мпа**, **луна́**; transcribed /l/	
м	like an English m, e.g. **ма́ма**, **молоко́**; transcribed /m/	
н	like an English n, but harder, pronounced with the tongue behind the front teeth, e.g. **на́до**, **нога́**; transcribed /n/	
о	like the English o in for, but pronounced with more rounded lips, e.g. **о́чень**, **мо́ре**; transcribed /o/	! See Note 5 below
п	like an English p, but with the expulsion of less breath, e.g. **па́па**, **по́сле**; transcribed /p/	! See Note 4 below
р	like an English r, but rolled at the front of the mouth, e.g. **ры́ба**, **пора́**; transcribed /r/	
с	like an English s, e.g. **сала́т**, **соба́ка**; transcribed /s/	! See Note 4 below
т	like an English t, but with the expulsion of less breath, e.g. **таре́лка**, **то́лько**; transcribed /t/	! See Note 4 below
у	like the English oo in pool, but pronounced with more rounded lips, e.g. **муж**, **у́лица**; transcribed /u/	
ф	like an English f, e.g. **футбо́л**, **фле́йта**; transcribed /f/	! See Note 4 below
х	like the Scottish ch in loch, e.g. **хлеб**, **хо́лодно**; transcribed /kh/	
ц	like the English ts in nuts, e.g. **центр**, **цирк**; transcribed /ts/	! See Note 3 below

Russian letter	Approximate English sound and phonetic transcription	
ч	like the English *ch* in **ch**urch, e.g. **чай, час**; transcribed /ch/	! See Notes 3, 7 below
ш	like the English *sh* in **sh**op, but harder, pronounced with the tongue lower, e.g. **школа, наш**; transcribed /sh/	! See Notes 3, 4 below
щ	either like a long soft English *sh*, similar to the *sh* in **sh**ould, or like English *shch*, as in fre**sh ch**eese, e.g. **щи, ещё**; transcribed /shch/	! See Note 3 below
ъ	hard sign (hardens the preceding consonant), e.g. **объяснять**; transcribed /''/	
ы	like the English *i* in b**i**t, but with the tongue further back in the mouth, e.g. **вы, ты**; transcribed /y/	
ь	soft sign (softens the preceding consonant), e.g. **мать, говорить**; transcribed /'/	
э	like the English *e* in th**e**re, e.g. **это, этаж**; transcribed /e/	
ю	like the English *yu* in **u**nit, but pronounced with more rounded lips, e.g. **юбка, юг**; transcribed /ju/	! See Note 2 below
я	like the English *ya* in **ya**rd, but slightly shorter, e.g. **яблоко, моя**; transcribed /ja/	! See Notes 2, 5 below

Notes

1 Stress
Russian words have one main stress. In the dictionary this is indicated by an acute accent placed over the vowel of the stressed syllable. The vowel ё is never marked as it is almost always stressed.

2 Hard and soft consonants
An important feature of Russian consonants is that they may be hard or soft. At the end of a word or before a consonant, the soft sign (ь) indicates that the preceding consonant is soft, e.g. день, брать, деньги. In addition, the vowels е, ё, и, ю, and я coming after a consonant indicate that the consonant is soft, e.g. нет, нёс, лить, тюрьма, ряд. A soft consonant is pronounced by placing the tongue closer to the roof of the mouth than in the pronunciation of the equivalent hard consonant. Soft consonants are particularly discernible in the cases of the sounds /d, t, n, l/. In British English they can be heard in the words *due, tune, new,* and *illuminate*.

In the transcriptions below, a soft consonant is indicated by a /j/ immediately after the consonant, e.g. нет /njet/, except when represented by a soft sign which is transcribed /'/, e.g. лить /ljit'/.

3 Consonants that are always hard or always soft
The consonants ж, ш, and ц are always hard.

If the letter и follows one of these consonants, it is pronounced as if it were ы, e.g. жир /zhyr/, машина /mashýnə/, цирк /tsyrk/.

If a stressed е follows one of these consonants, it is pronounced as if it were э, e.g. жечь /zhech'/, шесть /shest'/, целый /tsélyj/.

If ё follows ж or ш, it is pronounced /o/, e.g. жёлтый /zhóltyj/, шёл /shol/.

The consonants ч and щ are always soft.

This means that following these consonants the vowels а, о, and у are pronounced /ja/, /jo/, and /ju/, e.g. ча́сто /chjástə/, чуло́к /chjulók/.

4 Unvoicing of voiced consonants and voicing of unvoiced consonants

Voiced consonant sounds (/b, v, g, d, zh, z/) become unvoiced (/p, f, k, t, sh, s/) when they occur

(a) at the end of a word, e.g.		*or*	(b) before an unvoiced consonant, e.g.	
хлеб	/khljep/		во́дка	/vótkə/
рука́в	/rukáf/		авто́бус	/aftóbus/
снег	/snjek/			
муж	/mush/			
моро́з	/marós/			

Conversely, unvoiced consonant sounds (/p, f, k, t, sh, s/) become voiced (/b, v, g, d, zh, z/) when they occur before another voiced consonant, except before в, e.g.

сдать	/zdat'/	*but*	отве́т	/atvjét/ (*no voicing*
отда́ть	/addát'/			before в)

5 Unstressed vowels

The Russian vowels о, е, а, and я change their pronunciation when they are not stressed:

о is pronounced like the stressed Russian а, transcribed /a/, when it appears in the syllable before the stressed syllable, and like the indeterminate vowel in the first syllable of *amaze,* transcribed as /ə/, when it appears after the stressed syllable or more than one syllable before the stressed syllable, e.g.

окно́	/aknó/		мно́го	/mnógə/
нога́	/nagá/		хорошо́	/khərashó/

е is pronounced like the Russian и, transcribed /i/, when it is unstressed, unless it follows a hard consonant (ж, ц, ш) when it is pronounced like ы, e.g.

пе́рец	/pjérjits/	*but*	жена́	/zhyná/
стена́	/stjiná/		на у́лице	/na úljitsy/

а is pronounced like a stressed Russian а, transcribed /a/, when it appears in the syllable before the stressed syllable, but like the indeterminate vowel in the first syllable of *amaze,* transcribed /ə/, when it appears after the stressed syllable or more than one syllable before the stressed syllable, e.g.

маши́на	/mashýnə/		магнитофо́н	/məgnjitafón/
кассе́та	/kasjétə/			

я is pronounced like the Russian и, transcribed /i/, when it occurs in the syllable before the stressed syllable, and like the indeterminate vowel in the first syllable of *amaze,* transcribed /ə/, when it appears after the stressed syllable or more than one syllable before the stressed syllable, e.g.

пяти́	/pjitjí/		языка́	/jəzyká/
язы́к	/jizýk/		тётя	/tjótjə/

6 г is pronounced as if it were в in the words его́, сего́дня, and in other words with the genitive ending -ого/-его, e.g. ма́ленького, си́него, всего́, ничего́.

7 ч is pronounced as if it were ш in the words что, что́бы, and коне́чно.

The Russian words you must know

Notes: numerals, though very important, are not listed here; see page 307 for a list. A slash (/) as in *артист/ка* shows the masculine form before the slash and the feminine form without it. Parts of words in brackets, e.g. (ся), mean that both forms should be learnt.

А
а
а́вгуст
авто́бус
автома́т
автомоби́ль
а́дрес
актёр
актри́са
алло́
Аме́рика
америка́нец
америка́нка
америка́нский
англи́йский
англича́нин
англича́нка
А́нглия
аппети́т
апре́ль
апте́ка
арти́ст/ка
аэропо́рт

Б
ба́бушка
бага́ж
бадминто́н
бале́т
балко́н
бана́н
банк
бар
баскетбо́л
бассе́йн
бе́гать
бе́дный
бежа́ть
без
бе́лый
бе́рег
беспоко́иться
библиоте́ка
биле́т
биоло́гия
бифште́кс
бланк
бли́зко
блонди́н/ка
блу́зка
бо́лее
боле́ть
больни́ца
больно́й
бо́льше
бо́льше всего́
большо́й
борщ
боти́нки
брат
брать
брита́нский
брю́ки
бу́дущий
бу́лка
бу́лочка

бу́лочная
бума́га
бутербро́д
буты́лка
буфе́т
бы
быва́ть
бы́стрый
быть
бюро́

В
в
ваго́н
валю́та
ва́нна
ва́нная
ваш
вдруг
везти́
вели́кий
Великобрита́ния
велосипе́д
верну́ться
весёлый
весна́
весно́й
вести́
весь
ве́тер
ветчина́
ве́чер
взять
ви́деть
ви́за
ви́лка
вино́
включа́ть
включи́ть
вку́сный
вме́сте
вме́сто
вниз
внизу́
во́время
вода́
води́тель
води́ть
во́дка
возвраща́ться
во́зраст
войти́
вокза́л
вокру́г
во́лосы
вопро́с
воскресе́нье
восто́к
вот
врач
вре́мя
все
всё
всегда́
встава́ть
встать

встре́тить(ся)
встреча́ть(ся)
вто́рник
второ́й
вход
входи́ть
вчера́
вы
выезжа́ть
вы́ехать
вы́йти
вы́йти за́муж
выключа́ть
вы́ключить
вы́мыть
вы́пить
высо́кий
вы́ход
выходи́ть
выходи́ть за́муж

Г
газ
газе́та
га́лстук
гара́ж
гардеро́б
гастроно́м
где
геогра́фия
гимна́стика
гита́ра
гла́вный
глаз
глу́пый
говори́ть
год
голова́
го́лос
голубо́й
гора́
го́рдый
го́род
горя́чий
господи́н
госпожа́
гости́ная
гости́ница
гото́вить
гото́вый
гра́дус
граждани́н
гражда́нка
грамм
грани́ца
гриб
гру́ппа
гуля́ть

Д
да
дава́й(те)
дава́ть
давно́
далеко́
дари́ть

дать
да́ча
дверь
двор
дворе́ц
де́вочка
де́вушка
де́душка
декабрь
де́лать
день
де́ньги
день рожде́ния
дере́вня
де́рево
де́ти
джи́нсы
дире́ктор
дискоте́ка
дли́нный
для
днём
до
до́брое у́тро
до́брый
дово́льно
дово́льный
дождь
до́ктор
докуме́нт
до́лго
до́лжен
дом
до́ма
домо́й
домохозя́йка
доро́га
дорого́й
доро́жный чек
до свида́ния
доска́
достопримеча́тель-
  ность
дочь
друг
друг дру́га
друго́й
ду́мать
духи́
душ
дя́дя

Е
его́
её
е́здить
ей
ему́
е́сли
есть
е́хать
ещё
ещё раз

Ж
жаль

жа́ркий
жа́рко
ждать
жела́ть
жёлтый
жена́
жени́ться
же́нщина
живо́тное
жить
журна́л

З
за
за́ город
за́ городом
забыва́ть
забы́ть
заво́д
за́втра
за́втрак
за́втракать
за грани́цей
за грани́цу
зайти́
закрыва́ть(ся)
закры́тый
закры́ть(ся)
заку́ски
зал
занима́ться
заня́ться
за́пад
заплати́ть
запо́лнить
заполня́ть
зараба́тывать
зарабо́тать
зарпла́та
заходи́ть
захоте́ть
звать
звони́ть
звоно́к
зда́ние
здесь
здоро́вый
здра́вствуй(те)
зелёный
зима́
зимо́й
злой
знако́миться
знать
зна́чить
зоопа́рк
зуб
зубна́я па́ста

И
и
игра́
игра́ть
игру́шка
иде́я
идти́

из
извини́те
из-за
изуча́ть
изучи́ть
икра́
и́ли
и́мя
инжене́р
иногда́
иностра́нный
институ́т
интере́с
интере́сный
интересова́ться
Ирла́ндия
ирла́ндский
иска́ть
исто́рия
их
ию́ль
ию́нь

К

к
ка́ждый
как
како́й
кани́кулы
капу́ста
каранда́ш
ка́рты
карти́на
карто́фель
карто́шка
ка́сса
кассе́та
касси́р/ша
кафе́
ка́ша
кварти́ра
ке́мпинг
Ки́ев
кило́
килогра́мм
киломе́тр
кино́
кинотеа́тр
кио́ск
класс
класси́ческий
класть
кли́мат
клуб
ключ
кни́га
когда́
колбаса́
кома́нда
ко́мната
компакт-ди́ск
компью́тер
коне́ц
коне́чно
конфе́ты
конце́рт
конча́ть(ся)
ко́нчить(ся)
копе́йка
кора́бль
кори́чневый
коро́ткий
корреспонде́нт/ка
костю́м
котле́та
кото́рый

ко́фе
ко́шка
краси́вый
кра́сный
кри́кет
Кремль
кре́сло
крова́ть
к сожале́нию
к сча́стью
кто
куда́
купа́льник
купа́ться
купе́
купи́ть
кури́ть
ку́рица
курс
кусо́к
ку́хня

Л

ла́дно
ла́мпа
ле́вый
лёгкий
лёд
лежа́ть
ле́кция
лес
ле́стница
лет
ле́то
ле́том
лечь
лимо́н
лимона́д
литерату́ра
литр
лифт
лицо́
ло́дка
ложи́ться
ло́жка
Ло́ндон
лу́чше
лу́чший
люби́мый
люби́ть
любо́й
лю́ди

М

магази́н
магнитофо́н
май
ма́йка
макаро́ны
ма́ленький
ма́ло
ма́льчик
ма́ма
мандари́н
ма́рка
март
маршру́т
ма́сло
матема́тика
матрёшка
матро́с
матч
мать
маши́на
ме́дленный
медсестра́

ме́жду
ме́нее
меню́
ме́сто
ме́сяц
метр
метро́
меха́ник
мечта́ть
милиционе́р
мину́та
мир
мла́дший
мно́гие
мно́го
мо́да
мо́дный
мо́жет быть
мо́жно
мой
мо́крый
молоде́ц
молодо́й
моло́же
молоко́
моне́та
мо́ре
моро́женое
моро́з
Москва́
моско́вский
мост
мотоци́кл
мочь
муж
мужчи́на
музе́й
му́зыка
мы
мы́ло
мыть
мя́со

Н

на
наве́рх
наверху́
над
на дворе́
надева́ть
наде́ть
наде́яться
на́до
наза́д
называ́ться
найти́(сь)
наконе́ц
нале́во
написа́ть
напра́во
наприме́р
нарко́тик
наро́д
нау́ка
находи́ть(ся)
национа́льность
нача́ть(ся)
начина́ть(ся)
наш
не
не́бо
небольшо́й
недалеко́
неде́ля
не́который
нельзя́

немно́го
нести́
нет
ни
никогда́
ничего́
но
но́вости
но́вый
нога́
нож
но́мер
нос
носки́
ночь
но́чью
ноя́брь
нра́виться
ну́жен
ну́жно

О

о
обе́д
обе́дать
о́блако
обме́нивать
обменя́ть
обра́тный
обыкнове́нный
обы́чно
о́вощи
огро́мный
огуре́ц
одева́ться
оде́ться
одино́кий
одна́жды
ожида́ть
окно́
о́коло
октя́брь
омле́т
он
она́
они́
оно́
опа́сный
о́пера
опя́ть
о́сень
о́сенью
остана́вливаться
останови́ться
остано́вка
от
отве́т
отве́тить
отвеча́ть
отдохну́ть
о́тдых
отдыха́ть
оте́ц
открыва́ть(ся)
откры́тка
откры́тый
откры́ть(ся)
отку́да
отпра́вить(ся)
отправля́ть(ся)
о́тчество
официа́нт(ка)
о́чень
о́чень прия́тно
о́чередь
очки́

оши́бка

П

паке́т
пальто́
па́па
папиро́са
па́ра
парикма́хер
парикма́херская
парк
па́рта
па́спорт
пассажи́р
Па́сха
пе́рвый
пе́ред
переда́ча
переры́в
перехо́д
песо́к
печа́льный
пешко́м
пиани́но
пи́во
пиджа́к
пижа́ма
пиро́г
пиро́жное
писа́тель
писа́ть
письмо́
пить
пи́шется
пла́вать
план
пласти́нка
плати́ть
плато́к
платфо́рма
пла́тье
плащ
пле́ер
плечо́
пло́хо
плохо́й
площа́дка
пло́щадь
пляж
по
по-англи́йски
побежа́ть
повезти́
поверну́ть
повести́
повора́чивать
повтори́ть
повторя́ть
пого́да
погуля́ть
под
подари́ть
пода́рок
подру́га
поду́мать
по́езд
пое́здка
пое́хать
пожа́луйста
пожела́ть
поза́втракать
позвони́ть
по́здно
поздравля́ть
познако́миться
пойти́

показа́ть
пока́зывать
покупа́ть
поку́пка
пол
по́ле
поле́зный
полице́йский
полови́на
положи́ть
полоте́нце
получа́ть
получи́ть
полчаса́
помидо́р
помога́ть
по-мо́ему
помо́чь
понеде́льник
понима́ть
понима́ть
понра́виться
поня́ть
пообе́дать
попада́ть
попа́сть
поп-му́зыка
популя́рный
пора́
порт
портфе́ль
по-ру́сски
посла́ть
по́сле
после́дний
послу́шать
посмотре́ть
посте́ль
поступа́ть
поступи́ть
посу́да
посыла́ть
потеря́ть
пото́м
потому́ что
поу́жинать
поцелова́ть
почему́
по́чта
почтальо́н
почти́
почто́вый
пра́вда
пра́вильный
пра́вый
пра́здник
предме́т
прекра́сный
преподава́тель/ница
при
приве́т
пригото́вить
приезжа́ть
прие́хать
прийти́
принима́ть
приня́ть
приходи́ть
прия́тный
провести́
проводи́ть
програ́мма
продава́ть
продаве́ц
продавщи́ца
прода́ть

продолжа́ться
продолжи́ться
проду́кты
пройти́
проспе́кт
прости́(те)
профе́ссия
профе́ссор
проходи́ть
прочита́ть
про́шлый
пря́мо
пти́ца
пье́са
пя́тница

Р
рабо́та
рабо́тать
рабо́тник
рабо́тница
рабо́чий
ра́вный
рад
ра́дио
раз
разгова́ривать
разгово́р
разме́р
райо́н
ра́но
расска́з
расска́зывать
рассказа́ть
ребёнок
ребя́та
ре́гби
река́
рекла́ма
ремо́нт
рестора́н
реша́ть
реши́ть
рис
роди́тели
роди́ться
Рождество́
Росси́я
рост
ростби́ф
руба́шка
рубль
рука́
ру́сский
ру́чка
ры́ба
ры́нок
ряд
ря́дом

С
с
сад
сади́ться
сала́т
самова́р
самолёт
са́мый
Санкт-Петербу́рг
сапоги́
са́хар
сва́дьба
све́жий
свети́ть
све́тлый
светофо́р

сви́тер
свобо́дный
свой
сде́лать
себя́
се́вер
сего́дня
сейча́с
секрета́рша
секрета́рь
село́
семья́
сентя́брь
се́рый
сестра́
сесть
сигаре́та
сиде́ть
си́льный
симпати́чный
си́ний
сказа́ть
ско́лько
ско́ро
ско́рый
скри́пка
ску́чный
сла́дкое
сле́ва
сле́дующий
сли́шком
слова́рь
сло́во
случа́ться
случи́ться
слу́шать
слы́шать
смета́на
смотре́ть
снег
соба́ка
согла́сен
сок
солда́т
со́лнце
спа́льня
спаси́бо
спать
спекта́кль
споко́йной но́чи
спорт
спорти́вный
спортсме́н/ка
спра́ва
спра́вочное бюро́
спра́шивать
спроси́ть
среда́
сре́дний
стадио́н
стака́н
станови́ться
ста́нция
ста́рше
ста́рший
ста́рый
стать
стена́
сто́ить
стол
столи́ца
столо́вая
стоя́нка
стоя́ть
страна́
студе́нт/ка

стул
стюарде́сса
суббо́та
сувени́р
су́мка
суп
сухо́й
сфотографи́ровать
счастли́вого пути́
сча́стье
счёт
США
сыгра́ть
сын
сыр

Т
так
та́кже
тако́й
такси́
тала́нтливый
тало́н
там
тамо́жня
та́нец
танцева́ть
таре́лка
твой
теа́тр
телеви́дение
телеви́зор
телефо́н
тёмный
температу́ра
те́ннис
тепе́рь
тепло́
тёплый
теря́ть
тетра́дь
тётя
те́хника
ти́хий
ти́ше
това́рищ
тогда́
то́же
то́лстый
то́лько
тому́ наза́д
то́нкий
торт
тот
трамва́й
тролле́йбус
тру́дный
туале́т
туда́
тума́н
тури́ст/ка
тут
ту́фли
ты

У
у
у меня́
у меня́ есть
уви́деть
у́гол
удово́льствие
уже́
у́жин
у́жинать
у́лица

умира́ть
умере́ть
у́мный
универма́г
универса́м
университе́т
уро́к
услы́шать
успе́хи
уста́лый
у́тро
у́ши
уче́бник
учени́к
учени́ца
учи́тель/ница
учи́ть(ся)
Уэ́льс
уэ́льский

Ф
фа́брика
фами́лия
февра́ль
фе́рмер
фи́зика
физкульту́ра
фильм
фо́то
фотоаппара́т
фотографи́ровать
фотогра́фия
фрукт
фунт
футбо́л
футболи́ст
футбо́льный

Х
хара́ктер
хи́мия
хлеб
хо́бби
ходи́ть
хокке́й
хо́лодно
холо́дный
хоро́ший
хорошо́
хоте́ть
хо́чется

Ч
ча́сто
чем
че́рез
чёрный
четве́рг
что
что́бы

Ш
Шотла́ндия
шотла́ндский

Э
э́то
э́тот

Ю
ю́бка
юг

Я
я
я́блоко
янва́рь

Phrasefinder

Contents

Useful phrases / Поле́зные фра́зы

yes, please	да, пожа́луйста
no, thank you	нет, спаси́бо
sorry	прости́те
excuse me	извини́те (меня́)
I'm sorry, I don't understand	прости́те, я не понима́ю

Meeting people / Встре́ча

hello/goodbye	здра́вствуйте/до свида́ния
how are you?	как пожива́ете?
nice to meet you	рад/ра́да с ва́ми познако́миться

Asking questions / Вопро́сы

do you speak English/Russian?	вы говори́те по-англи́йски/по-ру́сски?
what's your name?	как вас зову́т?/как ва́ше и́мя?
where are you from?	отку́да вы?
how much is it?	ско́лько э́то сто́ит?
where is…?	где…?
can I have…?	мо́жно мне…?
would you like…?	не хоти́те ли…?

Statements about yourself / Немно́го о себе́

my name is…	меня́ зову́т…, моё и́мя…
I'm American/Russian	я америка́нец/америка́нка/ру́сский/ру́сская
I don't speak Russian/English	я не говорю́ по-ру́сски/по-англи́йски
I live near Chester/Moscow	я живу́ недалеко́ от Че́стера/Москвы́
I'm a student	я студе́нт/студе́нтка
I work in an office	я рабо́таю на фи́рме

Emergencies / Э́кстренные слу́чаи

can you help me, please?	не могли́ бы вы мне помо́чь?
I'm lost	я заблуди́лся/заблуди́лась
I'm ill	я бо́лен/больна́
call an ambulance	вы́зовите ско́рую по́мощь

Reading signs / Чита́ем на́дписи

no entry	нет вхо́да
no smoking	не кури́ть
fire exit	запа́сный вы́ход
for sale	продаётся

❶ Going Places

Транспорт, поездки ❶

On the road

Where's the nearest service station?

what's the best way to get there?

I've got a puncture

I'd like to hire a bike/car

there's been an accident

my car's broken down

the car won't start

By rail

where can I buy a ticket?

what time is the next train to Orel/Oxford?

do I have to change?

can I take my bike on the train?

which platform for the train to Kiev/London?

there's a train to London at 10 o'clock

a single/return to Leeds/Zvenigorod, please

I'd like an all-day ticket

I'd like to reserve a seat

At the airport

when's the next flight to Vladivostok/Manchester?

where do I check in?

I'd like to confirm my flight

I'd like a window seat/an aisle seat

I want to change/cancel my reservation

Getting there

could you tell me the way to the castle (on foot/by transport)?

how long will it take to get there?

how far is it from here?

which bus do I take for the cathedral?

can you tell me where to get off?

what time is the last bus?

how do I get to the airport?

where's the nearest underground station, (Amer.) subway station?

I'll take a taxi

can you call me a taxi?

take the first turning on the right

turn left at the traffic lights/just past the church

На шоссе

где ближа́йшая бензозапра́вочная ста́нция?/где ближа́йший автосе́рвис?

как быстре́е туда́ добра́ться?

у меня́ проко́л ши́ны

я хоте́л/хоте́ла бы взять напрока́т велосипе́д/ автомоби́ль

произошла́ ава́рия/произошло́ ДТП

у меня́ слома́лась маши́на

мото́р не заво́дится

По́езд

где я могу́ купи́ть биле́т?

когда́ сле́дующий по́езд на Орёл/О́ксфорд?

ну́жно ли мне де́лать переса́дку?

меня́ пу́стят в ваго́н с велосипе́дом?

с како́й платфо́рмы идёт по́езд на Ки́ев/Ло́ндон?

по́езд на Ло́ндон отправля́ется в 10 часо́в

биле́т в оди́н коне́ц/биле́т туда́ и обра́тно до Ли́дса/Звени́города, пожа́луйста

мне ну́жен биле́т на су́тки

я хоте́л/хоте́ла бы зарезерви́ровать ме́сто

В аэропорту́

когда́ сле́дующий рейс во Владивосто́к/в Ма́нчестер?

где регистра́ция пассажи́ров?

я хоте́л/хоте́ла бы подтверди́ть свой рейс

мне хоте́лось бы взять ме́сто у окна́/у прохо́да

я хочу́ измени́ть/отмени́ть зака́з биле́та

Как прое́хать?

не подска́жете мне, как пройти́/прое́хать к за́мку?

до́лго ли туда́ добира́ться?

как далеко́ э́то отсю́да?

како́й авто́бус идёт до собо́ра?

вы ска́жете мне, где вы́йти?

до како́го ча́са хо́дит авто́бус?

как мне прое́хать до аэропо́рта?

где ближа́йшая ста́нция метро́?

я возьму́ такси́

мо́жете мне вы́звать такси́?

поверни́те на пе́рвом поворо́те напра́во

поверни́те нале́во у светофо́ра/сра́зу за це́рковью

❷ Keeping in touch | Сре́дства свя́зи. Отноше́ния ❷

On the phone

may I use your phone?

do you have a mobile, (*Amer.*) cell phone?

what is the code for St Petersburg/Edinburgh?

I want to make a phone call

I'd like to reverse the charges, (*Amer.*) call collect

I need to top up my mobile, (*Amer.*) cell phone

the line's engaged, (*Amer.*) busy

there's no answer

hello, this is John/Igor

is Oleg/Richard there, please?

who's calling?

sorry, wrong number

just a moment, please

please hold the line

please tell him/her I called

I'd like to leave a message for him/her

…I'll try again later

please tell him/her that Elena called

can he/she ring me back?

my home number is…

my business number is…

my mobile, (*Amer.*) cell phone number is…

we were cut off

Говори́м по телефо́ну

мо́жно позвони́ть по ва́шему телефо́ну?

у вас есть моби́льный телефо́н?

како́й код (телефо́на) в Санкт-Петербу́рг/Эдинбу́рг?

мне ну́жно сде́лать звоно́к

мне ну́жно, что́бы звоно́к оплати́ла вызыва́емая сторона́

мне ну́жно доплати́ть за моби́льный телефо́н

ли́ния занята́

отве́та нет

алло́, э́то Джон/И́горь

пожа́луйста, позови́те Оле́га/Ри́чарда

кто говори́т?

извини́те, не туда́ попа́ли

одну́ мину́тку, пожа́луйста

не ве́шайте тру́бку, пожа́луйста

пожа́луйста, переда́йте ему́/ей, что я звони́л/звони́ла

я хоте́л/хоте́ла бы оста́вить сообще́ние для него́/неё

…я ещё поздне́е позвоню́

пожа́луйста, переда́йте ему́/ей, что звони́ла Еле́на

мо́жет он/она́ мне перезвони́ть?

мой дома́шний телефо́н…

мой рабо́чий телефо́н…

но́мер моего́ моби́льного…

нас прерва́ли

Writing

what's your address?

where is the nearest post office?

could I have a stamp for Russia, please?

I'd like to send a parcel/a fax

Пи́шем письмо́

ваш а́дрес?

где ближа́йшая по́чта?

пожа́луйста, да́йте мне ма́рку для письма́ в Росси́ю

я хоте́л/хоте́ла бы посла́ть посы́лку/факс

On line

are you on the Internet?

what's your email address?

we could send it by email

I'll email it to you on Tuesday

I looked it up on the Internet

the information is on their website

Он-ла́йн

вы подключены́ к Интерне́ту?

како́й ваш электро́нный а́дрес?

мы могли́ бы посла́ть э́то по электро́нной по́чте

я пошлю́ это вам по электро́нной по́чте во вто́рник

я посмотре́л/посмотре́ла э́то по Интерне́ту

информа́ция есть на их веб-са́йте

Meeting up

what shall we do this evening?

where shall we meet?

I'll see you outside the cafe at 6 o'clock

see you later

I can't today, I'm busy

Встре́чи

что мы бу́дем де́лать сего́дня ве́чером?

где мы встре́тимся?

я вас встре́чу у кафе́ у 6 часо́в

до встре́чи

сего́дня не могу́, я за́нят/занята́

❸ Food and Drink

Едá и напи́тки ❸

Reservations

Закáз в ресторáне

can you recommend a good restaurant?

мóжете ли порекомендовáть хорóший ресторáн?

I'd like to reserve a table for four

я хотéл/хотéла бы заказáть стóлик на четверы́х

a reservation for tomorrow evening at eight o'clock

закáз на зáвтра на вóсемь часóв вéчера

Ordering

Закáз блюд

could we see the menu/wine list, please?

мóжно нам меню́/кáрту вин?

do you have a vegetarian/children's menu?

у вас есть вегетариáнское/дéтское меню́?

as a starter… and to follow…

на закýску… и затéм…

could we have some more bread/rice?

мóжно ещё хлéба/ри́са?

what would you recommend?

что вы порекомендуéте?

I'd like a
…white coffee, (Amer.) coffee with cream
…black coffee
…a decaffeinated coffee
…a liqueur

я хотéл/хотéла бы заказáть
…кóфе с молокóм
…чёрный кóфе
…кóфе без кофéина
…ликёр

could I have the bill, (Amer.) check

счёт, пожáлуйста

You will hear

Что вы слы́шите

вы готóвы закáзывать?

are you ready to order?

хоти́те заказáть аперити́в?

would you like an aperitif?

бýдете закáзывать закýску?

would you like a starter?

какóе блю́до бýдете закáзывать?

what will you have for the main course?

закáзываете дессéрт?

would you like a dessert?

кóфе?/ликёр?

would you like coffee/liqueurs?

что ещё закáжете?

anything else?

прия́тного аппети́та!

enjoy your meal!

обслýживание (не) включенó

service is (not) included

The menu	Меню́		Меню́	The menu
starters	**закýски**		**закýски**	**starters**
hors d'oeuvres	закýски		закýски	hors d'oeuvres
omelette	омлéт		омлéт	omelette
soup	суп		суп	soup
fish	**ры́ба**		**ры́ба**	**fish**
bass	морскóй óкунь		кальмáр	squid
cod	трескá		карп	carp
eel	ýгорь		кефáль	mullet
hake	хек		кревéтки	prawns, shrimps
herring	сéльдь		лосóсь	salmon
monkfish	морскóй чёрт		ми́дии	mussels
mullet	кефáль		морскóй óкунь	bass
mussels	ми́дии		морскóй язы́к	sole
oyster	ýстрица		осетри́на	sturgeon
prawns	королéвские кревéтки		пáлтус	turbot
salmon	лосóсь, сёмга		сарди́ны	sardines
sardines	сарди́ны		сéльдь	herring
shrimps	кревéтки		сёмга	salmon
sole	морскóй язы́к		трескá	cod
squid	кальмáр		тунéц	tuna
trout	форéль		хек	hake

tuna	ту́нец	у́горь	eel
turbot	па́лтус	у́стрица	oyster
		форе́ль	trout

meat	**мя́со**	**мя́со**	**meat**
beef	говя́дина	(молода́я) бара́нина	lamb
chicken	цыплёнок	бифште́кс	steak
chop	отбивна́я	ветчина́	ham
duck	у́тка	вы́резка	steak
goose	гусь	говя́дина	beef
hare	за́яц	гусь	goose
ham	ветчина́	колба́ски	sausages
kidneys	по́чки	олени́на	venison
lamb	(молода́я) бара́нина	отбивна́я	chop
liver	печёнка	печёнка	liver
pork	свини́на	по́чки	kidneys
rabbit	крольча́тина	свини́на	pork
sirloin	филе́	теля́тина	veal
steak	бифште́кс, вы́резка	у́тка	duck
turkey	инде́йка	филе́	sirloin steak
veal	теля́тина	цыплёнок	chicken
venison	олени́на		

vegetables	**о́вощи**	**о́вощи**	**vegetables**
asparagus	спа́ржа	баклажа́н	aubergine
aubergine	баклажа́н	бобы́	beans
beans	бобы́; фасо́ль	горо́шек	peas
beetroot	свёкла	грибы́	mushrooms
broccoli	бро́кколи	зелёный лук	spring onions
carrots	морко́вь	капу́ста	cabbage
cabbage	капу́ста	карто́фель	potatoes
celery	сельдере́й	лук	onions
courgettes (*Br.*)	цуки́ни	морко́вь	carrots
French beans (*Br.*)	стручко́вая фасо́ль	огуре́ц	cucumber
lettuce	сала́т-лату́к	(сла́дкий) пе́рец	(sweet) pepper
mushrooms	грибы́	помидо́р	tomato
peas	горо́шек	реди́с	radish
(sweet) pepper	сла́дкий пе́рец	свёкла	beetroot
potatoes	карто́фель	сельдере́й	celery
runner beans	вью́щаяся фасо́ль	спа́ржа	asparagus
tomato	помидо́р	фасо́ль	beans
sweet potato	сла́дкий карто́фель, бата́т	цветна́я капу́ста	cauliflower
zucchini (*Amer.*)	цуки́ни		

the way it's cooked	**как э́то пригото́влено**	**как э́то пригото́влено**	**the way it's cooked**
baked	запечённый	варёный	boiled
boiled	отварно́й, варёный	в горшо́чке	casseroled
fried	жа́реный	жа́реный	(*в духо́вке*) roast; (*на сковороде́*) fried
griddled	пригото́вленный на пло́ской сковороде́	жа́реный на гри́ле	grilled
grilled	(жа́реный) на гри́ле	запечённый	baked
poached	припу́щенн-ый	отварно́й	boiled
pureed	пюре́, пюри́рованный	пригото́вленный на пло́ской сковороде́	griddled

rare	с кро́вью (*о мясе*)	припу́щенный	poached
roast	жа́реный	с кро́вью (*о мясе*)	rare
stewed	тушёный	тушёный	stewed
well done	хорошо́ прожа́ренный	хорошо́ прожа́ренный	well done
desserts	**десе́рты**	**десе́рты**	**desserts**
ice cream	моро́женое	моро́женое	ice cream
fruit	фру́кты	пиро́г	pie
gateau	торт	торт	gateau
pie	пиро́г	фру́кты	fruit
other	**друго́е**	**друго́е**	**other**
bread	хлеб	горчи́ца	mustard
butter	сли́вочное ма́сло	майоне́з	mayonnaise
cheese	сыр	оли́вковое ма́сло	olive oil
cheeseboard	доска́/блю́до с сы́ром	пе́рец	pepper
garlic	чесно́к	припра́ва	seasoning
mayonnaise	майоне́з	сли́вочное ма́сло	butter
mustard	горчи́ца	соль	salt
olive oil	оли́вковое ма́сло	со́ус	sauce
pepper	пе́рец	сыр	cheese
rice	рис	у́ксус	vinegar
salt	соль	хлеб	bread
sauce	со́ус	хрен	horseradish
seasoning	припра́ва	чесно́к	garlic
vinegar	у́ксус		
drinks	**напи́тки**	**напи́тки**	**drinks**
beer	пи́во	безалкого́льный напи́ток	soft drink
bottle	буты́лка	бе́лое вино́	white wine
carbonated	газиро́ванный	буты́лка	bottle
fizzy	шипу́чий	вино́	wine
half-bottle	полбуты́лки	водопрово́дная вода́	tap water
liqueur	ликёр	газиро́ванный	carbonated
mineral water	минера́льная вода́	дома́шнее вино́	house wine
red wine	кра́сное вино́	кра́сное вино́	red wine
rosé	ро́зовое вино́	ликёр	liqueur
soft drink	безалкого́льный напи́ток	минера́льная вода́	mineral water
still	негазиро́ванный	негазиро́ванный	still
house wine	дома́шнее вино́	пи́во	beer
table wine	столо́вое вино́	полбуты́лки	half-bottle
tap water	водопрово́дная вода́	ро́зовое вино́	rosé
white wine	бе́лое вино́	столо́вое вино́	table wine
wine	вино́	шипу́чий	fizzy

❹ Places to stay   ☆ ☆ ☆   Где остановиться ❹

Camping

can we pitch our tent here?	мы мóжем здесь разби́ть пала́тку?
can we park our caravan here?	мóжем здесь припаркова́ть наш карава́н?
what are the facilities like?	каки́е здесь усло́вия?
how much is it per night?	скóлько здесь беру́т за су́тки?
where do we park the car?	где мóжно припаркова́ть маши́ну?
we're looking for a campsite	мы и́щем кéмпинг
this is a list of local campsites	вот спи́сок мéстных кéмпингов
we go on a camping holiday every year	мы ка́ждый год отдыха́ем в кéмпинге

Кéмпинг

At the hotel

I'd like a double/single room with bath	мне ну́жен двухмéстный/одномéстный нóмер с ва́нной
we have a reservation in the name of Morris	мы зарезерви́ровали нóмер на фами́лию Мóррис
we'll be staying three nights, from Friday to Sunday	мы бу́дем здесь трóе су́ток, с пя́тницы по воскресéнье
how much does the room cost?	скóлько стóит нóмер?
I'd like to see the room	я хотéл/хотéла бы посмотрéть нóмер
what time is breakfast?	когда́ здесь за́втрак?
can I leave this in your safe?	могу́ я э́то оста́вить в ва́шем сéйфе?
bed and breakfast	ночлéг и за́втрак
we'd like to stay another night	мы хотéли бы оста́ться ещё на су́тки
please call me at 7.30	пожа́луйста, позвони́те мне в 7.30
are there any messages for me?	есть ли мне сообщéние?

В гости́нице

Hostels

could you tell me where the youth hostel is?	скажи́те мне, пожа́луйста, где молодёжная гости́ница?
what time does the hostel close?	когда́ молодёжную гости́ницу закрыва́ют?
I'll be staying in a hostel	я остановлю́сь в молодёжной гости́нице
the hostel we're staying in is great value	молодёжная гости́ница, где мы останови́лись, недорога́я и óчень удóбная
I know a really good hostel in Dublin	я зна́ю в Ду́блине весьма́ прили́чную молодёжную гости́ницу
I'd like to go backpacking in Australia	я хотéл/хотéла бы попутешéствовать с рюкзакóм по Австра́лии

Молодёжные гости́ницы

Rooms to rent

I'm looking for a room with a reasonable rent	я ищу́ кóмнату за умéренную цéну
I'd like to rent an apartment for a few weeks	я хотéл/хотéла бы снять кварти́ру на нéсколько недéль
where do I find out about rooms to rent?	где мне узна́ть о кóмнатах, котóрые сдаю́тся?
what's the weekly rent?	скóлько плати́ть за жильё в недéлю?
I'm staying with friends at the moment	я сейча́с живу́ у друзéй
I rent an apartment on the outskirts of town	я снима́ю кварти́ру на окра́ине гóрода
the room's fine—I'll take it	кóмната мне подхóдит—я сниму́ её
the deposit is one month's rent in advance	зада́ток вперёд в су́мме мéсячной опла́ты

Жильё внаём

❺ Shopping and money

Поку́пки и де́ньги ❺

Banking

I'd like to change some money

I want to change some dollars into euros

do you need identification?

what's the exchange rate today?

Do you accept traveller's cheques, (Amer.) traveler's checks

I'd like to transfer some money from my account

Where is there an ATM/a cash machine?

I'd like high denomination notes, (Amer.) bills

I'm with another bank

В ба́нке

я хоте́л/хоте́ла бы поменя́ть де́ньги

я хочу́ поменя́ть до́ллары на е́вро

вам ну́жно удостовере́ние ли́чности?

како́й курс обме́на на сего́дня?

вы принима́ете доро́жные че́ки?

я хоте́л/хоте́ла бы перевести́ не́которую су́мму с моего́ счёта

где здесь банкома́т?

мне нужны́ кру́пные купю́ры

у меня́ счёт в друго́м ба́нке

Finding the right shop

where's the main shopping district?

where can I buy batteries/postcards?

where's the nearest pharmacy/bookshop?

is there a good food shop around here?

what time do the shops open/close?

where did you get those?

I'm looking for presents for my family

we'll do our shopping on Saturday

I love shopping

Ну́жный магази́н

где здесь торго́вый центр?

где я могу́ купи́ть батаре́йки/откры́тки?

где ближа́йшая апте́ка/ближа́йший кни́жный магази́н?

есть здесь побли́зости хоро́ший продово́льственный магази́н?

когда́ магази́ны открыва́ются/закрыва́ются?

где вы э́то купи́ли?

я ищу́ пода́рки для мои́х родны́х

мы пойдём по магази́нам в суббо́ту

я люблю́ ходи́ть по магази́нам

Are you being served?

how much does that cost?

can I try it on?

could you wrap it for me, please?

can I pay by credit card?

do you have this in another colour, (Amer.) color?

could I have a bag, please?

I'm just looking

I'll think about it

I'd like a receipt, please

I need a bigger/smaller size

I take a size 10/a medium

it doesn't suit me

I'm sorry, I don't have any change/anything smaller

that's all, thank you

Вас обслу́живают?

ско́лько э́то сто́ит?

могу́ я э́то приме́рить?

заверни́те, пожа́луйста

я могу́ плати́ть креди́тной ка́ртой?

есть у вас э́то друго́й расцве́тки?

бу́дьте добры́, да́йте мне паке́т

я про́сто смотрю́

я до́лжен/должна́ поду́мать

мне нужна́ квита́нция/мне ну́жен чек

мне ну́жен бо́льший/ме́ньший разме́р

ношу́ разме́р 10/сре́дний разме́р

мне э́то не подхо́дит

прости́те, у меня́ нет ме́лочи/ме́лких де́нег

э́то всё, спаси́бо

Changing things

I'd like to change it, please

I bought this here yesterday

can I have a refund?

can you mend it for me?

it doesn't work

can I speak to the manager?

Заме́на това́ра

я хоте́л/хоте́ла бы э́то поменя́ть

я купи́л/купи́ла э́то здесь вчера́

могу́ я рассчи́тывать на возмеще́ние?/мне верну́т де́ньги?

мо́жете э́то испра́вить/починя́ть?

э́то не рабо́тает

могу́ я поговори́ть с ме́неджером?

⑥ Sport and leisure

Спорт и досу́г ⑥

Keeping fit

where can we play football/squash?

where is the local sports centre, (Amer.) center?

what's the charge per day?

is there a reduction for children/a student discount?

I'm looking for a swimming pool/tennis court

you have to be a member

I play tennis on Mondays

I would like to go fishing/riding

I want to do aerobics

I love swimming/rollerskating

we want to hire skis/snowboards

Заня́тия спо́ртом

где мы мо́жем поигра́ть в футбо́л/сквош?

где здесь ме́стный спорти́вный центр?

ско́лько сто́ит день заня́тий?

есть ли ски́дка для дете́й/студе́нтов?

я ищу́ бассе́йн/те́ннисный корт

вы должны́ быть чле́ном (клу́ба)

я игра́ю в те́ннис по понеде́льникам

я хоте́л/хоте́ла бы заня́ться ры́бной ло́влей/ верхово́й ездо́й

я хочу́ заня́ться аэро́бикой

я люблю́ пла́вание/ката́ние на ро́ликовых конька́х

мы хоте́ли бы взять напрока́т лы́жи/сноубо́рды

Watching sport

is there a football match on Saturday?

which teams are playing?

where can I get tickets?

I'd like to see a rugby/football match

my favourite, (Amer.) favorite team is…

let's watch the game on TV

Спорти́вные зре́лища

есть футбо́льный матч в воскресе́нье?

каки́е кома́нды игра́ют?

где я могу́ купи́ть биле́ты?

я хоте́л/хоте́ла бы попа́сть на ре́гби/футбо́л

моя́ люби́мая кома́нда…

дава́йте посмо́трим игру́ по телеви́зору

Going out in the evening

what's on?

when does the box office open/close?

what time does the concert/performance start?

when does it finish?

are there any seats left for tonight?

how much are the tickets?

where can I get a programme, (Amer.) program?

I want to book tickets for tonight's performance

I'll book seats in the circle

I'd rather have seats in the stalls

somewhere in the middle, but not too far back

four, please

for Saturday

we'd like to go to a club

I go clubbing every weekend

В теа́тре, на конце́рте

что идёт?

когда́ открыва́ется/закрыва́ется биле́тная ка́сса?

когда́ нача́ло конце́рта/спекта́кля?

когда́ конча́ется (спекта́кль)?

есть ли свобо́дные места́ на сего́дня?

ско́лько сто́ят биле́ты?

где я могу́ купи́ть програ́мму?

я хочу́ заказа́ть биле́ты на сего́дняшний конце́рт/ спекта́кль

я закажу́ биле́ты на балко́н

я бы хоте́л/хоте́ла купи́ть биле́ты на места́ в парте́ре

где-нибу́дь в середи́не, но не о́чень далеко́

четы́ре биле́та, пожа́луйста

на суббо́ту

мы бы хоте́ли сходи́ть в ночно́й клуб

я хожу́ в ночно́й клуб ка́ждый уик-э́нд

Hobbies

what do you do at the weekend?

I like yoga/listening to music

I spend a lot of time surfing the Net

I read a lot

I collect old coins

Хо́бби

что вы де́лаете по суббо́там и воскресе́ньям?

мне нра́вится занима́ться йо́гой/слу́шать му́зыку

я мно́го вре́мени провожу́ в Интерне́те/я мно́го брожу́ по Интерне́ту

я мно́го чита́ю

я собира́ю стари́нные моне́ты

❼ Weights & measures   Ме́ры длины́, ве́са, объёма ❼

Length/Длина́

inches/дю́ймы	0.39	3.9	7.8	11.7	15.6	19.5	39
centimetres/сантиме́тры	1	10	20	30	40	50	100

Distance/Расстоя́ние

miles/ми́ли	0.62	6.2	12.4	18.6	24.8	31	62
kilometres/киломе́тры	1	10	20	30	40	50	100

Weight/Вес

pounds/фу́нты	2.2	22	44	66	88	110	220
kilos/килогра́ммы	1	10	20	30	40	50	100

Capacity/Объём

(*Br.*) gallons/галло́ны	0.22	2.2	4.4	6.6	8.8	11	22
(*US*) gallons/галло́ны	0.26	2.64	5.28	7.92	10.56	13.2	26.4
litres/ли́тры	1	10	20	30	40	50	100

Temperature/Температу́ра

°C (Celsius)/ °C (по Це́льсию)	0	5	10	15	20	25	30	37	38	40
°F (Fahrenheit)/ °F (по Фаренге́йту)	32	41	50	59	68	77	86	98.4	100	104

Clothing and shoe sizes/Разме́ры оде́жды и о́буви

Women's clothing sizes/Же́нская оде́жда

UK	8	10	12	14	16	18
US	6	8	10	12	14	16
Russia	40	42	44	46	48	50

Men's clothing sizes (chest sizes)/Мужска́я оде́жда (костю́мы, пиджаки́)

UK/US	36	38	40	42	44	46
Russia	46	48	50	52	54	56

Women's shoes/Же́нская о́бувь

UK	2.5	3	3.5	4	4.5	5	5.5	6	6.5	7	7.5	8
US	5	5.5	6	6.5	7	7.5	8	8.5	9	9.5	10	10.5
Russia	35	35.5	36	37	37.5	38	39	39.5	40	40.5	41	42

Men's shoes/Мужска́я о́бувь

UK	6	6.5	7	7.5	8	8.5	9	9.5	10	10.5	11	11.5	12
US	6.5	7	7.5	8	8.5	9	9.5	10	10.5	11	11.5	12	12.5
Russia	39.5	40	40.5	41	42	42.5	43	44	44.5	45	46	46.5	47

⑧ Russian signs

БИЛЕТЫ	tickets
БОЛЬНИЦА	hospital
ВХОД	entrance
ВХОДА НЕТ	no entry
ВЫХОД	exit
Ж	ladies' toilets

ЗАКРЫТО	closed
ЗАЛ ОЖИДАНИЯ	waiting room
ЗАНЯТО	engaged
ЗАПАСНОЙ ВЫХОД	emergency exit
КАССА	cash desk
ЛИФТ	lift
М	gents; underground
МЕСТО ДЛЯ КУРЕНИЯ	smoking area

МИЛИЦИЯ	police
НА СЕБЯ	pull
НЕ КУРИТЬ	no smoking
ОСТОРОЖНО	caution
ОТКРЫТО	open
ОТПРАВЛЕНИЕ	departures
ОТ СЕБЯ	push
ПОДЗЕМНЫЙ ПЕРЕХОД	subway

ПОСТОРОННИМ ВХОД ВОСПРЕЩЁН	staff only
ПРИБЫТИЕ	arrivals
СВОБОДНО	vacant
СВОБОДНЫХ МЕСТ НЕТ	no vacancies
СЛУЖЕБНЫЙ ВХОД	staff entrance
СПРАВОЧНОЕ БЮРО	information desk
ТАМОЖНЯ	Customs
ЧАСЫ РАБОТЫ	opening hours

Dates for your diary

January

◇1	8	15	22	29
2	9	16	23	30
3	10	17	24	31
4	11	18	25	
5	12	◇19	26	
◇6	◇13	20	27	
◇7	◇14	21	28	

February

1	8	15	22
2	9	16	◇23
3	10	17	24
4	11	18	25
5	12	19	26
6	13	20	27
7	◇14	21	28

March

1	◇8	15	22	29
2	9	16	23	30
3	10	17	24	31
4	11	18	25	
5	12	19	26	
6	13	20	27	
7	14	21	28	

April

◇1	8	15	22	29
2	9	16	23	30
3	10	17	24	
4	11	18	25	
5	12	19	26	
6	13	20	27	
7	14	21	28	

May

◇1	8	15	22	29
2	◇9	16	23	30
3	10	17	24	31
4	11	18	25	
5	12	19	26	
6	13	20	27	
7	14	21	28	

June

1	8	15	22	29
2	9	16	23	30
3	10	17	24	
4	11	18	25	
5	◇12	19	26	
6	13	20	27	
7	14	21	28	

July

1	8	15	22	29
2	9	16	23	30
3	10	17	24	31
4	11	18	25	
5	12	19	26	
6	13	20	27	
7	14	21	28	

August

1	8	15	22	29
2	9	16	23	30
3	10	17	24	31
4	11	18	25	
5	12	19	26	
6	13	20	27	
7	14	21	◇28	

September

1	8	15	22	29
2	9	16	23	30
3	10	17	24	
4	11	18	25	
5	12	19	26	
6	13	20	27	
7	14	21	28	

October

1	8	15	22	29
2	9	16	23	30
3	10	17	24	31
4	11	18	25	
5	12	19	26	
6	13	20	27	
7	◇14	21	28	

November

1	8	15	22	29
2	9	16	23	30
3	10	17	24	
◇4	11	18	25	
5	12	19	26	
6	13	20	27	
7	14	21	28	

December

1	8	15	22	29
2	9	16	23	30
3	10	17	24	◇31
4	11	18	◇25	
5	◇12	19	26	
6	13	20	27	
7	14	21	28	

◇ Celebrated in Russia

See next page for key to dates.

Russians love to celebrate and they have adopted some festivals from the West to add to their own. The Russian Orthodox Church still uses the Julian calendar (as opposed to the Gregorian), which is why Church festivals in Russia fall 13 days after they do in the West (except Easter and some other movable feasts). The dates set in **bold type** are national holidays.

1-е января	**Но́вый год**	**New Year's Day**
6-е января	Рожде́ственский соче́льник	Orthodox Christmas Eve
7-е января	**Рождество́ Христо́во**	**Orthodox Christmas**
13-е января	кану́н ста́рого Но́вого го́да	Orthodox New Year's Eve
14-е января	ста́рый Но́вый год	Orthodox New Year's Day
19-е января	Креще́ние Госпо́дне, Богоявле́ние	Epiphany
14-е февраля	день свято́го Валенти́на	Valentine's Day
23-е февраля	**День защи́тника Оте́чества, Два́дцать тре́тье февраля**	**Men's Day**
8-е ма́рта	**Междунаро́дный же́нский день, Восьмо́е Ма́рта**	**Women's Day**
1-е апре́ля	пе́рвое апре́ля, День сме́ха	April Fool's Day
1-е ма́я	**Пе́рвое ма́я, Пра́здник Весны́ и Труда́**	**May Day**
9-е ма́я	**День Побе́ды**	**VE Day**
12-е ию́ня	**День Росси́и**	**Russia Day**
28-е а́вгуста	Успе́ние Пресвято́й Богоро́дицы	Assumption of the Virgin Mary
14-е октября́	Покро́в Пресвято́й Богоро́дицы	Intercession of the Virgin Mary
4-е ноября́	**День наро́дного еди́нства**	**National Unity Day**
12-е декабря́	День Конститу́ции	Constitution Day
25-е декабря́	Рождество́ Христо́во, католи́ческое Рождество́	Christmas Day
31-е декабря́	кану́н Но́вого го́да	New Year's Eve

Russian life and culture

автоно́мная о́бласть — autonomous oblast (region) One of the six types of administrative unit into which **Росси́йская Федера́ция** is divided. Of the 88 units, only one is *автоно́мная о́бласть* (the *Jewish Autonomous Oblast*). Like **автоно́мный о́круг**, **го́род федера́льного значе́ния**, **край**, and **о́бласть**, this type of unit is not allowed to have its own constitution (Russian *конститу́ция*), unlike the 21 republics. Instead, it has its own charter (Russian *уста́в*). In common with Russia's 87 other constituent units, the single *автоно́мная о́бласть* has its own legislature. Formerly, there were four more autonomous oblasts on the territory of the modern Russian Federation. In 1991 they all changed their status to that of republic (**респу́блика**).

автоно́мный о́круг — autonomous okrug (district) One of the six types of administrative unit into which **Росси́йская Федера́ция** is divided. Of the 88 units, nine are autonomous okrugs (districts). The autonomous okrugs are all located in sparsely populated areas of Siberia and Russia's Far East, where indigenous peoples (except for in *Agin-Buryat Autonomous Okrug*) form a small part of the entire population and Russians usually make up 60–70% of the population.
For more details ▶ автоно́мная о́бласть

аттеста́т об основно́м о́бщем образова́нии — basic study course school-leaving certificate A document awarded to students who successfully finish a 9-year course of study at school (without low marks such as *2 (дво́йка)*) and pass all their final examinations. With this, students can enter any educational institution below the level of a **вуз**.

аттеста́т о сре́днем (по́лном) о́бщем образова́нии — full study course school-leaving certificate A document awarded to students who successfully finish an 11-year course of study at school (without low marks such as *2 (дво́йка)*) and pass all their final examinations. With this, students can enter a **вуз**.

Бе́лый дом — the White House (*in Moscow*) The generally accepted unofficial name of the seat of the Russian government. *Бе́лый дом* is situated near the centre of Moscow on the left bank of the Moskva River and together with the buildings of the US and UK embassies it forms an equilateral triangle within which the town hall is located.

бли́жнее зарубе́жье (literally 'close foreign countries') — the former Soviet republics The collective unofficial name for all the former Soviet republics, used especially by telephone operators. Outside Russia it is sometimes considered offensive, mainly because translations of the term in European languages are not quite accurate in register.

Вели́кая Оте́чественная война́ (1941–1945) (literally 'the Great Patriotic War') The Soviet name for the Second World War in the context of the Soviet Union's involvement in it.

Восьмо́е ма́рта, 8-е Ма́рта — 8 March Women's day in Russia (men's day is **23-е Февраля́** or **День защи́тника Оте́чества**). It is still sometimes referred to as *Междунаро́дный же́нский день* (since Communist times) but this is much disputed. Men and boys give flowers (especially blossoming branches of mimosa) and other presents to their female relatives and friends of any age.

вуз — institution of higher education Any type of institution of higher education forming part of the Russian educational system, including *университе́т* (university), *акаде́мия* (academy), and *институ́т* (institute/college). The word *вуз* is an abbreviation of *вы́сшее уче́бное заведе́ние*.

Геро́й Росси́йской Федера́ции — Hero of the Russian Federation The highest honorary title in Russia, awarded for heroic deeds. Holders of this title receive a medal *Золота́я звезда́ Геро́я Росси́йской Федера́ции* (Gold Star of the Hero of the Russian Federation), the highest government award of the Russian Federation.

го́род федера́льного значе́ния — city with federal status One of the six types of administrative unit into which **Росси́йская Федера́ция** is divided. Of the 88 units, two are cities with federal status, *Moscow* and *St Petersburg*.
For more details ▶ автоно́мная о́бласть

Госуда́рственная ду́ма — the State Duma The lower house of **Федера́льное Собра́ние Росси́йской Федера́ции** (the bicameral parliament of the Russian Federation). *Госуда́рственная ду́ма* has 450 members serving four-year terms.

Два́дцать тре́тье февраля́, 23-е Февраля́ ▶ День защи́тника Оте́чества

День защи́тника Оте́чества, 23-е Февраля́ — Day of the Defender of the Fatherland, 23 February Men's day in Russia, similar to **Восьмо́е ма́рта** for women. It is a national holiday for everyone although, nominally, it is a holiday for military men only. Women and girls give presents to their male relatives or friends of any age, whether they serve or have served in the Soviet/Russian forces or not.

День Побе́ды — Victory Day (*in the Second World War*) VE Day as celebrated in Russia and some other former Soviet republics on 9 May. It is a national holiday in Russia. The date of 9 May (one day later than in western Europe) results from difference in time zones between Russia and western Europe. *День Побе́ды* is undoubtedly the most respected date in Russian history.

дипло́м о вы́сшем образова́нии — college/university degree certificate A document verifying that a student has graduated from a university or college. In order to qualify for this, students must pass their final exams (*госуда́рственные экза́мены*) and complete and defend a dissertation (*дипло́мная рабо́та*).

край — krai (territory) One of the six types of administrative unit into which **Росси́йская Федера́ция** is divided. Of the 88 units, seven are krais (territories). They were originally (and now they are once more) border areas of Russia (Russian *окра́ины* (sg. *окра́ина*) and *край* having the same stem).
For more details ▶ **автоно́мная о́бласть**

национа́льность — (ethnic) nationality In the countries of the former Soviet Union, this traditionally means a person's ethnicity rather than their legal or political status. So if a Russian native speaker refers to someone as *ру́сский по национа́льности*, they usually mean that the person is Russian by language, culture, ethnicity, and even religion (e.g. Russian Orthodox), but the person could be a citizen of any country (the US, Ukraine, Germany, etc.).

нача́льная шко́ла — elementary school The first three or, now usually, four years of schooling that Russian children undergo. Separate institutions of such a kind are now rare in Russia and children usually continue at the same school after their first four years.

Но́вый год — New Year's Day This is the favourite holiday in Russia and some other former Soviet republics, celebrated on 1 January as elsewhere in Europe. New Year's Day and 2 January are traditionally national holidays and since 2005 January 3 and 4 have also been declared holidays.

о́бласть — oblast (region) One of the six types of administrative unit into which **Росси́йская Федера́ция** is divided. Of the 88 units, 48 are oblasts (regions).
For more details ▶ **автоно́мная о́бласть**

Парла́мент Росси́йской Федера́ции
▶ **Федера́льное Собра́ние Росси́йской Федера́ции**

Председа́тель Прави́тельства Росси́йской Федера́ции — Prime Minister of the Russian Federation The official (and only correct) title of the Prime Minister of the Russian Federation. *Председа́тель Прави́тельства Росси́йской Федера́ции* is appointed by **Президе́нт Росси́йской Федера́ции** with the consent of **Госуда́рственная ду́ма** (the lower house of Russia's national parliament).

Президе́нт Росси́йской Федера́ции — President of the Russian Federation Under the current Russian Constitution of 1993, *Президе́нт Росси́йской Федера́ции* is head of the state and has very extensive powers. He or she is directly elected by the citizens of Russia for a term of four years and cannot serve more than two consecutive terms. *Президе́нт Росси́йской Федера́ции* is also Supreme Commander-in-Chief of the Armed Forces of the Russian Federation.

респу́блика — republic One of the six types of administrative unit into which **Росси́йская Федера́ция** is divided. Of the 88 units, 21 are republics. Unlike **автоно́мная о́бласть**, **автоно́мный о́круг**, **го́род федера́льного значе́ния**, **край**, and **о́бласть**, each of the 21 republics has its own constitution (other constituent units have only charters (Russian *уста́в*)), and is entitled to introduce its own official language(s) (*госуда́рственный язы́к*) in addition to Russian.
For more details ▶ **автоно́мная о́бласть**

Рождество́ — Christmas Members of the Orthodox Church celebrate this festival on 7 January and it is a national holiday in Russia. The Russian Orthodox Church still uses the Julian calendar in which 7 January corresponds to 25 December in the Gregorian calendar.

Росси́йская Федера́ция, Росси́я — the Russian Federation, Russia Russia is a federal state consisting of 88 political (constituent) units (Russian *субъе́кты Федера́ции*). They are (January 2006):
— 21 republics (Russian **респу́блика**) ((*the Republic of*) *Adygea, the Republic of Altai, the Republic of Bashkortostan, the Republic of Buryatia, the Chechen Republic, the Chuvash Republic* (also *Chuvashia*), *the Republic of Dagestan, the Ingush Republic, the Kabarda-Balkar Republic, the Republic of Kalmykia, the*

Karachay-Cherkess Republic, the Republic of Karelia, the Republic of Khakassia, the Republic of Komi, the Republic of Mari El, the Republic of Mordovia, the Republic of North Ossetia Alania, the Republic of Sakha (also *Yakutia*), *the Republic of Tatarstan* (also *Tatarstan*), *the Republic of Tuva* (Russian *Tyva*), and *the Udmurt Republic*;

— 7 (6 until 1 December 2005) krais (Russian **край**) (*Altai Krai, Khabarovsk Krai, Krasnodar Krai, Krasnoyarsk Krai, Perm Krai* (since 1 December 2005, formed by the unification of *Perm Oblast* and *Komi-Permyak Autonomous Okrug*), *Primorskiy Krai*, and *Stavropol Krai*);

— 48 (49 until 1 December 2005) oblasts (Russian **область**) (*Amur Oblast, Arkhangelsk Oblast, Astrakhan Oblast, Belgorod Oblast, Bryansk Oblast, Chelyabinsk Oblast, Chita Oblast, Irkutsk Oblast, Ivanovo Oblast, Kaliningrad Oblast, Kaluga Oblast, Kamchatka Oblast, Kemerovo Oblast, Kirov Oblast, Kostroma Oblast, Kurgan Oblast, Kursk Oblast, Leningrad Oblast, Lipetsk Oblast, Magadan Oblast, Moscow Oblast, Murmansk Oblast, Nizhniy Novgorod Oblast, Novgorod Oblast, Novosibirsk Oblast, Omsk Oblast, Orel Oblast, Orenburg Oblast, Penza Oblast, Perm Oblast* (until 1 December 2005), *Pskov Oblast, Rostov Oblast, Ryazan Oblast, Sakhalin Oblast, Samara Oblast, Saratov Oblast, Sverdlovsk Oblast, Smolensk Oblast, Tambov Oblast, Tver Oblast, Tomsk Oblast, Tula Oblast, Tyumen Oblast, Ulyanovsk Oblast, Vladimir Oblast, Volgograd Oblast, Vologda Oblast, Voronezh Oblast*, and *Yaroslavl Oblast*);

— 2 cities with federal status (Russian **город федерального значения**) (*Moscow* and *St Petersburg*);

— 1 autonomous oblast (Russian **автономная область**) (*Jewish Autonomous Oblast*);

— 9 (10 until 1 December 2005) autonomous okrugs (Russian **автономный округ**) (*Agin-Buryat Autonomous Okrug, Chukot Autonomous Okrug, Evenki Autonomous Okrug, Khanty-Mansi Yugra Autonomous Okrug, Komi-Permyak Autonomous Okrug* (until 1 December 2005), *Koryak Autonomous Okrug, Nenets Autonomous Okrug, Taymyr (Dolgano-Nenets) Autonomous Okrug, Ust-Ordyn-Buryat Autonomous Okrug*, and *Yamalo-Nenets Autonomous Okrug*).

Under the current Russian Constitution of 1993, both names — *Россия* and *Российская Федерация* — can be used as an official name of the country.

Россия ▶ Российская Федерация

СНГ ▶ Содружество Независимых Государств

Совет Федерации — the Council of the Federation The upper house of **Федеральное Собрание Российской Федерации** (the bicameral parliament of the Russian Federation). Each of the 88 constituent units of **Российская Федерация** has two representatives in *Совет Федерации.*

Содружество Независимых Государств, СНГ — the Commonwealth of Independent States, CIS The political alliance of 12 former Soviet republics (Armenia, Azerbaijan, Belarus, Georgia, Kazakhstan, Kyrgyzstan, Moldova, Russia, Tajikistan, Turkmenistan, Ukraine, and Uzbekistan).

средняя общеобразовательная школа — secondary school Russian children go to this school until they are 15 so as to get *основное общее образование* and **аттестат об основном общем образовании** or until they are 17 so as to get *среднее (полное) общее образование* and **аттестат о среднем (полном) общем образовании.**

субботник — subbotnik A Soviet invention, consisting of a day of unpaid work, originally on Saturdays (its name derives from *суббота 'Saturday'*). The first one took place on 12 April 1919 in the locomotive depot of a Moscow railway station called Moskva-Sortirovochnaya, while the first mass *субботник* was held on 10 May 1919 on the Moscow–Kazan railway. They were a quasi-voluntary show of socially useful work. Nowadays the word is still used to denote some kinds of unpaid work such as cleaning areas of communal use, both indoors and outdoors. When performed on Sundays it is also called *воскресник.*

триколор, российский триколор — the Russian tricolour Popular unofficial name of the national flag of the Russian Federation. It has three horizontal bands of red (lower band), blue, and white (upper band). The surest way to memorize order of colours of the Russian tricolour is to remember the name of the Soviet security police *Комитет государственной безопасности*, usually abbreviated to *КГБ* (*красный* (red), *голубой* (blue), *белый* (white)).

Федеральное Собрание Российской Федерации — the Federal Assembly of the Russian Federation The official name of the bicameral national legislature of the Russian Federation. The upper house is called **Совет Федерации** (the Council of the Federation), while the lower house is called **Государственная дума** (the State Duma).

Social survival tips

Greetings

There are two polite ways of greeting somebody by saying 'hello'. Use *Здравствуй* to someone you would address as *ты*, and *Здравствуйте* to someone you would address as *вы*.

To be more precise, you can say *Доброе утро* (good morning), *Добрый день* (good day), or *Добрый вечер* (good evening). For goodnight, say *Спокойной ночи* (literally 'peaceful night').

The Russian equivalent of 'hi' is *привет*. It is informal and used among friends.

Ты and Вы

Use the informal term *ты* when speaking to close friends and family members, or when speaking to children or animals. Use *вы* when speaking to someone you do not know very well, or to a superior such as your teacher or boss at work. As a general rule, when talking to Russians, use *вы*, wait to see how they address you, and follow suit.

When speaking to more than one person, *вы* is the only possible term, even if all the people are close friends or young children.

How to address somebody by their name: patronymics

The patronymic (*отчество*) is a middle name, coming between a Russian's first name and surname. It is based upon one's father's first name, to which a suffix is added: *-ович*, *-евич*, or *-ич* for a man, and *-овна*, *-евна*, or *-(ин)ична* for a woman. For example, the patronymic of a man whose father is called *Пётр* (Peter) is *Петрович*, and the patronymic of a man whose father is *Илья* (Ilya) is *Ильич*. The patronymics of their sisters would be *Петровна* and *Ильинична* respectively.

If a man has the same name as his father, his first two names will be, for example, *Александр Александрович* or *Николай Николаевич*.

The polite way to address a person is by their first name and patronymic. You do not need to use the patronymic when talking to a friend (just use their first name like in English), but you should use it when addressing older people or higher-ranking colleagues. For example, President Putin is addressed as *Владимир Владимирович* (literally, Vladimir, son of Vladimir) by colleagues, whereas his close friends will usually address him as *Володя*, the common diminutive form (denoting affection) of *Владимир*.

Being polite

When asking for something, add *Пожалуйста* (please). *Спасибо* is the word for 'thank you'. When leaving a friend or a shop etc., say *До свидания* (goodbye) and you can, to be even more polite, add *Всего хорошего* 'all the best'.

Physical contact

Russians tend to like physical contact and they are generally very warm-hearted, despite their reserved attitude to strangers. They tend to stand close to each other during conversation and hugs and back-slapping are common practice. It is acceptable for acquaintances of both sexes to kiss each other on the cheek. Two men kissing each other on the lips is no longer in fashion. A ban was even recently established against politicians (both men and women) kissing each other (on the cheeks) at public meetings, as it takes too much time! The replacement is a handshake with the right hand, without gloves. If you travel to the Caucasus or to Muslim areas of the ex-Soviet Union you can see men walking hand in hand which is a sign of friendship.

Tips (чаевые)

It is appropriate, but not obligatory, to leave a small tip (*давать*/*дать на чай*) in restaurants, hotels, and taxis, unless the service is very bad. People in the service industries are poorly paid and a seemingly dour waitress may well beam with pleasure on receiving a tip.

Smoking

Smoking is widespread and a growing health problem in Russia, with about 65% of men and 35% of women smoking. Cigarettes are readily available and relatively cheap. There are some laws against smoking in public places but they are often ignored. If smoking is not allowed in a flat or office, people often go out to smoke in the staircase area.

Meals/Visiting people

Until quite recently, food was a real problem for Russians. Unless you were rich you tended to have a restricted diet of bread, butter, potatoes, sausage, pasta, buckwheat, rice, meatballs, milk, sour cream, cheese, eggs, potatoes, onions, cabbage, beetroot, and carrots. Other fresh vegetables might be limited for much of the year to cucumbers and spring onions. Nevertheless, families often managed to grow their own vegetables in the garden of their country cottage (*дача*) and buy various products from acquaintances or at work. Nowadays, finding food is not such a problem, although it is expensive. In general, Russians prefer to eat at home as it is much cosier (and cheaper) than in restaurants and much better quality than in the old-fashioned cafeterias. However, many people, especially the young, like to go to the fast-food restaurants and cafes that have sprung up in the big cities over the past decade.

If Russians invite you to their flat for a meal you should take a small gift such as a bottle of wine, some chocolates, flowers, or a cake. When you arrive, you will be expected to take off your hat, coat, and shoes in the entrance hall and you will be lent some slippers (*тапочки*). On stepping into the living room, you are likely to be surprised by the quantity and the quality of the meal that has been set out, as Russians like to entertain on a fairly lavish scale. The most elaborate dishes are usually the hors d'oeuvres, consisting of different salads of vegetables, meat, and fish. Do not forget to try caviar (*икра*)—fresh if you are lucky. If there is soup, it may be borshch (beetroot soup, *борщ*), normally served with sour cream (*сметана*). The main dish is usually plainer, for example some meat and potatoes with a vegetable garnish. Bread will always be provided, either black bread (a tasty dark rye bread, *чёрный хлеб*), or white (*белый хлеб* or *булка*). Finally, tea or coffee will be served, usually with a gateau or chocolates.

The meal will usually be accompanied by wine or champagne, and often vodka, and Russians like to propose toasts throughout the meal, to friendship, health, love, etc. It is common practice to drink glasses of vodka in one gulp (*до дна*).

Throughout the visit you will probably remain sitting at the table, and after eating there may be a sing-song, especially if there is a guitarist among the guests.

Drinks

The most popular alcoholic drinks in Russia are vodka, wine, beer, and champagne. Although women can easily decline the offer of a drink (normally vodka), it might be considered rude for a man to refuse a glass, unless he has good medical reasons.

Tea is traditionally the favourite hot drink in Russia and is served black with slices of lemon. It tends to be brewed strong in a teapot and then hot water is often added once it is in the cups. Tea comes mainly from India (in former times also from Georgia), and now in the cities you can also buy the different herbal varieties which are available in the West.

Coffee is becoming ever more popular, and in Moscow and St Petersburg you can now find coffee shops similar to Western ones, selling cappuccinos, lattes, espressos, etc.

On the road

If you drive in Russia, be careful. The traffic police are very active and keen to stop cars at any time. In the cities cars drive very fast and there are few marked lanes, with the result that it can look very dangerous to a foreigner.

Taxis are best booked in advance. If you feel adventurous and know a bit of Russian, you could try to flag down a passing motorist. This is an accepted way of getting about in Russia. A motorist may well stop and take you to your destination for a pre-agreed fare. Be careful, though, as you could be mugged, so do not do this alone or when travelling outside big cities.

Public transport

Public transport in Russia is cheap, efficient, and reliable. The Moscow underground should not be missed as some stations are real works of art, with marble floors and columns, sculptures, mosaics, and elaborate ironwork. Buses, trams, and trolleybuses are also popular. They can be very crowded at rush hour, and you are often asked to pass other people's fares down to the ticket machine, and pass the ticket back (*Передайте, пожалуйста*). On all forms of public transport you are likely to be asked if you are getting off at the next station or stop (*Вы выходите на следующей станции/*

остановке?/Вы будете сейчас выходить?). If you are not getting off, you are expected to make way in good time for those who are.

Pedestrians

Trying to cross a road can be very hazardous owing to the speed of the traffic and the fact that cars rarely stop at pedestrian crossings unless they are about to run you over. In cities, there are subways that are in some places compulsory and you may even be fined if you are caught by a policeman (*милиционе́р*) trying to cross above ground.

Dress

In Soviet times it was difficult to find good-. quality and stylish clothes, but this is no longer the case. Russians, especially the younger generation, like to dress to kill and in the cities they are smart and fashionable. The women are carefully made-up and take a pride in having a proper hairstyle. The older generation dresses more conservatively and again there is an emphasis on smartness and respectability in appearance. If you go out with a button hanging off or missing don't be surprised if someone draws your attention to it.

Hobbies

One of the favourite traditional hobbies in Russia is to go mushrooming and berry-picking in the woods at weekends. Another is to work in the garden of the *да́ча* in order to grow food that can be preserved for the winter. In summer and early autumn, roads and public transport on a Sunday evening can be very busy with people returning from the country with enormous loads of produce.

Mother Russia

Russians are very patriotic despite their difficult everyday life. *Ма́тушка Росси́я* (Little Mother Russia) is the dream of an idealized homeland, but is very vivid. It is best to remember this if you feel tempted to criticize Russia in the presence of Russians.

Christmas (Рождество́)

Since the Orthodox Church uses the Julian calendar, Russians celebrate Christmas on 7 January. However, Christmas in Russia is not as important as it is in the West, and most traditions, including the preparation of special dishes, were lost during the Soviet period. One Christmas dish still known to most Russians is *кутья́*, a sweet dish consisting of presoaked raw wheat grains, flavoured with honey, ground poppy seeds and nuts, and often also raisins.

New Year (Но́вый год)

New Year is celebrated twice, once on 31 December, and a second time on 13 January. Traditionally, New Year is a family event, with presents and a Christmas tree. The party begins around 11 p.m. At midnight, when the Moscow Kremlin bell rings twelve times, the guests open a bottle of (Russian) champagne to say goodbye to the old year. They make a wish during the toast and after the twelfth ring they open the door or the window to welcome in the New Year. One of the main dishes on the New Year table is the *сала́т оливье́*, known in English as 'Russian salad' and composed mainly of meat, tinned peas, onions, potatoes, carrots, eggs, pickled cucumbers, and mayonnaise.